예비교사를 위한

교육학 개론

강병재 백승학 이영훈 공저

YANGSEOWON
양서원

머리말
PREFACE

교육이란 무엇인가 그리고 교육을 어떻게 볼 것인가?

많은 교육자들의 고민이자, 지금까지 학생들을 가르쳐 본 사람들이라면 누구나 한 번은 생각해 보았을 문제입니다. 그렇지만 지금까지 어떤 명확한 결론이나 정확한 정의에 도달하지는 못하고 있습니다. 역사와 사회에 따라 교육의 정의와 교육내용은 늘 변화하고 있습니다. 그래서 교육을 이해하기 위해서는 하나의 정답을 찾기보다는 다양한 관점에서 접근하고 고민해 보는 것이 필요합니다. 교육학개론은 교육과 교육학에 처음 입문하는 학생들을 위한 입문서의 성격을 갖는 교과목입니다. 그래서 누군가를 가르치기 위하여 또는 누군가를 가르치는 것을 배우는 과정에 들어가는 사람들을 위하여 '교육이란 무엇인가'에 대한 개념과 정의뿐 아니라 자신의 언어로 그 의미를 고민해 보는 교과이기도 합니다. 이 책은 교육과 교육학 입문자들을 위해 교육에 대한 다양한 접근방식을 소개하고 교육문제에 대해 고민해 볼 수 있도록 조직하려고 노력하였습니다.

이 책은 총 12장으로 이루어져 있습니다.

첫 번째 장은 교육이란 무엇인가에 대한 질문으로 '교육의 본질'에 대해서 다루었습니다. 어려운 내용이지만 가능하면 이해하기 쉽게 작성을 해 보았습니다.

두 번째 장은 교육의 철학적인 내용을 담았습니다. 교육의 실제와 이론은 그 바닥에 사회와 인간에 대한 견고한 철학적 기반을 가지고 있기 때문입니다. 견고한 철학 위에서 교육은 현실을 감당할 수 있기 때문입니다.

세 번째 장은 교육의 역사입니다. 아마도 인간이 인간답게 되는 가장 기본적이고 확실한, 그리고 인간이 모든 생물계의 정점에 자리할 수 있었던 것은 교육의 힘일 것입니다. 그 교육의 발자취를 돌아보는 것이 교육의 역사일 것입니다.

네 번째 장은 교육의 과정(process)입니다. 교육의 과정이 잘 이루어지기 위해서는 마음을 알아야 합니다. 가르치는 사람과 배우는 사람의 기대와 동기와 준비 등의 문제가 교육받는 사람의 성과를 좌우하기 때문입니다. 어떤 심리적인 상태일 때 교육이 가장 잘 진행될 수 있을까요?

다섯 번째 장은 교육을 위한 사회적인 특성을 알아보았습니다. 교육은 개인적인 현상으로 볼 수도 있지만, 많은 교육은 사회적 현상이기 때문입니다. 또한 교육은 사회에서 출발하여 사회로 돌아가는 과정이기도 하기 때문입니다.

여섯 번째 장은 교육의 내용이 어떻게 선정되고 구성되는지에 대한 이야기입니다. 교육과정입니다. 시대가 변하고 과학문명이 발달하면서 배워야 할 내용은 더 많아지고 있지만, 그 많은 내용을 모두 배우기에는 시간적인 문제가 있습니다. 가장 효과적이고 효율적으로 필요한 교육적 정보를 선정하는 과정이 교육과정입니다.

일곱 번째 장은 평가입니다. 우리나라 학생들이 가장 싫어하고 어려워하는 과정이기도 합니다. 그렇지만, 과정이 있으면 결과가 있듯이, 얻은 결과를 확인하고 보완하는 절차가 평가입니다. 따라서 반드시 필요한 절차라고 할 수 있습니다.

여덟 번째 장은 어떻게 가르칠 것인가에 대한 접근입니다. 가르치고 배우는 것은 매우 어렵고 힘든 과정입니다. 그러나 배우지 않고 내가 원하는 것을 얻을 수는 없습니다. 따라서 효과적이고 효율적으로 가르치고 배우는 과정을 정리한 것이 교육공학입니다.

아홉 번째 장은 생활지도와 상담입니다. 많은 경우, 성장의 과정에서 누구나 고민과 스트레스를 가지게 됩니다. 이러한 고민과 스트레스를 어떻게 효과적으로 극복하고, 내 인생에 도움이 되는 방향으로 활용할 수 있을까를 알아보는 것이 상담인 것입니다.

열 번째 장은 관리부분이지요. 교육행정입니다. 교육은 가르치고 배우는 과정만 중요한 것이 아니라, 가르치고 배우기 위하여 필요한 모든 자원을 지원하고 관리하는 것도 매우 중요합니다. 모든 것이 기능적으로 원활하게 움직이도록 도와주는 것이 행정인 것입니다.

열한 번째 장은 교사입니다. 교육의 핵심적인 요소이지요. 교사가 없는 교육은 존재할 수 없습니다. 최근 비대면이나 사이버 교육을 이야기하고 있지만, 그것은 교사의 형태가 다를 뿐입니다. 훌륭한 교사 아래서 좋은 학생이 길러지게 되는 것입니다. 세상이 변하여도 교사는 계속 존재할 것입니다.

마지막 열두 번째 장은 우리나라 교육의 문제와 전망에 대해서 살펴보았습니다. 세상에 영원한 것은 없습니다. 영원히 존재하기 위해서는 끊임없이 돌아보고 문제를 찾고 개선해 나가는 것이 최선입니다.

많은 내용으로 이루어져 있지만 최대한으로 간략하게 정리를 해 보고자 하였습니다. 이 책을 통하여 여러분들이 교사가 되기 위한 첫발을 내딛는 데 도움이 되기를 진심으로 기원합니다.

부족한 책이 나올 때까지 많은 인내와 지원을 아끼지 않으신 양서원의 박철용 회장님과 출판될 때까지 도움을 주신 많은 분들에게 감사의 인사를 드립니다.

저자일동

차 례
Contents

제4장 교육의 심리적 기초

제5장 교육의 사회적 기초

제6장 교육과정

제7장 교육평가

제8장 교육공학

제9장 생활지도와 상담

제10장 교육행정

제11장 교사론

제12장 한국 교육문제에 대한 탐색

교육의 개념적 기초

제1장

학습 목표

1. 교육의 개념을 이해한다.
2. 교육의 형태와 요소를 이해한다.
3. 교육의 기능과 필요성을 이해한다.
4. 교육의 가능성과 한계성을 이해한다.

본 장에서는 '교육이란 무엇인가?'라는 질문에 대해 다양한 관점에서 답을 찾아 보면서 교육의 개념과 의미를 파악하고자 한다.

1. 교육의 개념

1) 어원 분석을 통해 본 교육의 의미

'교육이란 무엇인가'라는 질문에 대한 답을 찾는 오랜 방법 중에 하나는 '교육'이란 말의 어원을 분석하는 것이다. 어원을 분석하면 그 말이 처음 생겼을 때 어떤 의미를 가지고 있었는지, 그 말의 본질이 무엇인지를 파악하는 데 도움을 준다.

(1) 서양어 'pedagogy'와 'education'

영어에서 교육을 뜻하는 단어로는 'pedagogy'와 'education'을 들 수 있다.

① pedagogy의 어원과 의미

'pedagogy'의 어원은 그리스어 'paidagogos'이다. paidagogos는 paidos와 agogos의 합성어이다. paidos는 '어린이'라는 뜻이고 agogos는 '이끌다'라는 뜻으로 합치면 '어린이를 이끌다'라는 뜻이다. 어린이를 '이끌다'라는 말은 오늘날에는 매우 은유적인 뜻으로 사용되지만 이 말이 처음 생겨난 그리스 사회에서는 매우 사실적인 표현이었다. 이 말에 내포된 의미를 보다 자세히 분석해 보면 우선 교육의 대상이 paidos 즉 어린이라는 것이다. 오늘날에는 어린이뿐만 아니라 성인도 교육의 대상이며, 평생교육이란 말에서 보듯이 생애 모든 주기에 있는 사람들이 교육의 대상이 되고 있다. 하지만 교육이란 말이 처음 생겨난 고대사회에서는 교육의 대상은 어린이였다는 사실이다. 그러나 모든 어린이가 교육의 대상이 되었던 것은 아니다. 교육이란 말을 넓은 의미로 사용하여 부모가 자녀를 양육하는 것도 교육이라고 본다면 모든 아동이 교육의 대상이 되었겠지만, 비교적 형식성을 갖춘 좁은 의미의 교육이라면 귀족의 자녀들, 넓게 보아도 자유민(평민)의 자녀들까지만 교육의 대상이 되었다. 즉 고대 계급사회에서 교육은 지배계급의 전유물로 귀족의 자녀들만이 교육의 대상이었던 것이다. agogos(이끌다)는 교육적인 행위를 나타내는데 이 말을 좀 더 자세히 이해하려면 귀족의 자녀를 누가 어디로 이끄는 것인가를 살펴보아야 한다. 오늘날 교사를 뜻하는 고대 그리스어 'pedagoge'는 '가르치는 노예'라는 뜻으로 주인 아들의 교육을 관장하였다. 그 노예는 주인 아들을 학교에 보내거나 악기와 같은 준비물을 챙겨주는 등의 학생을 돌보는 일을 했다. 특히 당시 귀족의 자제들이 교육을 받는 목적은 주로 정치지도자가 되기 위함이었기에 연설, 토론 등의 정치 행위가 이루어지는 공회당이나, 학교, 체육관 등으로 아동을 '이끄는 것'이 당시 교사들의 중요한 교육적 행위였던 것이다.

'아동을 이끌다'는 의미의 pedagogy는 교육의 대상인 아동을 교육적 가치가 있는 곳으로 이끈다는 것을 뜻한다. 그런데 여기서 아동이 배워야 할 가치는 아동의 외부에 있는 것이기 때문에 교육적 작용은 아동의 외부에 존재하는 배워야 할 것을 아동에게 진수해 준다는 의미가 포함되어 있다.

② education의 어원과 의미

'education'의 어원은 라틴어 educare에서 유래된 것으로 'e'와 'ducare'의 합성어이다. 'e' 또는 'ex'는 '밖으로'라는 뜻이며 'ducare'는 'duco', '꺼내다' 또는 '이끌어내다'라는 뜻이다. 이를 합쳐보면 '바깥으로 꺼내다'라는 뜻이다. 바깥으로 꺼낸다는 말을 이해하기 위해서는 어디에서 무엇을 이끌어내는 것인지를 이해해야 한다. 우리는 앞에서 살펴보았듯이 교육의 대상은 아동이라는 것을 확인하였다. 아동에게서 무엇인가를 이끌어내는 것인데 아동의 내부에는 무엇이 있을까? 아동의 내부에는 아직 실현되지 않은 무한한 가능성, 잠재능력이 존재한다. 훌륭한 교사는 아동이 저마다 갖고 있는 내부의 가능성과 잠재능력을 발견하고 이를 밖으로 꺼내서 실현시켜 주어야 한다. 비유하자면 여러 가지 과일의 씨앗과 어린 싹만 보고도 그 나무의 특성을 알아보고 사과나무 씨는 사과가 열리도록 이끌어주고, 복숭아 묘목에서는 복숭아가 열리도록 도와주어야 한다는 것이다. 즉 education의 교육적 작용은 개인마다 유전적으로 지니고 태어난다고 생각되는 여러 자질 즉 개성을 살려 실현시켜 주는 것을 의미한다.

서양어에서 교육을 뜻하는 말은 위에서 본 바와 같이 어린이를 바람직한 방향으로 이끌며(pedagogy) 소질을 계발(education)시켜준다는 뜻이다. 바람직한 방향으로 이끄는 작용은 성인 세대가 이상(理想)으로 여기는 행동, 규범, 사고방식 등을 새로운 세대에게 작용하는 것이다. 반면 소질을 계발시키는 작용은 어린이의 성장 및 발달을 어린이를 위해 앞 세대가 도와주는 일이다. 이렇게 볼 때 교육 작용에는 서로 대립되는 두 가지 모습이 존재한다. 모든 교육의 현상에 존재하는 이런 대립적 모습을 이해해야만 교육의 본질을 올바르게 인식할 수 있다.

(2) 教育의 어원

한자어 '教育'은 『맹자(孟子)』〈진심편(盡心篇)〉에서 유래했다고 알려져 있다. 맹자 진심장에서는 군자삼락(君子三樂)에 대해 다음과 같이 표현하고 있다.

君子有三樂而王天下不與存焉 군자유삼락이왕천하불여존언	군자에게는 세 가지 즐거움이 있는데 천하에 왕 노릇하는 것은 이에 들어 있지 않다.
父母具存 兄弟無故 一樂也 부모구존 형제무고 일락야	부모님이 다 살아 계시고 형제가 무고한 것이 첫 번째 즐거움이요,
仰不愧於天 俯不怍於人 二樂也 앙불괴어천 부부작어인 이락야	우러러 하늘에 부끄럽지 않고 굽어보아 세상에 부끄럽지 않은 것이 두 번째 즐거움이요,
得天下英才 而教育之 三樂也 득천하영재 이교육지 삼락야	천하의 영재를 얻어서 교육하는 것이 세 번째 즐거움이라.

'教育'은 教와 育으로 구성되어 있다.

教는 爻, 子, 卜, 又 로 이루어져 있는데, 이것은 '效子卜手'의 뜻으로 교사는 손에 매를 들고 바람직한 방향을 제시하며, 어린이는 공손하게 어른을 본받는다는 뜻이다. '教'에 대한 풀이 해자(解字)로 "上所施 下所效也"로 표현하고 있는데 이는 어른은 (가르침을) 베풀고 아이는 이를 겸손하게 받아들인다는 뜻이다.

育은 子가 거꾸로 된 모습과 月(胸 가슴 흉)의 결합으로 아이가 태어날 때 머리부터 거꾸로 태어나는 모습이며 출산한 아이를 어머니가 가슴에 따뜻하게 안아주는 모습을 가리키고 있다. '育'에 대한 풀이로는 '養子使作善也'로 아이를 키워 선하게 만든다는 말이다. 여기서 선하다는 뜻은 '착하다'는 의미보다는 '좋다'는 것을 뜻한다. 즉 아이를 크고 훌륭하게 키운다는 것으로, 어머니가 아이를 출산하여 육아활동으로 성장, 발달시키는 것임을 알 수 있다.

(3) 우리말 '가르치다'의 어원 분석

우리말에서 교육을 뜻하는 단어는 'ᄀᆞᄅᆞ촘' 즉 '가르치다'이다. '가르치다'는 알도록 하다, 지식을 지니게 하다, 할 수 있도록 지도하다 등을 뜻한다.

'가르치다'는 '가르다' 또는 '갈다'와 '치다'의 합성어로 풀이할 수 있다.

가르다는 '가라사대'로 '말하다', '가리키다', '지시하다', '나누다', '분별하다'의 뜻을 포함하고 있다. '갈다'는 낡은 것을 새것으로 '바꾼다', 물건을 닳게 하기 위해서 다른 물건에 '문지른다', 숫돌 같은 데 문질러서 '날이 서게 한다', '가루로 만든다', 쟁기나 괭이로 '밭의 흙을 뒤집는다'는 뜻 등이 포함되어 있다.

'치다'는 '세게 움직임', '식물의 가지나 잎을 베어냄', '길러 번식함' 등의 뜻이 있다. 즉 치다는 '기르다'는 의미로 '동 · 식물을 사육하거나 재배한다'는 뜻으로 미성숙자의 선천적 · 내부적 능력을 이끌어 내는 것을 의미한다.

이와 같이 우리말 '가르치다'와 '기르다'의 어원은 교훈, 선별, 경작, 사육 등의 의미를 가지고 있다(한은숙 · 김종두, 2008; 네이버지식백과, 2011).

(4) 어원을 통해 본 교육의 의미

우리는 위에서 교육을 뜻하는 영어, 한자어, 우리말 단어들의 어원을 분석하였다. 교육이라는 말은 영어의 pedagogy, 한자어의 敎, 우리말의 가르다 등에서 볼 수 있듯이, 성인이 아동에게 아동의 외부에 있는 교육적 가치를 자극을 주어 가르치는 작용을 포함하고 있다. 한편 education, 育, 치다 등에서 볼 수 있듯이 아이를 기르는 것 즉 아이가 유전적으로 갖는 가능성을 성장, 발달시켜 현실로 실현시켜 주는 작용을 포함하고 있다. 이는 교육이 본래부터 아동에게 무엇인가를 심어주는 작용과 아동이 갖고 태어난 것을 이끌어서 발달시켜 주는 작용이라는 대립적인 작용을 동시에 포함하고 있다는 것을 의미한다.

2) 교육에 대한 여러 가지 정의

교육에 대한 정의는 매우 다양하다. 그런데 이 다양한 정의를 몇 가지로 분류해 보면 교육이 갖고 있는 몇 가지 성격이 드러난다.

(1) 규범성을 강조하는 정의

교육이 갖는 규범성을 강조하는 대표적인 학자로는 칸트(Immanuel Kant, 1724~1804)와 피터스(R. S. Peters, 1919~2011)가 있다. 이들은 교육이 도달해야 할 것으로 기대하는 바람직한 모습을 목적으로 삼아 교육을 정의한다.

먼저 칸트의 교육에 대한 정의를 살펴보면 그는 '인간을 인간답게 형성하는 작용이며, 현실적 존재를 이상적 당위로 변화하게 하는 일'이라고 하였다. 그는 1776년 쾨니스베르그 대학에서 교육에 관한 내용을 강의한 적이 있는데 이때 교육에 대해서 '자연에 따르는 교육을 하여 아동의 동물적 본성과 충동을 도덕적 인격체로 변화시켜야 한다'고 강조하였다. 또한 그는 '인간은 교육이 만든 것에 지나지 않는다'라고 말하며 교육의 중요성과 가능성을 강조하였다. 칸트에 있어서 중대한 문제는 도덕적 진보를 이루는 방법이며, 교육은 이를 달성할 수 있는 방법이고, 교육의 '궁극적인 목적은 인격 완성'에 있다고 보았다.

한편 피터스는 '교육은 근본적으로 교육이라는 개념 속에 내재된 가치를 도덕적으로 적절한 방식에 따라 의도적인 전달을 하는 행위'라고 정의하였다. 그는 교육을 기본적으로 합리적인 사고와 합리적인 사고와 활동으로 입문시키는 성년식으로 보았다. 여기서 합리적인 사고와 활동은 인간이 되는 데 그리고 인간다운 삶을 사는 데 없어서는 안 될 요소이다. 출생 시 동물로서의 인간이 합리적인 사고와 경험을 배움으로써 진정한 인간이 된다는 점이 교육활동 그 자체에 들어 있는 가치이다. 그런 점에서 이것은 교육의 내재적 목적 또는 내재적 가치라고 불린다.

(2) 자연성을 강조하는 정의

교육이 갖고 있는 자연성을 강조하는 대표적인 학자는 루소(J. J. Rousseau 1712~1778)이다. 그는 '교육이란 인간의 자연적 발달을 위한 모든 조성활동'으로 정의하고 있다. 루소의 교육사상이 가장 잘 나타나 있는 대표적인 저서는 『에밀(ÉMILE ou DE L'ÉDUCATION)』이다. 루소 사상 전체를 한마디로 요약하자면 '자연으로 돌아가라'이다. 그런데 이때 자연이 의미하는 것은 무엇인가? 루소가 의미하는 자연은 산, 바다, 들, 호수라는 인간 삶의 환경을 의미한다기보다는 인간의 '본성'을 의미한다고 보는 것이 타당하다. 그는 『에밀』의 본문 첫 문장에서 '세상의 모든 것은 신의 손에서 나올 때는 선하였지만, 인간의 손에 들어오면 타락한다'고 선언하고 있다. 신의 손에서 나올 때는 선하다는 것은 모든 것이 창조된 처음, 즉 본성은 선하다는 것을 표현하고 있다. 그러나 인간의 손에 들어오면 타락한다는 것인데 이는 교육도 예외는 아니라고 보았다. 특히 그는 당시 귀족 사회에서 이루어지는 교육이 자연의 법칙에서 벗어나고 있다고 비판하면서 환멸하였다. 당시 귀족 사회의 교육풍토 중 신생아의 수유를 예로 들어보자면, 신생아에게 엄마가 수유를 하는 것이 자연의 보편적인 법칙이지만 귀족들은 엄마가 자신의 젖을 물리는 것이 아니라 유모의 젖을 먹고 자라게 한다. 또한 어린아이에게 자신에게 필요한 것들을 스스로 해결하도록 가르치는 것이 아니라 세련된 말로 타인에게 명령하는 것을 가르치고 있다는 것이다. 이러한 교육을 나무에 비유하자면 사과나무에서 사과가 열리도록 만드는 것이 아니라 자신들이 원하는 열매가 열리도록 나무를 키우고 있다는 것이다. 그러면서 그는 이러한 행위들이 이것도 저것도 아닌 괴물을 만들어 내고 있다고 보았다.

그렇다면 루소가 생각하는 바람직한 교육은 무엇인가? 어린 사과나무 묘목이 나중에 커서 사과열매를 맺는다면 그 사과를 열매 맺게 하는 본질은 무엇인가? 토양, 바람, 비와 햇빛 등이 영향을 미치겠지만 가장 중요한 것은 어린 나무(씨앗) 자체이다. 사과나무는 사과열매를 맺고, 복숭아나무는 복숭아를 열리게 한다. 그것이 그 나무의 본성 즉 자연인 것이다.

따라서 그는 나무 묘목이 부러지거나 뽑히지 않게 보호만 해 주면 그 나무의 본성에 따라 열매를 맺을 것이라고 본다. 오히려 사람들이 원하는 열매를 맺도록 나뭇가지를 자르고 다른 나무와 접을 붙이는 일들은 본성을 왜곡시키는 것이기 때문에 이런 교육은 안 하면 안 할수록 좋은 교육이라고 보았다. 그런 의미에서 루소의 교육을 '소극적 교육론'이라고 한다.

(3) 사회성을 강조하는 정의

교육이 갖는 사회성, 즉 사회적 기능의 입장에서 교육을 정의한 대표적인 학자는 플라톤(B.C. 428~348 추정)과 에밀 뒤르케임(Emile Durkheim, 1858~1917)을 들 수 있다.

플라톤은 교육에 대해 '교육이 국정이고, 교육론이 곧 국가론'이라고 정의내렸다. 그는 국가를 개인의 확대로 생각하였다. 국가가 통치계급, 군인, 생산에 종사하는 서민 등의 계층으로 구성되는 것처럼 개인도 차별적인 특성(덕)을 갖는다. 이러한 특성은 배에 덕이 있는 사람, 가슴에 덕이 있는 사람, 머리에 덕이 있는 사람으로 구분된다. 배에 덕이 있는 사람들은 정욕의 특성이 지배적인데 이들은 사회적으로 생산을 담당한다. 그리고 가슴에 덕이 있는 사람들은 용기와 기개가 있는 사람들로 군인이나 관리자가 되도록 양성한다. 끝으로 머리에 덕이 있는 사람은 지혜가 있는 사람들로 하여금 최고 지도자가 되도록 양성하는 것을 교육의 기능으로 보았다. 그런데 국가를 다스리는 일은 인재를 적재적소에 배치하는 일이 그 핵심을 이루고 있으며, 특히 지혜로운 사람을 최고 지도자로 양성(철인왕, philosopher king; 철학하는 사람이 왕이 되게 하는 것)하는 것은 매우 중요한 일이다. 바로 이것이 국정의 핵심인데 이 일을 담당하는 것을 교육의 임무로 보았기 때문에 교육과 국정을 하나로 보았던 것이다. 즉 오늘날의 관점에서 보면 교육이 갖는 인적자원 양성, 선별, 배치의 기능을 매우 중요하게 생각하였던 것이다.

한편 에밀 뒤르케임은 교육을 '성인 세대가 아동 세대에 대하여 행하는 체계적인 사회화 과정'으로 정의하였다. 그는 교육현상에 대해 체계적이고 과학적인 접근을 통해 교육과학을 정립하고자 하였다. 이러한 목적을 달성하기 위해 다양한 사회에서의 교육의 모습을 관찰하고 여기에 포함되어 있는 공통적인 특징을 발견하여 교육을 정의하고자 하였다. 여러 사회에서 나타나는 교육의 공통된 특징은 성인 세대가 아동 세대에 대하여 그 사회가 요구하는 인간으로 양성하는 사회화 과정이라고 결론내렸다. 특히 그는 이러한 시도와 함께 칸트나 루소의 교육에 대한 정의를 비판적으로 고찰하였다. 칸트가 교육을 '이상적인 인간'을 육성하는 것이라고 하였을 때, 뒤르케임은 시대와 사회를 초월하여 존재하는 이상적인 인간은 존재하지 않음을 비판하며 교육은 그 시대가 요구하는 이상적인 인간을 양성하는 것임을 분명하게 강조하였다. 또한 인간의 본래 선하기 때문에 교육은 이런 선한 자연적 본성이 발달하도록 도와주는 것이라는 루소의 입장에 대해 인간의 본성이 원래 선하다는 것은 루소의 주장일 뿐이지 과학적으로 검증된 것이 아니라는 점을 비판하였다. 그러면서 우리가 관찰한 모든 시대, 모든 사회에서 나타난 교육의 공통적 특성은 성인이 아동에 대해서 그 사회가 추구하는 이상적인 인간으로 사회화시키는 점이라는 확인하고 있다.

(4) 교육에 대한 조작적 정의

조작적 정의(operational definition)는 교육이 지향하는 가치나 목적에 관심을 두기보다는 교육이라는 활동이 진행되는 과정을 사실적으로 기술하고 설명하려 한다. 즉 조작적 정의는 사물 또는 현상을 객관적이고 실험적으로 기술하기 위한 것으로 개념적 정의를 측정이 가능한 형태로 변환하는 것을 의미한다. 조작적 정의 과정을 통해 변수를 측정 가능하고 조작 가능한 형태로 변화시키고자 한다.

예를 들자면 '산소는 그것이 들어 있는 용기에 꺼져 가는 성냥개비를 넣으면 불꽃이 다시 일어나게 하는 기체이다'라고 관찰 가능한 방식으로 조작하여 정의하는 것이다. 또한 '사회경제적 지위(socioeconomic status; SES)는 소득과 교육 수준을 합친 것'으로 구체화할 수 있다.

정범모(1984) 교수는 『교육과 교육학』에서 교육은 '인간행동의 계획적인 변화'라고 조작적으로 정의하였다. 이 정의에는 인간행동, 변화, 계획 등의 핵심적인 개념이 포함되어 있다. 인간행동에 대해 살펴보면 교육의 대상은 인간이며 더 구체적으로는 인간행동이라고 본다. 사람들은 '교육을 통해 경제발전이나 국가발전을 추구한다'는 말을 자주 하곤 한다. 이러한 말 속에는 교육의 본질적인 관심이 경제발전이나 국가발전에 있다는 것을 의미하는 것인가? 조작적 정의의 관점에서 보면 교육은 본질적으로 인간을 대상으로 하는 것이기 때문에 국가발전이나 경제발전이 아무리 중요한 과업이라고 하더라도 이는 교육의 본질적 과업이 아닌 것이다. 교육의 본질적 과업은 인간을 대상으로 바람직한 방향으로 변화시키는 것이며, 이러한 인간이 국가도 발전시키고, 경제도 발전시키는 것이다. 그렇기 때문에 교육의 본질은 인간의 변화이며 국가발전이나 경제발전은 교육의 부차적인 관심인 것이다. 조금 더 자세히 살펴보면 교육은 인간의 변화를 추구하는데 인간의 어느 부분을 변화시키고자 하는 것인가? 조작적 정의는 인간행동의 변화라고 말하고 있다. 그런데 여기서 행동은 눈에 보이는 움직임보다 더 넓은 의미를 포함한다. 정범모 교수는 인간행동을 외현적 행동(ovrt behavior)과 내재적 행동(covert behavior)으로 구분한다. 외현적 행동은 사람들의 물리적 움직임과 같이 관찰 가능하고 측정할 수 있는 것을 의미한다. 반면 내재적 행동은 인간의 정신, 정서, 지식 등과 같이 눈으로는 관찰하기는 어렵지만 조작을 통해 측정할 수 있는 영역을 말한다. 탐구의 대상이 객관적으로 증명될 수 없거나 관찰할 수 없는 영역은 과학적 탐구의 영역이 될 수 없다. 그러나 지식의 증가와 같이 겉으로 보아서는 알 수 없지만 시험과 같이 조작을 통해 측정할 수 있는 것은 과학의 대상이 될 수 있기 때문에, 눈에 보이지는 않지만 측정 가능한 인간의 모든 영역을 내재적 행동이라고 지칭한 것이다. 이렇게 본다면 인간행동은 눈으로 관찰 가능한 육체적 움직임뿐 아니라 가치관, 정서, 지식, 성격, 자아개념 등도 모두 행동의 영역으로 포섭되는 것이다.

한편 변화는 교육에서 매우 중핵적인 개념이다. 교육을 하는 가장 중요한 이유는 인간을 변화시키기 위함이기 때문이다. 만일 인간이 변화되지 않는 존재라면 교육을 할 필요가 없는 것이다. 다만 변화라는 말에는 바람직한 변화뿐 아니라 바람직하지 않은 변화도 포함한다. 이는 과학적 근거를 충족시키기 위해 가치중립적으로 표현한 것이지만 교육은 내재적으로 바람직한 변화를 추구한다. 예를 들면 교육을 통해 어떤 능력을 육성, 계발하거나 어떤 행동이나 태도를 교정하고 발달시키는 것들을 모두 변화를 의미한다. 즉 교육을 통해 아직 능력이 없는 어린 아이를 성숙한 어른으로 변화시키고자 하는 것이다.

한편 조작적 정의의 또 다른 중요한 개념은 계획이다. 교육은 인간행동의 변화를 추구하는 것이지만 이 변화는 의도적이고 계획적인 것을 의미한다. 의도하지 않았거나 우연적인 변화는 그것이 아무리 바람직한 변화라고 하더라도 교육의 정의를 충족시키지 못하는 것이다. 의도하지 않았거나 계획하지 않았지만 환경 등의 영향으로 인간행동의 변화가 이루어질 수 있다. 이러한 경우는 교육이라는 개념을 사용하지 않고 학습이라고 부른다.

3) '교육' 개념의 분석

조작적 정의는 교육을 자연과학과 같은 엄밀한 과학으로 자리매김하려는 시도에서 시작되었다. 이러한 시도는 철학의 영역에서는 분석철학자들에 의해서 시도되었다. 분석철학자들은 궁극적인 것, 본질적인 것을 탐구하려는 종래의 철학적 전통을 거부하고 학문적 영역이나 일상 영역에서 사용되는 개념과 언어를 명확하게 사용할 것을 추구하였다. 교육철학에서도 피터스(Peters)와 같은 분석철학자들은 교육의 개념을 분명하게 사용하여 서로 교육학적 논의에서 개념적 혼란을 피해보려고 시도하였다. 그래서 이들은 교육의 개념을 분석한 결과 '교육' 개념을 충족시키기 위해서는 의도성, 계획성, 가치지향성을 충족시켜야 한다고 보았다.

의도성은 교육활동은 반드시 의도가 존재한다는 것이다. 이러한 의도는 다른 말로 목적이나 목표로 표현할 수 있다. 이러한 교육의 의도성은 명시적일 수도 있고 때로는 암묵적으로 존재하기도 한다. 또한 국가 수준의 교육활동이나 한 시간의 학교 수업활동, 가정에서 이루어지는 밥상머리 교육이나 모든 교육활동은 인간을 어떤 방향으로 변화시킨다는 의도가 반드시 존재한다. 교육의 성과와 상관없이 의도가 있다면 교육이라고 할 수 있지만, 의도 없이 이루어진 활동이 아무리 성과가 크다고 하여도 교육의 개념을 충족시킬 수는 없다.

계획성은 넓은 의미에서는 의도성에 포함되지만 의도성이 목표, 목적이라고 한다면 계획성을 이를 달성할 수 있는 수단을 의미한다. 교육목표가 아무리 바람직하다고 하여도 그것을 달성할 수 있는 방법이 없다면 그 목표는 달성할 수 없게 된다. 이렇게 본다면 교육의 의도성과 계획성은 목표와 수단의 관계로 이해할 수 있다. 그런데 교육의 논리는 매우 특이하다. 목표와 수단에서 어떤 수단을 사용해도 목표만 달성하면 된다는 논리가 교육에서는 잘 통하지 않는다. 예컨대 창의적인 인간을 육성하자는 목표를 달성하기 위해 암기식 교육방법을 사용한다면 이러한 목표는 달성되기 어렵기 때문이다. 따라서 교육에서는 목표를 달성하기 위해서는 방법도 교육적 의미를 지닌 것이어야 한다. 한편 가치 지향성은 교육은 적극적으로 가치를 지향하는 활동이라고 본다. 만일 어떤 활동이 의도성과 계획성을 요건은 충족하였지만 가치에 위배되거나 가치중립적인 활동이라면 그것은 교육이라

표 1-1 **피터스의 교육과 훈련**

교육	훈련
• 인간의 신념체제나 안목의 변화에 관심 • 전인적 변화에 관심/원리(인지적 기준)	• 특수기술의 연마 • 인간특성의 일부의 변화 • 부분적 지식
• 피교육자의 지적인 참여 내지 창조적 개입이 요구됨(과정적 기준)	• 기계적 연습
• 가치 지향성(규범적 기준)	• 가치중립성

고 부르지 않고 훈련이라고 부른다. 피터스는 '훈련이란 제한된 기술이나 사고방식을 길러주는 것임에 비해 교육은 보다 넓은 신념체계를 다루는 것'이라고 본다.

2. 교육의 형태와 요소

1) 교육의 형태

오늘날 우리 사회의 교육의 모습을 떠올려보면 매우 다양한 모습을 그려볼 수 있다. 교육의 대상에 따라서 또는 교육이 이루어지는 장소에 따라서 또는 가르쳐지고 있는 교육의 내용에 따라서 교육의 모습은 달라질 수 있다. 이에 따라 교육의 형태를 다양하게 분류할 수 있다.

예를 들면 교육 대상의 발달단계에 따라 유아교육, 청소년교육, 성인교육 등으로 나누어 볼 수 있다. 오늘날 인간이 생애 전체에 걸쳐서 교육을 받을 필요가 있음을 강조하면서 평생교육이라는 용어를 사용하기도 한다. 또한 교육이 이루어지는 장소에 따라 가정교육, 학교교육, 사회교육 등으로 구분할 수 있으며 가르치는 내용에 따라서 영어, 수학, 역사, 철학 등의 여러 가지 교과교육 등으로 구분된다. 이러한 내용은 교육을 받는 목적에 따라 직업교육과 교양교육으로 구분할 수 있다.

그러나 역사적 과정에서 교육체계의 발달을 고려하여 교육의 형태를 구분해 본다면 형식적 교육과 비형식적 교육으로 구분할 수 있다. 형식적 교육(formal education)은 학교와 같이 일정한 구조와 체계를 갖추고 이루어지는 교육을 의미한다. 일정한 구조와 체계에는 전문적인 교사, 교육목적, 교육내용, 방법, 그리고 장소 등을 포함한다. 한편 오늘날의 학교처럼 형식을 갖추지 못하고 이루어지는 교육은 비형식적 교육과 무형식적 교육으로 구분하기도 한다. 비형식적 교육(informal education)은 준 형식적 교육으로 정규학교 제도 밖에서 이루어지는 체계적 교육을 의미한다. 비형식적 교육의 사례로는 사회교육, 학원 및 교습소를 통한 교육, 방송통신교육, 소비자교육 등이 있다. 한편 무형식적 교육(non-formal education)은 넓은 의미의 교육으로 교육기관에 의하지 않고 실제 생활을 하는 동안 자연, 사물, 인간관계, 매스컴 등에 의해 자연발생적으로 이루어지는 교육을 의미한다. 즉 일정한 교육목적과 일정한 장소가 정해지지 않고 실시되는 교육으로 가정교육이나, 매스컴, 일상경험이나 환경과의 접촉을 통해 나타나는 교육효과를 의미한다. 사례로는 독서모임, 온라인 강좌, 워크숍 및 세미나, 봉사활동, 취미활동 등을 통해 교육과 학습이 이루어지는 것 등이 있다.

역사적으로 보면 교육의 형태는 원시시대의 무형식적 교육에서 오늘날의 형식적 교육의 형태로 발달하여 왔다. 원시시대의 교육은 학교, 교사, 교육내용이 따로 정해져 있는 것이 아니라 삶 속에서 필요한 순간에 이루어졌다. 그러나 교육이 발달하면서 전문적으로 가르치는 교사가 생겨나고, 교육의 목적과 내용 그리고 가르치는 장소 등이 정해지면서 형식성을 갖추기 시작하였다.

그러나 형식성이 모두 바람직한 것은 아니다. 오늘날 교육의 형식이 고도화되면서 학교교육은 또 다른 위기를 초래하기도 하였다. 오늘날 사회는 4차 산업혁명, 창의·융복합 등의 과학기술의 혁신적 발달, 학문의 다지화와 학문적 융합, 지식의 폭발적 증가와 패러다임의 변화, 가치의 다원화 등으로 특징지어진다. 지나친 형식성으로 경직된 학교교육은 이러한 급속한 변화를 수용하는 데 한계점을 갖고 있으며, 이것이 학교교육을 위기상황으로 몰고 있는 하나의 요인으로 작용하고 있다. 또한 학교교육의 지나친 형식성으로 인해 자유롭고 자연스런 창의적인 교육의 전개를 방해하는 경우가 많아지고 있기 때문이다. 이러한 위기를 극복하기 위한 대안을 평생교육, 사회교육 등과 같은 비형식적 교육에서 찾고 있는 것이다. 따라서 교육의 경직된 형식성으로 인해 발생하는 문제를 극복하기 위해 앞으로 우리의

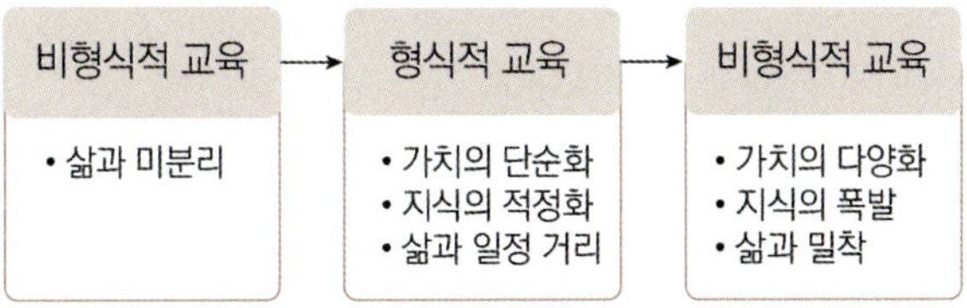

그림 1-1 교육의 형태의 발달

교육은 어떤 형태를 갖추어야 하는지를 해결해야 할 과제를 남기고 있다.

2) 교육의 3요소

교육활동이 성립하기 위해서는 어떤 요소들이 존재하여야 하는가? 복잡한 현대의 교육이든 매우 단순한 원시시대의 교육이든 교육활동이 성립되기 위해서는 교사, 학생, 그리고 교육내용이 반드시 필요하다. 그래서 이를 교육의 3요소라고 한다.

과거의 교육은 지식에 정통한 교사가 학생들에게 지식을 전해 주는 중요한 역할을 수행하였다. 그래서 교사를 교육의 주체라고 부르고 학생을 교육의 대상인 교육의 객체 그리고 가르치는 교육내용을 매개로 상호작용하기 때문에 교육내용을 교육의 매개체라고 부르기도 했다.

그러나 오늘날에는 교육을 '인간행동의 계획적인 변화'라고 정의할 때, 변화가 되어야 할 주체는 학생이기 때문에 교육활동이 교사 중심에서 학생 중심으로 변화되었다고 할 수 있다. 교사의 위상도 교육의 주체에서 학생의 변화를 가져오게 하는 하나의 수단으로 변화되었다.

또한 최근 코로나(COVID-19)와 같은 유행병 시기를 겪으면서 교육활동은 교실에서 집단적으로 이루어지는 일제수업에서 Zoom이나 LMS(Learning Management System) 등의 온라인 수업으로 대체되기도 하였다. LMS와 같은 온라인 개별학습의 수업형태에서는 전통적인 수업활동에서 보여주었던 교사의 모습이 존재하지 않고 교육내용인 콘텐츠만 존재하는 교육활동이 가능하게 된 것이다. 이러한 COVID-19로 인한 온라인 재택 수업의 경험은 우리에게 몇 가지 문제를 던지고 있다. 교육콘텐츠와 학생만 존재하면 교육활동이 가능한 상태에서 과연 더 이상 학교와 교사가 필요한가라는 근본적인 물음이 그것이다. 이 질문에 대해 여전히 학교와 교사가 필요하다고 대답할 수 있다. 그러나 교육은 학교에서만 이루어지는 것이 아니며, 교사의 역할도 더 이상 지식의 전달자가 아니라 교육 콘텐츠의 제작자 또는 학생들 학습의 관리자로 변화되고 있음을 인식해야 한다. 이러한 오늘날의 경험은 그것이 비정상적인 상황에서 벌어졌다고 하더라도 중요한 교육의 변화를 가져오게 된 것이다. 이러한 변화에 따라 과거의 교육의 형태와 교육활동을 성립시키게 한 교사, 학생, 교육내용 등의 3요소가 미래 교육에서는 어떻게 변화될 것인지 또한 어떠한 모습이 이상적인 모습인지에 대해 끊임없이 물음을 던지고 답을 찾아보아야 한다.

3. 교육의 기능과 필요성

교육은 어떤 일을 하며, 인간에게 왜 필요한가를 살펴보고자 한다.

1) 교육의 기능

교육이 하는 일을 교육의 기능이라고 하는데, 대체로 교육의 기능은 개인 신장의 기능, 생활경험 습득의 기능, 문화창달의 기능, 사회화의 기능을 수행한다.

(1) 개인 신장의 기능

개인 신장의 기능은 개인이 유전적으로 타고난 잠재능력을 조화롭게 발전시키고 지식이나 문화유산을 계발시키며, 생활경험을 풍부하게 해 주어 이상적인 인간으로 도야시키는 기능을 말한다. 아리스토텔레스는 '존재하는 모든 것은 어느 것이든 목적을 가지고 존재한다'고 말했다. 즉 모든 인간은 그 존재의 목적, 이유가 있으며, 교육은 이를 실현시켜주는 역할을 한다.

개인 신장의 기능은 개인의 능력을 잘 발휘하게 하는 것뿐만 아니라 그로 인해 그 사람의 정체성 형성에도 영향을 미친다. 전근대 사회에서 개인의 정체성은 개인의 능력이 아니라 개인의 출신배경에 의해서 결정되는 경우가 많았다. 즉 개인이 무엇을 추구하고 무엇을 잘하는가가 아니라 어떤 가정배경에서 태어났느냐에 따라 개인의 정체성이 형성되었다. 그러나 근대 사회에 들어와서는 개인의 배경이 개인을 결정하기보다는 개인 스스로 추구하는 지향성과 능력이 개인의 정체성을 결정하는 경향이 높아졌다. 즉 그 개인이 무엇을 잘하고 무엇을 추구하는가의 문제가 개인의 정체성에 영향을 미치기 때문에 개인 신장의 기능이 정체성에 중요한 영향을 미치고 있는 것이다.

또한 개인 신장의 기능은 국가의 입장에서 보았을 때 국가의 인적자원을 개발하여 국가경쟁력을 확보하는 것과 연관되어 있다. 오늘날 세계의 국가들은 서로 치열한 경쟁을 하고 있다. 특히 과학기술을 바탕으로 한 경제적인 경쟁이 중심을 이루고 있는데 이러한 경쟁에서 살아남기 위해서는 다른 나라보다 우수한 인력을 개발해야 하는 교육의 책무성이 부각되고 있는 것이다.

(2) 생활경험 습득의 기능

생활경험 습득의 기능은 우리가 생활하는 데 필요한 경험들을 배워서 삶 속에서 활용할 수 있게 하는 것을 말한다. 생활교육의 관점에서는 교육이 삶과 동떨어진 지식 위주의 교육보다는 생활에 필요한 경험을 배우는 것을 중요하게 생각한다. 특히 20세기 최고의 철학자로 평가받는 듀이(John Dewey, 1859~1952)는 교육을 '계속적인 경험의 재구성'으로 정의내리면서 교육은 삶 그 자체라고 강조하고 있다. 또한 생활경험을 강조하는 킬패트릭(H. W. Kilpatrick, 1871~1965)은 우리는 '우리가 살기 위해 필요한 것을 배운다'고 강조하고 있다. 생활경험 습득의 기능은 삶은 경험을 통해 이루어진다고 보고 있으며, 삶을 가능하게 하는 경험은 교육을 통해 획득된다고 보는 것이다.

(3) 문화창달의 기능

문화창달의 기능은 앞 세대의 문화를 다음 세대에게 전수해 주는 것을 의미한다. 인간은 다른 동물들과 달리 문화를 창조하고 축적하여 다음 세대에 전수해 주는 특징을 갖는 존재이다. 다른 동물들도 앞 세대로부터 그 종족의 특성을 물려받지만 이는 유전을 통해서 매우 제한된 양만큼만 전수받게 된다. 그래서 유전을 통해 물려받은 그 종의 본능만을 갖고 태어나고 그 본능을 넘어서는 영역을 획득하기 어렵기 때문에 세대가 계속되어도 그 종의 행동에 큰 변화를 찾기 어렵다. 반면 인간은 유전을 통해서 물려받는 것 외에도 사회가 가지고 있는 매우 많은 문화유산을 교육을 통해 획득하게 된다. 사실 인간은 인간 삶에 꼭 필요한 언어조차도 유전을 통해 물려받지 못하고 교육을 통해 획득한다. 그렇게 본다면 인간은 유전을 통해 물려받은 것보다 막대한 양을 교육을 통해서 획득하게 된다. 언어, 지식, 예절, 태도, 가치, 도덕, 이념, 과학, 기술, 예술, 놀이 등 그 시대의 많은 것들이 유전이 아니라 교육을 통해 전수되고 또 다음 세대에 계승되고 있다. 한 사회가 갖는 막대한 양의 문화가 교육을 통해 전수되는 것의 중요한 장점은 첫째, 유전을 통해서 전달된다면 그 양이 매우 제한될 수밖에 없지만 교육을 통해 전달되기 때문에 사회가 보유하고 있는 유산 전체가 전수될 수 있다는 것이다. 이는 유전과는 달리 모든 개인에게 문화유산의 총량이 모두 전수되는 것이라, 개인마다 서로 다른 분야와 내용을 학습하여 전수하기 때문에 사회가 갖는 문화의 총량을 분업적으로 전수하는 것이 가능한 것이다. 둘째, 전수되는 문화의 내용을 창조적으로 변화시킬 수 있다는 점이다. 유전을 통해서 전수된다면 그 내용의 변화가 거의 없지만 교육을 통해 학습된 내용들은 시대에 따라 창조적으로 변화시키거나 폐기하여 문화를 창조적으로 전달하여 계승하는 것이 가능하다는 점이다. 그래서 오랜 시간 사회의 발전 속에서도 과거의 문화가 오늘날에도 생명을 갖고 이어져 내려오는 것이다.

그림 1-2 교육의 문화창달의 기능

(4) 사회화의 기능

사회화의 기능은 한 개인에게 그 사회가 갖는 언어, 문화, 규범, 행동양식, 정서, 가치, 이념 등을 습득하게 하여 그 사회의 행동유형에 적응할 수 있게 하는 것을 의미한다. 한편 사회의 입장에서는 출생을 통해 충원되는 사회구성원들에게 교육을 통해 그 사회의 정체성을 심어주어 사회의 계속성 유지와 발전에 기여하게 하는 것을 의미한다. 일제 강점기 때 교육구국운동을 한 민족 선각자들은 '우리가 지금 힘이 없어 국권을 빼앗겼지만 우리의 언어, 우리의 역사, 우리의 정신을 지켜나간다면 다시 힘이 생겼을 때 나라를 되찾을 수 있지만 우리의 언어, 우리의 정신을 빼앗긴다면 다시 힘이 생겨도 우리 민족은 소멸되고 말 것이다'라고 강조하였다. 이때 민족 선각자들이 지키고자 한 언어와 정신이 그 사회가 추구하는 이념, 그 사회의 정체성이라고 할 수 있다. 이렇게 본다면 사회화는 개인의 입장에서는 사회에 적응하게 하는 기제이며, 사회의 입장에서는 한 사회의 정체성을 유지하며 그 사회가 존속할 수 있게 하는 기제라고 할 수 있다. 한 사회의 정체성을 유지시켜 전수해 나간다는 점에서 보면 앞에서 살펴 본 문화창달의 기능과 일치한다. 이것을 문화의 관점에서 보면 문화화라고 볼 수 있으며 사회학의 관점에서 본다면 사회화라고 볼 수 있다.

대학에 신입생이 들어오면 '교양학교', '오리엔테이션', 'MT' 등의 행사들을 통해 공식적인 학교생활의 절차뿐만 아니라 비공식적인 학교와 학과의 문화와 가치를 내면화시켜 그 구성원으로 만들어 가는 전형적인 사회화 과정으로 볼 수 있다.

2) 교육의 필요성

인간에게 교육이 필요한 이유는 무엇인가? 인간은 극소의 현실성과 극대의 가능성을 가지고 태어난다고 한다. 교육을 통해서 이러한 가능성을 현실로 실현시킬 수 있기 때문이다. 인간에게 교육이 필요한 이유는 일명 '모글리 현상'이라고 불리는 교육을 받지 못한 사례를 통해 찾아볼 수 있다. 실제로 '아베롱의 야생아'가 그 대표적인 사례이다. 1800년 1월 9일 남부 프랑스 생드세랭이란 마을 근처 숲에서 11, 12세 정도로 보이는 완전 나체의 야생아가 발견되었다. 발견 당시 이 소년은 네발로 기어 다니고 전혀 말을 하지 못했으며 인간이기보다는 야수에 가까웠다. 이 소년은 이타르(J. M. G. Itard)라는 의사에게 교육을 받게 되며 '빅토르'라는 이름을 얻게 된다. 5년 정도 교육을 받은 빅토르는 다소의 감정표현이 가능해졌으나 말은 두서너 마디밖에 할 수 없는 수준이었다. 빅토르는 1828년에 약 40세 정도의 나이로 사망하였다. 그는 인간세계로 돌아와서 화장실 사용, 옷 입기, 약간의 언어만을 습득했을 뿐이다(https://louismocha-1.tistory.com/30).

이와 비슷한 사례가 1957년에 미국 캘리포니아에서 태어난 지니(Genie)의 경우이다. 지니는 그의 아버지가 빛도 들어오지 않는 방에 가두고 짐승처럼 겨우 먹을 것만 주며 고립된 채 정상적으로 성장할 기회를 박탈당한 아동학대를 받았다. 그는 언어를 사용하지 못했으며 동물과 같은 소리를 낼 수 있을 뿐이었다. 그 후 그의 어머니가 지니를 데리고 집에서 탈출하여 다시 인간다운 삶을 살 수 있도록 지원이 이루어졌으나 정상적인 발달은 이루어지지 않았고 언어습득에 문제점이 있었으며, 반사회적인 행동을 나타내곤 하였다고 한다(https://namu.wiki/w/지니).

그 외에도 사실 여부에 대한 논란이 있지만 인도 벵골 지방의 산속에서 발견된 아말라과 카말라도 늑대굴에서 발견된 야생아였다. 이들은 늑대와 똑같은 행동을 하면서 사람을 두려워하였다. 아말라는 발견되고 3년 후에 사망하였고 카말라는 약 10년 후에 사망하였다. 이들 역시 제한된 수준의 언어를 습득했을 뿐이었으며, 무엇보다도 인간 사회에 제대로 적응하지 못하고 사망한 것이다(https://ko.wikipedia.org/wiki/아말라와 카말라).

이러한 야생아들의 사례는 인간발달의 환경과 경험의 중요성을 보여주고 있다. 인간이 적절한 시기에 교육을 받지 못하게 되면 정상적인 발달이 이루어지기 어렵다는 것을 보여준다. 특이 이러한 사례들이 공통적으로 보여주는 것은 이른바 발달이 이루어지는 결정적 시기가 있어서 이 시기를 놓치게 되면 이후에 많은 노력을 해도 정상적인 발달이 이루어지지 않는다는 것이며, 이들의 언어습득을 비롯한 다양한 영역에서 확인할 수 있었다. 즉 인간의 초기 사회화가 이루어지지 않는다면 인간의 능력은 상당히 제한된다는 것이다.

4. 교육의 가능성과 한계성

교육의 가능성과 한계성이라는 말은 무엇을 의미하는 것일까? 교육을 '인간행동의 계획적인 변화'라고 정의하였을 때 교육이 가능하다는 것은 인간의 변화가 가능하다는 것을 의미한다. 인간의 변화 가능성에 대한 논쟁은 유전과 환경 논쟁이 그 핵심을 이루고 있다. 즉 인간은 유전에 의해 상당 부분 결정되어 있어서 변화에 한계가 있다는 주장과 인간은 환경과 경험에 의해 얼마든지 변화할 수 있다는 대립된 주장이 그것이다.

1) 교육의 가능성

인간은 자연적 성장에 의해서든 교육에 의해서든 변화가 가능한 존재이다. 인간이 외부의 영향을 받아 변화하는 성질을 가소성 또는 도야성이라고 부른다. 특히 교육에 의해 변화할 수 있는 가능성을 교육의 가능성(educability)이라 한다. 반면 교육에 의해서도 변화되지 않는 것을 교육의 한계성이라 한다.

교육의 가능성을 강조하는 입장은 비록 인간의 소질과 능력이 다르다고 할지라도 이에 구애받지 않고 적절한 환경을 제공함으로써 변화가 가능하다고 주장한다. 영국의 경험론자 로크(J. Locke, 1632~1704)는 인간의 본성에 대해서 인간은 백지 상태로 태어났다는 백지설을 주장하였다. 가능성만을 가진 채 아직 아무것에도 물들지 않은 백지 상태의 인간이 후천적으로 어떤 경험을 하느냐에 따라 달라진다고 보는 것이다. 즉 선천적으로 결정된 것이 아니라 후천적인 경험에 의해 결정된다는 주장이다.

또한 행동주의 심리학자 존 왓슨(J. Watson, 1878~1958)은 "나에게 열두 명의 건강한 아이를 맡겨주면 그들의 재능이나 능력과 상관없이 원하는 인간으로 만들어 줄 수 있다"고 주장하였다. 이는 유전적으로 물려받은 선천적인 재능이나 소질과 상관없이 후천적인 환경과 경험으로 인간을 변화시킬 수 있다는 강한 신념, 즉 '교육만능설'을 피력하였다.

미국의 헬렌 켈러의 경우는 교육이 어떻게 인간의 삶을 변화시킬 수 있는가를 보여준 실제 사례라고 할 수 있다. 헬런 애덤스 켈러(Helen Adams Keller, 1880~1968)는 미국의 작가, 교육자이자 사회주의 운동가이다. 그녀는 인문계 학사를 받은 최초의 시각, 청각 장애인이다. 헬렌 켈러는 생후 19개월 후에 성홍열과 뇌막염으로 인해 평생 시각장애와 청각장애를 안고 살아가게 된다. 그러나 앤 설리번 선생과 자신의 노력으로 장애를 극복하여 언어와 문자를 배우게 되었으며 래드클리프 대학교를 졸업하면서 최초의 학사학위를 받은 시청각 장애인이 되었다. 그의 유년 시절을 다룬 영화 《미라클 워커》로 인해 그녀의 이야기는 전 세계적으로 널리 알려지게 되었다(https://ko.wikipedia.org/wiki/헬렌_켈러). 이러한 헬렌 켈러의 삶은 설리번 선생의 교육적 노력이 없었다면 어떻게 되었을까? 가장 불운한 가정을 해본다면 아마도 시각과 청각장애 속에서 좌절된 삶을 살았을 것이다. 그러나 그는 설리번 선생과 자신의 노력으로 장애를 극복하고 자신의 삶을 주도적으로 개척하며 사회운동을 실천한 사회주의 지식인이며 세계적으로 유명한 작가, 연설가가 된 것이다. 동양에서도 맹자의 어머니가 맹자를 위해 세 번 이사를 했다는 맹모삼천지교(孟母三遷之敎)는 인간 환경의 중요성을 강조하고 있는 사례이다.

2) 교육의 한계성

유전학, 범죄심리학, 성격학, 골상학, 형태심리학 등을 연구하는 입장에서는 인간은 유전자에 의해 그 변화의 범위가 선천적으로 결정이 되기 때문에 교육의 가능성을 별로 인정하지 않는다.

갈톤(Francis Galton, 1822~1911)은 그의 저서 『유전적 천재』(1869)에서 당시 영국왕립학회 회원 190명의 부모와 친척들의 직업과 인종에 관한 정보를 통계적으로 분석하여 능력이 출중한 사람끼리 더 가까운 친척 관계를 갖고 있음을 밝혔다. 그는 가계가 어떠하냐에 따라 지적 능력이 차이가 있다는 연구발표를 하면서 지능은 유전에 의해서 영향받는다는 유전론을 주장하였다. 한 예로, 미국에서 1703년에 출생한 에드워드(Edward)의 손자 1,394명 중에 대학졸업자가 295명, 대학 총장이 13

명, 의사가 60명, 종교관계에 종사하는 사람이 100명, 장교 75명, 저술가 60명, 판사 60명 그리고 상원의원이 3명이었으며, 범죄자는 한 사람도 없는 훌륭한 가계로서 현재도 사회에 유용한 인물이 많이 나왔다고 한다. 또한 그는 쌍둥이 연구도 수행하여 환경보다는 유전의 역할이 더 크다는 증거를 제시했다. 일란성 쌍생아들에서 볼 수 있는 것과 같이 그들의 능력과 성취 수준이 매우 유사하다는 것은 인간의 행동이 유전에 의해 결정된다는 주장을 뒷받침한다는 것이다. 또한 범죄생물학자들은 범죄자 쥬케의 가계 연구 결과 2,240명 중 20여 명만 자립적 생활이 가능하고 나머지 대다수가 중범죄자, 정신병자, 알코올중독자 등이었다는 것을 발견하였다. 이러한 결과는 범죄의 원인이 유전적으로 결정된다는 점 그리고 우생학적으로 우성과 열성이 따로 존재한다는 주장을 뒷받침하고 있다.

지금까지의 논쟁을 정리해 본다면 유전결정론자들은 인간행동이 유전자와 유전적 요소에 의해 결정된다고 본다. DNA에 내장된 정보가 성격, 지능, 성향, 질병에 대한 취약성까지 결정한다는 것이다. 반면 환경결정론은 한 개인이 자라면서 겪는 사회적·문화적·경제적 요건이 인간행동에 더 큰 영향을 미친다고 보고 있다.

그러나 많은 연구들은 유전과 환경 중 어느 한 요인이 인간의 행동을 결정한다기보다는 유전적 요인과 환경적 영향이 복잡하게 상호작용한다고 보고 있다. 장이론을 주장한 레빈(K. Lewin, 1890~1947)은 이미 1930년대에 B=f(P*E)라는 공식을 주장하면서 인간행동(B)은 개인(P)과 환경(E)의 상호작용의 결과라고 주장하였다. 최근에는 뇌에서 행동을 조절하는 유전자 또한 상황에 따라 반응하는 조절 네트워크 내에서 작동한다는 사실이 밝혀지기도 했다. 미국 일리노이대 게놈 생물학 연구소의 연구는 행동은 물론 유전자 발현까지도 유전과 환경 모두에서 영향을 받는다고 발표하였다. 이렇듯 최근의 연구결과들은 교육의 가능성과 한계성에 관한 논쟁에서 인간의 행동을 유전과 환경의 상호작용의 결과라고 결론내리고 있으며, 이러한 상호작용의 기제를 밝히는 것에 주력하고 있다.

토론과제

1. 교육의 개념과 의미에 대해 논의해 보자.
2. 미래의 교육은 어떤 모습일지 토론해 보자.
3. 우리나라에서 교육의 중요한 기능은 무엇인지 그리고 어떤 기능이 강조되어야 하는지 논의해 보자.
4. 교육은 인간을 변화시킬 수 있는지에 대해 사례를 들어 토론해 보자.

교육의 철학적 기초

제2장

학습목표

1. 교육철학의 개념을 이해한다.
2. 교육철학의 탐구방법을 이해한다.
3. 7가지 주요 철학이 제시하는 교육철학을 이해한다.
4. 현대 미국의 4가지 교육철학을 이해한다.

1. 교육이 추구하는 이상 찾기

교육을 '인간행동의 계획적인 변화'라고 정의할 때, 교육을 실천하기 위해서는 몇 가지 진지하게 고려해야 할 것들이 있다. 예컨대 '인간의 본질은 무엇인가', '우리가 사는 세계의 본질은 무엇인가', '인간을 어떤 방향으로 변화시킬 것인가', 그리고 '인간은 어떻게 변화될 수 있는가' 등이 그런 문제이다. 또한 우리가 추구하는 '이상적인 인간이 되기 위해 어떤 교육내용을 제공해야 하는가' 그리고 '좋은 교육이란 무엇인가'에 대해서도 탐구해 보아야 한다. 이처럼 교육을 준비하고 계획하기 위해서는 본질적이고도 중요한 문제들에 대해 생각해 보아야 한다.

철학은 전통적으로 궁극적이고 본질적인 것을 탐구하는 학문으로 간주되어 왔으며, 학문의 성립 조건에 대해 탐구하는 학문 중의 학문으로 간주되어 왔다. 교육에 대한 철학적 탐구는 교육이 직면하는 여러 가지 본질적이고 중요한 문제들을 탐구할 수 있게 해 준다. 또한 교육을 실천하고자 할 때 교육이 추구하고자 하는 이상적인 방향과 목표에 대한 질문에 대해 탐구할 수 있게 해 준다. 본 장에서는 교육철학의 의미, 교육철학의 탐구방법, 철학의 응용으로서의 교육철학 그리고 현대의 주요 교육철학에 대해 살펴보고자 한다.

2. 교육철학의 개념

교육철학이 무엇인지 이해하기 위해서 우선 철학의 뜻부터 살펴보고자 한다. 철학(philosophy)의 어원은 그리스어의 philia(사랑)와 sophia(지혜)의 합성어이다. 즉 철학이란 지혜를 사랑하는 것이라고 할 수 있다. 지혜를 사랑한다는 것은 단지 지식을 축적하는 것이 아니라 진리를 탐구하는 활동이나 태도로 보아야 한다는 것이다. 즉 철학이라는 학문은 하나의 지식 체계를 의미하기보다는 진리를 추구하는 활동 자체로 보아야 하는 것을 의미한다. 이런 의미에서 임마누엘 칸트는 "철학이란 배울 수 있는 것이 아니라 철학하는(philosophieren) 것을 배울 수 있을 뿐이다"라고 말했다.

현대의 철학자들은 철학을 방법론으로 규정하려고 한다. 즉, 특정한 연구대상을 가지는 학문이 아니라 과학처럼 하나의 탐구방식이라는 것이다. 과학은 어떤 대상이나 현상을 관찰하고, 기술하고, 설명하고, 예측하는 방법이다. 그런 방법으로 어떤 대상을 연구하는가에 따라 생물학, 물리학, 화학, 사회학, 경제학 등으로 구분된다. 마찬가지로 철학도 하나의 탐구방법으로서 무엇을 연구 대상으로 하는가에 따라 과학철학, 역사철학, 법철학, 경제철학 등으로 구분할 수 있다. 교육철학은 바로 철학적 탐구방법으로서 교육의 문제들을 연구하는 것을 의미한다.

그러므로 교육철학을 공부한다는 것은 공자, 맹자, 소크라테스, 플라톤, 아리스토텔레스, 루소 등과 같은 위대한 사상가와 철학자들이 만들어 놓은 사상이나 지식의 체계를 습득하는 것에 그치는 것이 아니다. 교육철학을 공부한다는 것은 나 자신과 사회가 직면하고 있는 교육문제에 대해 철학적인 탐구방법으로 연구하여 해답을 찾고 그 결과를 활용하는 활동을 말한다. 그렇다고 과거의 교육철학적 지식체계가 전혀 가치가 없다는 것은 아니다. 그것들은 과거의 특정한 상황에서 성공적인 해답이었다고 여러 사람에 의해 인정받은 것들이다. 그러한 성공적인 과거의 경험과 지식은 현재의 우리의 철학적 탐구에 좋은 참고자료가 될 수 있다. 그러므로 우리 시대의 교육에 관해 철학적 탐구를 하는 것도 중요하지만, 그 탐구의 폭과 깊이를 더하기 위해서 과거의 교육철학을 분석하고 활용하는 것이 크게 도움이 되는 것이다.

3. 교육철학의 탐구방법

교육문제를 철학적으로 탐구한다는 것은 어떻게 하는 것인가? 철학적 탐구방법은 과학적 탐구방법이나 일상적인 사고와 어떻게 다른가? 철학의 탐구방법은 과학의 실험이나 조사연구 같은 활동적인 방법이 아니라 주로 논리적이고 비판적인 사고에 의해 진행된다. 철학을 사변적인 학문이라고 하는 것은 이 때문이다. 따라서 철학적 탐구방법은 과학적 탐구방법과 비교하여 철학적 사고방법이 가지는 특징을 제시하는 것으로 설명될 수 있다. 철학적 탐구방법은 사변성, 종합성, 규범성, 분석적 방법 등을 특징으로 한다.

1) 사변성(궁극성)

과학이 구체적인 사물이나 사건에 관하여 탐구하는 데 비해 철학은 보다 일반적·보편적·본질적인 것을 탐구한다. 인간에 대한 탐구를 예로 들면, 과학은 '인간이 생명을 유지하는 위해서는 하루에 몇 칼로리가 필요한가?', '흑인과 백인은 왜 피부색이 다른가?' 등의 구체적인 문제에 관심을 갖는다. 과학적 탐구는 주로 관찰을 통해서 경험적으로 증명 가능한 문제를 대상으로 한다. 그러나 '인간의 본질은 무엇인가?', '인간의 삶의 목적은 무엇인가?'와 같은 문제는 감각을 통해 관찰할 수 있는 대상을 넘어서는 문제이다. 철학은 이와 같이 감각을 통해 관찰할 수 있는 대상을 넘어서는 문제에 대해 사변적 방법(speculative method)을 통해 탐구한다. 여기서 사변이라는 것은 '경험에 의하지 않고 순수한 논리적 사고만으로 현실 또는 사물을 인식하는 것'을 말한다.

또한 과학은 특정한 지식이나 의견, 신념에 대해 탐구하는 데 비해 철학은 그것들의 근거가 되는 가정이나 궁극적 원리가 무엇인지를 탐구한다. 예를 들면, 과학은 '진화론이 맞는가?'라는 구체적인 지식이나 이론의 타당성을 검증하려는 데 비해 철학은 '지식이란 무엇인가?', '과학적 방법으로 얻은 지식은 신뢰할 수 있는가?' 등과 같이 모든 지식 또는 과학적 지식 전체에 관련된 근본적이고 궁극적인 문제의 답을 찾는다.

과학이 구체적이거나 특수한 문제를 탐구하는 데 비하여 철학은 보편적이고, 본질적이고, 근본적이고, 궁극적인 문제를 탐구한다. 철학의 이런 본질적이고 궁극적인 문제에 대한 해답은 구체적인 탐구나 일상적인 사고를 위한 근거나 바탕이 된다. 그러므로 철학을 제1원리의 학문, 메타학문이라고 부르며 '학문의 학문'이라고 부른다.

철학적 탐구를 바탕으로 한 교육문제에 관심을 갖는 교육철학자는 '교육의 본질은 무엇인가?', '인간의 본성은 무엇이며, 어떻게 형성되는가?', '지식은 무엇이며, 우리는 지식을 어떻게 알 수 있는가?', '합리적인 또는 창의적인 사고방법은 어떤 것인가?' 등 교육과 관련된 궁극적인 문제들에 질문을 던지고 해답을 구한다. 이러한 궁극적인 문제들은 과학과 같이 감각을 이용한 대상의 관찰로는 해결되기 어렵고 사고를 통해서만 관찰할 수 없는 영역에까지 탐구할 수 있는 것이다.

2) 종합성

과학자들은 연구대상에 대해 개별 과학이 접근하는 방법에 따라 탐구함에 따라 대상이 갖는 부분적인 특성만을 다루게 된다. 반면 철학은 존재하는 모든 것을 체계적으로 사고하고자 한다. 즉 인간은 과학을 통해 발견된 서로 다른 모든 사물들이 어떻게 일종의 의미 있는 총체를 형성할 수 있는지 이해하여야 한다. 예컨대 심리학은 인간의 심리에 관한 것을, 생물학은 인간의 유기체적 특성에 관하여 탐구하며, 사회학은 인간들 간의 관계에 대해 탐구한다. 이것은 인간에 대해 종합적인 이해라기보다는 인간의 부분적인 특성을 설명하는 데 불과하다. 철학의 종합적 특성은 개별 과학이 밝혀낸 부분적인 사실을 종합하고 그러한 부분적인 사실이 전제하는 기본적인 관념을 서로 연관시키는 작용을 하고 있다.

인간은 개별적 사실의 발견에 통합적 의미를 부여하는 포괄적인 틀을 끊임없이 탐구하고자 한다. 철학은 예술, 과학, 역사와 더불어 지식의 한 분야지만 철학은 이론적 탐구에서 모든 학문을 포괄하여 학문 간의 관계를 연관시키고자 한다. 다시 말해서 철학은 경험의 전 영역에서 통일성을 수립하고자 시도한다. 철학이 갖는 이러한 특성을 종합성이라고 한다.

교육철학도 마찬가지로 교육심리학, 교육과정, 교육사회학, 교육행정학, 교육방법론, 교육사 등의 개별 과학들이 밝혀낸 사실들을 종합적인 안목으로 볼 수 있게 한다.

3) 규범성

철학은 가치의 문제를 다루는 몇 안 되는 학문 중의 하나이다. 특히 철학이 갖는 규범성은 가치판단, 행동판단, 심미적 감상 등에 대한 기준을 세우고자 한다. 즉 선과 악, 정의와 불의, 미와 추에 대한 탐구로서 그러한 것에 대한 기준을 마련하고 판단하고자 하는 것이다.

객관성을 추구하는 과학은 주관이나 가치의 개입을 배제하려는 데 반해 철학은 이미 알려진 사실들을 평가하고, 가치를 부여하며, 행동의 규범을 제시한다. 즉, 철학은 있는 그대로의 사실을 탐구하기보다는 마땅히 있어야 할 당위(what ought to be)를 제시하거나 그 당위에 비추어 현실을 비판한다. 그리하여 철학은 가치 있는 것과 가치 없는 것, 바람직한 것과 바람직하지 않은 것, 선과 악, 옳고 그름, 아름다움과 추함이 무엇인지, 그것들을 판단하는 기준은 무엇인지 등을 분석하고 비판하며, 삶에 올바른 방향을 제시한다. 예를 들면 인간복제의 문제에 있어서 과학적 접근은 생명복제에 대한 방법적 가능성에 관심을 갖는다. 즉 과학이 어떻게 해야 생명을 복제할 수 있는가에 초점을 맞춘다면, 철학은 인간복제의 윤리적인 문제, 원래 인간과 복제된 인간의 정체성 문제 등과 생명복제가 인간에게 주는 의미가 무엇인지에 대해 초점을 맞추어 이 문제를 평가 또는 비판하고, 우리가 그것에 어떻게 대처해야 하는지를 제시하고자 한다.

교육철학도 마찬가지로 교육에 대한 가치판단에 관심을 갖는다. 교육 개념의 분석에서 살펴본 바와 같이 교육은 규범적 조건을 만족시켜야만 하는 가치 지향적 활동이다. 즉, 교육목적과 교육내용과 교육방법이 모두 바람직한 것이어야 교육이라고 부를 수 있다. 그러므로 교육철학자들은 '어떤 교육목적이 바람직한 것인가?', '우리의 교육이 무엇을 지향해야 하는가?', '어떤 것은 교육내용이 될 수 있고, 어떤 것은 교육내용이 되어서는 안 되는가?', '체벌을 교육방법으로 사용해도 되는가?' 등의 가치문제를 제기하고 해답을 제시한다.

또한 교육철학자들은 교육이론이나 교육현실을 있는 그대로 받아들이기보다는 가장 바람직하고 이상적인 교육모델을 제시하거나 그것을 판단기준으로 삼아 교육이론이나 현실을 비판한다. 그러므로 교육철학자들은 '이 교육이론은 현실에 적용하기에 타당한가?', '이러저러한 교육환경은 바람직한가?' 등의 문제를 제기하고 비판한다.

4) 분석

20세기 중반에 분석철학이 등장하면서 강조된 철학적 방법이 분석이다. 분석철학은 전통적인 철학의 이론들이나 일상생활 속에는 잘못 사용된 단어나 문장이 많으며, 그것들이 인간을 오류와 혼란으로 몰아넣고 있다고 지적한다. 그러므로 철학이 할 일은 일상생활이나 각 학문에서 사용하는 언어의 개념을 분석하여 명확하게 하거나 문장들의 논리적 관계와 근거를 밝혀 그 의미를 명료하게 제시하는 것이라고 주장한다.

예컨대 분석철학자들은 '원인', '마음', '학문의 자유' 그리고 '기회균등' 등과 같은 개념들의 의미가 문맥의 전후관계에 따라 달라지는 것을 평가한다. 즉 분석철학자들은 그러한 개념과 의미가 어떤 문맥에서는 적절하나 다른 문맥에서는 어떻게 모순되는가를 밝히고자 한다.

이러한 분석적 기능을 교육에 관련시켜 본다면, 교육철학이 할 일은 교육이론, 교육적 사고 또는 교육실천에 사용되는 언어의 개념을 명료하게 분석하거나 이론의 논리적 근거를 밝히고 모순을 가려내어 바로 잡아주는 일이다. 앞의 1장에서 피터스가 행한 '교육' 개념에 대한 분석이 대표적인 예가 된다.

그러나 분석적 방법은 단순한 언어의 논리적 분석을 넘어서서 교육적 의미체계가 어떠한 신념과 가정, 가치관과 이론적 배경에서 성립하고 있는가를 분석하여 그 의미체계가 전제하거나 반영하는 인간관과 세계관, 사회관과 학교관을 드러낼 수도 있다. 이것은 겉으로 표방하는 이론이나 철학의 전제나 가정을 밝히는 언어 논리적 분석뿐 아니라 감추어져 있는 의도나 동기, 관심이나 목적까지도 드러내는 사회문화적 분석의 역할을 포함한다.

예컨대 '교육'과 '훈육'의 개념을 분석할 때 우리가 일상적 맥락에서 그 개념을 어떻게 쓰는지, 어떤 인간관과 학교관을 가정하는지, 심지어 이러한 개념의 일상적 쓰임새에 숨어 있는 정치적 이념은 무엇인지 등을 분석할 수 있게 한다.

4. 철학의 응용으로서 교육철학

교육철학을 하는 방식은 크게 2가지이다. 하나는 철학자들이 철학적 탐구를 하여 만들어 놓은 사상체계를 교육에 적용함으로써 교육의 사상체계를 만드는 것이다. 또 하나는 교육의 문제에 대해 직접 철학적 탐구방법으로 연구함으로써 교육철학을 수립하는 것이다. 여기서는 먼저 철학의 응용으로서 교육철학을 살펴본다.

1) 관념론의 교육철학

관념론은 가장 오래된 철학이론으로서 우주의 본질이 정신 또는 관념이라고 주장한다. 물질에 대하여 관념, 정신 또는 영혼이 우월하다는 사상은 불교나 힌두교 같은 동양의 종교에서 나타나며 서양에서는 플라톤(Plato)에 의하여 관념론으로 창시되었다. 중세에는 기독교와 같은 종교의 논리적 근거가 되었고, 근대에는 데카르트(René Descartes), 버클리(George Berkeley), 칸트(Immanuel Kant), 피히테(Johann Gottlieb Fichte), 헤겔(Georg Wilhelm Friedrich Hegel), 프뢰벨(Friedrich Wilhelm August Fröbel) 등에 의해 주장되었다.

관념론자들은 세계를 물질적인 현상계와 정신적인 실재계로 구분하는 이원론의 입장을 취한다. 현상계는 물질적·경험적인 현실 세계로서 항상 변화하고 다양하고 무질서하고 불완전하다고 본다. 한편 정신 또는 관념의 세계는 영원하고 불변하며 질서정연하므로 완전하다고 본다. 그러므로 참된 진리와 실재는 정신 또는 관념의 세계에 속하는 것이며, 관념이 물질을 지배하고 물질에 생명과 활기를 불어넣는다고 주장한다. 인간의 본질도 정신과 육체로 구분하고, 정신이 실재로서 육체에 생명력을 불어넣는 것이고, 육체를 지배해야 한다고 주장한다. 또 정신을 세계의 정신과 인간의 정신, 또는 보편적 · 절대적 관념과 개별적 관념으로 구분하고, 두 정신이 본질적으로는 같으며 상통하지만 우열의 차이가 있으므로 인간의 정신, 개별적 정신이 보다 우월한 세계의 정신, 보편적 정신에 합일되어야 한다고 본다.

관념론자들의 인식론에 의하면, 우리가 알아야 할 지식은 절대적 정신의 세계에 속하는 것으로서 완전하고 영원불변하므로 진리라고 부른다. 진리는 인간이 만들어내는 것이 아니라 본래부터 관념계에 존재하는 것인데, 이성이라 부르는 인간의 정신은 절대적 정신의 세계와 본질적으로 같은 것이므로 교류할 수 있고, 따라서 내적 통찰이나 직관을 통해서 진리를 알아낼 수 있다. 선과 미에도 보편적이고 절대적인 기준이 있는데, 그것은 곧 절대적 · 보편적 정신과 조화를 이루거나 합일하는 것이다. 그런 보편적인 도덕률과 미적 기준을 우리는 정신의 내적 성찰이나 직관을 통해 직접 발견하여 행동하거나 표현할 수 있고, 또는 그것을 이미 발견한 선현이나 그들에게서 배운 권위자들이 가르쳐주는 대로 따라 하면 된다고 주장한다.

관념론을 교육에 적용한 관념론적 교육철학자들에 의하면 교육은 학생들을 절대적인 관념의 세계에 가깝게 접근시키는 것이다. 즉, 학생들이 관념적 실재를 탐구하여 진, 선, 미를 올바로 파악하고 활용할 수 있게 하는 것이다. 그러므로 교육의 목적은 관념적 실재를 파악할 수 있는 인간의 선천적 능력인 이성을 계발하는 것이다. 이성을 계발한다는 것은 보편적 정신, 절대자 또는 신과 조화하거나 합일하여 완전한 인격을 형성하는 것이다. 그러므로 관념론자들은 도덕교육, 교양교육을 중시한다.

학교에서 가르쳐야 할 교육내용은 절대적 진리와 도덕률, 미적 기준 등이 되는데, 그것들은 선현들이 '고전'에 담아 놓았거나 인류가 오랜 세월에 걸쳐 발견하고 검증하여 문화유산으로 남겨 놓았으므로, 고전을 읽거나 문화유산을 체계적으로 정리한 교과서를 통해 배워야 한다고 보았다.

교육방법은 학생의 정신, 즉 이성을 자극하여 직관, 내적인 성찰 등을 통해 스스로 보편적 진리를 발견하게 하거나 자신에게 잠재되어 있는 정신적 능력을 끌어내는 것이다. 전자가 소크라테스의 대화법이며, 후자가 소위 프뢰벨의 계발설(unfolding theory)이다. 또 교과서를 통해 이미 발견한 진리를 배우도록 하는 강의 중심의 지식교육도 중요한 방법이다. 이런 교육에서는 진리를 이미 알고 있는 교사가 주도적인 역할을 하게 된다.

관념론자들이 보는 교육을 가장 잘 나타내주고 있는 것이 혼(H. Horne, 1874~1946)의 교육에 대한 정의이다. 그는 "교육은 인간이 인간의 지적 · 정서적 · 의지적 환경 속에서 현시되는 신을 향하여 신체적으로나 정신적으로 발달하고, 자유와 자각으로서 적응해 가는 영원한 과정이다"(Horne, 1927)라고 정의하였다.

2) 실재론의 교육철학

실재론은 전통적으로 관념론을 비판하면서 나타난 철학이론으로서 그리스의 아리스토텔레스(Aristotle)에 의해 주창되었다. 중세 말에는 토마스 아퀴나스(Thomas Aquinas), 근대에는 베이컨(Francis Bacon), 홉스(Thomas Hobbes), 코메니우스(Iohannes Amos Comenius), 로크(John Locke), 헤르바르트(Johann Friedrich Herbart) 등이 대표적인 학자들이다.

실재론은 관념론과 달리 사물 그 자체가 곧 궁극적 실재라고 본다. 인간은 물질로 구성된 우주에 살고 있는데, 그 물리적 세계가 곧 객관적 실재의 세계라는 것이다. 이 사물의 세계는 플라톤이 주장한 것과는 달리 인간의 정신과 독립하여 존재한다. 즉, 사물의 세계는 인간이 관념적으로 만들어낸 세계가 아니며, 관념에 의해 영향을 받지도 않는다고 주장한다. 사물은 그 자체의 질서에 따라 움직이고 변화하는데, 그것을 자연법칙이라고 한다.

실재론자들의 인식론에 의하면 인간은 이러한 객관적 사물과 자연법칙을 감각기관과 이성의 추론을 통해 알 수 있다. 사진을 찍는 것처럼 인간은 감각기관을 통해서 사물에 대한 감각적 경험을 마음에 받아들이고, 그러한 감각적 자료들을 마음속에서 추론작업을 통하여 정리하고 조합함으로써 그 사물에 대한 개념을 형성한다. 그리고 이러한 감각적 경험과 논리적 추론을 지속적으로 확대함으로써 사물의 본질과 자연법칙을 알게 되고, 나아가서는 합리적 이성으로 발달하게 된다는 것이다.

실재론자들의 견해처럼 우주가 질서 속에서 체계적으로 움직인다면, 인간은 우주의 질서와 운행의 법칙을 발견하여 이를 인간에게 유용하게 사용할 수 있다. 그러므로 베이컨은 '아는 것이 힘'이라고 주장하였던 것이다. 실재론자들에 의하면 자연의 법칙에 대한 지식은 바로 객관적이고 절대적이며 불변하는 진리이다. 그러므로 실재론적 교육철학자들은 지식 중심의 교육을 주장한다. 또한 지식들은 과거에 이성의 활동에 의하여 확인된 것들이므로 그 지식들을 사물의 구조적 특성에 따라 교과체계로 분류하여 가르쳐야 한다고 하였다.

실재론자들은 교과를 중심으로 기존의 지식체계를 전달하는 설명식 강의방법을 지지한다. 그러나 감각적 경험과 합리적 추론을 중시하므로 실물을 통한 직관교육이나 시청각 매체를 활용하는 수업, 여행이나 놀이나 노작 같은 활동을 통한 교육도 권장한다. 또 아동의 심리와 학습상황에 대한 자연법칙을 발견하여 교육의 효율과 효과를 높이려는 시도를 하였다.

3) 프래그머티즘의 교육철학

프래그머티즘(Pragmatism)은 1870년대 미국에서 등장한 현대의 철학이다. 퍼스(C. S. Peirce), 윌리엄 제임스(William James), 존 듀이(John Dewey), 리차드 로티(Richard Rorty)로 이어지는 프래그머티스트들은 과거의 철학자들이 탐구하던 주요 문제인 존재의 본질 또는 형이상학적 실재는 인간이 생각 속에서 만들어낸 허구이며, 영원불변하는 진리는 없다고 선언한다. 프래그머티즘의 어원인 그리스어의 'pragma'가 '행위'를 뜻하는 데서 볼 수 있는 것처럼, 이 철학은 구체적인 행동의 과정과 결과를 중시한다. 프래그머티스트들은 철학은 우리의 현실 생활에서 일어나는 문제를 탐구해야 한다고 주장한다. 그들에 의하면 세상의 본질은 영원불변한 실재가 아니라 끊임없이 변화한다는 사실이다. 그리고 지식은 어떤 사람이 특정한 상황에서 경험의 결과로 만들어낸 것이므로 모든 상황에 적용될 수는 없는 상대적인 것이다. 다른 사람의 경험은 나에게 도움이 될 때에만 가치가 있는 것처럼 지식은 우리가 보다 나은 삶을 사는 데 수단 또는 도구가 될 때에 가치가 있는 것이다. 가치나 아름다움에 있어서도 절대적인 기준이 있는 것이 아니라 인간의 실제 생활에서 가장 좋은 결과를 가져오는 것이 가장 가치 있는 것이라고 한다. 그러므로 무엇이 선이고 악인지, 어느 것이 더 아름다운지는 상황에 따라 판단하거나 결정해야 한다는 것이다.

프래그머티스트들이 궁극적으로 추구하는 것은 개인과 사회가 현재 상태보다 더 나은 삶을 살고, 더 좋게 성장하고 발전하는 것이다. 그들은 현대사회와 같이 신속하게 변화하는 사회에서는 과거의 지식이나 경험의 도움을 받아 최선을 다하는 것만이 성장과 발전을 보장한다고 본다. 그러므로 존 듀이는 과거의 지식과 경험의 도움을 받아 문제를 해결하는 방법을 연구하여 탐구이론 또는 반성적 사고의 논리로 제시하기도 하였다.

프래그머티스트인 듀이(1916)는 교육을 '경험의 계속적인 재구성 또는 재조직'이라고 정의한다. 그는 충동적 본능을 가지고 태어난 인간이 환경과의 상호작용을 통해서 지적으로 성장하는 과정을 경험의 재구성 또는 재조직이라고 설명하고, 인간의 성장을 도와주는 과정인 교육은 곧 경험의 재구성 또는 재조직이 좋은 방향으로 계속적으로 일어나도록 도와주는 과정이라고 하였다.

듀이는 교육목적은 인간이 더 성장하도록 돕는 것이고, 따라서 교육목적은 교육을 더 받게 하는 것이라는 내재적 교육목적론을 제기하였다. 그동안 교육목적으로 제기되었던 경제발전이나 국가적 인재양성, 사회봉사 등은 교육목적이 아니라 한 시대의 정치, 사회, 문화 등 교육 외적인 여건이 교육에 대해서 요구하는 하나의 관점일 뿐이라는 것이다. 즉, 교육은 국가발전, 사회개혁 등 교육 외적인 것을 위한 수단이 아니라 교육 그 자체가 목적이라는 것이다.

교육내용에 있어서 듀이는 지식의 도구적 성격을 강조하여 지식은 절대적인 것이 아니라 삶을 위한 수단, 생활 속에서 부딪친 문제를 해결하기 위한 도구라고 보기 때문에 지식만을 교육내용으로 보지 않는다. 듀이(1916)는 "교육내용은 유목적적인(생활에서 일어난 문제를 해결하는) 상황의 전개 과정에서 관찰되고, 기억되고, 읽고, 이야기된 사실들과 제안된 아이디어들로 구성된다"고 하였다. 즉, 학습자가 특정한 교과와 관련된 경험을 하도록 자극하고, 그 경험을 하는 과정에서 활용되어 경험을 성장하게 하는 모든 자료가 곧 교육내용이라고 보는 것이다.

경험의 재구성은 학생의 내부에서 일어나는 활동으로서 다른 사람이 강요한다고 해서 되는 것이 아니고 남이 대신해 줄 수도 없다. 교육은 학습자 자신의 활동과 참여에 의해서만 일어날 수 있다. 그러므로 교육방법에 있어서 교사의 역할은 환경을 조작함으로써 학생의 사고와 참여를 유발하고, 그 사고가 올바르게 전개되도록 도와줌으로써 경험의 질적 성장에 영향을 주는 간접적인 방법밖에 없다. 교사는 안내자, 조력자이고 공부를 하는 것은 학생 자신인 것이다. 그러므로 교사가 만드는 교육적 여건에 학생의 참여를 유발하기 위하여 흥미의 원리가 강조된다. 이런 교육방법을 아동 중심, 학생 중심의 교육이라고 한다.

4) 실존주의의 교육철학

산업혁명 이후 과학화 · 산업화 · 대중화된 사회 속에서 불안과 허무와 소외를 경험하고 있는 현대인에게 삶의 의미를 돌아보게 하고, 자기 자신을 찾게 해 주어야 한다는 철학이 실존주의이다. 19세기 중반에 키에르케고르(S ø ren Aabye Kierkegaard)에 의해 시작된 실존주의는 니체(Friedrich Wilhelm Nietzsche)를 거쳐 20세기에는 야스퍼스(Karl Jaspers), 하이데거(Martin Heidegger), 사르트르'(Jean-Paul Sartre), 부버(Martin Buber) 등의 철학자와 틸리히(Paul Johannes Tillich), 니버((Karl Paul Reinhold Niebuhr) 등의 신학자, 카프카(Franz Kafka), 도스토예프스키(Fyodor Mikhailovich Dostoevsky), 까뮈(Albert Camus) 등의 소설가, 매슬로우(Abraham Harold Maslow), 알포트(Gordon Willard Allport), 로저스(Carl Ransom Rogers) 등의 인본주의 심리학자 등 여러 분야로 확산되었다.

실존주의는 인간 존재의 성격을 '실존'이라고 규정하고, 인간의 실존을 억압하는 현대의 인간소외 현상을 직시하고 그것을 극복하고자 한다. 산업혁명은 상품의 양적 증가와 물질적 풍요를 가져왔지만 삶의 질과 인간적 측면을 약화시켜 인간소외를 초래하였다. 또 산업화는 도시화와 매스컴의 발달에 따라 대중사회를 출현시켰는데, 대중사회는 인간을 획일화하고 표준화함으로써 개성은 완전히 무시되고 비인간화 현상이 가속되었다. 더욱이 20세기 전반 두 차례의 세계대전과 인종 학살은 인간의 존엄성에까지 회의를 갖게 만들었다. 이러한 인간소외 현상과 미래에 대한 불안을 극복하고자 실존주의자들은 전통적인 철학과 과학, 종교까지도 던져버린다. 인류의 역사와 개인의 인생을 해석하던 기존의 틀을 부정하는 것이다. 인간을 억압하고 소외시키게 한 전통과 권위로부터 벗어나서 실존주의자들은 자유롭게 인간의 실존의 조건을 탐구하고, 자신의 운명을 자유로운 선택에 의하여 스스로를 개척하려고 한다.

실존주의자들에 의하면, 이 세계는 우연의 산물이다. 우주의 본질이나 목적, 자연법칙 같은 것은 인간이 부여한 의미에 불과하다. 인간도 자연이나 신에 의해 본질이 규정된 존재가 아니라 우연히 태어난 세상에 '내던져진 존재'에 불과하다. 사르트르는 이것을 "실존이 본질에 앞선다"고 표현한다. 인간은 먼저 이 세상에 태어난 후에 자신의 본질을 만들어가는 존재라는 것이다.

그런데 삶이란 끊임없는 선택의 연속이다. 실존주의자들에게 선택은 대단히 중요하다. 우연한 세상에 우연히 태어난 인간은 완전히 자유로운 존재이며, 자신이 선택하고 행동하는 바대로 된다. 내가 생각하고 행동하는 바가 바로 나 자신인 것이다. 그리고 그러한 선택과 행동은 죽을 때까지 계속되므로 인간은 죽을 때까지 계속 형성되어가는 존재인 것이다. 인간은 자유의사에 의하여 자신의 행동과 운명을 선택하고 결정한다. 완전한 자유가 주어져 있으므로 어떤 선택, 어떤 결정을 하는가도 완전히 자신이 책임져야 한다. 다시 말하면, 현재의 나는 나 자신의 자유로운 선택의 결과이므로 나 자신이 책임져야 한다. 전통이나 다른 사람의 선택에 따르는 것, 보편적 기준을 받아들이는 것, 강요에 못 이기는 척 굴복하는 것도 모두 자신의 책임으로부터 도피하려는 나약한 선택일 뿐이다. 모든 선택은 자신이 하는 것이고, 따라서 자신이 책임질 수밖에 없다. 그러므로 선택을 할 때는 항상 적절한 시기를 놓치지 말고, 자기 자신을 깊이 통찰한 후 신중히 결정해야 한다.

실존주의는 현상학에 근거하여 지식과 경험도 주관적이고 개인적인 것이라고 본다. 어떤 현상, 즉 어떤 사물이나 사건에 본질이 있건 없건 간에 내가 그것을 이해하고 해석한 바가 그것에 대한 나의 지식이다. 남들이 맛있다고 하는 음식도 내가 먹어봐서 맛이 없으면 나에게는 맛없는 음식이다. 지식의 타당성은 그것이 개인에게 주는 의미와 가치에 의해 결정되는 것이다. 그러므로 개인이 자신의 지식에 대해 책임을 져야 한다.

교육에 있어서 실존주의는 인간주의 교육을 주장한다. 교사는 사회경제적 능력의 개발을 중시하고, 표준화와 경쟁으로 비인간화된 교육과 사회의 현실을 폭로하여 학생들이 그런 현상을 분석하고 비판하게 함으로써 현대 산업사회가 제기하는 진정한 자유에 대한 위협을 인식하게 해야 한다. 그리고 학생들에게 실존적 인식을 함양시킴으로써 주관적 개인으로서 끊임없이 자유롭고 창조적으로 선택하게 해야 한다. 그러므로 교육목적은 학생들의 자아발달이나 자아실현을 도와주는 것이며, 그리하여 개성과 창의성을 갖게 하는 것이다.

교육내용으로는 전통적인 교과들을 그대로 받아들이되, 교과를 지식의 체계로 가르치기보다는 학생이 자신의 실존적 여건을 이해하고 더 나은 삶을 실현하도록 돕는 자료로서 활용하라고 한다. 교과는 사회적 · 물리적 현실을 설명하고, 인간의 선택의 결과들을 보여줌으로써 학생이 자신의 삶을 선택하고 실현하는 데 도움을 주는 도구라는 것이다. 그러므로 실존주의 교육은 직업교육과 전문화된 교육보다 자유교육, 교양교육을 강조한다.

교육방법으로서 실존주의자들은 지식이나 가치관을 주입하거나 무비판적으로 규정을 준수하게 하지 않으며, 획일화되거나 표준화된 시험문제를 거부하며, 경쟁에 몰아넣음으로써 비인간화해서도 안 된다고 한다. 실존주의자들은 "학생은 대부분 활동적이고, 호기심이 많으며, 배우려는 열의가 있고, 또 아주 잘 배운다"(존 홀트, 1972)고 보고 있으며, 따라서 학생들은 교사에 의해 강요받지 않고 자기의 흥미에 따라 '자기주도적 학습'을 통해 자아를 발달시켜야 하며, 학생들에게 다양한 선택의 기회를 주는 '열린 교육(open education)'을 실시해야 한다고 주장한다. 교사와 학생은 서로 마음을 열고 대화하여야 하며, 교실은 융통성 있고 역동적인 학습상황을 조성해야 한다. 이런 점에서 무학년제나 무학급제 학교를 제안한다.

5) 분석적 교육철학

분석철학은 20세기에 접어들면서 영국과 독일을 중심으로 시작되어 프래그머티즘, 실존주의와 함께 현대철학의 한 축으로 등장하였다. 영국의 캠브리지학파로 일컬어지는 무어(G. E. Moore)와 러셀(B. Russell)에 의해 시작되었고, 비엔나학파인 슐릭(M. Schlick), 카르납(Carnap), 파이글(H. Feigl) 등에 의해 언어분석을 강조하는 운동으로 전개되었으며, 비트겐슈타인(L. Wittgenstein)을 거쳐 옥스퍼드학파인 라일(G. Ryle), 와녹(G. J. Warnok) 등은 일상언어분석을 중시하였다.

분석철학은 논리실증주의에 근거하여 경험으로 검증될 수 없는 것은 논의할 가치가 없다고 주장하고, 전통적인 철학들이 인간의 문제를 해결하기보다는 언어의 잘못된 사용, 불명확한 의미, 개념적 혼란 등으로 인해 더 많은 문제와 혼란을 가져왔다고 비판한다. 분석철학자들은 철학의 과제는 단어의 개념이나 문장의 논리적 구조를 분석함으로써 이미 알려진 사실들의 의미를 명료하게 드러내고, 나아가 인간을 오류와 혼란으로부터 구해 내는 데 있다고 주장한다. 논리실증주의는 주로 문장의 논리적 구조를 검증하는 데 관심을 가졌으며, 옥스퍼드학파는 일상생활에서 사용되는 단어의 개념을 분석하는 데 초점을 맞추었다.

분석철학은 우리가 단어와 문장을 명료하고 정확하게 사용할 수 있게 해 줌으로써 장차 우리의 사고가 명확하게 진행될 수 있게 도와주며, 사고의 결과로 산출될 지식이나 이론의 오류 가능성을 줄여준다. 이런 점에서 분석철학은 사물의 본질을 탐구하여 어떤 가치관이나 지식체계를 우리에게 전달해 주는 것이 아니라 다른 학문이나 일상생활에서 사용하는 언어와 문장을 분석하는 방법론인 것이다.

분석적 교육철학자들인 피터스(R. S. Peters), 허스트(P. H. Hirst), 세플러(I. Scheffler), 솔티스(J. F. Soltis) 등은 교육의 목적, 내용, 방법 등을 제시하지 않는다. 그들은 교육의 개념 또는 교육과 관련된 활동이나 이론에서 사용되는 단어의 개념과 문장의 논리성을 분석하여 명료하게 함으로써 교육활동이나 교육적 논의에서 혼란을 줄여주려고 한다. 즉, 교육목적의 의미를 분석하고, 다른 사람들에 의하여 제시된 교육목적들의 의미와 타당성을 분석한다. 또 교육내용으로 제시되는 교과목들을 지식의 형식에 따라 분류하고, 각 지식의 형식의 특징과 기본 가정을 분석한다. '열린 교육', '수행평가', '세계화 교육' 등과 같은 교육정책이나 주장이 어떤 이론적 근거를 가지고 있는지, 어떤 사회 · 정치 · 문화적 배경에서 나왔는지, 누가 어떤 맥락에서 주장하는지를 분석함으로써 그것들이 진정으로 의미하는 바가 무엇인지를 명료하게 제시한다.

6) 포스트모더니즘의 교육철학

포스트모더니즘은 1960년대 이후 새롭게 나타난 철학적 · 학문적 · 사회적 · 문화적 현상을 포괄적으로 지칭하는 용어이다. 오늘날의 사회적 특징인 후기산업사회화, 다국적 자본주의, 소비사회화, 지식정보화, 감성주의는 과거 우리가 살아온 산업사회화, 국산품 애용, 절약과 저축, 과학화 및 표준화, 이성주의를 특징으로 하는 모더니즘의 사회와는 그 특징이 크게 다르다. 이 새로운 인간생활의 양식을 설명하고 정당화하기 위한 문화논리가 포스트모더니즘으로서 후기 현대주의, 후기 현대철학 또는 탈현대철학으로 번역되기도 한다. 이 철학의 대표적인 인물은 철학 분야의 데리다(J. Derrida), 료타르(J. F. Loytard), 역사 분야의 푸코(M. Foucault), 정신분석학 분야의 들뢰즈(G. Deleuze), 정치철학 분야의 마르쿠제(H. Marcuse), 보드리야르(J. Baudrillard), 과학철학 분야의 토마스 쿤(T. Kuhn), 문학이론 분야의 바르트(R. Barthes) 등으로 여러 학문에 폭넓게 분포되어 있다.

포스트모더니즘은 여러 분야에서 다양하게 나타나고 있지만 공통된 특징을 요약하면, 첫째, 반합리주의로서 인간은 이성을 가진 합리적인 존재일 뿐만 아니라 감성과 비합리성을 함께 가진 존재로 본다. 그러므로 합리성에 집착할 필요가 없고, 감성적 · 유희적 행복감을 추구하는 것이 인간의 본질에 부합하는 자연스러운 현상이라고 생각한다.

둘째, 상대적 인식론으로서 지식은 보편타당한 것, 절대적인 것이 아니라 인식자의 주관에 의해 상대적으로 형성되는 것이라고 본다.

셋째, 탈정전화 또는 반정초주의로서 고정된 가치의 표준이나 전문가의 권위를 인정하지 않으며, 자유로운 활동과 개성의 표현을 추구한다.

넷째, 획일성과 보편성을 추구하는 전체주의에 공감하지 않으며, 다양성과 유일성, 창의성을 강조하는 개인주의를 선호한다.

다섯째, 성장과 발전을 지상의 과제로 추구하지 않고, 자기 나름의 진정한 삶 또는 인간다운 삶을 향유하고자 한다.

이러한 포스트모던 문화에 물든 학생들은 교사의 지적 · 도덕적 권위를 예전처럼 인정하지 않을 뿐만 아니라 교사가 가르치는 지식과 가치관을 보편적인 것으로 받아들이려 하지 않는다. 교육은 변해야 하는 것이다. 그러므로 포스트모더니즘에 의하면 교육은 국가의 인재를 양성하는 것이 아니라 개인의 삶의 질적 향상을 도와주는 과정이어야 한다. 교육목적은 다원적 문화 속에서 자신의 세계를 만들어나갈 수 있도록 비판적 능력과 상상력, 창의성을 키워주는 데 두어야 한다. 교육내용으로서 지식은 사회문화적 특성이 반영된 것이므로 어떤 사회적 · 역사적 상황에서 형성된 것인가를 이해하고 비판할 수 있도록 가르쳐야 한다. 즉, 교육과정 또는 교과서는 학생이 다원적인 문화를 개방적으로 인식하고 창의적으로 재구성하기 위한 자료가 되어야 한다. 교육방법은 교사의 일방적인 지식 전달식 수업이 아니라 학생 중심의 수업으로서 학생들이 자율적 · 능동적으로 참여하여 교사 및 동료 학생들과 개방적이고 비판적인 대화와 토론을 많이 하게 하고, 협력학습과 열린교육으로 창의적 탐구가 진행되도록 수업을 전개해야 한다. 교육제도도 획일적이고 경직성 있는 공교육제도를 탈피하여 유연하고 다양한 제도와 융통성 있는 운영을 해야 하며, 대안학교, 홈스쿨링 등 대안적 교육모델도 지속적으로 개발할 것을 권장한다.

7) 구성주의의 교육철학

20세기 후반에 등장한 구성주의(Constructivism)는 인간의 지식이 형성되고 습득되는 과정에 관한 인식론적 이론이다. 구성주의에 의하면, 지식은 인간의 외부에 있는 절대적이고 객관적인 것이 아니라 개인이 삶의 상황 속에서 경험에 의하여 계속적으로 구성되는 것이다.

구성주의는 크게 개인적 구성주의와 사회적 구성주의로 나눌 수 있다. 개인적 구성주의는 피아제(J. Piaget)의 발달심리학에 이론적 근거를 두고 발달한 것으로서 개인이 인지적 경험을 통해 지식을 구성하는 과정이 어떻게 일어나는지를 분석하는 데 초점을 맞춘다. 사회적 구성주의는 비고츠키(L. Vygotsky)의 이론을 중심으로 하며, 개인이 구성한 지식은 사회적 상호작용이 개인에게 내면화되어 이루어진 사회적 협상의 산물이라는 것을 중시한다.

이러한 구성주의의 이론을 종합하여 요약하면 다음과 같다(김판수 외, 2000).

첫째, 지식은 자주적으로 구성되는 것이다. 즉, 지식은 인간이 적극적 · 능동적인 행동에 의하여 구성하는 것이다.

둘째, 지식은 상대적인 것이다. 각 개인이 자신의 경험에 바탕을 두고 지식을 구성하므로 개인에 따라 지식은 서로 다르다.

셋째, 지식은 성장 지향성이 있다. 지식은 인간의 반성적 추상화의 과정을 거쳐서 계속적으로 발달해 나가며, 보다 정교해지고 복잡해진다.

넷째, 지식은 사회적으로 구성된다. 지식은 사회구성원으로서 개인이 경험한 현실에 대하여 인지적으로 개별적 해석과 의미를 부여하는 것이지만, 각 개인의 서로 다른 지식은 서로 간의 대화에 의해 공유되며, 협상에 의해 수정된다.

인간의 인식에서 지식이 구성되는 과정은 곧 학습의 과정이다. 구성주의 교육이론은 곧 학습이론에 근거를 두는 것이므로 학습자 중심의 교육을 위한 이론적 근거를 제공한다. 개인적 구성주의와 사회적 구성주의 모두 인간의 지식이란 학습자가 경험 속에서 적극적 · 능동적 · 주체적으로 구성하는 것이라고 보기 때문에 전달식 지식교육에 반대한다. 사실 교사의 지식은 학생에게 그대로 전달될 수가 없다.

교사의 설명을 들으면서 학생은 자기 나름의 지식을 구성한다. 따라서 한 교사의 수업을 함께 들어도 학생마다 각각 다른 지식을 구성하는 것이다. 그러므로 효과적인 수업을 위해서는 학생의 적극적인 참여가 중요하고, 이를 위하여 교육과정에 학생의 의견을 반영하고, 학습에 대한 책임도 학생이 지도록 지도해야 한다. 학습자 중심 교육이란 학생이 수업에 많이 참여하고, 많은 활동을 하고, 책임도 지게 하는 교육이다.

구성주의자들은 교육방법으로서 실제 상황에서의 구체적인 경험, 문제 중심 학습, 인지적 도제학습, 반성적 사고를 유도하는 수업상황을 강조하며, 협동학습, 토론 등 사회적 상호작용도 중시한다.

5. 현대 미국의 교육철학

현대에 들어와 철학이 방법론으로 규정되면서 앞에서 살펴본 철학의 응용으로서의 교육철학 외에 교육의 주요 문제들을 철학적 방법으로 직접 탐구하는 교육철학이 나타났다. 생활 속에서 전개되는 교육의 여러 문제들에 대해 그 궁극적인 원리나 가정을 분석하여 비판하고, 종합적 이론으로 체계화함으로써 교육 실제를 바람직한 방향으로 이끌고자 하는 것이다. 이런 교육철학들은 교육문제들을 보다 직접적으로 깊이 다루며, 교육 실제를 좀 더 실감 있게 이해할 수 있게 해 준다. 이런 교육철학은 특히 20세기 전반에 미국에서 활발하게 전개되었는데 진보주의, 본질주의, 항존주의, 재건주의가 그것이며, 우리나라의 교육에도 많은 영향을 주었다.

1) 진보주의

진보주의(Progressivism) 교육운동은 미국에서 1870년대에 파커(F. W. Parker)가 주도한 교육개혁운동으로 시작되었는데, 프래그머티스트인 존 듀이(John Dewey)가 1916년 출판한 『민주주의와 교육』에서 지식 중심, 교사 중심의 전통적인 교육을 비판하면서 아동 중심, 경험 중심의 진보주의 교육을 제창한 것을 계기로 본격적으로 추진되었다. 킬패트릭(W. Kilpatrick)을 비롯한 많은 교육학자와 교사들을 중심으로 교육계의 실천적 혁신운동으로 활기를 띠었고, 1918년 진보주의교육협회가 조직되면서 전 세계의 교육계에 급속히 확산되었다. 이 교육운동은 특히 1920년대와 1930년대 미국 교육계에 큰 세력으로 확대되어 초·중등학교의 교육을 크게 바꾸어 놓았다.

미국의 교육철학자 넬러(G. F. Kneller, 1964)가 진보주의 교육의 원리에 대해 정리한 바를 요약하면 다음과 같다.

첫째, 교육은 생활을 위한 준비가 아니고 생활 그 자체이다. 지적으로 생활하는 것은 경험의 해석과 재구성을 포함한다. 아동은 자기의 연령에 알맞은 학습상황을 가져야 하며, 성인생활에서 당면하게 될 경험으로 안내되어야 한다.

둘째, 학습은 아동의 흥미와 직접 연결되어야 한다. 아동은 그 자신의 문제를 해결해 주거나, 그의 흥미와 관련된 것은 무엇이든 배우고자 하는 본성을 가지고 있으며 외부로부터 강압적으로 제시되는 것에는 반발하는 경향을 갖는다. 이러한 주장이 아동이 학습과정을 모두 결정한다는 것을 의미하는 것은 아니다. 오히려 아동이 환경 속에서 직면하는 문제들을 스스로 해결할 수 있도록 하는 성장이 이루어지도록 교사가 주의 깊게 환경을 조성해 주어야 한다는 것을 말한다.

셋째, 문제 해결을 통한 학습이 교과내용의 주입보다 우선되어야 한다. 지식은 경험을 처리하기 위한 도구, 즉 우리가 성장함에 따라 끊임없이 발생하는 새로운 상황을 처리하기 위한 도구이다. 지식이 의미가 있으려면 우리가 그것으로 무엇인가를 할 수 있어야 한다. 그러므로 추상적인 지식을 배우는 것은 활동적인 교육적 경험으로 전환되어야 한다. 만일 학생이 사회적·정치적 아이디어를 바르게 이해하려면 교실 자체가 민주주의 사회의 생생한 실험실이 되어야 한다. 형식적인 교과목을 가르치는 대신에 교통, 통신, 무역 등의 구체적인 문제들을 취급해야 한다.

넷째, 교사의 역할은 지시하는 것이 아니라 조언하는 것이다. 아동은 자기가 필요하고 원하는 것만 배우기 때문에 아동이 자신의 발달 계획을 짜도록 해야 하고, 교사는 그것에 관한 학습을 안내해야 한다. 교사는 풍부한 지식과 경험을 사용하여 학생들이 곤경에 처할 때마다 도움을 주어야 한다. 교사는 일일이 지시하기보다는 공동으로 설정한 목표를 달성하기 위하여 학생과 함께 공부해야 한다.

다섯째, 학교는 경쟁보다 협동을 장려해야 한다. 인간은 본질적으로 사회적 존재이고 인간관계에서 가장 큰 만족을 얻기 때문에 경쟁과 개인적 성취보다는 사랑과 협동심이 인간성의 성장에 도움이 된다.

여섯째, 민주주의만이 올바른 성장의 필수조건이라는 생각과 개성의 자유로운 상호교류를 허락하고 장려한다. 듀이가 말한 바와 같이 "민주주의는 정치제도 이상의 것이다. 그것은 삶을 함께하는 방식이며, 의사소통을 통해 경험을 공유하는 방식이다." 민주주의를 가르치기 이해서는 학교 자체가 민주적이 되어야 한다. 학교는 학생회, 자유로운 토론, 학생과 교사의 공동 기획, 교육적 경험에 전원의 완전한 참여가 허락되어야 한다.

이상의 내용을 간단히 요약하면, 진보주의 교육의 특징은 생활 중심 교육, 경험 중심 교육, 아동 중심 교육, 흥미 중심 교육, 문제 해결 학습, 안내자 또는 조력자로서의 교사, 협동적 학교, 민주적 학교 분위기 등이다. 전통적인 교육과는 정반대의 입장이 대부분이다.

2) 본질주의

진보주의의 도전은 기존의 전통적인 교육학자 및 교육자들이 자신들의 교육철학과 교육 실제를 반성하고 재정립하는 기회를 제공하였다. 그리하여 진보주의를 비판하면서 등장한 교육철학이 본질주의와 항존주의이다.

본질주의는 1930년대 초에 배글리(W. C. Bagley), 브릭스(T. Briggs), 캔델(I. L. Kandel), 혼(H. H. Horne), 브릭만(W. Brickman) 등이 주축이 된 본질주의 교육운동으로 시작되었고, 1938년 '미국교육의 발전을 위한 본질주의자위원회'를 조직하였다.

본질주의는 교육받은 사람이면 누구나 알아야 하는 본질적인 것들이 있다는 것을 전제로 ① 교과과정을 재검토하고, ② 학교의 교육 프로그램 중에서 본질적인 것과 비본질적인 것을 구분하고, ③ 교실에서 교사의 권위를 회복하기 위해 노력하였다. 본질주의 교육철학의 요점을 정리하면 다음과 같다(넬러, 1964).

첫째, 학습은 본질적으로 힘든 노력, 때로는 내키지 않는 근면까지 필요로 한다. 흥미를 중시하는 진보주의에 반대하여 본질주의자들은 노력과 훈련을 강조한다. 교과에 대한 흥미가 그것을 배우는 데 필요한 노력을 끌어내는 데 크게 기여한다는 데는 동의하지만, 오래 지속되는 큰 흥미가 처음부터 저절로 생기지는 않으므로 처음에는 학습자의 많은 노력을 통해 흥미를 일으켜야 한다. 그러므로 학생은 교사가 부과하는 훈련에 자발적으로 복종함으로써 자신의 통제력을 길러야 한다.

둘째, 교육의 주도권은 학생이 아니라 교사에게 주어져야 한다. 교사는 학생의 성장을 지도하기 위하여 특별히 교육받은 전문가이며, 따라서 학생의 성장을 학생 자신이 하는 것보다 더 잘 안내할 수 있다.

셋째, 교육활동의 핵심은 지정된 교과내용을 습득하는 것이다. 본질주의자들은 교육이 인간의 가능성을 실현해야 한다는 진보주의자의 견해에 동의하지만, 개인의 가능성의 실현은 개인과는 독립된 세계에서 일어나야 하므로 학생에게 그 세계를 있는 그대로 알게 해야지 자기 멋대로 해석하게 해서는 안 된다. 그러므로 교과의 논리적 조직에 따라 세계를 학생에게 제시해야 한다. 개인의 경험보다 역사를 통해 검증된 인류의 경험, 즉 사회적 문화유산이 훨씬 더 믿을 만하기 때문이다.

넷째, 학교는 암기와 이해를 통한 지적 도야라는 전통적 수업방법을 고수해야 한다. 진보주의의 문제 해결 방법과 행동에 의한 학습이 좋기는 하지만 모든 학습과정에 적용될 수는 없다. 추상적인 지식들이 많은데, 그것들은 구체적인 문제로 전환될 수 없기 때문이다. 물론 이런 본질적인 개념을 아동의 심리적 · 지적 수준에 맞추어 가르쳐야 한다.

이렇게 본질주의는 교사 중심, 교과 중심, 노력과 지적 훈련을 통한 교육방법을 주장하는 점에서 전통적인 교육의 입장에 서 있지만 흥미의 원리, 행동을 통한 교육 등 진보주의 교육을 수용하는 면도 있어 다소 절충적이다.

3) 항존주의

진보주의가 변화와 새로운 것을 강조하는 데 반해 항존주의자들은 변화보다는 영원불변한 것이 실재적이고 이상적인 것이므로 절대적 원리에 충실할 것을 요구한다. 항존주의자들은 사회적인 변동에도 불구하고 변화보다는 항구성이 보다 실제적이라고 보기 때문이다. 항존주의(perenialism)는 허친스(R. M. Hutchins), 아들러(M. J. Adler) 등에 의해 주장되었다.

넬러(1964)는 항존주의 교육이론을 다음과 같이 요약하였다.

첫째, 환경의 차이에도 불구하고 인간의 본성은 어디에서나 같다. 그러므로 교육은 모든 사람에게 같아야 한다. 교육의 목적은 인간을 인간으로 발달시키는 것이다.

둘째, 합리성이 인간의 최고의 속성이므로 인간은 합리성을 활용하여 신중하게 선정된 목적에 따라 자기의 타고난 본능을 통제해야 한다. 인간은 자유롭지만 이성을 개발하고 욕망을 통제하는 것을 배워야만 한다. 아동이 자기의 교육적 경험을 결정하게 해서는 안 된다.

셋째, 교육의 과제는 영원한 진리를 알게 하는 것이다.

넷째, 교육은 생활을 모방하게 하는 것이 아니라 생활을 준비시키는 것이다. 학교는 결코 실제 생활상황이 되어서는 안 된다.

다섯째, 학생들은 세계의 영원성에 익숙해지도록 기본적인 교과들을 배워야 한다. 읽고, 쓰고, 셈하기와 교양과목들을 통해서 합리적 능력을 도야하고 지성을 함양해야 한다.

여섯째, 학생들은 문학, 철학, 역사, 과학에 관한 고전들을 공부해야 한다. 그런 고전들에는 여러 세기에 걸친 인간의 최고의 야망과 성취가 담겨 있다. 그것은 그 책들이 쓰인 때와 마찬가지로 오늘날에도 중요하며, 그 책들이 다룬 문제와 제시한 생각들은 영속적인 진보의 법칙에 지배를 받지 않는다.

이렇게 항존주의는 인간의 이성 계발, 교양교육, 영원한 진리를 가르치는 지식교육, 교과 중심 교육, 고전 읽기를 중요시하므로 변화와 아동 중심, 경험 중심 교육을 주장하는 진보주의와는 반대의 입장에 서 있다. 즉, 항존주의는 진보주의가 비판한 전통적 교육을 고수하려고 한다.

4) 재건주의

듀이의 철학은 개인과 사회의 조화를 강조하였다. 개인의 성장과 더불어 바람직한 생활방식이자 교육환경으로서 민주주의의 발전을 함께 추구하였다. 그중에서 개인의 성장을 더 중시하여 아동 중심, 흥미 중심의 교육이론을 발달시킨 것이 진보주의이고, 사회 발전을 위한 교육의 기능을 더 중시한 것이 재건주의다. 재건주의의 아이디어는 1930년대 카운츠(G. Counts)와 러그(H. Rugg) 등이 제기하였으나 큰 세력으로 형성된 것은 제2차 세계대전의 피해를 복구하는 데 관심을 갖게 된 1950년대이다. 그 시기에 진보주의 교육운동이 세력을 잃게 되자 듀이 철학의 전통을 교육의 사회적 측면에서 발전시키고자 하는 운동이 브라멜드(T. Brameld)와 벅슨(I. Berkson)의 주도로 나타났다. 재건주의 교육의 기본 원리는 다음과 같다(넬러, 1964).

첫째, 교육은 현재 이곳에 전념하여 우리 문화의 기본적 가치를 실현하고, 동시에 세계의 사회적·경제적 주도 세력들과 조화를 이루는 새 사회질서를 창조해야 한다. '위기 시대'의 철학으로서 재건주의는 스스로 붕괴될 가능성이 있는 현대 문화를 교육을 통해 재창조하고자 한다.

둘째, 새로운 사회는 제도와 자원이 국민에 의하여 통제되는 진정한 민주주의가 되어야 한다.

셋째, 아동과 학교와 교육은 사회적·문화적 조건들에 의해 영향을 받지 않을 수 없다. 그러므로 개인은 '사회적 자아실현'인 교육을 통해서 사회성을 발달시킬 뿐만 아니라 사회를 기획하는 데 참여하는 방법도 배워야 한다.

넷째, 교사는 학생들에게 재건주의자들이 제안하는 해결책의 타당성과 절박성을 납득시키되, 학생들이 자기의 의사를 제시하고 충분히 토론하게 하는 등 민주적 절차에 따라야 한다.

다섯째, 교육의 목적과 수단은 현재의 문화적 위기를 해결할 수 있도록 완전히 재조직되어야 하며, 또한 행동과학들이 발견한 이론들에도 맞아야 한다.

이렇게 재건주의는 교육에 의한 사회의 재건, 민주주의 사회, 사회적 자아실현으로서 교육, 행동과학에 따른 교육이론의 재창조를 주장하였다. 재건주의는 진보주의와 같은 계열에 서 있되, 진보주의가 개인주의에 치우치거나 지나치게 아동의 자유를 허용함으로써 비판을 받는 것을 보완하면서 본질주의의 장점을 받아들여 조화를 꾀한다고 평가할 수 있다. 그러나 단순히 절충적인 입장이라기보다는 당시의 사회적 위기상황을 해결하기 위해 교육의 사회적 기여에 초점을 맞추는 특징을 가지고 있다.

토론과제

1. 철학적 탐구방법은 어떤 것들이 있는지 논의해 보자.
2. 철학과 과학의 차이는 무엇인지 논의해 보자.
3. 전통적 철학에 근거를 둔 관념론의 교육철학과 실재론의 교육철학은 어떤 점이 같고, 어떤 점이 다른가? 나는 어느 교육철학에 공감하는가?
4. 지식과 경험은 교육에서 각각 어떤 의미를 가지는지 논의해 보자.
5. 지식 중심 교육과 학생 중심 교육의 근본 가정은 어떻게 다른가? 그리고 그에 따른 구체적인 교육방법은 각각 무엇인지 논의해 보자.
6. 교육은 아동의 미래 생활을 위한 준비과정인지, 아니면 현재의 생활 그 자체인지 토론해 보자.

제3장

교육의 역사적 기초

학습 목표

1. 교육사를 연구하는 목적을 이해한다.
2. 교육사를 연구하는 방법을 이해하고 적용할 수 있다.
3. 한국의 교육이 과거 주요한 사상이나 사회의 변천에 따라 그 이론과 실제가 어떻게 변화하여 왔는지를 이해한다.
4. 서양의 교육이 고대부터 현대까지 사회의 변천에 따라 그 이론과 실제가 어떻게 달라졌는지를 이해한다.

1. 왜 과거의 교육을 돌아봐야 하는가?

인간은 역사적 동물이라고 한다. 다른 생명체는 만 년 전이나 현재나 개체의 삶이 별로 다르지 않지만, 인간의 경우 만 년 전 석기시대의 삶과 현재의 삶은 그 수준과 질에서 비교가 불가능할 정도로 많은 차이가 난다. 이런 차이는 왜 일어난 것일까? 그 원인 중의 하나는 과거를 이용할 수 있는 능력 때문이다. 다른 생명체는 과거의 경험이 축적되지 않기 때문에 수만 년 전의 조상의 삶을 처음부터 그대로 되풀이한다. 반면 인간은 선조들의 경험을 물려받아 활용하거나 나아가 더 발전시킬 수 있고, 과거의 실패를 되풀이하지 않음으로써 발전을 가속화시킬 수 있다. 이렇게 과거를 활용하기 위한 인간의 적극적 노력이 역사 연구이다.

교육사는 교육과 관련된 과거의 행위와 현상을 탐구하여 교육을 발전시키고자 하는 활동이다. 그러므로 교육사는 과거의 교육행위 및 현상을 연구대상으로 하되, 연구목적은 과거가 아니라 현재의 교육의 발전에 있다. 즉 역사적 이해를 통해서 사회적 환경과 압력 아래서 교육문제가 어떻게 발생하는가, 어떠한 해결방안이 유용했는가, 그 결과는 무엇인가 그리고 그것으로부터 무엇을 배울 수 있는가를 탐구한다. 과거에 대한 주의 깊은 연구만이 현재를 이해하고 미래를 예측할 수 있게 해 주기 때문이다. 역사적인 탐구는 다음 3가지 측면에서 중요한 통찰을 우리에게 제공한다.

첫째, 역사적 탐구는 사회제도로서 교육제도의 본질을 이해하게 해 준다. 현대의 복잡한 사회제도는 무수히 많은 요소로 구성되어 있기 때문에 이것을 이해하려면 초기부터 형성되고 서로 결합하여 유기적 관계를 형성해 온 방식을 역사적으로 조명하는 것이 필요하다. 예컨대 대학교의 문화, 시험과 학위제도, 기숙사제도, 상벌제도, 학위 수여식의 의례와 복식 등과 같은 제도들은 그 제도가 처음 생겨날 때까지 거슬러 올라가 보지 않으면 그 본질을 이해하기 어렵다. 또한 교육조직은 그 내적 생명력을 가지고 그들의 과거에 의존함으로써 외부의 압력과 영향으로부터 자신을 보호하면서 특정한 방향으로 발전하여 왔다. 따라서 이러한 교육의 내적 생명력을 이해하기 위해서는 역사적 탐구가 필요하다.

둘째, 역사적 탐구는 교육목적과 교육이념에 대한 이해를 가능하게 해 준다. 한 시대의 교육목적은 그 시대, 그 사회에 필요한 인간을 육성하는 것이다. 따라서 현재의 올바른 교육목적을 탐구하기 위해서는 현대가 요구하는 인간이 무엇인지 규명하는 것이 필수적이라고 생각한다. 그러나 현대의 인간성은 과거로부터 형성되어 온 것이며, 과거는 현대인의 내부 깊숙이 자리 잡아 현대인의 무의식을 형성하고 있다. 그러므로 과거에 대한 깊은 통찰만이 현재의 일시적인 필요와 열정에 영향 받지 않는 인간 발전의 전체 과정을 이해할 수 있게 해 준다.

셋째, 교육에 대한 역사적 탐구는 시대의 변화에 따라 변화하는 교육이론과 정책의 대립과 갈등 그리고 그 결과들을 이해하는 데 도움을 준다. 과거의 교육이론은 새로운 교육이론과 대립하고 갈등하면서 발전하여 왔으며 과거의 교육이론과 혁명적인 단절을 표방하기도 하였다. 그러나 새로운 교육이론은 과거의 교육이론에서 파생되어 왔기 때문에 표면상 나타나는 단절성과 함께 심층적인 유사성을 내부에 포함하고 있다. 따라서 역사적 탐구는 이러한 교육이론의 발전과 그 결과들을 하나의 연속선 상에서 이해할 수 있게 해준다.

즉 교육사를 공부하는 것은 과거의 여러 교육 실제와 이론들을 접하면서 교육적 안목과 비판적 의식을 확대하고, 자신의 교육관을 세우며, 나아가 교육에 대한 의문점이 생길 경우 과거의 교육에서 도움을 받으려는 것이다. 거기에 더하여 교육의 역사적 흐름 속에서 현재의 교육을 이해하고, 앞으로 교육이 나갈 방향을 예측할 수 있게 해 주는 것이다.

2. 교육사에서 배우는 방법

역사를 연구하는 데는 객관성과 주관성이 중요한 문제로 등장한다. 객관성을 강조하는 역사가는 과거에 초점을 두고 역사는 과거의 사실을 있는 그대로 재현해 내는 것이라고 한다. 반면에 주관성을 강조하는 역사가는 현재에 초점을 두고 과거의 사실이 현재에 주는 의미를 해석하고 기술하는 것이라고 한다. 어쨌든 역사는 확인된 과거의 사실들로부터 시작되어야 한다. 그렇지 않으면 역사가 아니라 역사소설이나 사극처럼 허구가 되어버린다. 그렇지만 역사의 연구대상은 유물과 같은 물질적인 것이 아니라 인간의 행위 또는 사건이므로 과거를 그대로 재현할 수도 없거니와 보는 관점에 따라 다르게 재구성된다. 이것은 과거의 사실 자체가 보는 관점, 즉 역사관에 따라 다르게 재구성된다는 것이다. 그러므로 역사는 역사관에 따른 해석이 중요하다고 한다. 결론적으로 역사는 객관적인 역사적 사실에 근거하되 역사가의 주관에 의해 해석될 수밖에 없는 모순된 운명을 가진 학문이다.

그런데 역사를 보는 눈인 역사관은 역사가의 주관을 말한다. 역사를 연구하는 사람은 자기의 경험과 학문적 탐구를 통해 역사관을 형성하기 때문에 역사가의 개인적·사회적 필요를 반영하고 있다. 그러므로 역사는 한 번 기술되고 끝나는 것이 아니라 늘 현재의 관점에서 다시 기술되어야 한다. 현재가 변하므로 사관이 변하고, 따라서 역사적 사실에 대한 해석도 달라지기 때문이다.

역사를 연구하기 위해서는 먼저 현재의 필요, 즉 역사 연구의 목적과 주제가 설정되어야 할 것이며, 그 다음에는 연구대상으로서의 역사적 사건이나 소재와 시대적 범위가 결정되어야 한다. 이러한 연구대상의 성격과 범위에 따라 역사 연구는 ① 개별적 연구, ② 분류사적 연구, ③ 개설적 연구로 구분할 수 있다. 개별적 연구란 원효, 이황, 이이 등 어느 한 사람의 교육사상이나 화랑도, 성균관, 서원 등과 같은 특정한 교육제도 등을 연구하는 것을 말한다. 분류사적 연구란 주제별로 묶어서 연구하는 것으로 불교교육사상사, 유교교육사상사 등과 같은 주제별 교육사상사나 학교발달사, 교육행정사 등과 같은 주제별 교육제도사 등을 말한다. 개설적 연구란 한국교육사, 서양교육사처럼 통시대적으로 여러 주제를 종합하여 개관하는 것이다. 연구대상에 따라 분류한 세 가지 연구유형의 관계는 개별적 연구를 바탕으로 분류사적 연구가 가능하며, 분류사적 연구가 충분히 이루어져야 개설적 연구가 가능하다. 그러므로 개별적 연구를 1차 단계의 연구, 분류사적 연구를 2차 단계의 연구, 개설적 연구를 3차 단계의 연구라고 할 수 있다.

주제와 대상이 결정되면 이제 본격적인 역사 연구에 착수하게 되는데, 역사 연구의 방법은 ① 사료수집, ② 사료비판, ③ 역사해석, ④ 역사서술의 절차로 진행된다(정은해, 2000). 사료수집은 주제와 관련된 유물, 사서와 문서 등의 보고자료, 그리고 풍속이나 관습 등에 대한 직접적인 관찰로 자료를 모으고 정리하는 것이다. 사료비판이란 사료를 고증하는 작업으로서 외적 비판과 내적 비판으로 구분하는데, 외적 비판은 저작자는 누구인지, 사료가 위작이나 변조된 것이 아닌지, 언제 어디에서 만들어진 자료인지 등을 확인하는 작업이다. 내적 비판은 저작자는 신뢰할 만한 사람인지, 사료의 내용이 그 시대의 다른 사료들과 일치하는지를 확인하고 정리하는 작업이다. 역사해석은 추리작업을 통해 사료의 내용을 해석하고, 각각의 사실들을 관련성에 따라 연결하여 과거의 사건을 재구성하는 작업이다. 끝으로 역사서술은 이렇게 재구성된 과거의 사실을 글로 서술함으로써 역사를 새로 만드는 작업이다.

교육사의 전문적인 연구도 역사 연구의 방법 및 절차와 똑같다. 이것을 교육학에 입문하는 학생들이 할 수 있는 수준으로 바꾸어 제시하면 ① 교재, 논문, 인터넷을 통해 제시된 과제에 관련된 사료들을 수집하고, ② 그중 더 신뢰할 수 있는 사료에 근거하여, ③ 과거에 어떤 일이 일어났는지를 머릿속에서 재구성하고, ④ 그것이 현재의 교육에 어떤 의미를 주는지를 평가해 보고, ⑤ 중요한 것을 중심으로 목적에 맞도록 글을 쓰면 된다.

이 중 네 번째 단계에 익숙하지 않은 학생들이 많으므로 유용한 전략을 제시하면, ① 공부하고자 하는 어떤 교육사상이나 교육제도가 어떤 사회적 배경에서 발생하였는지를 분석하여 '왜' 그런 교육이 필요하였는지를 알아보고, ② 교육이 정치·경세·문화 등과 '이떻게' 상호작용을 하였는지 또는 어떤 영향을 주고받았는지를 분석하고, ③ 그러한 교육의 사회적·시대적 원인과 상호작용에 대해 현대적 관점에서 평가하여 현재의 교육에 주는 의미를 찾으면 된다.

3. 한국교육의 변천

1) 무속의 교육

한국의 고대 원시사회 교육에 대한 기록은 거의 없으나 단군신화의 사상적 기반이 무속신앙이므로 고조선에서는 무속신앙의 요구와 외적 방비의 필요성에서 자생적 생활교육이 실시된 것으로 추정된다. 한국의 고대신앙은 조상 숭배, 국토신 숭배, 천신 숭배로 구분할 수 있는데, 그중 최고의 숭배대상은 천신이다. 천신 숭배는 곧 하느님, 한얼, 감, 검 등으로도 불린 태양을 숭배하는 것으로 광명의 근원이자 우주의 주재자이며 인간의 생사화복을 주관하는 최고의 신이다. 이들에 대한 제사를 담당하는 사람이 무당(巫)으로서 정치적 지배자의 구실도 하였다. 무당은 여자의 경우 무당, 만신으로, 남자의 경우 박수, 화랑, 화랭이, 광대, 당굴 등으로 불리었는데, 단군(檀君)은 당굴의 이두식 표기라고 해석하기도 한다. 즉, 단군왕검은 최고의 신인 천신(王儉)을 모시는 무당(당굴)을 의미한다고 해석할 수 있다.

무속신앙은 우리나라의 전역에 퍼져 있었는데 고구려의 동맹, 부여의 영고, 동예의 무천, 마한·백제의 소도, 신라의 한가위, 그리고 고려의 팔관회 등은 모두 대표적인 무속의례의 하나이다. 이것들은 가을에 추수에 대한 감사와 다음 해의 풍년을 기원하는 제천의식으로서 집단 가무로써 하느님께 제사를 지냈다.

우리나라의 무속 또는 무교의 특징은 현실 중심적이고 인간 중심적이라는 데 있다. 내세보다는 현재에 잘 사는 것이 중요하고, 따라서 모든 제사 즉 굿의 목적은 현실의 액을 물리치고 복을 받으려는 데 있다. 또 무속에서는 천신부터 시작하여 무수한 잡신들과 조상신들을 섬기는데, 그런 신들은 인간 속에 들어와 살기도 하고 인간처럼 희로애락(喜怒哀樂)을 느끼는 지극히 인간적인 신이다. 결국 무속이 추구하는 바는 '단군신화'에서 표현된 '홍익인간(弘益人間)', 즉 널리 세상을 이롭게 하는 데 목적을 둔다.

무속은 형식적인 교육기관을 운영하지는 않았으나 제천의식 등 종교행사를 진행하고 외적 방비라는 사회의 필요를 충족시키기 위해 자생적인 교육제도가 있었을 것으로 추정할 수 있는데, 신라의 화랑도(花郞徒)와 고구려의 조의선인(皁衣仙人)이 바로 그것이다. 화랑은 본래 상고시대 소도 제단의 무사에서 온 것으로 그들을 선인(선비)이라고 불렀다고 한다. 이 민주적 민간단체인 화랑도가 진흥왕(37년, 576)에 의해 국가의 교육제도로 형식화되어 국선화랑을 총지휘자로 하고 화랑-문호-낭도로 계급화된 조직이 되었다. 신라의 최치원은 화랑도를 유교, 불교, 도교를 포함하는 현묘한 도라고 하였는데, 이는 무속의 현실 중심적인 사고가 다른 종교를 포용한 결과이다.

화랑도의 교육목적은 세속오계에 담겨 있는데, 임금께 충성하고(事君以忠), 부모님께 효도하고(事親以孝), 벗을 믿음으로 사귀고(交友以信), 싸움에서 물러나지 않고(臨戰無退), 함부로 죽이지 않는 것(殺生有擇)이다. 이러한 교육목적에서 화랑도는 도덕교육을 중시하였고, 용감한 병사를 양성하려는 교육이었음을 알 수 있다. 화랑도의 교육내용과 생활양식은 지적인 면보다 활동적인 면을 강조하였다. 첫째로 무술, 둘째로 이성도야, 셋째로 정서도야, 넷째로 심신단련과 직관도야였다. 그리하여 집단생활을 하며 무술과 규율을 익히고, 시가와 음악을 즐기며, 관동팔경 등 경치가 좋은 곳들을 찾아다니며 심신수련과 국토순례를 겸하였다.

화랑도로 대변되는 무속의 교육은 국가 간의 전쟁이 빈번하고 군사력이 중요시되던 시대의 필요에 따라 심신의 조화를 통해 도덕적이고 강인한 병사를 양성하는 활동 중심, 생활 중심의 교육이었다. 그러나 화랑도는 신라가 삼국을 통일한 후 병사의 양성이 중요하지 않게 됨에 따라 쇠퇴하게 되었다. 더욱이 유학교육기관인 국학을 설립하고 지적인 인재들을 양성하여 배출하게 되자 화랑도의 입지는 더욱 좁아졌다. 그럼에도 고려 중엽까지 불교세력과 합쳐져서 낭불사상(郞佛思想)으로 명맥을 유지하던 화랑도는 묘청의 난(1135)의 실패 이후 완전히 유학 세력에 밀려나게 되었고, 무속인은 조선시대에 마침내 천민 계급으로 추락하였다. 국가의 교육제도를 어느 세력이 장악하는가에 따라 신분의 위계가 달라짐을 보여 준다. 그러나 무속의 교육이념은 해방 후 민족의 자주성 확립을 위해 단군신화를 강조하게 되고, '홍익인간'을 교육이념으로 채택하게 됨에 따라 재해석되었다.

2) 불교의 교육

불교가 우리나라에 처음 전래된 것은 삼국시대 중엽이다. 불교는 고구려의 소수림왕 2년(372)에 전진의 승려 순도에 의해 처음 들어왔으며, 백제에는 침류왕 원년(384)에 인도의 중 마라난타가 진나라에서 들어와 전파하였고, 신라는 눌지왕(재위 417~458) 때 일부 민간에 전파되었다가 법흥왕 15년(528)에 이차돈의 순교로 공인되었다. 이렇게 초기에 중국으로부터 전래되어 귀족의 종교로 시작한 불교는 점차 왕으로부터 일반 백성에 이르기까지 우리 민족의 종교로 발전하였다. 불교는 외래 종교지만 토착신앙인 무속과 서로 동화되면서 민족의 신앙으로 자리 잡았으며, 원효와 같은 위대한 학승을 배출하였다.

불교 전래의 교육적 의의를 손인수(1995)는 다음의 4가지로 설명한다.

첫째, 불교의 인과응보 · 자비 · 평등사상 등으로 말미암아 현실 생활뿐만 아니라 미래 생활에 대해서까지 광명한 희망을 얻을 수 있었다. 누구나 다 불성을 가지고 있으며, 깨달음을 얻어 부처가 될 수 있고, 모두가 부처가 되면 우리가 사는 현실 세계가 바로 불국토(佛國土)로서 모두가 행복한 세상이라는 것이 불교의 가르침이다.

둘째, 불교가 강조하는 자비는 우리가 공공자선(公共慈善)의 개념을 갖게 하였으며, 또한 불교의 모든 생명체에 대한 존중은 인간의 존엄성을 가르쳐 주었다. 고려시대에 가난한 환자에게 약을 주는 대비원, 빈곤한 사람을 구하는 제위보라는 시설을 둔 것은 바로 인도적 자비의 사상에 영향을 받은 것이다.

셋째, 무속신앙으로부터 점차 고등종교 · 철학사상으로 발전하게 되었다. 불교는 우리에게 우주와 인생의 최고 원리를 종교적 · 철학적으로 탐구하는 방향으로 인도한 것이다.

넷째, 불교의 이러한 사고하는 방식은 우리 민족의 미술 · 건축 · 조각 · 공예 등에 이용되어 우리 민족으로 하여금 각 방면으로 창작성을 발휘하게 하여 민족문화를 형성케 하였다.

통일신라시대에 크게 융성한 불교는 고려시대에도 국교로 선정되고, 왕의 고문으로 국사나 왕사를 두고, 과거제도에도 승과를 두는 등 국가에 의해 더욱 장려됨으로써 귀족불교화되고, 호국불교적 성격이 강해졌다. 그러나 불교는 고려 중엽 묘청의 난 이후 유학세력에 급격하게 밀리게 되고, 조선시대에는 천대 받기에 이른다. 불교도 형식적인 교육제도를 갖추지 않았으므로 정치세력화하는 데는 한계가 있었다. 참선과 같이 자학자습에 의한 깨달음을 강조하는 불교의 교육방법은 학교와 같은 제도를 오히려 구속으로 보았다. 그들에게는 산사나 동굴뿐만 아니라 생활하는 집과 거리가 모두 깨달음의 장소, 즉 교육의 장이었다. 불교가 생활 속에서 비형식 교육을 통해 우리에게 준 영향을 요약하면 다음과 같다(손인수, 1995).

첫째, 삼국인들에게 민족문화의 선각자로서 대중교화의 길을 열어주었다.

둘째, 삼국인에게 국민도덕의 근본을 밝혔다.

셋째, 우리에게 국민정신, 즉 호국정신을 길러주었다.

넷째, 불교의 사원은 모든 인간이 자각하는 장소로서 교육기관의 역할을 하였다.

다섯째, 향가와 같이 우리나라 문학에도 많은 영향을 끼쳤다.

3) 유학의 교육

유학이 우리나라에 언제 전래되었는지는 알 수 없으나 『삼국사기』에 "고구려는 나라 처음부터 문자를 썼다"고 한 것으로 보아 삼국시대 이전에 한자와 더불어 우리나라에 전래되어 지배계급의 지도원리, 서민의 생활을 지배하는 도덕의 근본으로 자리 잡았으며, 또한 유학사상을 교육이념으로 삼아 학교교육이 시작되었을 것으로 추정할 수 있다.

중국의 춘추전국시대에 공자(B.C. 552~479)에 의해 창설된 유학은 송나라의 주자(1130~1200)에 의해 성리학(性理學)으로 발전하였으며, 17세기 초 명(明) 말・청(淸) 초에는 고증학(考證學)으로 성격이 바뀌었다. 공자의 유학은 인의예지(仁義禮智)에 바탕을 둔 인륜도덕의 원리를 제시한 것으로서 생활 속에서 충효와 같이 윗사람을 존경할 것을 요구하는 권위주의적 행동지침이다. 그런데 불교가 중국에 전래되자 유학의 도덕적 행동지침에 이론적 근거가 부족함을 자각하게 되어 주자는 불교의 논리를 받아들여 우주의 본질과 인간의 본질에 관하여 탐구함으로써 우주의 원리인 이기(理氣)와 인간의 본성인 성정(性情)이 서로 상응한다는 논리의 성리학을 완성하였다. 유학은 성리학에 의해 이론적 기반을 갖게 된 것이다. 그러나 주자 이후 유학자들이 이기와 이성의 본질에 대한 이론적 논쟁에 치우치게 되자 실제 생활을 중시한 유학의 본령으로 돌아가자는 고증학이 발달하였다. 고증학자들은 과거의 고전을 실증적인 방법으로 연구하여 원전의 의미를 올바로 이해하고 실천함으로써 정치·민생을 우선해야 한다는 경세치용(經世致用)을 주장하였다.

우리나라는 삼국시대에 초기의 유학이 전래되어 주로 정치의 지도원리와 학교의 교육이념으로 자리 잡고, 민중들의 무속 및 불교의 사상과 병립되었다. 고려 말에는 안향(1243~1306)에 의하여 성리학이 도입되었으며, 조선시대에는 무속과 불교를 배격하고 유학을 지배이념으로 채택한 숭유억불책(崇儒抑佛策)의 영향으로 국가의 지배적 도덕원리로 자리 잡았으며, 이황과 이이 등 위대한 성리학자들이 배출되었다. 그러나 임진왜란 이후 17세기 중엽부터 성리학의 이론 중심적 성격에 대한 비판이 일어나면서 중국 고증학의 영향을 받아 실학(實學)이 기호지방을 중심으로 전개되었다. 실학자들은 정치·경제적 현실 문제와 과학, 기술, 역사, 문학, 풍습과 같은 우리 문화에 대한 광범위한 연구와 서양의 학문과 기술의 도입을 통하여 당시 조선 현실의 변화와 개혁을 주장하였으나 정치적 실권을 잡지 못함으로써 개혁사상을 실현하지는 못하였다.

유학이 무속 및 불교와의 세력 다툼에서 승리하고 지배이념이 되는 데는 학교교육과 과거제도가 크게 작용하였다. 형식적인 유학교육기관이 처음 등장한 것은 고구려 소수림왕 2년(372)에 설립된 태학(太學)이다. 태학은 귀족자제를 대상으로 하는 고급관리 양성 학교였고, 평민을 위해서는 사립교육기관으로 경당(扃堂)이 있었다. 신라는 삼국통일 후에 국학(國學)을 세워 화랑도의 교육을 대체하였다. 고려는 신라의 국학을 이어받아 운영하다가 성종 11년(992)에 고등교육기관으로 국자감(國子監)을 설립하였다. 중등교육기관으로는 인종 5년(1127)에 지방에 향교(鄕校)를 설치하여 지방민의 교육적 요구를 수용하였으며, 원종 2년(1261)에는 개경에도 동서학당을 설립하였는데, 이것은 고려 말에 5부학당(1390)으로 확대되었다. 고려시대에는 사립고등교육기관으로 최충의 문헌공도를 비롯한 12도가 출현하여 학벌을 형성하였고, 사립초등교육기관으로 서당(書堂)이 다양하게 발달하였다. 조선은 한양으로 도읍을 옮기면서 1398년에 성균관(成均館)을 설립하였고, 유사한 수준의 4학(四學)도 운영하였으며, 향교를 크게 발달시켜 지방 유생의 교육과 지방민의 교화까지 맡게 하였다. 사립교육기관으로는 서당과 서원(書院)이 있었는데, 서원은 훌륭한 선현을 모시고 제사 지내며 그 학문과 인격을 본받거나 과거(科擧)에 목적을 두고 공부하고자 산수 좋고 조용한 곳에 설립되었다.

유학의 교육내용은 4서(논어, 대학, 중용, 맹자)와 5경(시경, 서경, 역경, 예기, 춘추), 3사(사기, 한서, 후한서)가 주요 과목이었고, 그 외에 효경, 문선, 근사록 등이 포함되기도 하고, 조선시대에는 주자전서, 성리대전, 소학 등이 포함된다. 이러한 경서강독 외에 제술(작문)과 서법(붓글씨)이 교육과정에 포함되었다. 유학의 교육은 이런 공부를 통해 인격을 함양하여 군자, 성인이 되고, 이런 수신(修身)에서 시작하여 제가(齊家), 치국(治國), 평천하(平天下) 하게 하는 데 목적을 두었다. 그리고 유학의 교육내용은 생활 속에서의 실천윤리를 주요 내용으로 하고 있으므로 학생뿐만 아니라 서민에게까지 교육을 확대하여 지방풍속을 교화하려 하였고, 그 결과 유학문화가 국가의 주류 문화로 자리 잡게 되었다.

과거제도(科擧制度)는 인재를 뽑아 관리로 등용하기 위한 시험으로서 우리나라 유학교육의 성격에 큰 영향을 주었다. 과거제도는 통일신라 중엽 원성왕 4년(788)에 실시한 독서3품과가 최초이며, 고려시대에는 광종 9년(958)에 쌍기의 건의에 의해 도입되어 조선 말까지 지속되었다. 과거시험의 방법은 제술과(製述科)와 명경과(明經科)로 구분되는데, 제술과는 주어진 운(韻)으로 글을 짓는 것이고, 명경과는 4서3경을 비롯한 유학 경전을 암기한 정도를 평가한다. 고려시대에는 제술과가 중시되었으나 조선시대에는 명경과가 중시됨에 따라 학교교육은 과거를 대비하는 암기식 교육으로 변하였다. 즉, 유학교육의 본질인 인격도야의 기능이 약화되었으며, 경전에 대한 학문적 탐구보다는 암기에 치우치게 되어 학문의 원천인 중국 문화에 대한 사대의식을 벗어나지 못하게 되었다.

4) 개화기의 교육

19세기 말 조선은 앞선 과학과 기술로 무장하고 경제적 이권을 노리는 서양 세력과 그것을 등에 업은 일본의 침략으로 큰 위기를 맞았다. 고종 13년(1876) 한일통상수호조약을 시작으로 미국, 영국, 독일, 러시아, 이탈리아, 프랑스, 오스트리아 등과 차례로 통상수호조약을 맺음으로써 마침내 수백 년 간 유학 문화가 독점해 온 사고와 제도의 틀을 깨고 서양의 문물과 제도를 받아들임으로써 개화가 시작되었다. 개화의 방향은 조선을 압도하는 서양의 과학과 기술, 그리고 그것들을 메이지 유신(1868)을 통해 조선보다 일찍 받아들임으로써 강성해진 일본을 보면서 조선도 빨리 서구화를 추진하여 힘을 길러 주권을 유지하는 것이었다. 조선왕조는 갑오경장(1894)을 단행하여 정치제도의 개혁과 아울러 봉건적인 사회·경제제도 전반에 걸쳐 대개혁을 시도하였다.

교육에서도 근대화운동이 전개되었는데, 그 주도 세력은 크게 세 부류로서 외국인 기독교 선교사들과 정부와 민족주의적 개화사상가들로 구분할 수 있다. 먼저 근대적 학교의 출발은 미국의 기독교계 선교사들에 의해 이루어졌다. 조선에 우호적 이미지를 구축하려는 미국 정부의 전략과 새로운 선교지를 선점하고자 하는 미국의 개신교들의 이해가 맞아떨어져 선교사들이 조선에 앞다투어 진출하고, 선교와 자선활동의 일환으로 미국식 학교를 설립함으로써 조선의 개화를 촉진하였다. 1885년 감리교파 알렌(Allen)에 의해 서울에 최초의 근대적 병원인 광혜원이 설립되었으며, 1886년에는 16명의 학생을 뽑아 서양의학을 가르쳤는데, 이것이 후에 세브란스 의학전문학교가 되었고, 연세대학교의 모체이다. 이어서 1885년 아펜젤러(Appenzeller)가 배재학당, 1886년에는 스크랜톤(W. B. Scranton) 여사가 이화학당, 장로회의 언더우드(Underwood)가 경신학교를 개교하였다. 그 후 1894년부터 1910년까지 전국 곳곳에 장로파 501교, 감리파 158교, 성공회 4교, 안식교 2교, 종파미상 84교, 천주교 46교 등 총 796개의 기독교계 학교가 외국인 선교사나 그들의 지원을 받아 설립되어 주로 중등교육을 담당하였다. 이들은 우리나라에 서양식 교육제도를 처음으로 소개하고 신학문을 도입하는 데 선구적 역할을 하였다.

정부의 교육 근대화 노력은 고종이 1895년 '개국 500년의 교육입국조서'를 공포하고, 교육이 국가를 중흥하는 주요한 수단이므로 전 국민이 교육에 힘쓸 것을 호소함으로써 시작되었다.

> 내가 가르치지 아니하면 나라는 튼튼하기가 심히 어렵다. 세계의 형세를 두루 살펴보건대 부강하여 독립하고 웅시하는 모든 나라는 다 그 인민의 지식이 개명하였다. 이 지식의 개명은 교육의 선미로 된 것이었으니, 교육은 실로 국가를 보존하는 근본이다. ... 짐은 정부에 명하여 학교를 널리 세우고 인재를 양성하며 그대들 신민의 학생으로써 국가 중흥의 대공을 양성케 하련다. ... 왕실의 안전은 그대들 신민들의 교육에 있고, 국가의 부강도 그대들 신민의 교육에 있다(고종실록, 고종32년, 1895년 2월 2일: 손준종, 2001: 160 재인용)

개화파 박영효(1861~1939)는 『건백서(建白書)』(1888)에서 "인간은 교육을 받아야만 지각할 수 있기에 학교를 설립하는 것이 국가의 가장 우선되는 일"이라고 생각하고 교육을 통해서 백성에게 국사, 국어, 국문을 가르쳐야 한다고 주장하였나. 유길준 역시 정부가 교육에 대한 국가예산을 우선적으로 투자하여, 교육을 통해 부국강병(富國强兵)을 추구해야 한다고 주장하였다. 이에 따라 정부는 일제를 모방한 근대적인 학교를 설립하기 위해 학교관제와 규칙의 제정에 착수하여 1895년 한성사범학교관제와 규칙, 외국어학교관제, 성균관관제와 규칙, 소학교령을 공포하였고, 1899년에는 의학교관제, 중학교관제, 상공학교관제를 공포하였다. 이에 따라 1895년 한국 최초의 관립근대학교인 한성사범학교를 시작으로 1899년에 경성의학교와 외국어학교, 1900년에 한성중학교, 1904년에 농공상학교 등을 비롯하여 전국에 50여 개의 소학교를 설립하였다.

민족선각자들도 민족 계몽과 항일의식을 고취하기 위하여 적극적인 교육구국운동을 전개함으로써 전국에 사립학교가 우후죽순처럼 설립되었는데, 1908년에는 그 수가 5,000여개 교에 학생수는 20만 명이 되었다. 한국인이 최초로 설립한 근대식 사립학교는 1883년 함경도 덕원읍민들이 기금을 모아 설립한 원산학교이며, 그 후 1895년부터 민영환이 서울에 설립한 흥화학교를 필두로 학교 설립이 줄을 이었다. 이 사립학교들은 국권회복을 위한 민족지도자를 양성하고, 민족의식과 애국심을 함양하며, 항일운동에 앞장섰다.

이렇게 교육 근대화 노력이 짧은 기간임에도 세 주도 세력에 의해 활발히 전개되었으나 1905년 을사보호조약 체결로 일제의 통감부에 의해 학제개편이 단행되면서 학교 설립 및 운영에 방해를 받게 되었다. 통감부는 우민화 정책과 친일화 강화를 위하여 성균관의 정원을 감축하고, 소학교를 보통학교라 개칭한 후 수업연한도 6년에서 4년으로 단축하였으며, 중등 이상의 학교 설립을 극히 제한하거나 허락하지 않았다. 그리고 일본인 교사를 배치하고, 교과서를 검인정으로 바꾸어 통제하고, 일어 교과목을 신설하였다. 국민의 의식개혁을 어느 방향으로 끌고 갈 것인가를 놓고 정부 및 민족주의자와 일제 간에 힘겨루기가 시작된 것이다.

5) 일제의 식민지 교육

무력으로 조선을 식민지화한 일제는 1910년 합방 이후 우리나라를 영구 식민지화하기 위해 교육을 이용하여 민족성을 말살하고 일본정신으로 동화시키는 황국신민화를 꾀하였다. 이에 민족선각자들도 나라를 구하는 궁극적인 수단은 교육밖에 없다는 생각에서 애국심과 항일의식을 고취하고 민족의 힘을 기르는 민족교육을 강력히 전개하였다.

일제는 소위 헌병통치기(1910~1919)에는 충량한 국민을 양성하는 데 목적을 두고, 교원도 관복을 입고 칼을 차게 하여 억압적인 분위기를 조성하고, 일본어를 국어로 가르치고, 교과서와 교수용어를 일본어로 사용했으며, 한국역사와 한국지리를 가르치지 않았다. 또 시세와 민도에 맞는 교육을 한다는 핑계로 일본인과 조선인을 차별하여 조선인을 대상으로 한 교육에서는 보통학교 수업년한을 3~4년으로 줄였으며, 대학을 설립하지 않는 우민화 교육을 실시하였다. 그리고 중등교육기관으로 전문학교와 실업학교를 설치하여 저급한 실업교육을 장려함으로써 노동력을 착취하였다.

일본 제국주의자들이 대한제국을 강점하여 국가권력을 강탈하고 민족정신을 말살하려고 시도할 때, 한국인들은 끊임없이 일제에 저항하고 투쟁하였다.

조선총독부의 교육정책에 대한 투쟁과 동시에 식민지 제도교육권 밖에서, 즉 야학, 위장 서당, 비밀학습조직 등을 통해 농촌계몽운동과 민족교육을 이어 나갔다. 뿐만 아니라 해외에서도 현지에서 독립투쟁의 일환으로 학교를 설립하여 민족교육을 실시하였다.

김신일(2009)은 식민지배 시대의 교육투쟁을 4가지로 분류하고 있다. 첫째, 총독부 교육정책에 대항하는 투쟁이다. 예를 들면 한국인들에 대한 취학 기회 제한에 대항하여 총독부에 학교 설립 확대를 요구하는 투쟁을 벌이는 것 등이다. 둘째, 사립학교를 통한 투쟁이다. 예컨대 평양의 대성학교처럼 일제의 폐교와 휴교에 맞서서 민족교육을 실시해 온 사례이다. 셋째, 지하에서의 비밀 민족교육이다. 넷째, 해외에서의 민족교육운동이다. 상해임시 정부는 1923년 5월 10일 임시의정원회의에서 네 개 항의 교육방침을 통과시켜 발표한다.

가. 교육 종지(宗旨)는 조국광복의 정신 아래에서 건전한 시대적 인물을 양성할 것
나. 교육방침은 최신교육의 원리를 응용하여 우리민족에게 적합하도록 보편과 특수의 양종 교육을 병행할 것
다. 교육제도는 현대의 실용제도를 채용하되 소학은 남녀 만 7세부터 13세까지 의무제도로 할 일
라. 교과용 도서는 중앙교육기관에서 최단기간 내에 편찬 · 발행할 것

이렇게 일본 제국주의의 압박에도 굴하지 않고 교육독립운동을 통하여 민족정신을 계승하고 더 나아가 자주적이고 근대적인 교육제도를 마련하고자 하는 노력은 끊임이 없었다.

3 · 1운동에 영향을 받아 시작된 문화정치기(1919~1938)에 일세는 무력에 의한 탄압정책으로부터 융화정책으로 전환하여 일본 본토와 조선의 학제를 같게 만들어 차별을 없애고, 폐지되었던 한국어를 필수과목으로 부활시켰으며, 학교는 한국인과 일본인의 공학을 원칙으로 하였고, 고등교육기관으로서 경성제국대학을 설치하

였다.

그러나 일제는 만주침략(1931)에 이어 중일전쟁(1937)과 태평양전쟁(1941~1945)을 도발하면서 군국주의기(1938~1945)에 들어서자 가장 악랄한 식민지정책을 단행하여 창씨개명, 일본어 상용, 강제징용, 경제수탈을 자행하였다. 교육에서도 황국신민의 육성을 교육목적으로 삼고 국체명징(國體明徵), 내선일체(內鮮一體), 인고단련(忍苦鍛鍊)을 3대 교육방침으로 삼았다. 국체명징은 국가의 주권이 천황에게 있다는 것을 명확히 알라는 것이고, 내선일체는 한국인도 일본인과 같이 황국신민이니 일제를 위해 헌신하라는 것이며, 인고단련은 고통을 참고 견디며 일본에 대한 애국심을 기르는 훈련이다. 그들은 또 '황국신민의 서사'를 제정하여 "우리는 황국신민이다. 충성으로서 군국에 보답하련다" 등을 매일 제창하게 하였다. 1943년에는 '교육에 관한 전시비상조치령', 1945년에는 '전시교육령'을 선포하여 수업연한을 단축하여 징병에 동원될 수 있게 하고, 근로봉사에 동원하며, 학도대를 조직하여 장교에 의한 군사교육을 실시하는 등 교육의 기능은 정지되다시피 하였다.

일제는 우리 민족의 문화를 말살하고 일제에 동화시키기 위하여 치밀한 교육정책들을 개발하고 식민지 교육에 전력을 다하였다. 비록 우리 민족의 강력한 저항과 민족교육, 그리고 전쟁에서 일본의 패망으로 실패하였지만 일제의 왜곡된 식민지 교육은 그 후로도 오랫동안 많은 폐해를 남겨주었다. 우리가 식민지사관을 비롯하여 민족적 열등감과 일본에 대한 사대주의 등을 극복한 것은 그다지 오래 되지 않았으며, 기계와 기술에 관한 용어에서 일본어가 사라진 것도 근래의 일이다.

6) 대한민국의 교육

해방 후부터 1948년 8월 15일 대한민국 정부가 수립되기까지 3년간은 미군정이 실시되었는데, 교육문제는 학무국에서 록카드(E. L. Lockard) 대위가 담당하였다. 그는 미국에서 유학한 오천석을 비롯한 교육계 지도자 7인으로 한국교육위원회의를 구성하고, 이 위원회의 자문을 받아 각급 학교를 재개하였다. 이렇게 실시된 학교교육은 '새교육'이라는 이름으로 미국의 진보주의 교육을 도입하고자 하였다. 그리고 각계각층의 지도자들로 교육심의회를 구성하고 한국교육의 기본적인 틀을 만들게 했다. 교육심의회는 홍익인간을 교육이념으로 정하고, 단선형 학제를 도입하였으며, 의무교육제도를 건의하고, 교육행정의 지방자치제도를 입법화하였다. 이러한 민주적인 교육제도는 미국의 교육제도를 모방한 것이 많았다. 서양식 교육에 대한 열망이 미국식 민주주의 교육의 도입으로 구체화된 것이다.

1948년 「헌법」이 제정되고 대한민국 정부가 수립되자 1949년 말에는 「교육법」이 제정 공포됨으로써 우리 교육의 방향과 제도가 확립되었다. 그 내용은 대부분 미군정시대에 교육심의회가 정한 것을 더욱 구체화하고 발전시킨 것이다. 그러나 1950년 6·25동란이 발발하자 '전시하 교육특별조치 요강'을 발표하고 유휴건물이나 노천에서 피난학교, 분교장, 가교실을 운영하는 등 전쟁 속에서도 국토방위와 재건에 필요한 애국정신과 민주주의 수호를 고취하는 교육에 힘썼다. 1953년 휴전이 되고 사회가 어느 정도 안정되기 시작하자 교육계도 파괴된 학교를 재건하고 교육체제를 새로 완비하기에 노력하였다. 제도적으로는 사회복구에 기여할 수 있도록 향토학교운동이 전개되고 생산교육을 강조하였다. 또한 교육자치제의 시작과 더불어 의무교육 6개년계획을 세워 추진하였다. 교육내용에 있어서는 1954년 '교육과정 시간배당기준령'을 발표하여 각 학교의 교과목 및 기타활동의 편제를 정하였는데, 이것이 소위 제1차 교육과정으로서 교과 중심 교육과정을 기반으로 하되 특별활동, 민주적 생활지도 등 생활 중심 교육과정을 다소 반영하였다.

1961년 5·16군사정변으로 정권을 잡은 박정희 대통령의 제3공화국은 조국근대화와 민족중흥을 위하여 경제 발전에 역점을 두었는데, 교육도 경제 성장에 기여하는 교육을 지향하여 과학교육, 기술교육을 강조하였다. 1963년에는 교육과정을 개정하여 제2차 교육과정으로서 자주성, 생산성, 유용성을 강조하고, 교과의 체계보다는 학생의 경험을 중시하는 생활 중심 교육과정, 경험 중심 교육과정을 시도하였다. 또 1972년 유신헌법의 제정으로 제4공화국이 출범하자 1973년에는 제3차 교육과정을 공포하고, 경제 발전의 지속으로 복지사회의 건설에 기여하기 위하여 과학기술의 향상을 도모하는 교육으로서 과학적 탐구력을 함양하는 학문 중심 교육과정을 운영하였다. 이렇게 1960년대와 1970년대의 교육과정은 미국의 앞선 교육사조를 반영하여 개선되었으나 사실상 교육은 국가의 경제 발전을 위하여 서양의 앞선 과학과 기술을 받아들이는 지식교육 위주로 진행되었다. 이러한 지식교육에 성공한 결과 우리나라는 급속한 산업 발전과 경제 성장을 달성하며 짧은 기간에 선진국을 따라잡을 수 있었다.

1980년대에 정권의 교체와 더불어 우리나라의 교육은 방향 전환을 시도하여 국가의 발전을 위한 교육, 지식 전달 교육으로부터 개인의 삶을 위한 교육, 사고력과 창의력 개발 교육으로 점차 전환되었다. 20여 년간의 견실한 경제 발전은 국민의 삶에 질적 향상과 경제적 여유를 가져다주었고, 정치적 민주화는 개인의 자유와 개성에 대한 요구를 증대시켰다. 이러한 사회의 요구를 수용하여 1981년 개정된 제4차 교육과정은 지식보다 인간을 중심에 두는 인간 중심 교육과정으로서 과학기술교육 외에 국민정신교육과 전인교육을 강화하여 건강한 사람, 자주적인 사람, 창조적인 사람, 도덕적인 사람의 양성을 목적으로 하였다.

1990년대에 세계 각국은 세계화, 정보화 시대인 21세기를 대비하여 국가의 경쟁력을 높이기 위해 교육개혁을 단행하였다. 우리나라도 1992년 10월에 제6차 교육과정과 1997년 말에 제7차 교육과정을 고시하며 교육개혁을 단행하였다. 현재 시행 중에 있는 제7차 교육과정은 기본 방향을 '21세기의 세계화, 정보화 시대를 주도할 자율적, 창의적인 한국인 육성'으로 설정하고, 창의성과 자기주도 능력을 함양하는 수요자 중심의 다양한 교육의 실천을 강조하였다. 이것은 고도산업화로 선진국에 접근한 우리나라에 서양의 과학과 기술을 배우고 모방하는 지식교육이 더 이상 필요하지 않게 되었음을 반영한다. 개화기부터 시작된 서양의 과학과 기술을 배우는 지식교육은 이제 그 소임을 충실하게 다하였다. 현재 한국의 과학과 문화는 선진국들과 어깨를 나란히 하여 새로운 지식과 기술을 창출하고, 국제적인 특허권을 선취하고자 경쟁하고 있다. 이러한 상황은 교육에 자기주도적이고 창의적인 인간, 새로운 지식과 문화를 창조하는 세계 속의 한국인의 양성을 요구하고 있는 것이다.

4. 서양교육의 변천

1) 그리스의 교육

서양문화의 기원은 B.C. 1200년경부터 형성된 고대 그리스의 헬레니즘이다. 산악이 대부분인 반도국가 그리스는 분지를 중심으로 인구 10~30만 명으로 구성된 수십 개의 작은 도시국가들이 발달하여 문화의 다양성이 존재하였다. 그중 교육적으로 특징적인 문화는 스파르타와 아테네였다. 도리아족이 세워 B.C. 6세기경 최강의 도시국가로 등장한 스파르타는 다수의 피정복민들을 무력으로 억압하고 지배계층으로서의 지위를 유지하기 위해 군국주의 교육을 실시하였다. 그들은 교육목적을 강한 군인의 양성에 두고 용기, 인내심, 애국심의 덕목과 강한 체력과 무예, 전략을 길러주었다. 교육내용으로는 집단훈련을 통한 체육, 군사훈련, 엄격한 규율이 중시되었고, 지적인 교육은 최소화하여 3R's(읽기, 쓰기, 셈하기)의 기초만을 가르쳤다. 일상생활도 국가가 엄격하게 관리하였는데, 아기가 태어나면 판정관이 파견되어 허약하거나 장애가 있는 아기는 살해하였으며, 8세가 되면 모두 국가교육기관에 소집되어 혹독한 훈련을 받고 21세부터 군인이 되었으며, 30세에 결혼을 할 때도 튼튼한 아이를 낳을 수 있도록 국가가 우생학적인 면에서 감독하였다. 이러한 군국주의 교육으로 인해 스파르타는 그리스의 패권을 차지할 수 있었지만 문화를 발달시키지는 못하였다.

이오니아족이 세운 아테네는 민주주의 정치를 채택하고 교육목적을 몸과 마음이 조화롭게 발달한 지혜로운 자유인의 형성에 두었다. 교육기관으로는 음악학교와 체조학교가 있었는데, 음악학교에서는 3R's를 비롯하여 음악과 이솝우화, 호머의 시와 솔론의 글 등을 공부하였고, 체조학교에서는 체조와 운동경기를 하였다. 16세부터는 김나지움에서 체육과 생활습관, 애국심을 길렀고, 18세부터는 에페베(Ephebe)에서 2년간 군사훈련을 받은 후에 성숙한 시민으로 인정받았다.

아테네는 B.C. 492년 시작된 페르시아 전쟁에서 승리한 후 지중해의 해상권을 장악하여 활발한 해상무역을 하면서 상공업이 발달함에 따라 문화가 급속하게 발전하였다. 민주주의라는 자유로운 분위기에서 무역을 통하여 경제적인 부가 형성되었으며, 국제교류를 통하여 이집트와 메소포타미아, 인도 등 동방의 발달한 다양한 문화를 수입하였다. 아테네에는 문화 발달에 필요한 조건, 즉 ① 민주주의가 부여하는 사고의 자유와 ② 경제적 부가 확보한 사고할 여유와 ③ 여러 지역에서 수집된 다양한 사고거리가 확보되었다. 그리하여 소피스트라고 불리는 많은 학자들이 아테네로 몰려들어 다양한 문화적 배경을 가진 지식들을 검토하고 활발히 논의를 함으로써 지적 문화를 한 단계 도약시켰다. 소피스트들이 풍요롭고 한가한 자유민을 대상으로 정치적 성공을 위한 교양과 웅변술 등을 가르치면서 유료 개인교수제가 성행하게 되었고, 학교(schole, school의 어원)도 출현하여 지식교육을 실시하였다. 중등교육기관인 문법학교에서는 3학(문법, 수사학, 변증법)과 4과(산수, 기하, 음악, 천문학)로 구성된 7자유과(liberal arts)를 가르쳤으며, 수사학교와 철학학교도 출현하여 정치, 법률, 역사, 천문, 변증법, 수사학 등의 고등교육을 실시하였다.

소피스트들 중 대표적인 교육사상가로는 소크라테스와 플라톤, 아리스토텔레스를 들 수 있다. "너 자신을 알라"고 외친 소크라테스는 여러 소피스트들의 주장이 일으키는 지적 혼란 속에서 참된 지식을 얻으려면 각자 자기 스스로 올바로 사고하는 방법밖에 없다고 생각하고, 올바로 사고하는 방법을 대화법으로 제시하였다. 대화법은 반어법과 산파술로 구성되는데, 반어법은 이미 알고 있다고 생각하는 지식에 대해 회의를 가지고 비판해 들어감으로써 자기의 지식이 확실한 지식이 아니었음을 깨달아 무지를 자각하게 하는 방법이고, 산파술은 여러 사례나 지식들을 직접 분석하고 검토함으로써 참된 지식을 스스로 이끌어내게 하는 방법이다. 소크라테스는 이 대화법으로 광장에서든 길에서든 자기가 만나는 청년들의 혼란한 정신을 깨우쳐주고 스스로 참된 지식을 찾도록 도와준 대중의 교사였다.

2) 로마의 교육

그리스의 문화는 로마에 의해 유럽에 확산되었는데, B.C. 753년 라틴족이 세운 로마는 공화정시대와 제정시대의 문화가 크게 다르다. 왕 없이 귀족들로 구성된

원로원을 중심으로 국가를 통치한 공화정시대에는 외부와의 끊임없는 전쟁으로 이탈리아 반도를 통일하고 마케도니아, 그리스, 소아시아, 시리아 등을 정복하며 유럽의 대부분과 중동아시아의 서부지역, 아프리카 북단에까지 이르는 대제국을 건설하였다. 전시비상체제하의 로마에는 애국심으로 무장된 강력한 군대와 전쟁물자를 지원하기 위한 생산적인 국민이 필요하였다. 그러므로 교육목적은 군인다운 강인한 의지와 실천성을 기르는 데 있었다. 전쟁으로 인해 교육기관을 운영할 여유가 없었고 고도의 지적 문화가 발달하지 않았으므로 교육은 주로 군대문화에 영향을 받아 권위적인 가정에서 부모가 생활교육을 통해 도덕성과 생산능력을 가르치는 방식이었다. 상류 가정에서는 가정교사를 두기도 하였고, 사설 초등학교인 루두스(Ludus)가 설립되어 3R's와 12동판법을 가르쳤으며, 신체단련이 특히 강조되었다.

제정시대는 시저(J. Caesar)의 뒤를 이은 아우구스투스(Augustus)가 B.C. 27년에 초대 황제가 되면서 시작되었다. 그 후 약 200년간 로마는 전성기를 이루면서 외침과 내환이 없는 평온 상태가 계속되었다. 로마는 B.C. 146년 이미 그리스를 점령하였는데, 평온기가 되자 로마인들은 고도의 지적 문화인 그리스의 지식을 배우기에 노력하게 된다. 공화정시대의 가정교육은 점차 쇠퇴하고, 그리스에서 넘어온 교사들을 중심으로 많은 학교가 설립되어 학교제도가 발달하였다. 초등교육기관으로 문자학교가 세워져 3R's를 가르쳤고, 중등교육기관으로 문법학교가 세워져 언어와 7자유과를 가르쳤으며, 고등교육기관으로 수사학교가 세워져 철학, 수사학과 로마에서 발달한 법률학을 가르쳐 정치에 성공할 수 있는 유능한 웅변가를 양성하거나 전문적인 지식인을 배출하였다. 학문을 계속하고자 하는 사람은 그리스의 대학으로 유학을 하였다. 황제들 중에는 학교나 도서관을 건립하고, 교사우대정책을 펴고, 교육과 연구를 재정적으로 지원한 사람도 많았다. 이렇게 제정로마는 학교를 통해 그리스의 지적 문화를 배우고, 그것을 유럽에 확산시킴으로써 유럽문화를 통합하고 지적으로 성장시키는 데 크게 기여하였다.

3) 중세의 교육

로마는 395년에 서로마제국과 동로마제국으로 분열되는데, 중세란 서로마제국이 게르만족에 멸망한 476년부터 동로마제국이 투르크족에게 멸망한 1453년까지의 약 1,000년간을 말한다. 중세는 신본주의 사회로서 기독교가 인간의 사고와 제도를 지배하였다. 신이 만물을 창조하였고, 우주는 신의 섭리에 따라 움직이므로 인간이 알아야 할 지식은 신의 뜻이었다. 더욱이 유일신을 믿는 기독교의 배타성은 다른 지식과 사상을 허락하지 않았다. 그리하여 그리스의 지식을 가르치던 학교들은 폐쇄되고, 성경과 교리를 가르쳐서 사람들을 기독교 신자로 만들기 위해 교회가 학교를 설립하고 운영하였다. 학교제도는 교회의 행정조직에 따라 문답학교, 고급문답학교, 본산학교로 구성되었다. 문답학교는 기독교의 기본교리를 문답식으로 가르쳐 세례를 주기 위하여 설립되었는데, 점차 확대되어 초등교육을 담당하였다. 문답학교는 모든 교회에 세워져서 계급이나 성별에 관계없이 모든 사람을 신자로 만드는 데 목적이 있었으므로 교육기회의 확대에 기여하였다. 고급문답학교는 3학과 4과로 구성된 7자유과를 가르쳐 문답학교의 교사를 양성하는 중등교육기관이었고, 본산학교는 성직자를 양성하는 고등교육을 담당하였다. 이러한 기본학제 외에 교육적 기능을 하는 곳으로 수도원이 있었는데, 수도사들은 자급자족을 위한 생산활동을 비롯하여 독서와 학문연구를 하였으므로 중세의 지적 문화의 중심지가 되었다. 기독교 교육은 사람들을 도덕적으로 순화하고 교육기회를 확대하는 데 기여하였으나, 폐쇄성으로 인해 사고의 자유를 제약함으로써 문화의 발달을 정체시켰다.

중세 사회의 또 하나의 특징인 봉건제도는 영주들이 각각 소왕국을 형성하고 영주, 기사, 농노로 구성되는 계급사회를 이룬 것이다. 각 소왕국은 장원에서 농업을 중심으로 자급자족하였는데, 이러한 폐쇄적 자급자족 경제는 중세의 경제와 문화를 정체시키는 결과를 초래하였다. 교육적으로는 영주의 사병인 기사를 양성하기 위한 기사도 교육이 출현하였다. 기사가 되기 위해서는 7세 전후의 어린이가 기사의 가정에 들어가 귀부인에게서 예절과 신앙을 배우는 시동(page) 단계를 거치고,

14세부터는 기사를 따라다니며 7예(말타기, 수영, 활쏘기, 검술, 수렵, 장기, 시)를 익히는 종자(squire) 단계를 거친 후 21세에 기사작위수여식을 통해 기사(knight)가 되었다. 기사도 교육은 야만적인 게르만 무사를 교화하기 위하여 기독교 정신과 도덕성을 먼저 함양하게 하는 데 목적이 있었다.

중세 후반에 접어드는 1096년부터 약 200년간 계속된 십자군전쟁은 서양의 사회에 큰 변화를 일으켰다. 이슬람교도에게 빼앗긴 성지 예루살렘을 되찾기 위하여 전쟁물자를 생산하고 유통하기 위하여 상공업이 다시 발달하게 되었다. 그 결과 상공인의 조합인 길드가 조직되고, 자유로운 생산과 상거래를 위하여 자유도시가 발달하였다. 이에 상공인들의 필요에 따라 세속적인 교육제도가 출현하였는데, 수공업자들은 장인(Master)을 양성하기 위한 기술교육제도로서 도제제도를 운영하였고, 상인들은 길드학교(Guild School)를 설립하여 계산과 장부정리를 할 수 있는 능력을 기르는 초등교육을 실시하였다.

십자군전쟁으로 유럽 각지에서 병력을 동원하고 먼 원정길을 오가는 과정에서 문화적 교류가 활발해졌으며, 또 이슬람 문화와 접촉함으로써 폐쇄적이었던 사고가 열리면서 학문적 탐구도 다시 활발해졌다. 그리하여 12세기부터 신학, 철학, 법학, 의학 등을 연구하고 가르치는 대학들이 나타났는데, 이탈리아의 살레르노대학과 볼로냐대학, 프랑스의 파리대학, 영국의 옥스포드대학과 캠브리지대학, 독일의 하이델베르그대학 등이 설립되었다. 중등교육기관도 발달하여 영국의 퍼블릭 스쿨과 그래머 스쿨, 독일의 라틴 스쿨 등이 설립되어 귀족 자제들의 대학 진학을 위한 교육을 실시하였다.

4) 르네상스기와 종교개혁기의 교육

르네상스(Renaissance)는 '부활'을 의미한다. 십자군전쟁 이후 가톨릭의 권위가 약화되고, 상공업이 발달하고 자유가 확산되자 중세 천 년간 인간의 사고와 생활을 억압했던 신 중심, 내세 중심, 권위주의 사고에서 벗어나 인간 중심, 현실 중심, 자유주의 사고가 다시 대두되었다. 즉, 르네상스는 현실 개혁을 통해 인간의 자아를 회복하자는 휴머니즘 운동이다. 당시의 사상가들은 인본주의적 개혁의 모델을 그리스 문화에서 발견하고, 고전을 읽어 그리스 문화를 부활시키고자 하였다. 이러한 운동은 특히 인간 중심의 문학과 예술을 발달시켜 세르반테스, 토마스 모어, 셰익스피어 등의 대문호가 출현하였으며, 자연에도 관심을 갖게 하여 코페르니쿠스, 갈릴레이, 구텐베르크와 같은 과학자와 기술자도 배출되었다.

르네상스는 상공업이 발달한 이탈리아 북부에서 개인의 자유와 개성을 강조하는 개인적 인문주의로 시작되었으며, 점차 경제적으로 빈곤한 북부 유럽으로 전파되면서 사회개혁을 강조하는 사회적 인문주의로 발전하였다. 교육적인 면에서 개인적 인문주의는 그리스의 자유교육을 모방하여 교육목적으로 지 · 덕 · 체의 조화로운 발달과 개성 및 교양을 강조하였으며, 사회적 인문주의는 사회의 개혁과 그것을 위한 도덕적 인격의 함양에 교육목적을 두었다. 교육내용으로는 고전을 읽을 수 있도록 그리스어, 라틴어, 히브리어 등 어학교육을 중시하였고, 문법과 문학, 예술 등 인문학에 역점을 두었다. 1450년경 구텐베르크의 활판인쇄술 발명으로 교과서의 보급이 원활해지자 교육방법에 큰 전환이 일어나기 시작했는데, 체벌보다는 학습자의 자발성과 흥미를 강조하고, 아동의 본성을 연구하여 발달단계를 고려한 교육방법의 개발이 주장되었다. 교육제도에서는 교회학교들이 약화되고 세속적 중등교육기관이 발달하여 귀족 자제들을 대상으로 기숙사학교로 운영되었다.

가톨릭의 중심지인 남부 유럽과 민족, 문화, 사회적 조건이 달랐던 북부 유럽의 사회적 인문주의는 16세기 초에 종교개혁운동으로 발전하였다. 종교개혁자들은 로마를 중심으로 하는 가톨릭 교회의 권위주의와 도덕적 타락, 형식화된 의식을 비판하고 초기 기독교의 순수한 신앙으로 돌아가자고 주장하였다. 종교개혁의 지도자 루터(Luther)는 신의 은총은 교황이나 신부를 통해서가 아니라 개인의 내면적 신앙에 의해서 얻어지는 것이고, 개인은 기도를 통해서 하나님과 직접 교류할 수 있다는 만인의 사제주의를 주장하였으며, 신앙의 근거는 전통이 아니라 성서이므로 성서를 직접 읽고 실천하라는 성서주의를 주장하였고, 직업은 하나님이 주신 소명이므로 신의 영광을 위해 현세에서 열심히 일해야 한다는 직업소명설을 주장하였다. 이러한 종교개혁운동은 새로운 신앙과 교리의 확산을 위해 교육을 중시하지 않을 수 없었으며, 또한 사회의 발전을 위한 국민의 역량을 강화하기 위해서도 교육을 중시하였다. 루터는 교육목적을 사회 중심의 도덕적 인격을 도야하고, 가정·교회·국가에서 자기의 사명을 다하는 유용한 인간을 양성하며, 궁극적으로 영혼을 구제하는 데 두었다. 교육제도로는 가정교육을 인격도야와 국가발전의 기초로 강조하였고, 사회가 전반적으로 빈곤하므로 학교교육은 국가가 설립과 운영을 책임지고 모든 국민이 교육받을 수 있게 해야 한다는 공교육제도와 부모는 자식을 반드시 학교에 보내야 한다는 의무교육제도를 최초로 주장하였다. 또 생산성을 높이기 위해 전문직업훈련을 강조하고 교육방법으로 실습을 중시하였다.

5) 근대의 교육

17세기는 실학주의 교육의 시대이다. 17세기에는 과학이 특히 발달하여 케플러, 뉴턴, 파스칼, 라이프니츠, 토리첼리 등의 과학자들이 많이 배출되었는데, 이러한 과학의 발달에 영향을 받은 교육사조가 실학주의이다. 실학주의는 교육목적으로서 실용성과 실천성을 강조하였으며, 교육내용은 '언어 이전에 사물'을 슬로건으로 내세워 신학, 고전어, 고전 중심의 교육과정으로부터 자연과학과 모국어 중심의 교육과정으로 개편하였으며, 교육방법으로는 '모든 지식은 감각으로부터'를 주장하며 언어적 암기나 훈련보다 구체적 사물에 대한 관찰과 실험 등 직접 경험을 강조하였다. 실학주의는 인문적 실학주의, 사회적 실학주의, 과학적 실학주의로 발전하였다. 인문적 실학주의는 고전을 교육내용으로 한다는 점은 인문주의와 같지만 교육목적을 현실의 실제 생활을 준비하는 데 둔 점에서 실용성을 강조하였다. 사회적 실학주의는 주로 귀족교육에 관심을 갖고 교육목적을 신사, 즉 세상 일에 능숙한 사람의 양성에 두었으며, 교육내용으로서 여행과 사교 등의 활동적 교육과정을 제시하였다. 교육제도로는 학교보다 가정교사를 권장하였다. 과학적 실학주의는 자연과학의 연구방법과 지식을 교육에 도입하여 교육의 과학화를 시작하였다. 베이컨(F. Bacon)은 가장 중요한 교과목은 자연과학이라고 주장하였으며, 관찰과 실험을 통한 귀납적 탐구를 중시하였다. 코메니우스(J.A. Comenius)는 교육과 아동에 대하여 과학적으로 탐구하고 자연의 개념을 교육방법에 도입함으로써 교육의 효율과 효과를 높이고자 하였다. 그는 『대교수학』(1632)을 저술하여 교육목적, 학교제도, 교과과정의 편성, 교과서 편찬, 교육방법에 관한 여러 가지 원리를 제안하였고, 1665년에는 그림을 이용하여 단어를 설명한 교과서 『세계도회』를 편찬하였는데, 이 책은 그 후 200여 년간 유럽의 여러 나라에서 번역되어 교과서로 활용되었으며, 최초의 시청각 교재로 평가된다.

18세기는 계몽시대로서 인간의 이성을 절대적으로 신뢰한 시기이다. 르네상스를 전후하여 종교에 대한 절대적 신뢰도 깨지고, 그리스의 지식을 부활시켜 봤지만 2000여 년간의 시대적·사회적 조건의 변화로 지식의 실용성이 낮았다. 그런데 자연과학이 등장하면서 새로운 지식과 기술이 발명되고 인간의 삶에 큰 도움을 주었다. 자연과학의 지식과 새로운 기술은 이성이라고 부르는 인간의 지적인 노력의 산물이었다. 그러므로 계몽사상가들은 인간의 이성을 가장 신뢰하게 되었다. 그리하여 과거의 인습과 전통과 지식을 이성으로 비판하고, 사물을 과학적 방법으로 탐구하며, 인간생활을 합리적으로 영위하고자 한 것이 계몽주의이다. 교육에 있어서도 계몽사상가들은 인간의 이성을 탐구하고, 그것을 개발하는 데 관심이 있었다. 즉, 교육의 초점이 지식과 그것의 전달방법으로부터 이성과 그것의 개발방법으로 전환된 것이다. 대표적인 계몽주의 교육사상가로는 로크(J. Locke)와 루소(J. J. Rousseau)가 있다. 로크는 인간의 마음은 태어날 때 백지(tabula rasa)와 같은데, 그 위에 감각기관을 통한 경험에 의해 마치 그림이 그려지는 것처럼 지식이 쌓이고 나아가 이성이 형성된다고 주장하였다. 루소는 인간의 자연적 본성은 선하고, 따라서 교육은 이 본연의 인간성을 보존 및 성장시키고 외부의 나쁜 영향에 물들지 않게 보호하는 것이라는 소극적 교육론을 주장하였다. 이러한 백지설과 성선설은 과거 기독교의 성악설에 반대되는 개념이며, 따라서 교육을 보는 관점과 교육이론에 큰 전환을 가져왔다.

19세기의 계발주의 교육은 로크와 루소의 교육사상에 영향을 받아 나타난 교육사상 및 실천운동으로서 아동 연구에서 얻은 심리학적 지식을 기초로 아동의 선천적 능력을 끌어내어 성장시키는 데 관심이 있었다. 페스탈로치(J. H. Pestalozzi)는 인간의 선천적인 지력, 심성, 기능을 조화적으로 발달시키는 데 교육목적을 두고, 교육방법으로서 직관의 원리와 노작교육 등 실제 경험과 작업을 통한 교육을 제안하였다. 헤르바르트(J. F. Herbart)는 인간의 마음을 통각(apperception)이라고 하고, 그것이 명료, 연합, 계통, 활용의 순서로 형성된다고 함으로써 교육방법은 각 단계의 마음의 작용을 돕는 것이어야 한다고 하였다. 이에 따라 그의 제자인 질러(Ziller)와 라인(Rein)은 준비, 제시, 비교, 일반화, 응용으로 이어지는 헤르바르트 교수5단계설을 개발하였다. 또 프뢰벨(F. W. A. Fröbel)은 인간에 내재되어 있으면서 우주의 원리와 상통하는 천명적 신성의 계발에 교육목적을 두고, 은물이라는 유아용 장난감을 개발하여 그것을 가지고 노는 동안에 어린이는 자연계의 성질과 법칙을 깨닫게 된다고 하였다. 이렇게 계발주의는 교육의 이론적 발전과 교육방법의 개선에 크게 이바지하였으며, 궁극적으로 교육학의 학문적 기반을 닦았다.

19세기에는 프랑스 시민혁명과 산업혁명의 결과로 국가 간의 정치적·경제적 이권을 둘러싸고 경쟁이 치열해짐에 따라 국가주의 교육이 대두되었다. 특히 나폴레옹의 침략으로 주권을 상실한 독일에서 국가주의 교육이 처음 주창되고 세계의 여러 나라에 급속하게 확산되었다. 전쟁을 비롯한 국가 간의 치열한 경쟁 속에서는 국가의 존속과 발전이 가장 중요한 문제였고, 이를 위하여 모든 국가는 학교를 설립하고 국가에 충성스런 봉사를 할 수 있는 국민을 양성함으로써 국가의 힘을 기르고자 하였다. 그러므로 교육은 국가의 백년지대계로 인식되고, 교육목적은 국가의 동량 또는 인재를 양성하는 것이었다. 이에 따라 국가가 학교를 설립하고 운영하거나 지원하는 공교육제도가 실현되었으며, 국민들이 자식을 학교에 반드시 보내도록 하기 위하여 의무교육제도를 실시하였다. 대표적인 국가주의 교육사상가 피히테(J. G. Fichte)는 교육목적을 민족공동체 의식을 함양하고 사회적 자아를 형성하는 데 두었고, 국민 전체의 능력 향상을 위하여 남녀평등한 교육을 주장하였으며, 생산활동에의 참여를 위하여 노작교육을 강조하였다. 결론적으로 국가주의 교육은 공교육제도와 의무교육제도 등 교육제도의 발전을 가져왔다.

6) 현대의 교육

20세기에는 교육이 양적 · 질적으로 크게 성장하였으며, 교육에 대한 다양한 이론적 접근이 시도되었다. 19세기 말에서 20세기 전반에 걸쳐 일어난 교육계의 가장 큰 움직임은 새교육운동(new education movement)이다. 루소와 계발주의 교육철학에 영향을 받은 새교육운동은 지식 전달과 교사 중심의 전통적인 교육을 비판하면서 학교교육을 전면적으로 개혁하려는 운동으로 발전하였다.

새교육운동은 처음에는 유럽에서 학교 교육내용의 개조운동으로 시작되었다. 영국의 세실 레디(Cecil Reddie)가 과학정신과 현대의 생활에 적응할 수 있는 인간의 형성을 교육목적으로 1889년 아보츠홀름에 중등학교를 설립한 것이 이 운동의 시발점이 되었다. 프랑스의 도모랑(J. E. Domolins)은 레디의 영향을 받아 '생활을 위하여 충분히 무장된 인간'을 육성하고자 1899년 로슈에 학교를 설립하여 세상의 이목을 끌었다. 독일의 리츠(H. Lietz)는 도시에서 떨어진 자연 속에 전원학교라는 사립 기숙학교를 설립하고, 실과적인 교육내용을 강화하여 전인교육을 실시하고자 하였다. 또한 케르셴슈타이너(G. Kerschensteiner)는 페스탈로치의 사상에 입각하여 노작학교를 설립하고 수공적 작업을 통한 교육을 실시하였다. 이와 같이 초기의 새교육운동은 전통적인 교과 중심 교육과정을 비판하고 경험 중심, 생활 중심의 통합교과과정을 개발하고 실천하는 선구적 역할을 하였다.

새교육운동의 두 번째 단계는 아동해방운동으로서 전 세계에서 동시에 전개되었다. 아동해방운동은 교사 중심의 교육으로부터 아동 중심의 교육으로 전환을 지향하며 주로 교육방법의 개선에 관심이 있었다. 미국에서는 파커(F. W. Parker)가 프뢰벨의 교육사상을 학교교육에 적용하려는 퀸시운동으로 시작되고 듀이(J. Dewey)가 1896년 시카고대학교 부설 실험학교에서 아동을 억압하는 모든 요소를 제거하고 아동 중심의 교육과정을 실시함으로써 본격화되었다. 스위스의 엘렌 케이(Ellen Key)는 1900년 『아동의 세기』를 출판하면서 20세기를 아동의 세기로 규정하고 '아동의 해방'을 강조하였다. 인도의 시성 타고르(R. Tagore)는 '평화의 집'이라는 작은 학교를 세우고 아동들이 숲속에서 자연을 벗삼아 자유로운 생활과 학습을 하게 하였다. 이탈리아의 몬테소리(M. Montessori)는 1907년 로마에 빈민 자제를 대상으로 '아동의 집'을 설립하고 자기가 개발한 '몬테소리 교구'를 이용한 놀이를 통하여 읽기, 쓰기, 셈하기 등의 능력을 계발하게 하였다. 이들 외에도 벨기에의 데크롤리(O. Decroly), 소련의 샤츠키(S. Shatsky) 등 많은 교육자 및 교육학자들이 아동의 경험을 중시하는 교육방법을 개발하고 실천하였다. 제1차 세계대전 후에는 독일에 1919년 '철저한 학교개혁자동맹'이 결성되고, 1921년에는 '국제새교육연맹'이 결성됨으로써 새교육운동이 더욱 확산되었다. 특히 듀이를 중심으로 진보주의 교육운동이 활발하게 전개된 미국에서는 달톤안, 위네트카안, 문제 해결법, 구안법(Project Method) 등과 같이 아동의 개성과 개인차를 존중하는 여러 가지 학습지도법이 고안되었다.

제2차 세계대전의 영향으로 미국을 중심으로 한 새교육운동은 세 번째 단계인 지역사회학교운동으로 전환되었다. 아동 중심의 진보적 학교에 대한 비판과 전후 사회복구의 필요성을 반영하여 시작된 지역사회학교운동은 학교가 지역사회의 교육센터가 되고, 지역사회의 자원을 교육에 이용하며, 사회문제를 중심으로 교육내용을 구성함으로써 학교가 지역사회를 개선하는 데 적극 참여해야 한다는 것이다. 이 운동은 생활 중심 교육을 표방하고 학교생활과 사회생활의 연계를 추구하였다.

새교육운동은 1950년대 말에 소련이 최초의 인공위성을 쏘아올린 것을 계기로 많은 비판에 직면한다. 제2차 세계대전 후 미국이 이념적·군사적으로 대립하던 소련에 우주과학의 발달에서 뒤쳐진 것은 새교육운동이 추진해 온 경험 중심, 아동 중심, 생활 중심 교육이 학문의 발전을 지체하게 한 원인이라고 분석하였기 때문이다. 이에 브루너(J. S. Bruner)를 비롯한 인지심리학자들이 학문 중심 교육과정을 제시하고, 교육은 지식을 획득하는 방법 또는 탐구과정에 익숙하게 함으로써 개인의 지적 수월성을 높여주는 것이라고 주장하였다.

토론과제

1. 역사 연구에서 과거 사실의 확인과 그것에 대한 해석 중 어느 것이 더 중요한지 토론해 보자.
2. 우리나라 과거의 무속의 교육, 불교의 교육, 유학의 교육의 특징을 분석해보고, 각 교육에서 현대의 한국교육에 적용할 수 있는 점은 무엇인지 논의해 보자.
3. 일제시대의 대한제국이나 나폴레옹 점령기의 독일과 같은 주권 상실기에 국가의 독립 민족 해방을 위해서 교육에서 가장 강조해야 하는 것은 무엇인지 논의해 보자.
4. 근대 서양에서 나타난 인간의 이성에 대한 대표적 이론인 기독교의 성악설, 로크의 백지설, 루소의 성선설 중 더 공감이 가는 것은 무엇이며, 그 이유는 무엇인지 논의해 보자.
5. 20~30년 후 출현할 사회상을 예측해 보고, 그 시대에는 어떤 교육이 적합할 것인지 토론해 보자.

제4장

교육의 심리적 기초

학습 목표

1. 교육, 심리학, 교육심리학의 개념을 설명할 수 있다.
2. 발달의 개념과 발달 원리를 설명할 수 있다.
3. 발달이론 주요 학자들의 이론을 이해한다.
4. 동기의 개념과 동기이론을 설명할 수 있다.
5. 행동주의, 인지주의 학습이론의 개념을 이해한다.

1. 교육심리학의 개념

일반적으로 교육학자들은 교육을 하는 데 필요한 인간의 심리적 특성은 어떤 것들이 있고, 인간의 발달과정은 어떠하며, 발달단계에 맞춰 어떻게 교육을 잘할 수 있는지에 대한 지식과 방법을 습득하기 위해 많은 노력을 기울여 왔다. 즉, 어떻게 하면 잘 가르칠 수 있는가에 대한 물음에 명쾌한 답을 제시하기 위해 많은 고민을 하는 것이 사실이다.

이러한 고민을 해결하고자 교육의 계획과 실천과정에 있어 인접 분야의 학문을 필요로 하게 된다. 교육과정에 있어서는 교육목적의 정립, 교육과정의 선정과 조직, 조직된 교육과정의 운영과 관리, 교육측정과 평가, 평가 결과를 토대로 한 다음 교육과정에의 반영 등을 생각할 수가 있다. 이 같은 교육과정은 각 과정의 상호 순환작용에 의해서 이루어지면서 교육의 효과를 더해 가도록 하며, 여러 인접 분야의 학문 중에서도 심리학은 교육의 과학화를 촉진시켜 주는 데 커다란 기여를 하고 있다(권형자, 2006).

따라서, 교육현상을 기술 · 설명하고, 예언하기 위한 기초적인 개념 · 법칙 · 이론 등을 체계화해서 정리해 놓은 학문, 즉 교육과 관련된 다양한 현상을 이해하고 탐구하는 학문으로서 교육사, 교육철학, 교육심리, 교육과정, 교육행정, 교육공학 등 다양한 학문 분야를 포함하고 있는(강유정 외, 2019) 교육학과 인간의 행동과 정신과정을 과학적이고 체계적인 방법으로 연구하는 학문인 심리학이 결합하여 교육심리학이라는 학문이 탄생하게 되었다.

교육학과 심리학의 결합인 교육심리학은 학자들에 따라 심리학적 지식을 교육 장면에 적용 · 활용하는 학문, 교육현상들 안에서 심리학적인 지식을 도출해 내는 학문으로 다르게 해석하는 경우가 있지만, 인접 분야의 학문적 지식들이 교육현상을 어떻게 개선할 수 있는가에 관심을 가진다면 인간의 특성과 주변 환경을 잘 고려해서 효과적인 교수 - 학습의 과정, 이것과 관련된 개념 · 법칙 · 이론들을 정립하는 것이 더 중요할 것이다.

스키너(Skinner, 1958)는 교육심리학을 다양한 유형의 교육문제에 대하여 하나의 독립된 심리학적 원리를 창출해 내는 학문으로 정의했고, 오스벨(Ausubel, 1969)은 학교학습의 본질 조건, 성과, 그리고 평가에 관한 심리학의 특수분과라고 했다. 위트록(Wittrock, 1992)은 교육심리학을 교육의 이해와 개선을 일차적인 목표로 하기 때문에 심리학과는 다른 분야로 보았으며, 스노우맨과 빌러(Snowman & Biehler, 2003)는 학생이 교실장면에서 형식적 수업을 통해 다양한 능력을 어떻게 습득하는지를 이해하고 개선하는 것에 관심을 가지는 과학적 학문이라 했다. 김제한(1999)은 교육심리학이란 교육의 현상 및 과정을 심리학적인 측면에서 연구하여 교육활동에 필요한 실제적 지식과 기술을 제공함으로써 효과적인 학습지도에 도움을 주게 된다고 했으며, 김희수와 조영미(2017)는 교육의 목표를 효과적으로 달성하기 위해 교육의 과정에 관련된 현상을 연구대상으로 하여 필요한 이론과 실천적 방법을 체계적으로 연구하는 학문이라고 정의했다.

여러 학자들의 의견을 종합해 보면, 교육심리학은 교육학과 심리학의 제반 이론을 통해 학습자의 학습에 대해 이해하고 설명하는 학문 혹은 교육과 관련된 문제의 탐구에 있어 과학적이고 심리학적인 방법을 적용하여 연구하고 분석하는 학문으로 정의할 수 있다. 구체적으로는, 학습자들에게 언제(When) 학습을 시킬 것인가?의 시기적인 측면과, 어떻게(How) 학습시킬 것인가?에 대한 방법적인 측면에 답을 주는 학문으로, 능력과 개인차를 고려해야 하겠지만 적절한 시기에 적절한 학습을 하는 것을 목표로 하는 것이 교육심리학의 핵심이며, 발달심리 · 학습심리 · 상담심리가 주요 영역이다.

2. 발달

1) 발달의 개념

올바른 교육을 하기 위해서는 인간이 엄마의 뱃속에서부터 죽을 때까지 어떤 단계를 거쳐 어떻게 발달하는지에 대해 잘 알아야만 그 시기에 맞게 교육적 처치를 잘할 수 있을 것이다. 만약 제대로 된 지식을 갖추지 못하면 엉뚱한 시기에 적절치 못한 교육적 처치를 해서 학습자를 잘못된 방향으로 이끌 수 있기 때문에 인간의 발달에 대해 살펴보는 것은 매우 중요한 사항이다.

발달이란 인간이 일생을 통해 일어나는 변화, 즉 수정된 순간에서부터 사망에 이르기까지 각 연령별 단계에서 나타나는 모든 변화의 과정을 일컬으며, 이러한 신체적 · 심리적 변화를 체계적으로 연구하는 학문이 발달심리학(Developmental Psychology)이다.

발달의 과정에서 선천적 측면인 유전과 후천적 측면인 환경이 영향을 미치게 되는데, 학자에 따라 어느 것이 더 강한 영향력을 미치는가에 대한 의견이 다르긴 하지만 오늘날 발달은 유전적 요인과 환경적 요인의 상호작용으로 보고 있다. 즉, 발달은 유전적 요인인 성장(growth)과 성숙(maturation), 환경적 요인인 학습(learning)의 상호작용으로 나타난 결과이며, 이를 살펴보면 다음과 같다.

성장(growth)은 키가 큰다, 몸무게가 늘어난다 등의 길이, 크기, 부피의 변화를 의미하는 양적 변화를 의미하며, 성숙(maturation)은 신경계통이나 뇌분비선 계통과 관련해서 나타나는 변화로 경험이나 학습에 의하지 않고 갖고 태어난 유전적인 기능이다. 청소년기의 제2차 성징이 성숙의 대표적인 예이다.

학습(learning)은 유전과는 상반된 개념으로 후천적 변화 과정이며, 훈련과 연습 등으로 몰랐던 상태에서 아는 상태로 변화하는 과정, 어떠한 행동을 하지 못했는데 잘 할 수 있는 상태로 되는 과정 즉, A라는 상태에서 B로 가기 위해 거쳐야 되는 과정이라 한다.

2) 발달의 원리

인간이 언제 어떻게 발달하는지, 유전과 환경의 영향력에 대한 의견은 학자마다 조금씩 다르지만, 인간의 발달은 다음과 같은 원리를 갖고 있다고 본다.

(1) 발달은 유전과 환경의 상호작용 결과이다.

앞서 언급했듯이, 인간의 발달은 선천적 유전적 요인과 후천적 학습이라는 훈련과 연습, 경험을 통하여 이루어진다. 따라서, 인간발달 과정에서 두 변인 간 어느 하나의 변인도 소홀히 할 수 없다.

(2) 발달은 연속적 · 점진적이지만 속도는 일정하지 않다.

인간의 발달은 쉬지 않고, 끊임없이 연속적으로 일어나며, 점진적으로 낮은 단계에서 높은 단계도 진행된다. 하지만, 영아기, 사춘기의 급격한 신체적 발달과 유아기의 언어발달과 같이 특정한 시기에 발달 정도가 급격히 진행되는 결정적 시기(critical period)가 있다.

(3) 발달은 일정한 방향과 순서가 있다.

발달의 속도는 다르다고 할지라도 발달의 방향은 일정하다. 신생아의 발달과정을 생각해 보면 쉽게 알 수 있는데, 아기는 머리가 먼저 발달하고(위에서 아래로) 팔, 손, 손가락(중심에서 말초로)으로 순차적으로 발달하며, 전체에서 특수한 부분으로 발달이 진행된다.

(4) 발달에는 개인차가 있다.

모든 사람은 동일하게 발달하지 않는다. 각 개인의 발달은 선천적 유전, 후천적인 가정환경, 교육 정도, 사회 · 문화적 조건 등에 의해서 영향을 받는다. 따라서, 모든 개체는 제각기 독특한 양과 질 그리고 속도를 가지고 다른 모양으로 발달해 나간다.

(5) 발달은 예언 곤란성이 내재해 있다.

발달은 나이가 많아짐에 따라 발달 경향의 예언이 점점 어려워진다. 즉, 사람마다 성장과정에 따라 경험하는 내용이 달라지고, 환경도 변하므로 일반적인 발달 경향과 행동의 예언은 점차 어려워진다.

(6) 발달은 초기 단계가 매우 중요한 시기이다.

많은 학자들의 연구에서 밝혀졌듯이, 인간발달의 초기 단계인 영유아기의 발달은 성장과정에서 가장 중요한 시기이다. 이 시기의 정상적인 발달이 이루어지지 않는다면 이후 대인관계의 어려움, 사회성 부족 등의 부적응을 야기하게 된다.

3) 발달이론

(1) 피아제와 비고츠키의 인지발달이론

① 피아제의 인지발달이론

가. 주요 개념

1896년 스위스에서 출생한 피아제(Piaget, 1896~1980)는 인지발달을 개인과 환경의 끊임없는 상호작용의 산물로 보았다. 피아제는 최초의 지능 검사를 개발한 비네(Binet)의 지능실험실에서 연구원으로 일하면서 아동이 지능검사에서 오답한 문항 내용에 관심을 갖고 사고과정을 분석해 본 결과, 아동사고의 논리적 구조가 성인과 본질적으로 차이가 있음을 발견하였다(강유정 외, 2019).

이때까지 많은 학자들은 지능(정신발달)은 한 개인이 갖고 있는 즉, 가지고 태어나는 그 어떤 것으로 보았는데, 피아제는 지능은 가지고 태어나는 것이 아니라 우리의 인지(認知)적인 사고 과정 그 자체로 보고 환경과 지속적인 상호작용을 통해 배워가는 것이라 했다. 또한, 피아제는 인간은 누구나 태어나면서 적응하려는 힘을 갖고 있으며, 유기체의 이러한 적응은 평형성(안정된 상태)을 추구한다고 했다.

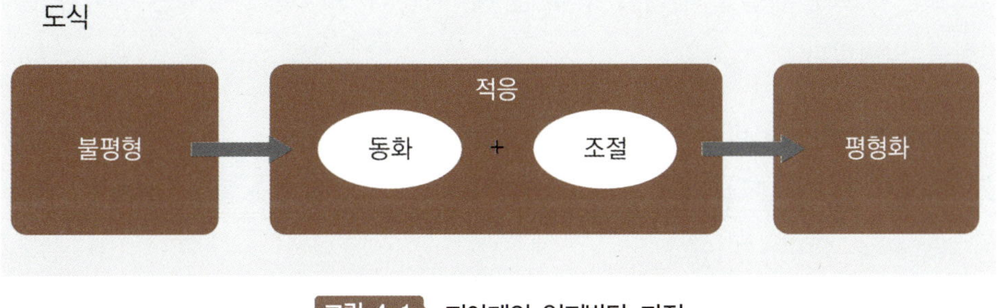

그림 4-1 피아제의 인지발달 과정

피아제는 인지발달 과정을 아래의 그림처럼 새로운 정보와 경험을 이해할 수 없을 때 인지적 불평형이 발생하게 되는데 동화와 조절을 통해 안정된 상태 즉, 평형화가 이루어지면서 도식이 확장되어 인지발달이 이루어진다고 했다.

그림의 개념을 구체적으로 살펴보면 다음과 같다.

㉠ 도식(schema, 사고의 기본단위)

유기체가 가지고 있는 이해의 틀로 생리적으로 가지고 태어나는 것이 아니라 유기체가 새로운 환경에 접촉해서 반복되는 행동과 경험에서 형성되는 것이다. 위의 그림처럼 기존의 도식과 다른 환경과 경험을 접하게 되면 적응(동화, 조절)의 과정을 통해서 새로운 도식을 개발하고 기존의 것을 변화시킨다.

㉡ 적응(adaptation)

적응은 환경과의 직접적인 상호작용을 통해 평형화를 유지하기 위한 도식이 변화하는 과정으로 동화와 조절이라는 두 가지 수단을 통해서 진행된다.

㉢ 동화(assimilation)

동화는 이미 갖고 있는 도식 또는 체계에 의해 새로운 대상이나 사건을 해석하고 이해하는 인지과정으로 기존 도식에 새로운 대상을 받아들이는 지식의 양적 증가를 의미한다.

㉣ 조절(accommodation)

조절은 환경조건에 유기체를 적응하고 도식을 변환시키는 과정으로 기존의 도식으로는 새로운 사물을 이해할 수 없을 때, 기존의 도식을 변경하는 지식의 질적 변화를 의미한다.

나. 피아제의 인지발달 단계

피아제는 인지발달 단계를 감각운동기, 전조작기, 구체적 조작기, 형식적 조작기로 구분하여 설명하고 있다.

㉠ 감각운동기(sensorimotor stage, 0~2세)

인지발달의 첫 단계로 감각과 운동에 의해 외부 환경을 경험하면서 인지능력이 발달한다. 이 단계에서는 언어가 발달되어 있지 않은 시기이지만, 사물이 감각적으로 존재하지 않아도 이 세상에 존재한다는 대상영속성 개념이 형성된다.

㉡ 전조작기(pre operational stage, 2~7세)

'전조작'이라는 말은 발달의 불완전한 단계를 의미한다. 이 시기는 외부의 자극을 내 머릿속에 내면화할 줄 아는 시기로, 발달상 특징은 자기중심적 사고와 생명이 없는 대상에게 생명과 감정을 부여하는 물활론적 사고, 사물의 여러 가지 특징 중 한 가지 측면에만 집중하여 인식하는 중심화가 생기며, 언어가 급격히 발달하고 상징적으로 사고하는 능력도 증가한다.

그러나 이 단계에서는 논리적인 조작이 가능하지 않기 때문에 거꾸로 돌릴 수 없는 불가역성이 일어난다.

㉢ 구체적 조작기(concrete operational stage, 7~11세)

'전조작기'의 문제를 극복하는 단계로 논리 수학적 사고를 하기 시작한다. 탈중심적 사고를 하게 되어 다른 사람은 자기와는 다른 사고나 느낌을 가질 수 있다는 것을 깨닫고 상대방 입장에서 생각할 수 있는 능력을 갖게 된다.

가역적 사고 및 같은 것들끼리 묶을 수 있고 나눌 수 있는 유목화 · 분류화와 사물의 상위 하위 즉, 위계관계를 이해하는 서열화도 가능하다.

㉣ 형식적 조작기(formal operational stage, 11세 이후)

이 단계에서는 주변의 세계를 인식하는 능력이 상당히 진전하면서 자기 나름대로의 이론과 사고의 체계화를 시도하는 인지적 성숙이 일어나는 시작한다.

추상적인 사고와 복합적 · 고차원적인 사고가 가능하며, 자신이 특별한 존재라는 청소년기 특유의 강한 자의식이 생겨 새로운 상황에 부딪치게 될 때 과거와 미래를 연결할 수 있는 사고를 갖게 된다.

② 비고츠키의 인지발달이론

비고츠키(Vygotsky, 1896~1934)는 러시아의 발달심리학자로 피아제와 같은 해에 태어났지만 37세의 젊은 나이에 사망했고, 당시의 시대적 상황과 맞물려 오늘날에 이르러 그의 이론에 많은 관심과 연구가 이루어지고 있다.

비고츠키는 인지(정신기능) 능력이 생물학적 기원에 기초한 일반적인 성숙과 같은 초등 정신구조와 개인이 사는 사회 · 문화의 역사를 이해하는 고등 정신구조로 이루어진다고 하여, 피아제와 달리 아동의 인지발달에 영향을 미치는 사회 · 문화적 환경의 영향력 측면을 강조했다. 또한, 타인과의 상호작용에 언어가 필수 수단이기 때문에 언어는 아동의 인지발달에 중심 역할을 한다고 했다.

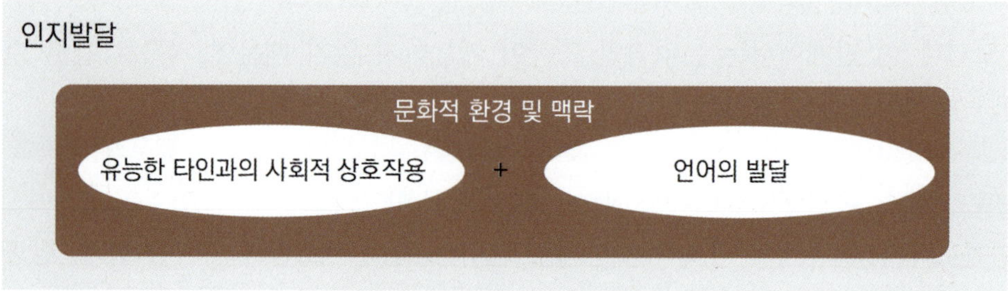

그림 4-2 비고츠키의 인지발달 과정

가. 언어와 사고의 발달

비고츠키는 자기중심적 언어의 사용이 문제 해결을 위한 사고의 도구라고 생각했다. 태어나서 일정 기간 동안은 비언어적 사고와 비지적 언어를 가지고 있으며, 서로 독립적으로 발생하기 시작한 사고와 언어는 2세부터는 서로 연합하여 발달하고, 이후에는 성인이나 자기보다 유능한 또래와의 상호작용을 통해 인지발달이 이루어진다고 했다.

피아제와 비고츠키의 언어와 사고의 발달과정을 비교하면 다음 그림과 같다(임규혁, 2001).

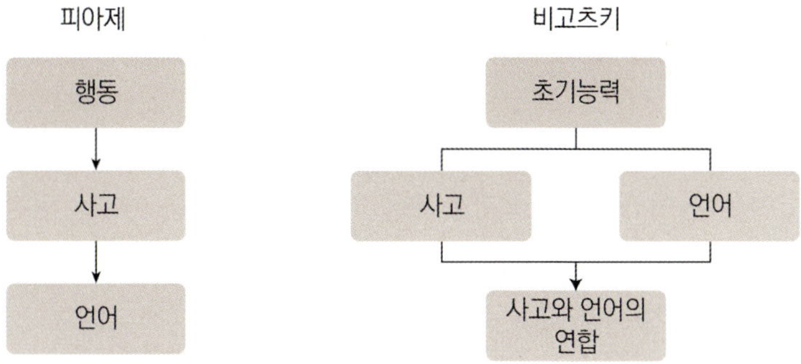

그림 4-3 피아제와 비고츠키의 언어와 사고의 발달과정 비교

나. 근접발달영역(Zone of Proximal Development; ZPD)

근접발달영역(ZPD)이란 아동이 현재 혼자서 해결할 수 있는 수준인 실제적 발달 수준과 자신보다 유능한 타인의 도움을 받아 과제를 해결할 수 있는 잠재적 발달 수준의 차이를 말한다.

따라서, 그는 근접발달영역에서 아동이 지적으로 성장하는 데 필요한 요소를 또래의 유능한 친구나 어른의 도움으로 보고 있으며, 이러한 도움을 발판 혹은 비계설정(모델링, 소리 내어 생각하기, 질문하기 등)이라고 했다.

그림 4-4 근접발달영역

(2) 프로이트와 에릭슨의 성격발달이론

① 프로이트의 심리성적 성격발달이론

가. 주요 개념

'정신분석'이란 용어를 처음 소개한 프로이트(Freud, 1856~1939)는 인간의 성격에 대해 연구하는 '정신분석학'을 처음 창안한 사람이다. 그는 인간의 정신세계(의식구조)는 의식 · 전의식 · 무의식 세계로 성격 구조는 본능(id), 자아(ego), 초자아(super ego)의 3가지 요소로 구성된다고 했다.

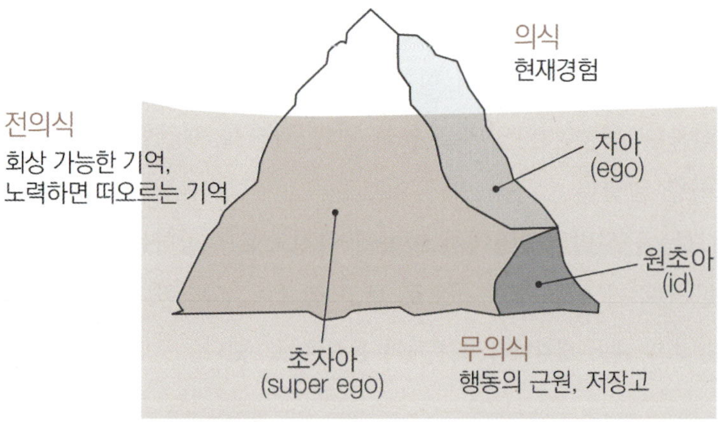

그림 4-5 프로이트의 인간의 정신세계

본능(id)은 성격형성의 가장 근본적인 부분으로 태어날 때 id만을 가지고 태어나며, 본능이 지배한다. 본능적 욕구는 한 가지 독특한 원리에 따라 작동하는데, 이 쾌락을 추구하는 모든 행위를 리비도(Libido)라고 한다. 프로이트는 인간을 움직이는 힘은 '본능'이며, 이 본능은 무의식의 세계에 있다고 했다.

자아(ego)는 '현실의 원리'를 추구하여 냉철한 이성과 분별이 가능한 조절기능이며, 초자아(super ego)는 본능을 억제하고 조절하는 '도덕과 양심의 원리'를 추구한다.

프로이트의 주요 개념을 정리하면 다음과 같다.

표 4-1 프로이트의 주요 개념

개념	내용
고착	나이가 들어도 발달이 이루어지지 않고 이전 단계의 문제점이나 쾌락에 계속 집착하고 머무르려는 경향
퇴행	발달이 진행된 경우라도 심리적 어려움이나 좌절을 겪게 될 때 욕구충족이 쉬웠던 이전의 발달단계로 되돌아가려는 경향
오이디푸스 콤플렉스	남근기에 무의식적으로 나타나는 남자아이의 어머니에 대한 애정
엘렉트라 콤플렉스	남근기에 무의식적으로 나타나는 여자아이의 아버지에 대한 애정

나. 프로이트의 성격발달 단계

프로이트는 리비도의 위치에 따라 발달단계를 구분하는데, 각 단계에서 어떤 경험을 하느냐에 따라 개인의 성격이 형성되며, 각 단계별로 아동이 추구하는 성적 쾌감을 만족하지 못하거나 지나치게 몰두하면 고착(fixation) 현상을 일으켜서 다음 단계로의 발달이 순조롭지 않다고 보았다.

㉠ 구강기(oral stage, 0~1세)

아기가 태어나서 처음으로 성적 쾌감을 느끼는 곳이 구강이다. 이 시기의 아기는 빨고, 삼키고, 깨물면서 리비도를 형성해 나간다. 다만, 성적인 쾌감을 얻을 수 있는 것은 자기의 의지가 아닌 타인, 즉 어머니에 의해서이기 때문에 어머니의 적절한 보살핌을 받지 못하고 추구하는 쾌감을 얻지 못하거나, 반대로 과잉 충족되면 성격적 결함이 나타난다. 이 시기에 성격이 고착되면 성인이 되어도 구강의 만족을 위해 과음, 과식 및 손가락 빨기 등을 하게 된다.

㉡ 항문기(anal stage, 2~3세)

리비도가 항문에 집중되는 시기이다. 이 시기 유아는 배변 훈련을 통하여 항문 근육의 자극을 경험하게 되고, 이러한 경험을 통하여 성적 쾌감을 느끼게 된다. 이때 부모는 유아가 적절한 때 적절한 장소에서 배설을 하면 보상을 주고 혹시 실수를 하게 되면 잘 타일러야 한다. 이 시기에 성격이 고착되면 성인이 되어 결벽증, 강박증 등의 증세를 보인다.

㉢ 남근기(phallic stage, 3~5세)

리비도가 성기에 집중되는 시기이다. 남아는 어머니에게 애착을 느껴 아버지에게 적대감을 느끼며 거세불안을 갖는다. 이 과정에서 오이디푸스 콤플렉스(Oidipous complex)가 생긴다. 반면 여아는 처음에는 어머니를 좋아하다 자기에게는 남근이 없음을 알고 이를 부러워하는 남근선망을 갖고, 아버지에게 성적 욕망을 갖는 엘렉트라 콤플렉스(Elektra complex)를 느낀다. 이러한 콤플렉스를 극복하는 과정에서 동일시와 모방 현상이 나타난다.

㉣ 잠복기(latency stage, 6~11세)

아동이 초등학교에 나니는 시기로 리비도가 억압 또는 잠재된 시기이다. 본능은 약해지고 초자아가 강력해지며 집중되는 시기로 리비도의 대상은 동성의 친구에게로 향하고 에너지는 지적인 활동, 운동, 친구에게 집중된다. 사회 속에서 자기의 역할을 배우고 논리적으로 사고하여 타인의 입장을 고려할 수 있게 된다.

㉤ 생식기(genital stage, 12세 이후)

리비도가 다시 성기에 집중하는 시기로 아동은 사춘기에 접어들면서 진정한 사랑의 대상을 찾아 만족을 얻고자 하는 성적 욕구가 다시 생긴다. 이 시기는 성격발달 단계 중 가장 긴 시기이며, 사춘기에서 노년기까지의 오랜 기간이 포함된다.

② 에릭슨의 심리사회적 성격발달이론

가. 주요 개념

프로이트가 인간을 성적인 측면에서 발달한다고 주장한 데 반해, 에릭슨(Erikson, 1902~1994)은 인간은 다른 사람들과의 사회적 상호작용을 통해 성격이 발달한다고 주장했으며, 인간 발달을 전 생애적으로 확장시킨 최초의 학자이다.

에릭슨의 성격발달이론은 1950년에 발간한 저서 『아동기와 사회(childhood and society)』에 잘 나타나 있으며, 이 책에서 인간의 발달을 8단계로 구분했다. 각 단계마다 성취해야 할 긍정적인 과업과 부정적인 과업이 'A 대 B'의 형태로 제시되어 있으며, 이 특정한 발달단계의 위기를 잘 극복하면 덕성을 습득하게 되므로 긍정적인 특성을 잘 습득하도록 노력해야 한다.

나. 에릭슨의 성격발달 단계

㉠ 신뢰감 대 불신감(0~1세): 희망

영아와 엄마의 상호작용을 통한 사회적 관계는 유아가 세계를 신뢰하게 되고, 그렇지 않으면 불신의 태도를 갖게 된다. 영아는 자신의 모든 것을 타인에게 의존하며, 이때 신뢰감이나 불신감을 경험하게 된다. 이 시기는 프로이트의 구강기에 해당된다.

㉡ 자율성 대 의심/수치심(2~3세): 의지력

이 시기에 아동은 스스로 일을 수행해야 하는 도전에 직면한다. 부모는 이 시기에 아동의 자발적인 행동에 칭찬을 하거나 신뢰를 표현하여 용기를 줄 필요가 있다. 독립성이 조장되면 자율성이 발달하는 데 비해 과잉보호를 받거나 금지로 인하여 자신의 능력과 의지를 시험해 볼 기회가 주어지지 않으면 회의와 수치심을 느낀다.

㉢ 주도성(솔선성) 대 죄의식(4~5세): 목적의식

자율성의 증가로 왕성한 지적 호기심을 보인다. 신체 및 정신 기능이 발달하여 자율적, 자기주장적, 공격적이 되고 솔선하여 새로운 것을 추구하고 계획하며 무엇인가를 혼자서 해 보려고 한다. 이때 부모가 심하게 제지하거나 벌하면 죄의식을 유발하여 성장 후 주도성이 약해진다.

㉣ 근면성 대 열등감(6~11세): 유능감

초등학교를 다니는 시기로 학교에서의 성공과 성취가 아동의 근면성을 발달시킨다. 따라서 교사와 또래 친구들의 영향력이 매우 중요하다. 부모와 교사의 건설적이고 지도적인 칭찬과 강화는 근면성을 기르며, 비난, 거부, 조롱, 어려운 도전으로 인한 실패는 열등감을 유발한다.

ⓜ 자아정체감 대 역할혼돈(12~18세): 충성심

에릭슨의 이론에서 가장 중요한 것이 자아정체감이다. 청소년기에 나타나는 심리 · 사회적 문제는 긍정적 측면에서는 자아정체감을 갖고 부정적 측면에서는 역할혼돈 현상이 일어나는 것이다. 이 시기에는 급격한 신체적 · 성적 성숙, 고도의 인지 능력, 상충된 사회적 요구에 대한 갈등 등으로 종종 혼란에 빠진다.

ⓑ 친밀감 대 고립감(19~24세): 사랑

사회에 참여하게 되고 자유와 책임을 가지고, 스스로의 삶을 영위하기 시작하는 시기로서 자기 자신의 문제에만 몰두하는 것에서 벗어나, 직업 · 배우자 · 친구 선택 등의 다양한 문제를 경험하게 된다. 자아정체감이 뚜렷하게 자신을 잃지 않은 상태에서는 자신과 남을 통합할 수 있으나 위기 해결에 실패하는 사람은 정서적으로 고립되게 된다.

ⓢ 생산성 대 침체감(25~65세): 배려

자녀 양육과 지도를 통하여 다음 세대로 문화를 전달 · 발전시키는 성숙한 시기이다. 다음 세대를 가르치는 데 만족을 얻지 못하는 사람은 침체되고 지루해하며, 무관심과 이기심을 갖게 된다.

ⓞ 자아통합 대 절망감(65세 이상): 지혜

자신의 삶에 후회가 없으며, 열심히 살았고 가치 있었다고 생각하는 시기이며, 한편으로는 후회와 좌절, 분노 및 절망감에 빠지기도 한다.

(3) 콜버그의 도덕성 발달이론

도덕성은 어떤 사물이나 상황 등에 대하여 옳고 그름을 판단하고 바르게 행동하는 능력으로 인간으로서 마땅히 지켜야 할 도리 또는 그것에 준하는 행동으로 관습, 풍습, 선악의 표준이다. 따라서, 도덕적 발달은 어린 시기에 중요한 행동 규범을 형성하고 내면화하는 데 중요한 역할을 한다.

피아제는 전도덕(무도덕) 단계에서 타율적 단계와 자율적 단계로 이동하는 3가지

단계로 도덕성이 발달한다고 보았으나, 이는 도덕성 발달이 아동의 발달까지만 연구되었다는 한계가 있었는데 이를 성인까지 확대시킨 최초의 학자가 콜버그(Kohlberg, 1927~1987)이다.

콜버그는 인간의 도덕성 발달을 성인까지 확대·구체화시킨 학자로서, 도덕성 발달은 인지발달과 매우 밀접한 관계를 갖고 있다고 보았다.

예를 들어, 갓난아이가 엄마의 등에 업혀 마트를 다녀왔는데, 아이의 손에 작은 장난감이나 혹은 사탕이 들려 있었다고 가정해 보자. 아이의 손에 계산하지 않은 물건이 들려 있다고 해서 어느 누구도 이 아이를 도둑이라고 판단하지 않을뿐더러 아이 역시 이러한 행위가 나쁜 짓이며, 우리가 정해 놓은 약속을 어긴 것이라고 생각하지 못할 것이다. 이는 아이가 아직까지 계산 없이 남의 물건을 가져와서는 안 된다고 배우지 않았기 때문이다. 즉, 배우거나 경험해 보지 않았기 때문에 이를 인지하지 못한 것이라고 판단한 것이다. 피아제는 이 시기를 전도덕(무도덕) 시기라 했으며, 콜버그 역시 이러한 맥락에서 도덕성은 인지발달과 관계가 있다고 한 것이다(신재원, 2024).

그는 '하인즈(Heinz)의 딜레마'라는 상황을 제시하여 도덕성 발달 수준을 판단하였다.

표 4-2 콜버그의 도덕성 발달 단계(3수준 6단계)

수준	특징	단계
인습 이전 수준	도덕, 규칙, 선, 악의 개념은 행위결과나 도덕, 규칙을 강요하는 사람의 힘과 권위와 관련지어 생각함	1단계: 처벌-복종에 의한 도덕성 벌을 회피하고자 규칙을 지키게 됨
		2단계: 욕구충족의 도덕성 보상을 바라고 규칙을 지키며, 자신의 욕구충족이 도덕 판단의 기준이 됨
인습 수준	개인이 가정, 집단, 국가의 기대를 따르는 그 자체를 가치로운 것으로 인정함	3단계: 대인관계를 위한 도덕성 타인의 승인과 비난 회피를 위해서 규칙을 따름
		4단계: 법과 질서유지의 도덕성 합법적인 권위의 벌을 피하고자 행동을 함

수준	특징	단계
인습 이후 수준	도덕적 가치나 원리가 개인과 집단의 권위와는 무관하게 그 자체로서 타당성을 가진 것으로 생각함	5단계: 사회계약정신의 도덕성 계약에 따라 의무를 규정하고 타인의 권리 침해 없이 공공복리 증진을 위한 공정한 견해를 가짐
		6단계: 보편적 윤리에 의한 도덕성 옳은 것은 보편적인 윤리적 원리에 맞는 것으로, 인간의 존엄성과 평등성을 존중함

3. 동기

1) 동기의 개념

동기(motivation)란 사람들의 행동을 자극 또는 유발시키는 내면의 상태를 말한다. 무엇인가를 하고 싶어 하는 마음을 행동으로 나타나게 만드는 힘이며, 행동을 조직하고 활기 있게 하는 힘으로 사람을 움직이게 한다.

동기란 말은 라틴어의 'moveers'에서 온 것으로 '움직인다(move)'를 뜻한다. 동기한 움직임을 가져오는 과정이며, 이 움직임은 맹목적인 것이 아니고 방향이 있다. 또한 동기는 행동에 활력을 주며 어떤 목표를 향하도록 방향을 제시할 뿐만 아니라 목표 달성을 위해 효과적인 행동을 하도록 강화한다.

동기는 보상의 유형에 따라 내재적 동기와 외재적 동기로 구분한다. 욕구, 흥미, 호기심, 즐거움 등 내적이고 개인적인 요인, 즉 내부적인 요인들에 의해서 유발되는 동기를 내재적 동기라 한다. 내재적으로 동기화되어 있는 경우에는 활동 그 자체가 보상으로 작용하기 때문에 어떤 유인물이나 처벌이 필요치 않다.

외적이고 환경적인 요인, 즉 보상, 사회적 압력, 처벌 등으로 유발되는 동기를 외재적 동기라고 한다. 외재적으로 동기화된 사람은 활동 그 자체에는 흥미가 없으며, 그것이 가져다 줄 보상에만 관심이 있다.

동기는 사람의 행동을 결정해 준다는 면에서 크게 3가지 기능을 한다.

첫째, 동기는 유기체의 행동에 에너지를 부여하며, 이를 조정한다.
둘째, 동기는 선택의 기능을 한다.
셋째, 동기는 행동하게 하고 행동의 방향을 부여해 준다.

2) 동기 이론

(1) 행동주의적 관점

행동주의적 관점에서는 우리 안에 내재하는 자아, 무의식 혹은 내면의 가상적 실체(동기)의 존재를 인정하지 않기 때문에 인간행동을 내적인 것에 근거하여 설명하는 것을 단호히 부정하고, 외적인 보상이나 유인물과 같은 개념을 사용하여 동기와 동기화의 과정을 설명한다.

학습의 결과에 대한 좋은 성적이나 상장을 주거나 바람직하지 못한 행동에 대해서 벌점을 가하는 것은 유인물, 보상, 처벌 등의 외적인 수단을 사용하여 동기화하는 방법이다.

(2) 인본주의적 관점

인본주의 심리학자들은 동기의 내적 원천은 자아실현을 위한 개인적 욕구, 생득적인 실현 경향성을 위한 욕구 혹은 자기결단을 위한 욕구라고 주장한다. 이런 주장의 공통점은 사람들을 지속적으로 동기화시키는 힘을 자신의 잠재능력을 실현시키려는 생득적 욕구로 본다. 즉, 인본주의 입장에서 보면 학교에서 학생들을 동기화시키기 위해서는 학생들의 내적 자원인 유능감, 자아 존중감, 자율성과 자아실현 등을 격려해 주어야 한다.

인본주의 이론의 대표적인 학자인 매슬로우(Maslow)는 인간의 내부에는 여러 가지 욕구가 있고, 이 욕구는 위계적으로 작용한다고 주장한다. 욕구 위계론에 따르면 생리적 욕구, 안전욕구, 소속·애정의 욕구, 자존감의 욕구, 자아실현의 욕구가 위계를 이루고 있어 각 욕구는 하위 단계의 욕구가 충족되었을 때 비로소 상위의 욕구가 등장한다.

(3) 인지주의적 관점

인지주의 동기이론은 인간을 긍정적이고 적극적으로 사고하는 이성적인 존재로 보며, 인간의 동기를 외적인 힘에 의한 수동적인 것으로 인식하는 행동주의 입장과는 달리 내재적인 동기를 강조한다.

대표적인 인지주의 학자인 와이너(Weiner)는 어떤 일의 성공이나 실패에 대하여 자신의 행동에 대한 원인을 귀속시키는 경향성에 대한 이론을 귀인(歸因)이론이라고 정의하였다. 와이너는 자신의 성공이나 실패의 원인으로 가장 많이 귀인하는 요인으로 '능력', '노력', '운', '과제의 난이도'라는 4가지로 설정하고, 이와 같은 귀인들은 '원인의 소재', '안정성', '통제 가능성'이라는 3가지 차원으로 분류하였다.

첫째, 원인의 소재는 성공과 실패를 내 안에서 찾는 내적 차원과 밖에서 찾는 외적 차원으로 분류한다.

둘째, 안정성은 시간이 변화하거나 상황이 달라져도 변화 가능성이 적은 요인은 안정적 차원, 변화 가능성이 많은 요인은 불안정적인 차원으로 분류한다.

셋째. 통제 가능성은 내 힘으로 통제할 수 있는 요인에 원인을 돌리는 통제 가능 차원과 그렇지 않은 요인에 원인을 돌리는 통제 불가능 차원으로 분류한다.

표 4-3 귀인과 각 차원과의 관계

귀인 요소	원인의 소재	안정성	통제 가능성
능력	내적	안정적	통제 불가
노력	내적	불안정적	통제 불가
운	외적	불안정적	통제 불가
과제의 난이도	외적	안정적	통제 불가

4. 학습이론

1) 행동주의 학습이론

행동주의에서 학습은 '경험과 연습의 결과로 나타나는 관찰할 수 있는 영속적인 행동의 변화'라고 정의한다. 우리 눈으로 관찰, 측정, 증명할 수 있는 것만이 과학적인 연구의 대상으로, 겉으로 드러나는 행동에 초점을 맞추는 이론이다.

행동주의 학습이론의 근본적인 원리는 자극과 반응의 연합이다. 자극(stimulus)은 환경으로부터 학습자에게 제시되는 모든 것을 의미하며, 반응(response)은 자극으로 인한 행동을 의미한다. 즉, 자극과 반응의 연합으로 학습이 이루어진다고 본다.

(1) 파블로프의 고전적(수동) 조건형성이론

러시아의 생리학자인 파블로프(Pavlov, 1849~1936)에 의해 처음으로 제시된 고전적 조건형성(classical conditioning) 이론은 개의 소화액 분비에 관한 연구를 수행하던 중 본능적인 반사행동 이외에 학습된 반사행동이 있음을 관찰한 결과로 발전했다. 고전적 조건형성은 개를 대상으로 체계적인 실험과 연구 결과를 토대로 조건반응을 일으키기 위해서 중립(중성) 자극을 무조건 자극과 연합시키는 형태의 학습이다.

개가 음식물과 같은 먹이를 주면 자연적으로 타액을 분비하는데(무조건자극), 이를 평소에는 아무런 반응을 일으키지 않는(중성자극) 종소리와 연합하여, 먹이를 줄 때마다 종을 흔들고 먹이를 주면(조건자극) 추후 종소리만 들어도 타액을 분비(조건반응)한다는 개념이다.

① 무조건자극(unconditioned stimulus: US): 음식물과 같이 유기체의 본능적 반응을 일으키는 자극

② 중성자극(neutral stimulus: NS): 종소리와 같이 유기체의 아무런 반응을 유발시키지 않는 자극

③ 조건자극(conditioned stimulus: CS): 무조건 자극과 중성자극을 연합하여 특정 반응을 일으키는 자극

표 4-4 고전적 조건형성 과정

단계	내용
조건형성 이전	무조건자극(음식물) → 무조건반응(침 분비) 중성자극(종소리) → 반응 없음
조건형성 과정	중성자극(종소리) + 무조건자극(음식물) → 무조건반응(침 분비)
조건형성 이후	조건자극(종소리) → 조건반응(침분비)

파블로프는 조건반응의 강도에 영향을 주는 요인을 다음과 같이 설명하였다.

① 강화: 어떠한 행동을 다시 일으킬 가능성을 증가시키는 것

② 소멸(소거): 유기체가 이전에 학습했던 행동이 사라지는 것(음식물을 주지 않고 종소리만 울리니까 점점 침을 흘리는 양이 줄고 결국 침을 흘리지 않게 됨)

③ 자발적 회복: 유기체가 이전에 학습했던 행동을 스스로 회복하는 것(시일이 지난 후 종을 흔들었더니 개가 개가 침을 흘리는 것을 발견)

④ 자극일반화: 서로 다른 자극임에도 불구하고 동일한 자극으로 인식하는 것

⑤ 자극변별: 서로 다른 자극을 구별할 줄 아는 것

(2) 손다이크의 시행착오학습

우리는 어떤 문제에 부딪쳤을 때 그 해결방법을 제대로 알지 못하면 이렇게도 해 보고 저렇게도 해 보게 된다. 이와 같이 시행과 착오를 되풀이하다가, 우연히 어떤 반응을 통해 목표를 달성하게 되면 그 반응이 점차 내면화되어 학습되는 경우가 많다. 학습과정을 이처럼 설명하는 이론을 시행착오 학습이론이라 하는데, 이는 손다이크(Thorndike, 1874~1949)에 의해 체계화되었다(오만록, 2017).

손다이크는 고양이를 얼마 동안 굶겨 제작한 문제상자에 넣고 상자 밖에는 생선을 놓았다. 상자는 고양이가 안에 있는 페달을 누르면 문이 열리고 고양이가 나가서 생선을 먹을 수 있도록 제작되었다. 상자 속에 넣어진 고양이는 탈출하여 생선을 먹기 위해 다양한 행동을 하게 되는데 많은 시행착오를 거쳐 우연히 페달을 누르면 문이 열리게 된다. 이를 반복함에 따라 탈출에 소요된 시간이 현저하게 단축된 것을 알 수 있었다. 이를 통해, 손다이크는 고양이가 페달을 밟는 행동과 문이

열리는 관계를 학습한 것으로 보았다. 즉, 처음에는 페달을 밟는 행동이 우연한 행동이었지만, 나중의 행동은 학습된 행동으로 간주했다.

손다이크는 이와 같은 실험을 통해 몇 가지 학습법칙을 도출하였다.

① 연습의 법칙: 연습의 법칙은 빈도의 법칙이라고도 한다. 행동은 단 한번에 학습되는 것이 아니라 여러 번 반복한 결과로 습득되는 것이다. 즉, 연습을 많이 하면 자극과 반응의 결합이 강화되고 연습하지 않으면 결합이 약화되는 것이다.

② 효과의 법칙: 효과의 법칙은 결과의 법칙이라고도 한다. 학습의 결과가 만족스러운 상태이면 결합이 더 강화되어 학습이 견고하게 되며, 반대로 불만족스러운 경우는 결합이 약해진다. 따라서, 어떤 행동을 학습하는 시간을 단축시키기 위해서는 행동의 결과에 뒤따르는 보상(강화물)이 있어야 한다.

③ 준비성의 법칙: 학습하는 태도나 준비와 관련된 것으로, 새로운 사실과 지식을 습득하기 위해서는 준비를 충분히 하고 있을수록 결합이 용이하게 됨을 말한다. 즉, 학습할 준비가 갖추어져 있을 때 학습이 빨리 일어난다.

(3) 스키너의 조작적 조건형성이론

스키너(skinner, 1904~1990)는 손다이크의 이론을 보다 체계화하여 행동주의 학습이론을 완성시킨 학자로 평가받는다. 스키너의 학습이론은 실험 동물들에게 학습시키고자 하는 행동을 그 동물이 할 때까지 기다리는 것이 아니라, 그 행동을 계획적으로 조작(operant), 조형(shaping)하게끔 연구했다는 점에서 이전 학자들과 차이가 있다.

스키너에 의해 제안된 조작적 조건형성(operant conditioning)은 오늘날 행동주의 심리학을 교실로 적용하는 중요한 관점을 제시하고 있다. 즉, 행동은 조작적 조건형성의 결과에 의해서 결정된다는 것이다. 아동의 어떤 행동이 강화를 받게 되면, 그 행동이 다시 발생할 확률이 높아지고 어떤 행동이 처벌을 받게 되면, 그 행동이 다시 발생할 확률이 낮아진다. 조작적 조건형성에서는 강화와 처벌이 중요하다.

자발적인 행동 발생 → 행동의 결과 (강화, 처벌) → 행동의 빈도 및 강도 변화

그림 4-6 조작적 조건형성 과정

① 강화

강화(reinforcement)는 행동주의 학습에서 가장 중요한 개념으로 특정한 행동의 빈도를 증가시키는 것을 의미하며, 이를 위해서 사용하는 모든 것을 강화물이라 한다. 강화는 어떤 강화물을 더해주느냐 감해주느냐에 따라 정적 강화와 부적 강화로 구분된다.

벌은 강화와 대비되는 개념으로, 어떤 특정한 행동의 빈도를 감소시킬 목적으로 사용하는 모든 것을 의미한다.

가. 정적 강화

어떤 특정한 행동의 빈도를 증가시키기 위해서 그 행동을 한 사람이 좋아하고 즐거워할 것(상, 칭찬, 미소, 돈 등)을 제공해 주는 것을 의미한다.

나. 부적 강화

어떤 특정한 행동의 빈도를 증가시키기 위해서 그 행동을 한 사람이 싫어하고 불쾌해할 것(야단, 욕, 회초리, 숙제 등)을 감(減)해 주는 것을 의미한다.

표 4-5 강화 및 벌의 차이

구분	가(加, +)	감(減, -)
정적 강화물 (상, 칭찬, 미소, 돈 등)	정적 강하	벌
부적 강화물 (야단, 회초리, 욕, 숙제 등)	벌	부적 강화

표에서 알 수 있듯이, 좋아하는 것을 주는 것만이 강화가 아니라, 싫어하는 것을 감해 주는 것도 강화이다. 또한 싫어하는 것을 주는 것만이 벌이 아니라, 좋아하는 것을 감해 주는 것도 벌이다.

② 강화계획

가. 고정간격 강화계획

일정한 시간이 경과할 때마다 강화하는 것을 의미한다. 예를 들면 월급이나 중간고사, 기말고사 등이 해당된다.

나. 변동간격 강화계획

강화하는 시간의 간격이 고정된 것이 아니라 변동하지만 평균이 일정한 것을 의미한다. 예를 들어 수업시간에 예고 없이 한 학기에 3번 쪽지시험을 보면 언제 볼지 모르기 때문에 공부를 꾸준히 하게 된다.

다. 고정비율 강화계획

일정한 수의 반응을 할 때마다 강화하는 것을 의미한다. 예를 들어 질문을 5번 할 때마다 한 번씩 보상을 준다.

라. 변동비율 강화계획

강화하는 반응의 수가 고정된 것이 아니라 반응의 횟수를 변동하여 강화를 제공하는 것을 의미한다. 예를 들어, 자동차 영업사원이 자동차 5대를 팔면 보너스 지급, 7대를 팔면 또 한 번 지급하는 방법으로 강화를 준다.

2) 사회학습이론

반두라(Bandura, 1925~2021)가 주장한 사회학습이론은 인간의 행동은 직접적인 자극에 의해서만 학습되는 것이 아니라, 간접적으로도 얼마든지 학습할 수 있다고 하여 간접학습이론이라고도 부른다. 또한, 다른 사람의 행동이 강화나 벌을 받은 것을 관찰하고도 학습이 이루어진다고 보아 관찰학습이론이라고 한다.

사회학습은 크게 4가지 과정을 통해서 일어나게 되는데, 구체적인 내용은 다음과 같다.

① 주의집중: 모방하려는 모델의 행동에 주의를 집중하는 과정으로, 관찰 대상의 특징은 물론 관찰자 자신의 특징에 의해 영향을 받는다.

② 파지: 파지 과정은 관찰된 내용을 언어적으로 부호화하거나 심상의 형태로 기억하는 과정으로 그 내용이 기억되기 위해서는 모델의 행동에 주의를 집중함과 동시에 그 행동의 사실적 혹은 분석적 표상이 형성되어야 한다.

③ 재생: 재생 과정은 기억한 것을 행동으로 옮기는 과정으로, 모방하려는 행동은 잘 기억하는 것만으로 충분하지 않으며 실제 실행에 옮겨봄으로써 학습의 효과를 높일 수 있다.

④ 동기화: 관찰을 통해서 학습된 행동은 그 행동이 강화를 받을 때에만 지속적으로 일어난다. 반두라는 학습자가 모델의 행동을 모방하고 이에 직접적으로 강화를 받는 직접강화, 자신이 재생해 낸 행동을 보고 스스로 만족하고 잘 해냈다고 강화하는 자기강화, 다른 사람이 같은 행동에 대해 강화 받는 것을 보고 자신도 강화받는 것을 경험하는 대리강화로 구분하였다.

3) 인지주의 학습이론

앞에서 살펴본 바와 같이 행동주의 학습이론은 관찰이 가능한 행동의 변화를 학습으로 본다. 하지만, 인지주의 학습이론은 경험하고 배운 것들은 우리의 사고구조, 인지구조, 생각하는 틀, 세상을 바라보는 눈의 변화가 있을 때 학습이 일어난 것으로 판단한다. 즉, 인간을 능동적인 학습자로 간주하여 자신의 문제를 스스로 인식하고 해결하려는 의지와 욕구를 가진 존재로 바라보고, 지각, 사고, 추론, 상상, 기대, 가치 인식 등과 같은 인지와 신념의 결과로 인간의 행동이 발생한다.

인지주의 학습이론은 행동주의 학습이론과 다른 견해를 밝히고 있는데 요약하면 다음과 같다.

- 인간의 학습은 다른 동물의 학습과정과는 근본적으로 다르다.
- 의식은 수동적인 수용이 아니라 능동적인 활동이며, 직접 의식되는 것은 원자적인 부분들이 아니라 통합되어 있는 전체이다.
- 인간이 지각하는 것은 정적인 부분이 아니라 운동 그 자체에 의한 전체이다.
- 학습은 S-R연합으로 이루어지는 것이 아니라 통찰을 통해 전체 관계를 파악함으로써 이루어진다.
- 존재하는 것은 전체이며, 부분은 구조 속에서 갖는 일정한 관계에 의하여 그 성질이 결정된다.
- 학습은 행동의 변화가 아니라 인지구조의 변화이다.

(1) 형태주의 심리학

베르트하이머(Wertheimer), 쾰러(Köhler), 코프카(Koffka)가 공동으로 창시한 심리학으로 움직이지 않는 부분들을 움직이는 전체로 지각하는 것은 인간이 어떤 사물의 부분에 집중하기 보다는 그 사물의 전체적인 모양, 틀에 집중하여 사물을 인식하고 지각하는 경향이 있다고 본다. 이를 독일어로 게슈탈트(Gestalt, 형태)라 한다.

즉, 유기체가 환경을 능동적으로 구조화·조직화함으로써 형태(Gestalt)를 구성하고, 형태란 어떤 사물의 부분을 가리키는 것이 아니라, 그 사물의 전체적인 모양새를 의미하며, 우리가 사물을 지각할 때는 부분이 아니라 전체에 주의를 집중한다.

따라서, 형태주의 심리학에서는 인간의 지각에 관심을 갖고 많은 연구를 하였는데, 이 지각이 원리를 구체적으로 설명하면 다음과 같다.

- 단순성의 원리: 사람은 가장 단순하고 규칙적인 상으로 조직하여 지각한다.
- 근접성의 원리: 여러 가지 요소들은 그중에서 서로 간의 간격이 가까운 것끼리 묶어서 지각한다.
- 유사성의 원리: 주어진 상황에서 어떠한 생김새(모양, 색깔, 조직 등)에 유사한 점이 있는 비슷한 것끼리는 하나로 묶어서 지각한다.
- 연속성(계속성)의 원리: 연속되어 있는 것을 하나로 지각한다.

- 폐쇄성의 원리: 어딘가가 빠져 있어도 그대로가 아니라 부족해도 완전한 것으로 지각한다.
- 전경과 배경의 원리: 어떤 것을 집약하거나 볼 때, 본인이 중요하게 여기는 곳에 주의를 집중하고 그것을 자세히 관찰하게 되며 나머지 부분은 별로 중요하게 여기지 않게 된다. 이때 주의를 집중하여 관찰하는 부분이 전경이 되고 나머지는 배경이 된다.

① 통찰학습이론

형태주의 심리학 공동창시자인 쾰러(Köhler)가 주장한 이론으로, 학습은 여러 단계에 걸쳐서 이루어지는 것이 아니라, 단 한순간의 통찰에 의해 일어난다고 했다.

원숭이 실험을 통해 쾰러(Köhler)는 고등정신능력을 가진 유기체는 문제 해결을 시행착오적으로 하는 것이 아니라 문제 사태를 전체적으로 재구성하여 해결하는 통찰의 과정을 갖고 있다고 생각했다. 여기서 통찰이란 주어진 문제를 전제상황으로 인식하여 문제 사태를 재구성하여 해결하는 것을 말한다(김준권 외, 2014).

아르키메데스가 목욕탕에서 욕조에 들어가 물이 넘치는 것을 보고 '유레카!'라고 외치며 고민을 해결했는데, 이와 같이 '아하!', '알았다' 하는 깨달음이 바로 통찰이다.

② 장(場)이론

레빈(Lewin)에 의하면 생활공간 내에서 인간과 환경이 어떻게 상호작용을 하느냐에 따라서 그 사람의 행동이 달라진다고 했다. 즉, 그 사람이 어떤 마음을 먹고, 어떤 환경 속에 있느냐에 따라서 그 사람의 행동이 달라지며, 이 상황에서 개인이 자신의 심리적 장(場)을 지속적으로 수정 · 보완해 가는 과정이 바로 학습이라고 보았다.

사람은 새로운 지식으로 세상에 대한 이해를 구체화하고 새로운 요소들을 도입함으로써 그리고 원하는 것(욕구), 좋아하는 것, 싫어하는 것에 변화를 가져봄으로써 자기의 인지를 재구성한다는 것이다.

(2) 정보처리이론

정보처리이론은 개인에게 새로운 정보가 투입되고, 저장되며, 기억으로부터 인출되는 방식 및 학습자의 내부에서 학습이 발생하는 기제를 설명하려는 이론이다. 외부의 환경, 사물 등을 보고 머리에 저장, 혹은 작업이 이루어져 어떠한 행동으로 표출하는 방식이 컴퓨터가 하는 일과 다르지 않다고 보는 이론이다.

① 부호화(입력)

부호화란 외부에서 주어지는 자극 그대로를 받아들이는 것이 아니고, 자기가 받아들일 수 있는 형태로 바꾸고, 변형해서 정보를 이동시키는 과정을 의미한다. 즉, 정보를 지각하면 몇 가지 분류상의 특징을 추출한 후 그에 상응하는 기억의 흔적을 만드는 과정이라 할 수 있다.

부호화 방식 중 한 가지 방식보다는 여러 가지 방식으로 머리에 부호화하는 것이 훨씬 좋다. 예를 들어 책을 읽을 때 눈으로만 읽는 것보다는 말로, 손으로 쓰면서 읽을 경우 후에 기억이 더 잘된다. 이를 이중부호화라 한다. 인출을 보다 잘 하기 위해서는 한 가지 대상에 대해 여러 가지 부호화 방식을 결합하는 것이 훨씬 유리하다.

② 기억(저장)

정보처리적 접근에서 기억이란 감각기관에 유입된 정보를 부호화하고, 이를 저장하며, 반응을 위해 인출하는 일련의 과정으로 기억체계를 감각기억, 단기기억, 장기기억으로 구분한다.

가. 감각기억

눈이나 귀와 같은 감각 수용기관을 통해 최초로 저장하는 곳이다. 감각기억은 자극을 아주 정확하게 저장하지만, 그 저장기간은 매우 짧고 저장용량은 매우 큰 특징을 가진다.

나. 단기기억

단기기억은 일시적인 저장소로 정보의 양과 지속시간에 제한이 있다. 저장용량은 보통 7±2개(5~9개)이며, 지속시간은 약 10~20초를 저장하는 것으로 알려져 있다. 이러한 한계는 묶기(chunking)로 작업기억의 용량 한계를 극복할 수 있다.

다. 장기기억

장기기억은 무한한 정보를 영구적으로 저장할 수 있는 곳이다. 기간은 영구적으로 지속된다고 보며, 일반적으로 일상기억과 의미기억이라는 두 부분으로 구성되어 있다고 가정한다.

일상기억은 주로 개인의 경험을 보유하는 저징소로 기억되는 경험이 매우 의미 있는 경우가 아닐 때에는 종종 인출에 실패하는 경향이 있다. 의미기억은 문제 해결 전략과 사고기술 · 사실 · 개념 · 일반화 · 규칙 등이 저장되며 학습자가 내용을 수동적으로 받아들여서 저장하는 것이 아니라, 그들을 의미 있는 구조로 만들어 간다는 것을 의미한다.

③ 인출(출력)

인출이란 장기기억에서 정보를 찾는 탐색과정이며, 부호화와 밀접하게 관련되어 있다. 효과적으로 부호화되지 않으면 효과적으로 인출될 수 없음을 의미한다.

예를 들어, 열심히 공부했지만 시험을 보면 첫 단어가 생각 나지 않아 쓰질 못하는 경우가 발생하는데, 이는 처음부터 부호화를 잘못했거나 인출하는 단서를 만들어 놓지 않았기 때문이다.

토론과제

1. 인간발달 원리에 따른 교사의 역할은 무엇인지 논의해 보자.
2. 피아제와 비고츠키의 인지발달이론의 차이점과 교육적 시사점은 무엇인지 논의해 보자.
3. 프로이트와 에릭슨의 성격발달이론의 차이점과 교육적 시사점은 무엇인지 논의해 보자.
4. 교사로서 학생들의 학습 동기부여를 어떻게 할 것인지 논의해 보자.
5. 행동주의 · 인지주의 학습을 교육현장에 어떻게 적절히 적용할 것인지 논의해 보자.

제5장

교육의 사회적 기초

학습목표

1. 교육을 사회적 현상으로 이해한다.
2. 사회화의 개념, 사회화의 과정, 그리고 사회화의 대행자에 대해서 이해하고 평가한다.
3. 현대사회에서 학교가 수행하는 기능을 이해하고 평가한다.
4. 학교와 학급에서 일어나고 있는 일상을 사회학적 관점에서 생각해 본다.

본 장에서는 '교육은 개인의 잠재적 능력을 계발하는 것'이라는 개인적 차원에서 교육을 이해하기보다는 '교육은 하나의 사회적 현상'이라는 관점에서 교육과 사회의 관계를 이해하는 것이다. 교육과 사회가 연관되어 있다는 것은 교육이 개인을 넘어선 사회적 현상이며, 인간 형성에 영향을 미치고 있다는 것을 의미한다. 또한 사회적으로 어떤 기능을 수행하는 한편 사회의 영향을 받으면서 작용한다는 것을 의미한다. 그리고 교육 상황에 참여하는 개인들은 학교제도 안에서도 자신들의 의미를 만들어 내기 위해 노력하고 있음을 살펴볼 것이다.

1. 교육과 사회

교육과 사회가 연관을 맺고 있다는 것을 논증하기 위해서 먼저 인간은 사회적 존재이며, 사회 안에서만 인간다운 인간이 될 수 있다는 점을 살펴보고자 한다. 둘째로 교육은 인간을 형성하는 작용이며 이러한 작용은 사회마다 서로 다른 교육을 실천하여 왔다는 점에서 사회적 맥락 안에서 작용하고 있다는 점을 살펴볼 것이다. 그리고 일반적으로 교육이 수행하여 온 기능을 살펴봄으로써 교육이 사회적 기능을 수행하고 있다는 점을 살펴보고자 한다.

1) 사회적 존재로서의 인간

인간은 '사회적 존재'라고 한다. 이 말은 인간의 생존과 활동이 개인이 유전적으로 갖고 태어나는 개체적 활동으로만 국한되어 이루어지는 것이 아니라 다른 사람들과의 관계 속에서 이루어지고 있다는 것을 의미한다. 즉 인간은 '사회적 관계' 속에서 인성을 비롯한 존재 자체가 형성되고 있으며 생활하고 있다는 것이다.

교육사회학의 창시자로 불리는 에밀 뒤르케임(Emile Durkheim)은 인간의 본질을 규명하려는 오랜 역사들을 고찰하면서 비록 추상적이긴 구분이기는 하지만 인간은 분명히 2가지 존재의 측면을 가지고 있다고 주장한다(1963: 58). 그 하나는 '개인적 존재'로, 사적 생활에 국한된 존재로서 개인이 유전적으로 갖고 태어나는 생물학적 존재로서의 인간을 지칭한다. 이 측면에서 인간을 보면 인간은 자연적 본성에 구속된 존재로서 매우 이기적이며 동물과 다를 바 없고 도덕이나 지성의 발달은 찾기 어렵다. 다른 하나의 측면은 '사회적 존재'로서, 개인이 속한 집단의 종교적 신념, 도덕적 신념, 국민전통, 문화 등을 포함하는 존재이다. 인간이 다른 동물들과 다른 특징들 가운데 하나는 언어생활을 한다는 것이다. 그런데 언어는 유전을 통해 개인에게 전수되는 것이 아니다. 언어를 비롯한 인류의 지성과 문명은 유전을 통해 전수된 것이 아니라, 사회적 학습을 통해서 개인에게 전수된다. 이렇게 개인이 갖고 태어나지 않는 것들, 즉 사회가 갖고 있는 것들을 교육을 통해 개인에게 전수하고 습득할 때 인간은 비로소 동물과는 다른 인간으로 형성되는 것이다. 따라서 인간은 오직 사회 안에서 살기 때문에 인간다운 모습을 갖게 되는 것이며, 인간이 인간다운 모습을 갖는 중요한 근원은 사회에 있는 것이다. 이런 의미에서 뒤르케임은 교육을 개인적 존재를 사회적 존재로 변화시키는 '사회화'로 정의하였던 것이다.

2) 교육의 사회적 성격

교육이 사회적 사실이라는 것은 '인간이 사회적 존재'라는 사실 외에도 교육의 실천에 내재된 사회적 성격을 조명함으로써 해명할 수 있다. 교육적 행위는 가르치고 배우는 사람들 간의 사회적 상호작용일 뿐 아니라 그 상호작용의 내용이 되는 교육내용 역시 사회적 산물이다. 교육은 교육이념, 교육내용, 교육제도 등 교육이 실천되는 사회의 역사성과 맥락성 안에서 작동되고 있다.

많은 학자들이 저마다 교육의 성격을 다르게 강조하여 왔다. 예컨대 칸트(I. Kant)는 교육을 규범적 관점에서 인격함양에 목표를 두고 '인간다운 인간을 키우는 일'이라고 정의하였다. 또한 루소(J. J. Rousseau)는 교육을 자연적 관점에서 '인간의 자연적 발달을 도와주는 모든 조성활동'이라고 정의하였다. 그렇다면 칸트가 강조하는 '인간다운 인간'은 어떤 인간일까? 또한 루소가 말하는 '인간의 자연성'은 모든 개인에게 동일하게 선천적으로 내재하는 것일까? 위의 질문에서처럼 '인간의 본성'이 모두에게 동일하게 선천적으로 주어지고, '인간다운 인간'의 모습이 절대적 보편성을 갖고 있다면, 교육이 추구하는 인간의 모습은 어느 시대, 어느 사회에서나 동일할 것이다.

그러나 실제로 교육이 추구하고 형성하고자 하는 인간은 시대와 사회마다 서로 다르며, 가르치는 내용과 방법도 서로 다르다. 이러한 사실은 교육은 한 개인의 생각으로 이루어지는 것이 아니라 그 사회의 구조와 맞물린 것으로 역사적 과정에 따라 점진적으로 형성·발전되어 온 사회적 산물이라는 것을 보여준다. 따라서 교육체제는 다른 사회제도와 마찬가지로 그것을 존립하게 하는 사회적 원인이 있으며 사회구조와의 연관성 속에서 이해되어야 하는 사회적 사실인 것이다.

3) 교육의 사회적 기능

이제까지 교육이 사회적 사실이라는 것을 '인간이 사회적 존재'라는 사실과 '교육의 사회적 성격'을 조명하면서 논증해 왔다. 그렇다면 교육은 개인에게 잠재된 가능성을 계발하는 기능 외에 사회적으로 어떠한 기능을 수행하고 있을까? 일반적으로 교육은 한 사회가 이상적인 인간상을 형성하기 위해 개인들이 갖추어야 할 문화를 전수하고 그 사회에 적응할 수 있도록 사회화시키는 기능뿐 아니라 사회를 통합하고 통제하는 기능, 사회구성원을 선발하고 분류하는 기능 그리고 사회 변화와 혁신 기능을 수행하여 왔다.

(1) 사회화 및 문화유산 전달 기능

한 사회의 구성원이 되기 위해서는 그 사회에서 통용되는 언어, 예절, 도덕 등의 행동규범 즉 삶의 방식을 습득하여야 한다. 이렇게 한 사회의 구성원이 되도록 한 사회의 문화와 삶의 유형을 습득시키는 것을 '사회화'라고 부른다. 그런데 이 사회화의 내용은 곧 그 사회의 삶의 방식인데 이것을 문화라고 부른다. 문화인류학자들은 이것을 '문화화'라고 부른다. 사회화를 통해 개인은 그 사회가 오랜 시간 동안 간직하여 온 문화를 전수받게 된다. 이런 기제를 통해 사회의 구성원인 개인들이 소멸하여도 사회는 계속 지속할 수 있게 되는 것이다. 예컨대 부모가 모두 한국 사람이어서 유전적으로 한국인이라고 해도 한국의 말과 글 그리고 문화를 선천적으로 획득하고 태어나는 것은 아니다. 이것은 교육을 통해서 습득하는 것이다. 그래서 비록 유전적으로 한국인이라고 하더라도 미국에서 태어나서 한국어를 배울 기회가 없다면 한국인으로서의 정체성을 형성하지 못하게 되는 것이다. 이러한 측면은 개인에게는 사회화의 개인을 통해 사회에 적응하는 것이지만 사회의 측면에서는 사회의 정체성을 새로운 사회구성원들에게 습득시켜서 사회를 유지하고 존속하게 하는 기능을 하는 것이다. 이런 면은 일제시대 민족선각자들의 교육구국운동에서 확인해 볼 수 있다. 그 시대의 민족선각자들은 '우리가 힘이 없어서 나라를 빼앗겼지만, 우리 말, 우리 글, 우리의 역사와 정신을 빼앗기지 않고 지켜나간다면 다시 힘을 키워 나라를 되찾을 수 있지만, 우리의 언어와 역사와 정신을 빼앗긴다면 우리 민족과 나라는 역사 속에서 사라지게 될 것이다'라고 강조하면서 교육독립투쟁을 강조하였던 것이다.

(2) 사회통합 및 통제기능

사회통합(social integration) 기능이란 사회의 서로 다른 부분들이 각자의 고유성을 유지하면서도 전체적으로 모순과 갈등 없이 조화를 이룰 수 있게 하는 것을 말하며 이러한 과정에는 필연적으로 사회통제의 기능이 수반된다. 사회는 다양한 개인들과 많은 이질적인 집단들로 구성되어 있다. 예컨대 지역, 문화, 가족, 성, 종교, 계층 등이 서로 다르지만, 교육은 이들에게 공통된 신념과 행위 규범을 심어주어 하나의 공통체로 묶어 주어 사회질서를 유지하게 하는 기능을 한다. 개인들은 그들이 속한 가정에서 초기 사회화를 통해 경험하게 된다. 그러나 가족이나 지역은 저마다의 독특한 문화를 가지고 있다. 그리나 개인이 학교에 디니게 되면 본인의 가족과 지역을 넘어서는 보편적이고 일반적인 문화와 규범을 습득하면서 다른 가족과 지역의 문화와 규범과 갈등하지 않고 통합하게 하는 기능을 하게 된다.

(3) 사회구성원의 선발 및 분류기능

오늘날의 사회는 직업의 종류가 다양하게 분화되어 있다. 전근대 사회에서는 출생에 의해서 신분과 직업이 결정되었지만, 근대사회로 이행되면서 개인의 능력에 따른 지위의 배분이 일반화되었다. 이른바 사회적 지위의 배분이 귀속주의에서 능력주의 혹은 업적주의로 전환된 것이다. 능력주의 사회에서의 가장 중요한 문제는 능력 있는 사람을 어떻게 발굴하는가, 또는 사람의 능력을 어떻게 판단할 수 있는가이다. 이 문제에 대해 모든 사람들에게 교육을 받을 수 있는 기회를 제공하고 학교에서 보이는 성취 수준에 따라 개인을 선발한다면, 학업성취가 능력과 노력에 의해 결정되는 것이기 때문에 능력 있는 사람에게 높은 지위를 배분하는 중요하고도 공평한 사회적 선발기능을 담당하게 된다고 본다.

(4) 사회 변화와 혁신기능

교육은 한 사회의 문화를 다음 세대에 전수하는 기능을 통해서 사회의 질서와 안정에 기여하기도 하지만, 의도적으로 사회를 변동시키는 사회 변화와 혁신의 기능을 수행하기도 한다. 전통문화가 변화 없이 다음 세대에 전수되기만 한다면 그 사회는 오랜 시간이 지나도 발전하지 않고 침체될 것이다. 역사의 발전과정에서 보면 교육은 사람들에게 새로운 태도와 가치관을 심어주어 의도적인 사회 발전을 추진하게도 하며, 빠르게 변화하는 사회 변동에 개인들을 적응하도록 하는 기능을 담당하기도 한다. 특히 우리나라는 1945년 일제 식민지에서 해방되고, 1950년 한국전쟁을 겪으면서 매우 빈곤하고 저개발된 상태의 국가였다. 그러나 약 50년이 지난 1996년에는 이른바 선진국 클럽으로 불리는 경제협력개발기구(OECD)에 가입할 정도로 눈부신 발전을 만들어 내었다. 이러한 발전은 발전전략이라는 의도적인 사회 변동을 통해서 가능했다. 이 발전 전략이 성공하는 데 가장 중요한 역할을 한 것은 교육을 통해 국민들의 가치관과 낡은 문화를 혁신하여 국민들의 사고와 행동을 근대화시키는 역할을 통해서 사회를 변화시키고 이러한 변화를 주도할 수 있는 인적자원을 양성한 것이다.

2. 사회화

살펴보면 나는 / 나의 아버지의 아들이고 / 나의 아들의 아버지이고 /
나의 형의 동생이고 / 나의 동생의 형이고 / 나의 아내의 남편이고 /
나의 누이의 오빠이고 / 나의 아저씨의 조카이고 / 나의 조카의 아저씨이고 /
나의 선생의 제자이고 / 나의 제자의 선생이고 / 나의 나라의 납세자이고 /
나의 마을의 예비군이고 / 나의 친구의 친구이고 / 나의 적의 적이고 /
나의 의사의 환자이고 / 나의 단골술집의 손님이고 / 나의 개의 주인이고 /
나의 집의 가장이다. /
그렇다면 나는 / 아들이고 / 제자이고 / 선생이고 / 납세자이고 / 예비군이고 / 친구고 /
적이고 / 환자이고 / 손님이고 / 주인이고 / 가장이지 / 오직 하나뿐인 나는 아니다. /
과연 아무도 모르고 있는 나는 무엇인가 / 그리고 지금 여기 있는 나는 누구인가?

김광규, 〈나〉

개인은 그를 둘러싼 외부 환경과의 상호작용을 통해, 그 사회가 요구하는 인성을 형성하게 된다. 그렇다면 개인은 세계에 의해 결정되기만 하는 수동적인 존재일까? 사회화가 항상 성공적으로 이루어진다면 개인의 부적응이나 일탈 행동은 어떻게 설명될 수 있을까? 그리고 개인의 사회화에 영향을 미치는 것들은 어떤 것들이 있는가? 이 글에서는 이러한 문제들을 중심으로 하여 사회화의 의미를 살펴보고, 그동안 사회화의 과정에 대한 이론들과 사회화에 영향을 미치는 사회화의 대행자 등에 대해 살펴보겠다.

1) 사회화의 개념과 목표

흔히들 '인간은 사회적 동물'이라고 한다. 이 말은 개인이 타인과의 협동과 조화를 통해서만 사회적 삶을 유지할 수 있다는 것을 의미한다. 타인과의 협동과 조화를 이루기 위해서는 거기에 필요한 사회적 기술과 규범을 습득해야 한다. 사회화에 대한 개념과 정의들을 살펴보면 차경수는 '사회화(socialization)란 개인이 소속해 있는 사회집단의 행동양식, 가치관, 규범과 같은 문화를 학습하고 내면화하여 사회에 적응하는 한편, 자기 자신의 독특한 개성과 자아를 형성하는 과정을 의미한다'(차경수 외, 2010: 112)고 보았다. 한편 김동위는 '사회화는 사회적으로는 문화의 전달과정이요, 개인적으로는 충동의 통제능력 형성과정으로서의 개성 형성과정이며, 사회적 역할 훈련과정'(김동위, 2004: 30)이라고 정의하고 있다. 따라서 인간은 사회화 과정을 통해서 자신이 소속된 사회의 언어, 규범, 행동양식 등을 습득하여 집단의 질서를 유지하는 한편 자신의 독특한 개성을 형성해 나가며, 사회 내의 다양한 지위와 역할 행동에 필요한 기술과 태도 등을 습득해 나간다. 따라서 결과적으로 사회화를 통해 그 사회가 바람직하게 생각하는 인간상으로 형성되는 한편 그 사회의 성원성을 인정받게 된다.

뒤르케임(Emile Durkheim)은 "교육은 아직 사회생활에 준비를 갖추지 못한 어린 세대들에 대한 성인 세대들의 영향력 행사"라고 말하면서 교육을 '사회화'로 규정하고 있다(1978: 72). 특히 그는 사회화를 '보편적 사회화'와 '특수 사회화'로 구분하는데 '보편적 사회화'란 사회통합의 측면에서 사회구성원들의 동질성을 충족시키기 위한 지적 · 도덕적 · 문화적 측면을 교육하는 것을 의미한다. 예컨대 우리나라의 교육과정에서 초등학교부터 고등학교 1학년까지 이루어지는 '국민공통교과'가 그 대표적인 사례이다. 국민공통교과는 우리나라 국민 모두에게 어느 지역의 어떤 학교에서든지 공통된 내용을 가르치고 있다. 이는 '국민공통교과'라는 말 그대로 우리나라 국민이면 모두에게 공통된 내용을 심어주는 보편적 사회화를 의미하는 것이다. 한편 '특수 사회화'는 사회분화의 측면에서 사회의 하위 집단이 요구하는 태도와 능력을 습득하는 것을 의미한다. 직업사회화가 그 대표적인 사례로서 사회의 분업에 따라 각각의 직업마다 요구하는 특유의 능력, 태도, 이론, 기술적 측면을 습득하는 것을 말한다. 오늘날 대학은 수많은 학과로 구성되어 있어서 학과마다 서로 다른 목표, 내용, 방법으로 서로 다른 직업에서 전문화된 직무를 수행할 수 있는 사람을 양성하고 있다.

사회화를 사회적 적응과정이라는 측면에서 본다면 사회의 변동이 빠르고 심화될수록 사회화 과정은 평생을 통해서 계속된다. 그런데 편의상 사회과학자들은 아동이 한 개인으로서 최초로 자신의 정체성을 획득하게 되는 최초의 사회화 단계를 '일차적 사회화'라 부른다. 일차적 사회화 이후 더 넓은 사회에서 사회적 성원으로 맡게 되는 개인의 지위와 역할을 담당하기 위해 이루어지는 사회화 단계를 '2차적 사회화'라 부른다.

사회화가 이루어지는 과정 즉 사회적 학습은 다양한 방식으로 이루어진다. 조건화(conditioning)는 어떤 행동에 대한 보상이나 벌에 의해 행동이 형성되는 것을 의미한다. 모방학습(modeling)은 한 개인이 타인을 행동이나 가치관을 모델로 삼아 개성을 형성하는 것을 말한다. 문제 해결 학습(problem solving)은 아이들이 점차 성장해 감에 따라 주위 상황에 따라 자신의 목적을 능동적으로 실현해 가는 방법을 터득하게 되는 것을 말한다.

한 사회가 이상적으로 생각하는 인간을 형성하는 작용으로서의 사회화는 항상 성공하는 것일까? 만일 그렇다면 개인의 부적응, 일탈, 범죄, 자살, 비행 등의 행동은 어떻게 설명될 수 있을까? 실제로 사회화는 항상 성공적으로 이루어지는 것은 아니다. 어떠한 사회에서도 사회와의 단절과 실패가 일어나기 마련인데 사회가 복잡해질수록 그 정도가 심화되는 경향이 있다. '사회화의 단절'은 사회화가 서로 다른 기관에 따라 상이하게 이루어지는 경우를 말한다. 산업사회에 들어서면서 각종의 이질적인 사회화 기관이 생겨나 이들이 서로 다르거나 또는 상반된 규범과 가치를 전달하면서 사회화가 단절되거나 실패하기도 한다. 비효과적인 사회화도 개인에게 혼란을 초래한다. 또한 범죄, 약물중독, 성적 탈선 등을 일삼는 반사회적인 성격의 소유자도 사회화가 실패했다는 증거이다. 그 외, 부분 문화의 형성으로 인한 사회의 주류 문화를 내면화하지 못하는 일부의 문화실조의 경우도 사회화의 비효과성을 나타낸다. 그러나 사회의 신념과 규범에 대해 지나치게 동조하는 '과잉 사회화(over socialization)'는 이에 대한 의심과 비판없이 내면화하기 때문에 사회를 침체케 할 가능성이 있다.

2) 사회화를 설명하는 이론들

교육학자, 심리학자, 사회학자들의 초기 연구들은 개인의 인성 및 자아 형성에 영향을 미치는 사회적 영향을 해명하는 데 초점을 맞춰왔다. 사회화가 이루어지는 것은 사회적 환경의 영향 속에서 개인이 자아를 형성하는 과정은 자아형성이론 등으로 설명되어 왔다. 자아의 형성에 관한 대표적 이론으로는 프로이트(Sigmund Freud), 쿨리(Charles H. Cooley), 미드(George H. Mead) 등의 이론을 들 수 있다. 이들은 모두 자아의 형성이 사회에 의해 형성되는 것으로 파악하고 있다.

프로이트는 인간의 인성은 본능(id), 자아(ego), 초자아(super ego)로 구성된다고 본다. 본능(id)은 동물과 같이 유기체의 쾌락을 추구하고, 고통을 피하려는 인간의 충동을 의미한다. 본능 그 자체는 도덕성이나 사회적 측면은 존재하지 않는다. 따라서 유기체의 쾌락만을 추구하게 된다면 외부환경에서의 제재 및 징벌을 피할 수 없게 된다. 따라서 개인이 쾌락을 추구하는 행동은 현실적으로 외부 환경을 고려하여야 한다. 이렇게 개인이 현실원리를 고려할 수 있는 심리적 체계를 '자아(ego)'의 단계라고 한다. 즉 자아의 단계에서는 욕구의 충족을 제재나 징벌을 회피하면서 현실적으로 욕구의 충족이 가능하도록 행동을 조절하게 한다. 한편 초자아(super ego)는 사회적인 가치가 개인에게 내면화된 상태를 의미한다. 자아 단계에서의 행동의 조절이 현실적인 징벌을 회피하기 위한 것이라면 초자아의 단계에서는 자신의 가치체계나 도덕에 의해 행동을 조절해 나가는 것을 의미한다. 특히 프로이트는 욕구의 충족방식에 따라 발달의 단계를 구분하고 있는데 어느 한 단계에서 욕구의 충족이 좌절되면 그 시기에 쾌락을 추구하는 방식에 집착하게 되거나 자아형성에 중요한 영향을 미치게 된다고 보고 있다(차경수 외, 1995: 118−119).

쿨리의 거울자아이론은 자아의 형성과정을 거울에 비유한다. 한 사람의 자아는 주위 사람들이 그에 대해 생각하고 판단한 바에 따라서 형성된다. 즉 어떤 아이가 자신을 매력적이고 아름다우며 능력 있는 사람이라고 생각하는지 혹은 자신이 못생기고 무능한 사람이라고 생각하는지는 그가 어렸을 때 그 주위의 사람들이 그를 어떻게 생각했는지에 따라 많이 달라진다는 것이다. 쿨리는 이렇게 형성된 자아를

'거울의 자아(looking-glass self)'라고 말한다. 거울 자아는 다음과 같은 몇 단계를 거쳐 형성된다. 우리는 우리들 주위에 비친 여러 개의 거울 중에서 특히 어떤 거울을 중요시하는 경우가 많다. 어린 아이에게 있어서 담임 선생님이라는 거울은 다른 거울보다 더 중요한 영향을 주며, 일반적으로 전문가라는 거울은 비전문가라는 거울보다 더 중요한 역할을 한다. 거울에 의하여 형성된 자아의 개념은 사실과 반드시 일치하지는 않는다. 예컨대 자신이 갖는 믿음과 행동이 현실로 이루어진다고 보는 자기충족적 예언(self-fulfilling prophecy) 등의 경우는 타인의 관점보다는 자신이 자신을 보는 관점이 더욱 중요하다는 것을 시사해 준다.

미드(G. H. Mead)의 상징적 상호작용이론은 자아가 본질적으로 사회적인 것이며, 사회적 경험을 떠난 자아는 상상조차 할 수 없다고 했다. 그는 자아에 관한 이론을 '의미 있는 타인' 그리고 '주체로서의 나'와 '객체로서의 나'라는 개념으로 설명한다. 미드가 자아이론을 발전시키는 데 기초가 된 것은 역할연기 이론이었다. 역할은 사회의 일반 사람들이 그에게 기대하는 행동이므로 기본적으로 다른 사람의 입장에서 행동하는 것이다. 어린이가 사회적 역할을 배울 때 처음에는 부모나 교사와 같이 특정한 사람의 가치나 태도 및 행동을 모방하는데, 이같이 행동발달에 있어서 모방의 위치에 있는 사람을 '의미 있는 타인' 또는 '중요한 타인(significant others)'이라고 부른다. '중요한 타인'은 개인의 태도, 가치관에 영향을 미친다는 점에서 준거집단과 비슷하다. 이에 비해 '일반화된 타인(Generalized Others)'은 개인의 행동발달에 영향을 주는 구체적인 타인의 행동이 아니라 일반화된 사회적 준거라고 할 수 있다. 개인은 이 '일반화된 타인'을 이해함으로써 자신과 다른 사람 일반과의 관계를 파악하게 되며, 다른 사람의 입장에서 자기 자신을 생각하는 특성 즉, '사회성'을 발전시킬 수 있다. 이렇게 생성된 자아는 개인에게 주어지는 사회의 문화적 가치나 태도나 역할 체계를 수동적으로 습득하는 존재로 머물지 않는다. 미드는 주체로서의 나와 객체로서의 나를 구분하는데, 주체로서의 나는 다른 사람의 가치관이나 태도를 완전히 나의 판단으로 바꾸어서 행동하는 자유롭고, 자율적이고, 창조적인 자아이다. 하지만 객체로서의 나는 타인의 가치관이나 태도에 의해 완전히 결정돼 버린 상태의 나로 자율성과 창의성이 접합되지 않은 자아인 것이다. 따라서 미드의 자아에는 능동적이고 주체적인 자아와 사회적이고 객관적인 타아가 상호작용하는 역동적인 특징이 있다.

한편 로빈슨(Philip Robinson)은 사회화를 설명하는 이론들을 수동적 사회화 이론, 능동적 사회화 이론, 급진적 사회화 이론으로 분류하고 있다(Robinson, 1992: 70−83). 수동적 사회화 이론은 '사회화란 사람들에게 일어나는 어떤 것으로서, 이를 통해 가치가 내면화되며, 외부의 압력에 반응함에 따라 아동의 행동이 변화한다'는 것이다. 아동은 자신의 스스로 세계를 창출하기 위한 어떤 기회도 부여 받지 못하며, 그들 부모나 교사의 행위에 어떤 영향도 미치지 못하며 수동적으로 외부의 영향을 받기만 한다는 관점을 내포한다. 능동적 사회화 이론은 미드(G. H. Mead)나 블루머(Blumer, 1965) 등의 연구에서 보이는 것처럼 개인은 단순히 그들의 역할이나 가치 성향, 혹은 경제적 하위구조에 반응하는 것이 아니라 그들이 살고 있는 물리적 환경 속에서 그들의 역할을 창출해 간다는 점을 강조한다. 즉 개인은 사회적 영향력에 의해서 수동적으로 형성되는 것이 아니라 개인들이 그들의 관점에서 선택적으로 사회적 영향력과 상호작용한다는 점을 강조한다. 이 관점에서 보면 개인들은 어떤 역할을 떠맡을 뿐 아니라 능동적으로 그들의 역할을 창조하기도 하는 것이다. 한편 급진적 사회화 이론을 주장하는 사람들은 사회화는 실제로 계층화된 사회 내에서 이루어지고 있다는 사실을 주장한다. 클라크(Clarke)와 그의 동료들은 청소년의 하위문화 형성과 발전에 관한 실제적인 문제를 맑시즘의 관점에서 분석하면서 사회화는 결국 계급 사회화임을 강조한다. 즉 청소년들은 그들이 속한 사회 계층의 공통된 문제의식을 문화 지향성으로서 그들 부모에게 물려받는다. 그 문제의식은 사회생활의 여러 영역에 고착되어 있는 의미들을 저울질하고, 다듬고, 표현하는 것으로 계급적 관점을 형성하는 것을 의미한다.

3) 사회화의 대행자

개인의 사회화에 영향을 미치는 사회적 기관 또는 매체 등은 다양하다. 우리는 이것을 사회화 기관 또는 사회화의 대행자(socializing agency)라고 한다. 사회화를 담당하는 대표적인 기관 또는 대행자로는 가족, 학교, 매스컴, 또래집단 등이 있다.

(1) 가족

가족은 인간의 출생하면서 처음으로 접하게 되는 사회환경이다. 가정의 사회화 과정을 통해 아동들은 생존에 필요한 언어와 의사소통 방식, 예의범절 등의 사회적 기술을 습득하고, 초기 인성구조를 형성하게 된다. 그리고 이를 바탕으로 더 넓은 사회의 문화를 접하게 된다. 그러나 가정의 구조와 형태 그리고 가정의 양육과 훈육 방식에 따라 아동들은 상이한 행동특성이나 가치관 등을 발달시키기도 한다.

대체로 가족의 기능은 성질서 유지 기능, 애정의 교환장소, 사회적 신분과 지위 부여 기능, 보호기능, 생산과 소비의 공동체, 교육기능 등을 충족시킨다(차경수 외, 1995). 그러나 현대사회에서는 사회의 변화에 따라 가족의 구조 및 기능의 변화가 발생하고 있다. 예컨대 핵가족화, 자녀수의 감소, 일인 가족세대의 증가, 결손가정 증가, 조손가정, 빈곤가정의 증가, 재결합 가정, 다문화 가정의 증가 등과 같이 가족의 형태와 기능이 변화되고 있으며, 이러한 변화는 새로운 교육적 과제를 발생시키고 있다.

(2) 학교

학교는 서로 다른 가정환경에서 사회화된 아동들을 집단적으로 수용하여 새로운 사회화를 시도하는 대표적으로 의도된 사회화 기관이다. 학교는 국가와 사회가 지향하는 보편적이고 일반적인 가치관, 문화, 지식 등을 아동들에게 전수하며, 더 나아가 상급학교기관에서 나타나는 학교의 분화에 따라 아동이 장차 맡게 될 직업에 대한 예기적 사회화 기능을 수행하게 된다. 그러나 학교에서의 사회화의 효과는 교사, 학교의 조직풍토, 교육방식, 학생들의 하위문화 등에 따라 크게 달라지는 것으로 나타난다.

학교는 가정과는 달리 또래 아이들을 학급에서 집단생활을 하면서 체계화된 규칙 안에서, 공식화된 교육과정을 학생들에게 전수하며, 학생들의 능력과 노력을 평가하고 그에 따라 상과 벌을 주는 과정을 공식화하고 있다. 그러나 동시에 집단에서 발생하는 비공식적 문화와 하위문화의 규범, 잠재적 교육과정 등을 학습하기도 한다.

(3) 대중매체

오늘날 다양한 대중매체의 발달로 인해 대중매체가 수행하는 사회화 역할이 과거에 비해 증대되고 중요해지고 있다. 대중매체는 특정한 계층에 국한되지 않는 익명의 수용자를 대상으로 한다. 대중매체는 특정인이 아닌 다수의 대중에게 알리는 것이므로 공개적이며 짧은 시간에 신속하게 전달되는 특징을 갖고 있다.

대중매체는 일반적으로 수용자에게 정보 제공, 교육, 오락제공, 수용자를 설득하거나 어떤 제안을 하는 기능을 담당하고 있다(Schramm, 1971: 19). 대중매체의 효과는 "수용자에게 강력하고 획일적인 영향을 직접적·즉각적으로 미치고" 있다는 점에서 '탄환이론'으로 표현된다(차경수 외, 1995: 130). 대중매체의 교육적 효과에 관한 연구 결과들은 상반된 결과를 보고하고 있다. 일반적으로 저학년 단계에서는 긍정적인 효과가 있으나 고학년에서는 부정적인 효과가 큰 것으로 알려졌다. 그러나 오늘날 대중매체의 영향력이 인간의 삶에 광범위하게 영향을 미치고 있는 상황에서, 그 효과를 단순히 학생들의 학업성취에 미치는 영향에 국한해서 분석하는 것이 아니라 개인의 자아정체성 형성 및 세계관 형성 그리고 대중문화 형성, 여론의 형성 등의 측면에서 비판적으로 분석할 필요가 제기되고 있다.

(4) 또래집단

또래집단(peer group)은 동년배 집단이라고도 불리는데 아동이 사귀는 친구집단을 의미한다. 전통사회의 붕괴와 산업화에 따라 지역사회와 가정의 사회화 기능이 약화되고 학교 교육 및 전문교육기관의 기능이 강화됨에 따라 또래집단의 중요성이 더욱 커지고 있다. 또래집단의 중요한 특징은 공식적 관계가 아닌 근본적으로 사교적인 목적으로 존재한다는 점이다. 이들의 관계는 부모와 교사와의 관계처럼 수직적 관계가 아니라 수평적이고 개방적인 인간관계를 형성하고 있다.

아동 및 청소년들은 또래집단을 통해서 친구들과의 우정과 경쟁을 쌓아가면서 상호 간에 지켜야 할 예의와 자신을 억제하는 자제력 등을 습득하는 한편, 이성 친구와의 상호작용을 통해 성역할을 습득하게 된다. 또한 그들 집단에서의 사회적 지위에 걸맞은 사회적 역할 행동을 습득하며, 개인의 고민을 상담하는 대상이 되기도 한다. 오늘날 우리 사회에서 또래집단은 개인에게 매우 큰 영향력을 미치는 경향이 있으며, 또래집단을 교육적 자원으로 활용하는 다양한 프로그램의 개발이 요구된다.

3. 학교교육과 사회구조

지난 한 세기 동안은 학교교육에 대한 사회적·국가적 기대가 매우 높아져서 교육에 대한 국가적 투자가 증대되고 그 결과 많은 학교가 설립되고 학생 인구가 증가 되어 국민의 학력을 상승시키는 결과를 초래하였다. 그러나 기대에 못지않게 학교교육에 대한 회의와 비판적 관점도 고조되기도 하였다. 그렇다면 학교교육에 대한 사회적·국가적 기대는 구체적으로 무엇인가?

1) 기능이론 : 교육에 대한 사회적 기대

우리는 학교교육이 사회와 국가 발전에 중요한 기여를 할 것으로 기대하고 있다. 그래서 국민의 세금을 걷어 교육에 투자한다. 또한 개인적인 차원에서도 개인의 발전을 위해 기꺼이 학교교육을 위해 많은 시간과 노력 그리고 비용을 투자하고 있다.

학교교육에 대한 사회적 기대는 첫째, 교육이 사회의 통합과 분화에 기여함으로써 사회의 균형과 발전에 공헌하고 있다는 점이다. 둘째, 교육을 통해 개인이 갖는 잠재력을 그 사회가 이상적으로 생각하는 방향으로 실현시킴으로써 개인적으로는 자아를 실현하게 하는 한편 국가적으로는 인적자원을 개발하여 국가의 경쟁력을 제공할 수 있다는 것이다. 셋째, 학교교육이 학생의 능력에 따라 교육받을 기회를 제공함으로써 교육기회의 평등을 실현하고, 교육 수준에 따라 사회적 지위를 획득하도록 선발 및 지위 배분의 기능을 통해 사회평등을 달성할 수 있다는 기대이다.

이러한 믿음들은 주로 기능주의 교육사회학자들의 연구 전통에서 잘 나타나고 있다. 뒤르케임(Emile Durkheim)은 교육을 사회화로 정의 내리며 사회통합과 분화의 균형을 유지케 하는 중요한 장치로서, 교육을 통해 사회가 추구하는 새로운 질서를 창조할 수 있다고 믿는다(백승학, 2000). 뒤르케임의 기능이론을 체계적으로 발전시킨 파슨스(T. Parsons)는 교육의 사회적 기능을 '사회화'와 더불어 '사회적 선발'로 분류하여 강조하고 있다. 교육의 사회적 선발 기능에 대해 그는 '교육기회에의 접근이 공정하면, 학업성취 수준의 차이에 따라 학력이 달라지고, 학력 수준에 따라 사회적 지위의 수준이 달라지기 때문에 교육의 선발기능은 정당하다'고 주장한다(Parsons, 1959; 김신일, 2003: 78). 즉 그는 전근대 사회에서는 귀속적인 신분에 의해 사회적 지위가 결정되던 것이 근대 사회에서 학교교육을 통해 개인이 나타내는 능력과 성취에 의해 지위가 결정되는 현상에 주목하면서 학교가 수행하는 사회적 선발 기능을 사회적 평등을 실현하는 주요 장치로 파악하고 있는 것이다.

한편 교육에 대한 기대의 다른 한 측면은 교육을 통해 개인의 소득을 향상시키고 국가의 인적자원을 개발하여 국가의 경쟁력을 향상시킨다는 주장이다. 이러한 주장은 지난 세기 초부터 주장되어 왔는데, 미국에서는 1949년 "인간자원과 진보된 훈련을 위한 위원회"를 구성하였으며, 이 위원회의 책임자인 월플(Dale Wolfle)은 "국가의 생존 그 자체는 국가의 지적 자원을 누가 가장 효과적으로 사용하느냐에 달려 있다"(J. Karabel and A. H. Halsey, 1983: 30)고 강조하였다. 또한 슐츠(Theodore W. Schultz)는 1960년 미국경제협의회에서 '인간자본에의 투자'라는 연설을 통해서 "인간자본에의 투자는 개인적 생산성을 증대시킬 뿐 아니라 급속한 경제성장을 위해 요구되는 노동력의 기술적 기초를 형성한다"고 주장하면서 교육이 인간의 경제적 가치를 상승시키는 중요한 장치라고 강조하였다.

또한 학교교육을 통한 사회적 지위배분 즉, 직업지위와 소득에 미치는 효과를 실증적으로 검토하는 초기의 연구들 역시 학교교육에 대한 사회적 기대를 낙관적으로 보게 하였다. 블로와 던칸(Blau and Duncan)은 『미국의 직업구조』(1967)라는 책을 통해 학교교육은 직업지위 획득에 중요한 역할을 하고 있다는 것을 실증적으로 주장하였다. 이들은 직업을 획득하는 데 미치는 요인들에 대한 경로분석을 통해 교육이 직업 지위를 획득하는 데 가정배경보다는 본인의 교육이 더 중요한 역할을 하고 있음을 밝혀냈다. 이같은 결과는 사회적 지위의 배분이 '귀속주의'에서 '업적주의'로 이행하고 있음을 증명함으로써 교육이 사회평등에 기여하고 있다는 주장을 가능하게 한다.

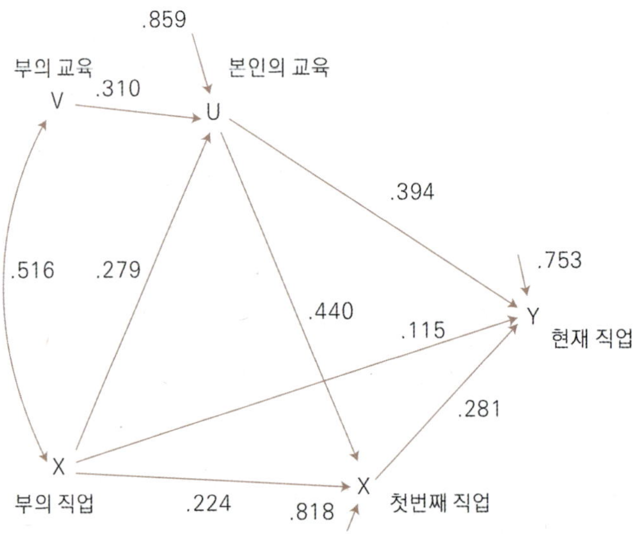

출처: Blau, P. M. and Otis, D. D. (1967). p.170

그림 5-1 블로와 던칸의 직업지위 획득 경로모형

표 5-1 직업지위 회귀분석 결과

종속변수	독립변수				R^2
	부의 교육	부의 직업	교육	본인 첫 직업	
현재직업		.115*	.394*	.281*	.43

출처: Blau, P. M. and Otis, D. D. (1967). p.174 재구성

위의 회귀분석 결과를 보다 자세히 살펴보면, 종속변인인 현재의 직업을 획득하는 데 영향을 미친 독립변인으로 '부의 교육', '부의 직업', '본인의 교육'과 '첫 직업'을 설정하였다. 그런데 '부의 교육'과 '부의 직업'은 귀속적 특성을 갖고 있으며, '본인의 교육'과 '첫 직업'은 성취적 특성을 갖고 있다. 표에서 나타난 바와 같이 현재 직업에 영향을 미치는 것은 성취적 특성을 갖는 '본인의 교육'과 '본인의 첫 직업'의 순이었다. 귀속적 특성을 나타내는 부의 직업은 유의미한 영향을 미치고는 있으나 다른 요인에 비해 영향력의 크기가 작은 것으로 나타났으며, '부의 교육'은 통계적으로 유의미한 영향을 미치지 못하는 것으로 나타났다. 위의 4가지 독립변인이 현재 직업을 획득하는 데 미치는 영향력은 43%이며, 나머지는 위의 변인으로 설명할 수 없는 잔차 효과로 나타났다.

교육이 사회평등에 기여한다는 주장은 국제자료의 분석을 통한 연구에서도 나타난다. 국제자료를 분석한 연구들은 교육 수준이 높은 국가일수록 소득불평등이 낮고 교육수준의 층화가 심한 나라일수록 소득불평등이 높은 것으로 보고하고 있다(김신일, 2003: 280).

그러나 학교교육의 효과와 학교교육의 지위 배분 기능에 대한 후속적 연구들은 점차로 위에서 언급한 학교교육에 대한 사회적 기대에 대해 회의적인 결과를 보고하기 시작하였다. 대표적으로 콜맨(Coleman)은 『교육기회의 평등』(1966)에서 미국 사회에서 흑인과 백인 학생들의 학력의 차이는 불평등한 학교 시설자원의 차이에서 비롯되었을 것이라는 가정과는 달리 가정배경과 또래집단의 영향이 크게 작용한 것으로 보고하고 있다. 이러한 연구결과는 학교교육 효과가 가정배경의 차이를 상쇄시키지 못하는 것으로 해석되고, 교육기회의 평등과 학교교육에 대한 낙관적인 기대에 의심을 갖게 하였다. 또한 젠크스(Jencks, 1972)는 가정배경, 지적 능력, 교육 수준, 직업지위 등의 변인을 통해 개인 간 소득의 차이를 설명하고자 하였으나, 연구결과 설명량은 불과 12~15%에 불과하였고 그나마 교육이 미치는 영향은 매우 미미한 것으로 나타났다. 한편 블라우와 던칸의 직업지위 획득에 대한 경로모형의 후속연구들은 각 집단을 구분하여 교육이 직업지위 획득에 미치는 효과를 분석하였는데, 그 결과는 사회적 지위가 높은 집단이 낮은 집단보다 직업지위 획득에 미치는 교육의 영향이 큰 것으로 나타났다(Tinto, 1977; Wright & Perrone, 1977; 김신일, 2003). 이 같은 연구결과는 교육이 사회평등에 기여할 것이라는 기대에 대한 의구심을 갖게 하였다.

2) 갈등이론: 불평등재생산론

학교교육의 효과가 학업성취나 사회적 지위 배분의 측면에서 그리고 사회적 평등을 달성하는 데 그리 효과적이지 못하다는 실증적 연구 결과는 학교교육에 대한 사회적 기대에 회의를 품게 만들었다. 그러나 학교교육의 기능에 대한 이보다 더 근본적인 회의와 비판은 학교교육의 기능이 사회를 평등하게 만드는 것이 아니라 오히려 현존하는 사회적 불평등을 재생산하고 있다고 주장하는 마르크스주의자들에 의해 제기되었다. 마르크스주의자들은 사회를 계급투쟁의 장으로 간주한다. 교육은 지배계급이 피지배 계급에 대한 지배를 용이하게 하는 중요한 수단으로 교육을 통해 불평등한 사회를 재생산하고 있다고 인식한다. 이 글에서는 대표적인 마르크스주의자 학자들의 주장을 살펴봄으로써 비판적인 관점에서는 학교교육이 사회와 어떻게 연결되고 어떤 기능을 하고 있는지를 살펴보고자 한다.

볼즈와 진티스(Samuel Bowles and Herbert Gintis)는 『자본주와 학교교육(Schooling in Capitalist America)』(1976)에서 '학교는 보편적 가치를 가르치고 인재를 공정하게 선별하여 사회에 배치시킨다는 믿음은 허위의식으로서의 이데올로기에 불과하며 실제로는 자본주의 생산양식에 적합한 태도와 가치관을 가르치고 기존의 불평등한 계급구조를 정당화하고 지속시킨다'고 비판한다. 이들의 주장은 학교교육의 계열성에 따라 상층의 학생들에게는 관리자나 경영자에게 요구되는 독립적인 시고력, 자율적 판단력 등을 함양하는 한편 하위계층의 학생들에게는 공장노동자에게 필요한 순응, 시간 엄수 등을 강조하여 자본가의 요구에 부응하는 순종적인 노동자를 양산하는 장치라고 비판한다. 이러한 주장은 경제재생산이론으로 불리면서 많은 반향을 불러일으켰다. 그러나 학교교육이 경제적 논리에 따라 자본가의 이익이 일방적으로 관철되는 곳이라는 이들의 주장은 기계적 결정론이라는 비판을 받고 있다.

롸이트와 페론(Wright & Perrone, 1977)은 소득에 대한 교육의 효과를 집단별로 분석하였다. 앞에서 살펴본 블로와 던칸의 연구 결과는 교육이 직업을 결정하는 데 배경변인보다 중요한 영향력을 미치고 있기 때문에 사회를 평등하게 만드는 데 기요한다고 주장한 바 있다. 그러나 롸이트와 페론의 연구는 교육이 소득에 미치는 영향을 고용주, 관리자, 노동자와 같이 집단별로 구분하여 분석한 결과 고용주, 관리자, 노동자 집단의 순으로 교육의 효과가 높게 나타나서 교육은 낮은 계층보다는 이미 사회적으로 높은 계층에게서 교육의 효과가 크다는 것을 증명하고 있다.

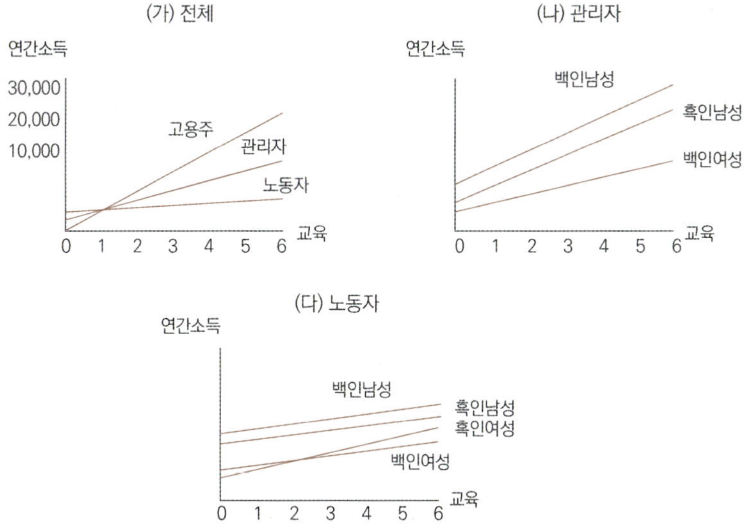

출처: Wright & Perrone(1977).

그림 5-2 소득에 미치는 교육효과의 집단별 분석

한편 프랑스의 부르디외(Pierre Bourdieu)와 영국의 번스타인(Basil Bernstein)과 같은 학자들은 학교교육의 사회적 재생산 기능이 경제적 논리에 의해 이루어지기보다는 '문화적' 차이에 의해 차별이 이루어진다고 보고 있으며, 이러한 이론들을 문화적 재생산이라고 부른다. 부르디외는 학교교육은 사회의 문화자본을 분배하는 장인데,. 주로 그 사회의 중 · 상류계층의 문화를 전수하기 때문에 그 문화에 익숙한 중·상류계층에게는 유리하고, 그 문화에 익숙하지 못한 하층계층에게는 불리하게 작용하기 때문에 결과적으로 학교교육은 중상류계층에게 유리하게 작용한다고 주장한다(김기석, 1987: 68). 번스타인은 학교에서의 언어의 교환양식과 교육과정에 주목하였다. 아동들이 사용하는 언어코드는 가정배경에 따라 정교한 언어 코드와 제한된 언어코드로 구분되는데 학교에서는 정교한 언어코드를 사용하기 때문에 정교한 언어를 사용하는 중상류 계층에게 유리하게 작용한다는 것이다. 또한 학교의 교육과정 조직 역시 통합교과와 같은 '통합형'과 교과 간의 분리가 강한 '분화형'으로 구분된다. 분과형은 전통적인 상류계층의 이익과 부합되는 반면 통합형은 신중간 계층의 이익과 결합되기 때문에 결국 노동계층의 학생들에게는 어떤 것도 유리하지 않다는 것이다.

프랑스의 알튀세(Louis Althusser, 1971)는 국가의 역할과 관련하여 교육의 기능을 분석하였다. 사회주의자들은 국가를 그 국민 모두에게 이익을 주는 '공동선'으로 보기보다는 지배계층의 지배를 용이하게 하기 위한 기구로 이해한다. 그는 국가기구(state apparatus)를 억압적 국가기구(repressive state apparatus; RSA)와 이념적 국가기구(ideological state apparatus; ISA)로 구분한다. 억압적 국가기구는 사법제도, 군대, 경찰, 행정부 등과 같이 물리력을 동원하여 국가의 질서를 유지해 나가는 역할을 한다. 반면 이념적 국가기구는 종교, 교육, 법률, 정치, 문화, 커뮤니케이션 등과 같이 규범과 가치를 조작하여 국가의 질서를 유지해 나가는 기능을 한다. 교육은 대표적인 이념적 국가기구로서 이 장치를 통해 지배이데올로기를 국민에게 전파하고 내면화시키는 작용을 한다고 주장한다(김신일, 2003: 95).

교육의 사회적 기능에 대해 회의적이거나 비판적으로 보는 학자들의 주장은 학교교육에 대한 막연한 낙관주의적 기대를 보다 실증적으로 검토하도록 하는 공헌을 하였다. 그러나 이들의 주장은 신교육사회학자들로 불리는 부르디외나 번스타인과 같은 학자들을 제외하고는 학교의 사회적 기능에만 치중함으로써 정작으로 학교교육 안에서는 어떤 일이 일어나고 있는지를 보지 못하는 한계를 노출시켰다는 비판을 받고 있다. 즉 이들은 학교교육과 거기에 참여하는 개인이 사회구조(그

것이 경제적인 측면이든 또는 문화적인 측면이든)에 의해 결정되는 존재라는 수동적인 인간관을 갖고 있어서 개인이 만들어 내는 의미의 창출과 학교 안에서 존재하는 다양한 문화, 그리고 그것이 만들어 내는 변화의 가능성을 보지 못하는 한계를 갖고 있다.

4. 학교와 학급사회학

학교교육의 사회적 기능을 탐구한다는 것은 그 연구가 어떠한 관점에서 출발하였든지 학교교육이 사회에 미치는 영향을 탐구하는 것이다. 이러한 연구들은 대체로 거시적인 사회구조 안에서 교육의 기능을 분석함으로써 실제로 학교교육 내부에서는 어떤 일들이 일어나고 있는지를 보지 못하였다는 약점을 가지고 있다. 또한 이 연구들은 사회적 구조에 의해 인간이 결정된다는 인식하고 있다는 점에서 사회결정론적 관점, 수동적 인간관을 갖는다. 즉 인간을 사회구조에 의해 만들어지는 사회화의 산물 정도로만 파악하는 약점을 갖고 있다. 그러나 인간은 자연적 사물과 같이 수동적이며, 인과관계에 의해서 결정되는 존재가 아니다. 인간은 자신의 관점에서 세계를 해석하며, 자신의 의지를 관철시키려는 전략을 수립하여 행동한다. 이러한 관점에서 볼 때 학교는 사회적 산물이기도 하지만 학교 안에서 살아가는 다양한 행위자들이 상호작용하며 만들어 나가는 하나의 사회이기도 하다.

학교를 하나의 독립된 사회로 이해하고 학교교육 내부에 대한 탐구에 집중하는 연구 경향은 일찍이 월러(Willard Waller)가 『The Sociology of Teaching』(1932)에서 학교 구성원의 상호작용과 문화에 대한 탐구를 강조하면서부터 시작되었다. 그러나 이러한 연구전통은 크게 발전되지 못하다가 지식사회학과 사회학에서의 해석적 연구방법을 앞세운 영국의 신교육사회학의 발전에 따라 1970년 이후부터 다시 강조되기 시작하였다. 이 글에서는 우즈(Peter Woods)의 『Sociology and School : An Interactionist View Point』(1983)와 시바노 쇼오잔(조용환, 황순희 역), 『교육사회학: 해석적 접근』(1992)의 논의를 중심으로 교사와 학생들의 관점 그리고 그들의 상호작용에 대해 살펴보고자 한다.

1) 학교의 상황

객관적으로 보면 학교는 사회적 제도로서 달성해야 될 교육목표와 가르쳐야 될 교육내용이 있다. 학교 밖에서 보면 교사와 학생들은 모두 이러한 목표를 위해 움직이는 것 같지만, 사실은 이런 공식적인 목표와 규칙들에 의해 부드럽게만 움직이는 곳은 아니다. 학교 안에서의 실제 모습은 교사, 학생 등 여러 사람들의 행위들이 조화되고, 갈등하고, 타협하면서 움직여지는 것이다. 실제로 학교에서는 수업시간에 앞자리에서 열심히 공부하는 학생도 있지만 떠든다고 벌을 받는 학생들도 있고, 공부는 안 하고 딴짓에 몰두하는 학생들도 있다. 교사에게 대드는 학생들도 있고, 학생과 학생들 간의 갈등, 교사와 교사 간의 갈등이 발생하기도 한다.

이렇게 학교의 외부에서 볼 때는 모든 사람이 동일한 목표 아래 규칙에 의해 일사불란하게 움직여 나가는 것처럼 보이지만 실제 학교 안에서는 외부 사람들이 알지 못하는 갈등과 긴장 그리고 타협 등의 상호작용 행위가 일어나고 있다. 이러한 이유는 학교 상황에 참여하는 다양한 행위자들은 학교의 규칙과 목표를 수동적으로 받아들이는 존재가 아니라 그 상황을 자신의 주관적 관점에서 적극적으로 해석하고 그에 따라 자신의 전략을 세워서 행동하기 때문이다. 즉 학교상황에 참여하고 다양한 행위자들은 서로 다른 문화를 갖고 있으며 이러한 문화 속에서 동일한 상황이라고 하더라도 이 상황을 보는 서로 다른 관점을 가지고 있다. 또한 서로 다른 관점은 이들이 상황에 대처하는 전략을 다르게 만들고 궁극적으로는 서로 다른 행동과 상호작용 양식을 만들어 내는 것이다.

이처럼 학교상황에 참여하는 행위자들이 서로 다른 생각과 행동을 하는 것은 이들 행위자들이 학교의 상황을 서로 다르게 정의하고 있기 때문이다. 즉 행위자들의 '상황정의(definition of situation)'가 서로 다르기 때문인데, 한 개인이 상황을 어떻게 정의하는가는 단지 상황을 어떻게 생각하느냐에 그치는 것이 아니라 그렇게 생각한 상황이 현실로 구성되기 때문이다. '상황정의'는 토마스(W. I. Thomas, 1928:

572)의 사고에 의거한 개념인데, 객관적인 상황이 어떠하든 간에, 또는 유행되고 있는 공식적인 정의가 무엇이든 간에, 한 개인이 상황을 어떤 한 방식으로 정의한다면 그것은 그가 어떤 행위를 할 것인지의 계획을 세우는 맥락이 된다는 것이다. '상황정의'의 중요성을 이해하기 위해서 토마스가 들고 있는 사례를 간단히 살펴보고자 한다.

> 최근 다네모라 교도소의 교도소장은 한 수감자를 어떤 특별한 목적 때문에 출감시키라는 법원의 명령을 거부하였다. 그것은 교도소장이 그 죄수를 너무나 위험한 사람이라고 여겼기 때문이다. 그 죄수는 거리에서 혼자 중얼거리는 사람들을 살해하였다. 그는 입놀림을 보고 그들이 자기를 욕하고 있다고 생각했고, 이것을 사실로 착각하고 그런 일을 저지른 것이다. 만일 사람들이 어떤 사람을 실재라고 정의한다면, 결과적으로 그 상황은 실재가 되고 마는 것이다(1928: 572).

위의 사례는 매우 극단적인 경우이기는 하지만, 어떤 한 상황은 객관적이거나 공식적인 상황보다는 개인의 주관적 상황정의에 의해 구성되고 있다는 것을 잘 보여주고 있다. 이러한 예는 학교상황에도 동일하게 적용된다. 즉 어떤 학생들이 수업시간을 공부하는 상황으로 정의한다면 수업시간은 공부하는 시간이 되는 것이고, 수업시간을 대충 '놀고 때우는' 시간으로 정의한다면 그 시간은 대충 놀고 때우는 시간이 되어 버린다. 따라서 우리가 학교와 학급에서 일어나는 일들을 보다 잘 이해하기 위해서는 무엇보다도 학교 상황에 참여하고 있는 행위자들 즉 교사와 학생이 학교의 상황을 어떻게 정의하고 있는지를 아는 것이 중요하다. 그들이 학교생활에서 갖는 보람, 즐거움, 아픔, 슬픔, 웃음, 갈등 등을 이해할 때 우리는 비로소 추상적인 학교가 아니라 생생한 학교의 사회적 실재(social reality)를 볼 수 있게 되는 것이다.

이제부터 학교상황을 구성하는 데 매우 중심적 행위자인 교사와 학생들은 학교상황을 어떻게 보고 있는지를 살펴보고자 한다.

(1) 교사

교사와 학생의 관계에서 주도권을 가지고 학교와 학급의 상황을 규정하는 쪽은 교사이다. 물론 학생들은 교사가 규정하고 있는 상황을 전적으로 수용하는 것은 아니며, 교사와의 상호작용 과정에서 교사가 규정한 상황을 수정하도록 압력을 행사하기도 한다. 그럼에도 불구하고 여전히 교사가 규정하는 상황은 매우 중요하다. 따라서 교사가 상황을 어떤 식으로 규정하고 있는가를 이해하는 것이 중요하다.

교사는 학생들에게 지식을 가르치고 학생들의 규율과 생활지도를 담당한다. 그런데 동일한 교과를 가르치는 교사들이라고 하더라도 어떤 교사는 매우 엄격하고, 어떤 교사들은 매우 민주적으로 학생들을 다루기도 한다. 이러한 차이는 교사가 갖는 관점과 교사문화에서 비롯된다. 교사들의 관점은 첫째로, 교수활동(수업)에 대한 전통적 관점을 지지하는지 또는 진보적 견해를 지지하는지에 따라 달라진다. 즉 전통적 관점을 지지하는 교사들은 지식은 객관적으로 존재하며, 교사는 이러한 지식에 정통한 권위자이고 학생들은 백지와 같은 존재로 교사가 전해주는 지식을 겸손하게 받아들여야 한다고 믿는다. 반면 진보적 관점을 지지하는 교사들은 지식은 사회적으로 구성된 것으로 상대적인 것이며 교사는 학생들이 이러한 지식을 스스로 발견하거나 생산하도록 도와주는 존재이며 학생은 학습의 주인공이라고 믿는다. 둘째, 교사들의 관점은 교사들이 학생들을 어떻게 유형화하고 있는지에 따라 달라진다. 즉, 많은 교사들은 학생들을 지도하고 평가하는 과정에서 학생들을 개별적인 존재로 보기보다는 유형화하여 학생들에게 대처해 나간다. 학생들을 유형화하는 기준은 학업능력, 도덕성, 가정배경 등 다양하지만 상급학교 진학에 대한 압력이 강한 학교풍토에서는 학업능력이 주된 기준이 된다. 그리고 셋째 교사의 관점은 학교에서의 일탈행동을 어떻게 해석하는지에 따라 달라진다. 즉, 어떤 교사들은 규칙 등에 대해 매우 엄격한 기준을 갖고 조금만 잘못해도 벌을 주기도 한다. 이러한 교사들은 일탈학생들은 공부를 하지 않는 학생들이며, 문제행동의 책임은 학생 자신에게 있다고 믿는다. 일탈학생들은 권위에 대항하고 고의적으로 반항하는 학생들이기 때문에 이들을 엄격하게 다루어 변화시켜야 한다고 믿는다.

반면 어떤 교사들은 모든 학생들은 기본적으로 선하며 공부하기를 원하고 있다고 믿는다. 학생들의 일탈행동은 본래 학생들이 나쁘기 때문이 아니라 특정 상황에 의해 발생하기 때문에 이 상황들을 변화시켜야 한다고 믿는다.

이렇게 교사들은 자신이 가르쳐야 하는 지식과 학생을 어떻게 보느냐에 따라 직무 수행에 있어서 차이가 나타난다. 직무수행의 유형에 따라 하그리브스는 교사의 유형을 맹수조련사형(liontamer), 연예인형(entertainer), 낭만가형(romantics)으로 구분하고 있다. 맹수조련사형의 교사들은 학생들에게 필요한 지식을 가르치고, 모범생으로 훈육하는 것을 교사의 임무라고 생각한다. 그러므로 교사는 담당교과의 전문가이고 학생들을 잘 통제할 수 있어야 하며, 학생은 교사의 지시에 충실히 따라야 한다고 믿는다. 연예인형의 교사는 학생들이 학습에 흥미를 느끼도록 교수자료를 풍부하게 제공하고 학생들을 '친구처럼' 대하면서 격의 없는 관계를 유지하려고 노력한다. 낭만가형은 학생은 누구나 스스로 학습하기를 좋아하므로 학습할 수 있는 여건을 조성하고, 학생들을 존중하여 수업과 교육적 의사결정에서 학생들과 상의하여 결정하고자 노력한다(김신일, 2003: 105-106).

그러나 교사들의 관점은 확고부동한 것은 아니다. 교사가 달성해야 하는 직무 즉 수업지도와 학생생활지도라는 틀 안에서 수정되기도 하며, 학생들과의 상호작용 속에서 수정되기도 한다. 예컨대 초임교사가 연예인형이나 낭만가형의 교사처럼 학생들을 민주적으로 지도하고자 하여도 교육의 효과가 나타나지 않고 학생들이 이를 수용하지 않는다면 이 교사는 경력에 쌓일수록 맹수조련사형으로 변화되기도 한다. 이러한 사례에서 매우 중요한 사실은 교사의 관점과 전략은 학생들과의 상호작용 속에서 형성되고 수정된다는 사실이다.

(2) 학생

비록 많은 학생들이 가정배경, 성별, 그리고 그들의 문화 등에 따라 학교 공부, 성적, 진로, 그리고 자아 정체성 등에 따라 서로 다른 견해를 갖고 있기는 하지만, 대부분의 학생들은 교사와 학교에 대해 비교적 공통적인 관점을 갖고 있다. 학생들의 공통적인 관점에서 보면 교사는 '인간적'이어야 하며, '가르칠 수 있어야 하며', '공부하게' 해야 하며, 통제할 수 있어야 한다는 것이다. 이러한 관점에서 보면 학생들에게 지나치게 엄격하고 형식만을 강조하며 딱딱하고 비인간적인 규칙을 내세우는 교사나 학교는 '의미 없는 것들'이 되어 버리고 심지어는 적대감을 갖게도 한다. 학교가 학생들에게 제시하는 공식적인 가치체계 또는 교육목표 등에 대해 대처하는 방식에 따라 학생들의 문화는 몇 가지로 구분되는데, 학생들이 학교가 제시하는 공식적인 가치체계를 해석하는 방식은 그들이 갖는 문화, 사회계층, 성 등에 따라 달라지기도 한다.

학생들이 학교의 압력에 대처하는 유형, 즉 학생문화의 유형은 연구자들에 따라 다르게 구분된다. 그러나 일반적으로 대체로 학생들의 문화는 '면학 지향형', '놀이-교우 지향형', '반학교 지향형'으로 구분된다(시바노 쇼오잔, 154).

면학 지향형 문화는 학업성취와 진학을 지향한다. 이들은 교칙을 잘 준수하는 것처럼 보이며, 학교에서 이루어지는 집단 활동에 참여하는 일은 거의 없다. 다른 유형의 문화에 속한 학생들에 비해 또래집단을 형성하는 일은 거의 없다. 이들의 가치패턴의 특징은 금욕과 미래지향이다. 즉 미래를 위해 현재 힘들게 공부를 해야 한다고 생각한다. 그러나 이 유형에도 몇 가지 하위 유형이 존재한다. 이른바 '모범생' 유형으로 모든 영역에 두루 참여하며 학업성취와 리더십을 갖는 학생들이다. '공부벌레' 유형은 학업성취만을 지향한다. 또한 친구나 학교의 다른 생활로부터 퇴행하는 '고립형'도 존재한다. 면학지향적 문화는 '모범생'을 떠올리게 하지만 이들 문화를 보다 자세히 관찰하면 모두 다 '모범생'은 아니다. 이들 중에는 겉보기에는 비행을 학교의 규칙을 잘 지키는 것 같지만 몰래 비행을 저지르거나, 선생님을 진심으로 존경하기보다는 '존경하는 척' 한다. 또한 학교에서 가르치는 지식이나 가치를 진심으로 받아들이기보다는 시험에 나오기 때문에 공부를 한다. 때로는 친구들과의 인간관계 역시 순수한 인간관계보다는 필요에 의한 수단적 관계를 맺기도 한다. 이런 이유에서 다른 학생들에게는 '공부는 잘하지만 재수 없는' 학생으로 보이기도 한다.

놀이-교우 지향형 문화는 가장 많은 학생들이 속하는데, 사회성 지향적이다. 이들은 교사와 친구들과의 친밀한 관계를 중요시 여긴다. 또한 사회생활에 필요한 규칙의 습득과 공식적인 집단 활동에 참여하려는 의욕도 높다. 한편 이 유형의 또 다른 형태는 유행과 패션, 록 음악, 상업적 청년문화 등에 관심을 나타내며 일탈행동은 아니지만 노는 데 몰두하는 유형이다. 이들은 학교의 엄격한 규칙이나 구속에 반발하기도 하며, 학교생활을 즐거운 것으로 만들기 위해 노력한다.

반학교 지향형 문화의 학생들은 일반적으로 교사에게 '찍힌' 문제아들이며, 학교에서 강조하는 가치규범이나 교칙에 의한 행동 규제에 강하게 반발하며 사회규범 전반에 대해서도 저항적인 문화를 형성하고 있다. 학교성적은 매우 낮고, 비행과 일탈을 일삼고 배타적인 또래집단을 형성하기도 한다.

재미있는 사실은 대부분의 학생들은 그들이 어떤 문화에 속해 있건, 비록 공부하기 싫어할지라도 학교를 좋아한다는 것이다. 그 이유는 그들이 졸업장을 따야 하는 이유에서만은 아니다. 어떤 학생들은 학교에서 가끔씩 벌어지는 웃기고 재미있는 일들 때문에 학교를 좋아한다. 또 어떤 학생들은 식당과 매점에서 파는 음식이 맛있기 때문에 학교를 좋아한다. 그러나 무엇보다도 학교에 가면 친구들을 만날 수 있기 때문에 학교를 좋아하기도 한다. 이러한 사실들은 '학교가 공부하는 곳'이라는 외부의 관점으로는 이해할 수 없다. 이러한 요소들이 학교에서 학생들에게 주는 의미와 학교생활의 긴장을 어떻게 해소하게 해 주는지를 이해할 수 있을 때 비로소 학생들의 학교생활을 이해할 수 있을 것이다.

2) 교실에서의 상호작용

학급은 주로 교사와 학생이 상호작용하는 공간이다. 전통적으로 학급을 이해하는 방식은 교사와 학생의 관계의 본질을 교수-학습을 목적으로 하는 제도적 역할에 따라 일방적인 지배-복종 그리고 존경-신뢰를 바탕으로 한 애정적 관계를 이상적으로 파악하고 있다.

그러나 상호작용의 관점에서 보자면 학급은 공적인 목표를 달성하는 과정에서 교사와 학생이 제각기 지니고 있는 현실적인 목표를 충족시키기 위해 역동적으로 상호작용하고 있는 집단이다.

학급에서의 질서는 교사가 학생들에 대한 통제를 시도함으로써 창출되고 유지된다. 이러한 의미에서 학급사회의 현실은 대부분 교사의 '상황정의'를 바탕으로 결정된다. 한편 학생들은 학급사회를 '고통받지 않고 잘 살아가지 않으면 안 되는 곳'이라는 상황정의를 시도하고 있다. 학생들은 학급에서의 생존경쟁을 극복하기 위한 방법으로 '잠재적 교육과정'을 학습하고, 교사와의 관계에 있어서 자신들에 관한 나쁜 인상을 바꾸어서 교사를 기쁘게 하는 자기표현의 기법을 이용한다(하스오 나오미, 173). 그러나 학생들은 교사의 역할기대와 상호보완적인 상황정의를 시도할 뿐 아니라 때로는 학급 밖 또래집단에 준거를 두고서 교사에 대한 저항을 시도하기도 한다. 이러한 상황에 직면하여 교사는 교수-지도자로서의 기본적인 역할을 수정하고 학생들에 대한 현실적 대응책을 마련해야 한다. 왜냐하면 교사도 자기의 역할을 보다 만족하게 달성하고 싶다는 현실적인 목표를 가지고 있기 때문이다. 이처럼 학급에서 교사와 학생은 각자의 요구를 최대한 만족시키기 위해 유용한 합의를 찾아 서로의 역할에 관한 협상을 계속하는 관계를 형성하고 있다고 볼 수 있다.

교사와 학생의 상호작용 전략은 또는 대응방식은 교사와 학생 양쪽 각각이 자신의 요구를 관철시키기 위해 사용된다. 우즈(Peter Woods)는 교사가 사용하는 전략을 다음 8가지로 구분하고 있다(1998: 198).

① 사회화 ② 지배 ③ 협상 ④ 친애
⑤ 회피, 격리 ⑥ 관례화 ⑦ 직업적 처방 ⑧ 사기진작

학생들이 사용하는 전략으로는 다음과 같은 것이 관찰되었다(같은 책: 215).

① 공부하기 ② 땡땡이 ③ 웃기 ④ 꾸물대기
⑤ 빈둥거리기 ⑥ 재빠르게 하기 ⑦ 소란피우기 ⑧ 친근하게 대하기
⑨ 가만두기 ⑩ 잡담하기 ⑪ 위험/매수 ⑫ 떠보기

교사와 학생들의 전략은 대체로 상호 대응되는 측면이 많다. 그러나 교사의 전략과 학생의 전략이 서로 협상의 지점을 찾지 못하게 될 때는 교사와 학생들의 관계가 적대적 관계로 변화될 수도 있다. 또한 이러한 관계를 전환하기 위해 양쪽 모두 새로운 전략을 모색할 수도 있다. 중요한 사실은 우리의 교육현장에서는 교사와 학생의 상호작용에서 실제로 어떠한 전략들이 많이 사용되고 있고 그것이 교사와 학생 각각에게 어떠한 영향을 미치고 있는지를 확인하는 것이 시급하게 요구되는 것이다.

토론과제

1. 교육은 사회적 현상이며, 사회적 성격을 갖는다고 한다. 이러한 이유가 무엇인지에 대해 생각해 보자.
2. 인간은 부모로부터 물려받은 유전자, 개인의 의지, 사회환경 등의 영향을 받아 형성된다. 본인이 현재 모습으로 형성되는 데 가장 많은 영향을 미친 요인들은 어떤 것이 있는지 생각해 보자.
3. 교육은 사회에 대해 어떠한 기능을 수행하고 있는지 기능론적 관점과 갈등이론의 관점에서 비교하여 파악해 보자.
4. 매일매일의 학교생활은 어떻게 이루어지고 있는가, 학교에서는 어떤 일들이 일어나며, 이러한 일들은 그 상황에 참여하는 사람들에게 어떤 영향을 미치는지 토론해 보자.

제6장

교육과정

학습목표

1. 교육과정의 개념을 안다.
2. 5가지 교육과정 유형의 기본 전제와 특징을 이해한다.
3. 교육과정을 개발하는 절차와 원리를 안다.
4. 교육과정을 어떻게 운영하고, 그 결과를 어떻게 평가하는지 안다.
5. 우리나라의 교육과정이 해방 후 어떻게 변천해 왔는지 안다.

1. 교육과정이란?

교육을 실행하는 데 있어서 중요한 요소 중의 하나는 '무엇을 가르칠 것인가?' 하는 교육의 내용에 대한 문제이다. 교육의 내용에 따라 교육의 성격과 성과는 크게 달라진다. 지식을 전달하는 교육, 기술이나 기능을 숙달시키는 교육, 사고력이나 창의력을 기르는 교육, 인격을 함양하는 교육 등은 선택하는 교육내용의 형식이 다르고, 그에 따라 교육방법이나 교육여건이 달라질 수밖에 없다.

교육의 내용에 관한 논의가 본격적으로 시작된 것은 역사가 그리 오래되지 않았다. 영원불변한 진리가 있다는 생각이 교육을 지배하고 있었기 때문이다. 영원불변한 진리를 가르침으로써 참된 세계를 깨닫거나 올바른 인성을 발달시키는 것이 교육이고, 따라서 교육은 진리를 담고 있는 성경이나 사서오경 등의 고전을 가르치는 활동으로 여겨졌다. 교육내용이 교육의 주도권을 쥐고 있었던 것이다. 그런데 서양에서 근대 이후 종교개혁, 과학의 발달, 시민혁명, 산업혁명 등 인간의 사고와 삶에 큰 변화가 일어나서 새로운 지식들이 출현하고 상대주의적 지식의 개념이 대두되면서 교육내용의 가치에 대한 논의가 시작되었다. 특히 오늘날과 같이 변화가 지속적으로 신속하게 일어나고, 지식이 폭발적으로 팽창하는 시대에는 가르칠 가치가 있는 지식을 선별하는 문제가 더욱 중요해짐에 따라 교육내용에 대한 논의가 활성화되었다.

교육내용에 대한 본격적인 연구는 1918년 보빗(Bobbitt)이 출간한 『교육과정(The Curriculum)』이 최초이다. 그는 라틴어에서 '달린다' 또는 '경마장의 경주로'를 뜻하는 단어 '쿠레르(currere)'에서 유추하여 학교의 교육내용을 curriculum이라고 명명하였고, 그것을 우리는 교육과정(教育課程)이라고 번역하여 사용하고 있다. 즉, 교육과정은 말이 달릴 수 있도록 잘 정리한 경마장의 경주로처럼 학생들이 일정한 기간에 공부할 수 있도록 체계적으로 구성한 교육내용 및 학습계획이다. 이러한 교육과정은 단순히 정해진 길을 따라가는 과정(過程)뿐만 아니라 각 단계에서 학습해야 할 내용까지 포함하므로 과정(課程)이라고 번역한다.

간단히 말해서 교육과정은 학생들이 일정한 기관에서 일정한 기간에 학습할 내용들을 미리 계획하여 정해 놓은 것을 의미한다. 그것은 바로 각 교육기관의 교육목표, 교과목 목록, 개설 학년 및 학기, 시간배당, 학점(단위), 학습지도 방향, 평가기준 등의 총체를 뜻한다. 따라서 교육과정은 학교가 매학기 시간표를 작성하고 수업을 운영하는 근거가 되며, 학생의 졸업자격을 사정하는 기준이 된다.

교육과정은 기본 성격에 따라 공식적 교육과정, 실제적 교유과정, 잠재적 교육과정, 영교육과정, 교과외 교육과정으로 구분한다. 공식적 교육과정(official curriculum)은 문서로 명시된 교육과정으로서 고시된 국가교육과정, 시・도교육청의 교육과정 지침, 장학자료, 학교의 교육방침, 교과서, 교사용지도서 등을 포함한다.

실제적 교육과정(operational curriculum)은 교사가 교실에서 실제로 가르친 내용을 의미하는데, 수업을 진행하는 순서에 따라 의도된 교육과정, 전개된 교육과정, 실현된 교육과정으로 세분하기도 한다.

잠재적 교육과정(latent curriculum)은 공식적 교육과정 또는 학교나 교사의 계획과는 관계없이 학생이 학교생활을 하는 동안에 학습하게 되는 모든 경험을 지칭한다. 학생들은 수업시간에 수업내용 외에 교사의 언행을 모방하기도 하고, 친구들과 협력하는 방법이나 의사소통방법을 배우기도 한다. 학생들은 수업시간 외에도 학교에서 생활하는 가운데 교사나 다른 학생들과의 관계, 학교의 문화, 물리적 환경 등으로부터 대인관계능력을 기르고, 가치관을 형성하고, 자아를 발견한다. 이러한 경험들은 학교가 공식적으로 의도한 것은 아니므로 '비공식적 교육과정', '의도하지 않은 교육과정', '숨은 교육과정(hidden curriculum)' 등으로 부르기도 한다. 잭슨(Jackson)에 의해 1970년대부터 등장한 잠재적 교육과정에 대한 관심은 교육과정의 개념을 확대하여 사회적 관행, 문화적 편견, 인종적 차별, 교사의 언행, 학생문화, 물리적 조건 등이 교육에 미치는 영향을 고려하여 공식적 교육과정과 조화시킴으로써 효율과 효과가 높은 더 좋은 교육을 하자는 데서 출발하였다. 이런 잠재적 교육과정은 특히 가치관, 태도, 심리 등 정의적 영역에 크게 영향을 준다. 더욱이 이렇게 잠재적 교육과정을 통해 학습한 내용은 일상경험 속에서 자기도 모르는 사이에 반복적으로 각인되므로 쉽게 잊히지 않고 오래 지속되는 경우가 많다. 그런데 잠재적 교육과정을 통해서는 교육적 학습만 일어나는 것이 아니라 경쟁심, 이기심, 공격성, 시기, 질투, 소외감, 공포감 등 비교육적인 학습도 일어날 수 있으므로 미리 검토하고 계획할 필요가 있다.

영교육과정(null curriculum)은 학습할 가치가 있고, 학습 목표에 부합함에도 불구하고 학교에서 소홀히 하거나 의도적으로 공식적 교육과정에서 배제시켜 가르치지 않는 내용을 말한다. 영교육과정은 소극적 의미에서 보면 공식적 교육과정의 기간에 학습할 기회를 놓치게 되는 내용이고, 적극적 의미로 보면 의도적으로 특정 지식과 내용을 배제시킨 것이다. 과거 유신정권 시절에 비판적인 사고능력은 사회비판세력을 형성하게 한다고 생각하여 사회과 교육에서 의도적으로 제외한 것이 그 예가 될 수 있다. 이러한 영교육과정에 대한 관심은 교육과정이 선택의 산물이라는 점을 인식하게 해 주며, 공식적 교육과정의 대안적 관점들을 검토함으로써 교육과정이 더욱 풍성해질 수 있게 한다.

교과외 교육과정(extra-curriculum)은 학교의 교과목 외에 학생들이 학교에서 경험하도록 계획한 모든 활동을 의미한다. 학생의 개성을 살리고 건전한 취미와 특기를 기를 수 있게 하는 특별활동, 민주적 생활 태도를 육성하기 위한 학생회 활동, 학생들의 다양한 욕구와 흥미와 적성을 수용하고 자기주도적 학습능력을 신장시키기며 학교의 독특한 문화 풍토에 따른 특색 있는 교육을 수행할 수 있게 하는 재량활동 등이 여기에 속한다. 이러한 교과외 교육과정은 직접적인 활동과 체험 위주의 비교과적 활동으로서 인성적 · 사회적 발달을 촉진함으로써 인지적 · 학문적 발달에 치중하는 교과교육을 보완하여 학생의 심신이 조화롭게 발달하게 하는 데 목적이 있다.

그리고 교육과정의 대상이나 선정 기준을 어디에 두느냐에 따라서 즉, 교육과정의 관점에 따라서 교과 중심 교육과정 관점과 학생 중심 교육과정 관점으로 구분하기도 한다. 교과 중심 교육과정 관점에서는 교과 중심 교육과정, 항존주의와 본질주의, 기본 중심 교육과정, 중핵 중심 교육과정 등이 있다. 학생 중심 교육과정

관점에서는 활동 중심 교육과정, 관련(상관) 교육과정, 인간 중심 교육과정, 대안 교육과정(자유학교 프로그램) 등이 있다.

2. 교육과정은 무엇을 내용으로 하는가?

교육과정, 즉 학교에서 가르칠 내용은 무엇인가? 어떤 철학과 원칙에 근거해서 교육내용을 선택, 조직할 것인가? 이 문제에 대한 근거를 제공한 교육과정에 관한 이론은 지식을 가르쳐야 한다는 교과 중심 교육과정, 경험을 재구성하게 해야 한다는 경험(생활) 중심 교육과정, 지식의 구조를 가르쳐야 한다는 학문 중심 교육과정, 자아실현을 도와야 한다는 인간 중심 교육과정, 주체적인 지식의 구성을 도와야 한다는 구성주의 교육과정의 순으로 전개되었다.

1) 교과 중심 교육과정

교과 중심 교육과정은 지식 또는 교과를 교육내용으로 가르쳐야 한다는 것이다. 교과는 인류의 문화유산 중 가장 가치 있고 중요한 것들을 분야별로 정리하고 논리적으로 조직한 것들을 말한다. 그러므로 교과 중심 교육과정은 주지주의와 이성주의를 바탕으로 하고 있다.

전통적으로 교육은 미래를 위한 준비의 과정, 즉 아이들이 성장하여 성인의 역할을 훌륭하게 수행할 수 있도록 준비시키는 과정으로 여겼고, 그것을 위하여 교육은 인간의 이성이나 정신을 발달시키는 것을 목적으로 하였다. 이러한 교육목적은 위대한 선조가 이미 밝혀 놓은 영원불변한 진리를 담고 있는 고전을 읽고 이해하거나 인류가 축적해 온 문화유산의 정수를 전수 받음으로써 가능하다고 생각하였다. 이런 근거에서 고대부터 근대에 이르기까지 오랫동안 서양에서는 마음의 법칙에 관한 지식인 3학(문법, 수사학, 논리학)과 실제적 가치를 가지는 지식인 4과(산술, 기하, 천문학, 음악)로 구성된 7자유학과를, 동양의 유교문화권에서는 4서(논어, 맹자, 중용, 대학)와 5경(시경, 서경, 주역, 예기, 춘추)을 주된 교육내용으로 사용하였다. 현대에 들어와서는 인문중심의 이성주의가 비판을 받고 자연과학과 생활기술에 관한 지식들이 증가함에 따라 교육과정은 인류가 축적해 온 문화유산을 정선하여 특성에 따라 분류하고 논리적으로 조직한 국어, 수학, 사회과, 자연과, 음악, 미술, 체육, 실과, 외국어 등으로 확대되었다.

문화유산을 체계화하여 전달함으로써 정신능력을 발달시켜야 한다는 교과 중심 교육과정의 특징은 다음과 같다.

① 지식 중심의 교육과정으로서 지식을 체계화하여 습득하고, 그것을 근거로 새로운 지식을 쉽게 이해할 수 있다.
② 교사 중심 교육으로서 지식을 잘 알고 있는 교사가 교육의 주도적 역할을 한다.
③ 강의식, 설명식 교수법이 주로 사용된다.
④ 분과식 교과구성으로 인하여 각 교과가 독립적으로 운영된다.

그러나 교과 중심 교육과정은 다음과 같은 비판을 받는다.

① 지식의 전달이 정신능력을 발달시킨다는 근거가 없다.
② 쓸모없는 지식의 암기나 단순한 언어주의에 빠지기 쉽다.
③ 학생들의 필요와 요구, 개인차를 반영하지 못한다.
④ 수업에 학생들의 적극적인 참여를 유발하지 못한다.
⑤ 교과목 간의 연계와 통합성을 꾀하기 힘들다.
⑥ 학생들을 미래에 준비시킨다고 하지만 과거의 지식으로는 복잡하고 변화가 빠른 현대사회에 적응하기 어렵다.

2) 경험(생활) 중심 교육과정

1800년대 후반에 유럽에서 시작된 새교육운동(new education movement)은 1920년대에 미국에서 듀이(J. Dewey)를 중심으로 한 진보주의 교육운동으로 확산되었다. 듀이는 전통적인 교과 중심 교육과정으로는 학생들을 급변하는 사회에 적응시킬 수 없으며, 과거의 지식을 가르치는 학교는 실제 사회생활로부터 점점 괴리되어

가고 있다고 비판하였다. 지식은 그 자체로서 가치가 있는 것이 아니라 현재의 문제를 해결하는 데 도움이 될 때에만 가치를 갖게 되므로 맹목적으로 가르쳐서는 안 된다고 하였다. 그는 교육은 경험을 재구성하는 과정이라고 정의하고, 따라서 교육은 미래를 위한 준비가 아니라 현재 경험의 재구성을 통하여 성장하는 것이라고 하였다. 그러므로 학교는 사회의 축소판이 되어 학생들에게 실제 사회생활과 유사한 상황에서 일어나는 문제들을 해결하는 경험을 제공함으로써 문제 해결 능력 또는 사고력을 길러주어야 한다고 주장하였다. 듀이의 이런 교육철학은 경험 중심 교육과정의 토대가 되었다.

경험 중심 교육과정은 교육과정을 '학교의 지도하에 학생이 가지게 되는 모든 경험'으로 정의한다. 경험은 남이 하는 것이 아니라 학생 자신이 자발적으로 참여할 때에만 일어난다. 그러므로 경험 중심 교육과정은 지식의 체계처럼 학생과 관계없이 미리 결정되어서는 안 된다. 학생의 흥미, 관심, 능력에 맞는 문제를 생활 속에서 제공함으로써 아동의 참여와 사고를 유발하고, 나아가 미숙한 학생의 현재 경험을 교사나 전문가의 숙련된 수준으로 성장시키는 경험이 교육적 경험인 것이다. 그러므로 듀이(1916)는 교육과정이 논리적으로가 아니라 "심리적으로 조직되어야 한다"고 하였다.

경험 중심 교육과정은 다음과 같은 특징을 갖는다.

① 급속하게 변화하는 사회에 적응하는 능력을 가진 생활인을 육성하는 데 목적을 둔다.

② 생활 중심 교육으로 실제 생활과 유사한 경험 속에서 문제 해결력 또는 사고력을 기른다.

③ 아동 중심, 학생 중심 교육과정으로서 교재를 가르치는 데 치중하지 않고, 학생의 바람직한 성장을 조성하는 데 힘쓴다.

④ 흥미 중심 교육과정으로서 학생의 흥미와 관심에 맞는 생활 속의 문제로 학생의 적극적 참여를 유발할 수 있도록 심리적으로 구성한다.

⑤ 교육과정은 사전에 조직하여 교사가 일방적으로 부과하는 것이 아니라 학습

현장에서 학생과 협의하여 구성한다.

⑥ 교과교육뿐만 아니라 특별활동, 과외활동 등을 중시한다.

그러나 경험 중심 교육과정은 다음과 같은 비판을 받는다.

① 지식을 소홀히 하여 기초학력의 저하를 가져올 가능성이 있다.

② 아동, 학생의 관심과 흥미, 생활경험을 지나치게 강조하다가 수업이 교육의 본질을 상실하고 단순한 놀이에 빠질 수 있다.

③ 경험 중심 교육과정을 제대로 운영하기 위해서는 학생을 심리적으로 이해하고 교육적 생활경험을 만들어야 하므로 교사에게 더 많은 능력과 노력이 요구된다.

④ 교육과정에 개별성과 창의성이 요구되므로 운영지침이나 평가기준을 명확하게 하거나 통일하기 어렵다.

3) 학문 중심 교육과정

생활에 적응을 목적으로 하는 경험 중심 교육과정은 1957년 구 소련이 최초의 인공위성 스푸트닉호를 미국보다 앞서 발사함으로써 크게 비판을 받게 되었다. 로켓과 우주개발 경쟁에서 소련에 뒤쳐진 미국은 국가안보에 위기가 초래되고 과학기술 경쟁에서 뒤쳐진 원인을 생활 중심 교육 탓으로 보았고, 이 위기를 극복하고 과학기술을 진흥하기 위하여 교육의 개혁을 요구하였다. 그러나 20세기 후반에 접어들면서 나타난 지식의 폭발적 증가 현상은 지식을 전달하는 교과 중심 교육과정으로 돌아가는 데도 문제가 있었다. 이러한 문제의 해결을 위하여 수학자, 과학자, 교육학자들이 협의하여 1960년 브루너(Bruner)가 제안한 것이 학문 중심 교육과정이다.

학문 중심 교육과정은 과학자들의 연구활동을 수업상황에 도입하려는 것이다. 과학자들은 자기 학문의 모든 지식을 다 알지는 못할지라도 전체적인 체계를 파악하고, 새로운 사물이나 현상에 마주치면 그 학문의 기본적인 개념과 이론들을 활용하여 가설을 세우고, 실험을 하여 검증함으로써 새로운 지식을 만들어 낸다. 학생들도 다 배울 수도 없고 가치가 오랫동안 유지되지도 않는 지식들을 배우기보다는 과학자처럼 탐구활동을 통해 지식을 만드는 능력을 길러야 급속한 변화로 새로운 상황들이 출현하는 사회에 적응하고, 나아가 발전시킬 수 있다는 것이다. 그러므로 학생들도 과학자들이 하는 연구활동과 다름이 없는 실험과 탐구활동을 하게 해야 한다고 주장하였다.

학문 중심 교육과정은 이러한 탐구활동에 필요한 능력을 지식의 구조라고 하였다. 지식의 구조는 각 교과나 학문의 기본적인 개념, 기본 이론, 기본 원리, 탐구방법으로 구성된다. 지식의 구조를 배우면 지식들을 개별적으로 배우는 것보다 학습의 전이가 잘되고, 구조화된 전체에 비추어 새로운 사실이나 지식을 쉽게 이해할 수 있으며, 오래 기억할 수 있고, 초보적인 지식과 고등지식 간의 간격을 좁힐 수 있다고 하였다.

교사는 학생들이 각 교과의 독특한 지식의 구조를 활용하여 어떤 현상을 스스로 이해하거나 문제를 해결할 수 있도록 조직해야 한다. 교사는 지식을 전달하기보다 문제 또는 과제를 제시하고, 학생들이 교사의 도움을 받아 스스로 답이나 해결책을 찾아가도록 수업을 구성해야 한다. 이렇게 학생들의 적극적인 탐구활동을 유도하는 수업을 브루너는 발견학습이라고 한다.

학문 중심 교육과정의 특징은 다음과 같다.

① 교과내용은 지식이 아니라 지식의 구조를 중심으로 구성한다.
② 교육과정은 어린이부터 대학생에 이르기까지 동일한 내용을 반복하되 학생 수준에 맞게 표현하고 점차 심화시켜 나가는 나선형 교육과정으로 구성한다.
③ 수업은 학생의 능동적 탐구활동을 유발하는 발견학습으로 전개하고, 이를 위하여 실험실, 실습실 등을 적극 활용한다.

그러나 학문 중심 교육과정은 다음과 같은 비판을 받는다.

① 지식의 구조는 자연과학분야를 비롯한 일부 교과목에만 적용할 수 있다.
② 발견학습은 학업능력이 우수한 학생들에게만 적합하다.

③ 실험, 실습 등의 탐구활동을 위한 교육여건을 제공하기가 쉽지 않다.

④ 지적 교육에 치우쳐 학생의 욕구와 생활문제, 사회적 현실과 요구를 반영하지 못한다.

4) 인간 중심 교육과정

1970년대에 미국과 유럽 등 선진국에서는 고도산업사회에서 나타난 물질만능풍조, 인간소외, 청소년문제 등의 사회병리현상과 학교제도가 대형화, 집단화, 제도화, 조직화 되면서 파생되는 학교교육의 여러 가지 강압적이고 권위주의적인 비인간화 현상에 관심을 가지게 되었다. 이에 따라 교육을 사회적 효율과 효과의 관점보다는 인간 형성이라는 교육의 본질적 측면에서 접근해야 한다는 주장이 대두되었다. 또한 인본주의 심리학자들은 정의적 교육에 관심을 갖고 교육은 지식과 기술뿐만 아니라 조화로운 인간성의 개발, 의미 있는 삶, 올바른 자아개념의 형성, 보다 나은 인간관계의 형성, 최대한의 자아개발 등을 목표로 삼아야 한다고 주장하였다.

인간 중심 교육과정에서는 교육과정을 '학교에서 하는 모든 경험'으로 본다. 인간성의 형성에 영향을 주는 경험은 수업에서뿐만 아니라 학생이 학교에서 생활을 하는 동안에 접하는 인적·물적 대상이나 관계, 제도, 사건 등 모든 것으로부터 발생하기 때문이다. 그러므로 학교에서 학생을 둘러싸고 있는 모든 환경이 가지는 교육적 의미를 분석하고 교육적으로 처방하려 한다. 즉, 공식적으로 표명된 교육과정과 잠재적 교육과정을 모두 고려한다.

이렇게 등장한 인간 중심 교육과정의 특징은 다음과 같다.

① 교육의 목표를 자아실현에 두고, 인간의 성장하고자 하는 욕구를 조장하여 학생의 개별적인 자기성장을 돕는다.

② 전인교육을 통하여 인간이 타고난 지적·정서적·사회적·신체적 성장 가능성을 조화롭게 발달시킨다.

③ 지적 능력의 신장보다 정의적 특성의 발달을 더 중시하며, 따라서 공식적 교

육과정뿐만 아니라 잠재적 교육과정을 적극적으로 활용한다.

④ 수업에서 개방적 · 자율적 분위기의 조성과 진심 어린 공감적 대화를 강조한다.

⑤ 대규모 학교, 과밀학급, 학교 밖의 유해환경, 체벌, 시험 위주의 교육 등 비인간적인 교육환경을 비판하고 학교환경을 인간화하고자 노력한다.

인간 중심 교육과정의 문제점은 다음과 같다.

① 인간 중심 교육과정을 실현하기 위해서는 그들이 비판하는 비인간적 교육환경과 입시 중심의 경쟁적 교육제도 등을 먼저 개혁해야 하는데, 그것은 사회 전체의 의식과 제도의 개혁 및 많은 투자를 필요로 한다.

② 교육과정을 위한 명확한 경험이나 일관된 원리를 제공하고 있지 않으므로 인간 중심 교육과정을 교육 현장에 적용하기 어렵다.

③ 교육목적으로 제기한 자아실현이나 정의적 행동의 변화는 측정하거나 확인하기가 쉽지 않다.

④ 개인차에 관심을 두고 있지만 각 개인에게 알맞은 경험이 무엇인지에 대한 구체적인 대안이 없다.

5) 구성주의 교육과정

1990년대에는 구성주의 이론이 널리 공감대를 얻으며 각 분야에서 연구되고 '자기주도적 학습'이라는 이름으로 교육 현장에 적용되기 시작하였다. 구성주의자들은 지식이 절대적 · 객관적인 것이 아니라 개인적 · 주관적으로 구성하는 것이라고 주장한다.

구성주의는 인지적 구성주의와 사회적 구성주의로 분류된다. 인지적 구성주의자 피아제(Piaget)는 지식이 형성되는 인지적 과정을 분석하여 개인은 환경과 상호작용하면서 자신의 지식을 능동적으로 구성한다고 주장하였다. 사회적 구성주의자 비고츠키(Vygotsky)는 지식이 구성되는 상황을 분석하여 지식은 언어를 통하여 다른 사람과 사회적 상호작용을 하는 가운데 구성되므로 사회, 문화의 영향을 받는다고 주장하였다. 종합하면 지식은 개인이 사회적 상호작용을 하는 가운데 사회, 문화, 역사의 영향 속에서 주관적인 인지적 작용을 통해 구성한다는 것이다. 지식의 구성은 주관적인 것이지만 사회적 상호작용이 개인적 편견이나 오류에 빠지는 것을 어느 정도 제어해 준다.

구성주의에 의하면 교육은 학생들의 능동적 참여 없이는 일어날 수 없다. 지식은 교사에 의해 학생의 머리 속에 전달되는 것이 아니라 학생이 교사와의 상호작용 속에서 스스로 구성하는 것이다. 결국 교육은 학생의 학습을 중심으로 하며, 수업은 학습을 도와주는 과정이다. 그러므로 구성주의 교육과정은 학생의 자기주도적 학습을 가장 강조한다.

또 구성주의 교육과정은 사회적 상호작용을 중요시한다. 개인적이고 주관적인 지식은 다른 사람과의 언어적 상호작용에 의해 수정, 보완되며 구성되기 때문이다. 그러므로 구성주의 수업은 협동학습법을 적극적으로 사용하여 학생들 간 또는 교사와 학생 간의 상호작용의 기회를 확대한다.

구성주의 교육과정은 실제 생활의 맥락을 중요시한다. 학생의 생활과 관계없는 단절된 경험이나 지식에 대해서는 학생이 의미를 구성하기 어렵기 때문이다. 그러므로 학생이 실제 생활에서 당면하는 문제를 전체적 맥락에서 이해하고, 자신의 견해나 해결안을 제시하고, 설명하고, 나아가 옹호할 수 있게 하는 문제 중심 학습(problem-based learning)의 사용을 권장한다. 학습은 일상생활과 연계되어 학생의 자아성찰적 실천을 통해서, 그리고 다양한 견해를 지닌 동료들과의 상호작용과 협조를 통해서 지식과 경험을 더욱 풍성하게 하고 다지는 과정이다.

구성주의 교육과정은 다음과 같은 특징을 가진다.

① 학생의 자기주도적 학습을 강조한다.

② 다른 동료들과의 토론과 협동학습을 장려한다.

③ 교사는 학생의 학습도우미이자 동반자적 탐구자로서 학생들의 학습을 유발하는 문제를 제기하고 학생들이 지식과 의미를 추구하도록 돕는다.

④ 실제적 문제상황을 중심으로 해결방안을 탐색한다.

⑤ 학습과정 중심의 평가와 실제 문제상황에 의한 수행평가를 강조한다.

구성주의 교육과정의 문제점은 다음과 같다.

① 실제 생활과 관련된 학습문제들이 아직 많이 개발되어 있지 않다.

② 아직 경험적 연구결과가 충분히 누적되지 않았다.

앞에서 살펴본 교과 중심 교육과정, 경험 중심 교육과정, 학문 중심 교육과정, 인간 중심 교육과정, 구성주의 교육과정은 교육철학과 교육과정관의 변천에 따라 전개되어 온 것들로서 어느 것이 옳고 어느 것은 그르다고 판정할 수는 없다. 교육철학, 교과의 특성, 교사의 자질과 능력, 학생의 요구와 능력과 태도, 학교의 여건, 사회의 요구와 지원 등에 따라 더 적절한 교육과정을 선택하여 교육하되 학생의 더 나은 학습과 성장을 돕는다는 교육의 본질을 잊지 않아야 할 것이다.

3. 교육과정을 어떻게 만드는가?

교과, 경험, 지식의 구조, 생활의 문제 등 교육과정의 기본 유형이 결정되면 이제 실제로 수업에 사용할 교육과정을 구성해야 한다. 교육과정을 계획하고, 설계하고, 구성하는 것을 교육과정 개발이라고 한다. 교육과정을 개발하는 절차는 타일러(Tyler, 1949), 타바(Taba, 1962), 워커(Walker, 1972) 등에 의해 제시된 바 있는데, 그중에서 최초의 개발자이자 가장 널리 받아들여지고 있는 타일러의 절차를 살펴본다.

타일러(1949)는 교육과정과 수업을 계획할 때 고려해야 할 4가지 사항들을 순차별로 제시하였다.

① 학교가 달성해야 할 교육목표가 무엇인가?

② 목표를 달성하기 위하여 어떤 학습경험을 제공해야 하는가?

③ 학습경험을 효과적으로 조직하는 방법은 무엇인가?

④ 목표가 달성되었는지를 어떻게 알 수 있는가?

요약하면 교육목표의 설정, 학습경험(교육내용)의 선정, 학습경험(교육내용)의 조직, 학습성과의 평가인데, 이 4가지 요소들은 아래의 [그림 6-1]과 같이 순차적으로 전개되어야 하며, 학습성과를 평가한 결과는 교육목표를 선정하고 교육내용을 선정 · 조직하는 데 환류하여 교육과정의 개선에 활용해야 한다고 하였다.

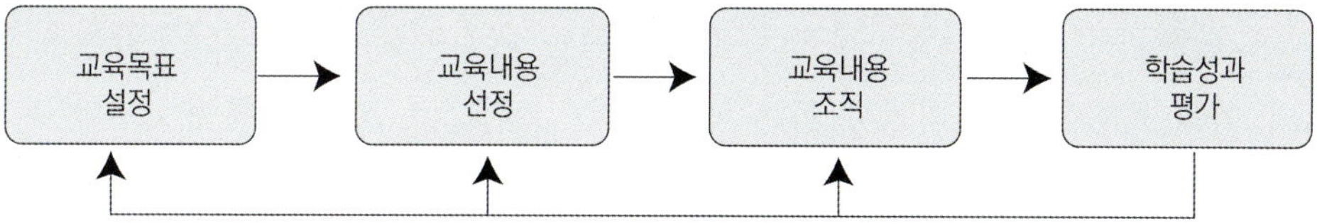

그림 6-1 타일러의 교육과정 개발모형

이 절에서는 교육목표를 설정하고, 교육내용인 학습경험을 선정하고 조직함으로써 교육과정을 만드는 과정과 각 단계에서 고려하거나 검토하여야 하는 원리들을 살펴본다. 그리고 그렇게 만들어진 교육과정을 수업에서 운영하고, 그 결과를 평가하는 것은 다음 절에서 살펴본다.

1) 교육목표의 설정

교육과정을 구성하는 첫 단계는 교육목표의 설정이다. 교육목표는 교육을 수행하는 전체 과정의 방향을 제시하는 역할을 한다. 타일러는 교육목표를 설정하기 위해서는 국가와 교육의 철학, 사회의 요구, 학생의 흥미와 욕구, 학습심리학의 원리, 교과전문가의 조언을 고려해야 한다고 하였다. 교육목표는 국가와 사회와 학습자, 철학과 심리학, 그리고 각 교과 또는 학문의 지식과 의견을 종합적으로 고려하여 결정해야 하는 매우 중요한 과업인 것이다.

그리고 설정된 교육목표가 교육내용을 선정하고 조직하는 지침이 되고, 수업활동의 방향을 제시하며, 학생의 성취를 평가하는 기준이 되기 위해서는 지나치게 추상적이거나 모호하지 않고, 구체적으로 세분화하여 명백한 용어로 진술하는 것이 중요하다. 따라서 교육목표는 다음과 같은 방식으로 진술하는 것이 좋다.

첫째, 교육목표는 내용과 행동의 두 요소가 명백히 드러나도록 진술한다. 예를 들면, "두 자릿수 곱셈 문제를(내용) 풀 수 있다(행동)", "이상의 서시를(내용) 암기한다(행동)", "민주주의 선거의 4대 원칙을(내용) 열거할 수 있다(행동)" 등으로 반드시 내용과 행동을 모두 포함하도록 교육목표를 진술해야 한다.

둘째, 교육목표는 교사의 행동이 아니라 학생의 행동으로 진술해야 한다. 교육은 그 결과로서 학생의 행동에 변화를 일으키는 과정이고, 교사의 교수활동은 학생의 행동 변화를 유발하거나 돕는 과정이다. 그러므로 교육을 통해 성취하려고 하는 교육목표는 학생의 행동변화로 진술해야 한다. 단, 교육목표를 진술한 문장의 주어는 모두 '학생'이 주어가 되므로 대부분 생략한다.

셋째, 교육목표는 내용을 구체화하고, 행동을 세분화하여 진술하여야 한다. 내용에 대한 진술이 추상적이거나 광범위하면 도대체 무엇을 뜻하는지 알 수 없으며, 행동에 대한 진술이 애매모호하면 어느 정도까지 변화를 시켜야 하는지 알 수 없어 교육목표로서의 기능을 할 수 없다.

2) 교육내용의 선정

교육목표가 설정되면 두 번째 단계는 그 목표를 달성하기 위한 교육내용 또는 학습경험을 선정하는 것이다. 적절한 교육내용을 선정하기 위하여 반드시 고려해야 할 일반적인 원칙은 다음과 같다.

① 교육목표에의 타당성의 원리: 교육내용은 교육목표를 달성하기 위한 수단이므로 교육내용은 교육목표와 일관성 있게 선정하여야 한다.

② 중요성의 원리: 각 교과는 관련 학문 영역에서 가장 본질적이고 기본적이고 중요한 내용을 선정하여야 한다. 무엇이 본질적이고 기본적이고 중요한 것인가에 대해서는 논의가 필요하지만 일반적으로 전이가치가 높은 기본개념, 일반원리, 지식의 구조 등을 말한다.

③ 확실성의 원리: 선정되는 교육내용은 가능한 한 검증이 끝난 확실한 지식이어야 한다. 불확실하거나 논란의 되고 있거나 오류의 가능성이 있는 지식을

가르치면 학생들을 혼란이나 오류에 빠지게 하여 오히려 교육을 안 한 것보다 못할 수 있다.

④ 흥미의 원리: 교육내용은 학생이 흥미와 관심을 가질 수 있는 것을 선정하여야 한다. 학생들의 적극적 참여가 교육의 성패를 결정하므로 교육내용은 학생들의 생활과 관련되거나 관심이 있는 내용들에서 선정하고, 그것으로부터 탐구를 유발하여 점차 전문적 수준으로 이끌어갈 수 있게 하는 것이 좋다.

⑤ 학습 가능성의 원리: 교육내용은 학생이 학습할 수 있는 것이어야 한다. 교사가 보아 아무리 좋은 교육내용도 학생이 학습할 수 없으면 교육적 가치가 없는 것이 된다. 학생의 사전경험과 능력을 파악하여 학생들이 어느 정도는 이해하거나 해결할 수 있지만 모르는 부분이 포함되어 있어 조금 노력을 하면 완전히 이해하거나 해결할 수 있는 내용이 가장 좋은 교육내용이다.

⑥ 일경험 다목표 달성의 원리: 하나의 경험으로 하나의 교육목표를 달성해도 좋은 교육내용이지만 여러 교육목표를 동시에 달성할 수 있으면 더 좋은 교육내용이라고 할 수 있다. 경험은 복잡성과 복합성을 갖는 경우가 많으므로 가능하면 경제성이 높은 경험을 찾기 위해 노력하는 것이 좋으며, 동시에 부정적 교육성과가 부수적으로 발생하지 않도록 조심해야 한다.

⑦ 일목적 다경험 활용의 원리: 하나의 교육목표를 달성하는 데 한 가지 경험만 있는 경우는 거의 없다. 교사는 교육목표를 달성하는 데 자기의 여건 속에서 창의적이고 다양한 교육내용을 찾거나 개발하여 사용함으로써 생동감 있는 수업을 할 수 있으며, 교육목표에 따라 여러 교육내용을 함께 적용함으로써 교육의 효과를 높일 수도 있다.

⑧ 사회적 유용성의 원리: 교육은 사회적응력 또는 더 잘 살아가는 능력을 길러주기 위한 것이므로 학교나 수업에서만 사용할 수 있는 교육내용보다 사회생활을 하는 데 도움을 줄 수 있는 교육내용이 되어야 한다.

⑨ 지역성의 원리: 대도시와 농어촌, 부촌과 빈촌 등 지역에 따라 학생들의 경험과 능력, 관심, 필요, 진로 등이 차이가 있으므로 지역사회의 실태, 학부모의

요구, 학생들의 흥미와 필요 등에 대한 실증적인 자료에 기초하여 지역사회에 적절한 교육내용을 선정하여야 한다.

3) 교육내용의 조직

교육목표에 적절한 교육내용들이 선정되면, 다음 단계는 선정된 교육내용들을 학교등급이나 학년, 교과목의 성격 등에 따라 분류하여 배열하고 조직하여야 한다. 이렇게 교육내용을 조직할 때에는 다음의 원칙을 고려하여야 한다.

① 계속성(continuity)의 원리: 교육에 의한 행동 변화가 학생에게 내면화되어 정착되기 위해서는 한 번 수업하고 끝나는 것이 아니라 일정한 기간 계속적으로 반복 학습시킬 수 있도록 교육내용을 조직해야 한다는 것이다. 어느 정도 계속적으로 반복 교육할 것인가는 교육내용과 학생의 능력과 태도 등에 따라 다르지만 일반적으로 지적인 영역의 교육보다는 심체적 영역의 교육이, 심체적 영역의 교육보다는 정의적 영역의 교육이 더 오랜 기간의 반복 교육이 필요하다.

② 계열성(sequence)의 원리: 교육내용을 배열하는 순서에 관한 원리로서 하나의 주제에 관한 교육내용들을 배열할 때 단순한 내용에서 복잡한 내용으로, 구체적인 개념에서 추상적인 개념으로, 친숙한 내용에서 생소한 내용으로, 사건의 역사적 발생의 순서대로, 선수학습한 내용으로부터 그 다음 내용으로 전개해야 한다는 것이다. 이것은 교과의 논리적 구조나 학생의 심리적 구조, 즉 사고의 전개과정에 따라 교육내용을 배열함으로써 학생의 이해를 도우려는 것이다.

③ 통합성(integration)의 원리: 서로 다른 교육내용들 간에 연계성을 높여야 한다는 원리이다. 교육내용은 단편적으로 배우는 것보다 서로 연계하여 배우는 것이 이해하기 쉽고 기억도 잘되는 경우가 많다. 배운 내용들이 하나의 지식체계로 통합됨으로써 상호 강화하고 더 정교화되기 때문이다. 또 우리가 생활 속에서 하는 실제 경험은 복잡하여 여러 교과의 내용을 동시에 적용해야

정확하게 이해되고 해결되는 경우가 많다. 그러므로 동일 교과목에서뿐만 아니라 교과목들 간에도 관련된 교육내용들을 상호 연계하여 가르치는 것이 좋다. 교육내용들 간의 통합성을 높이는 것을 통합교과교육이라고 하는데, 우리나라 초등학교의 '바른생활'(국어와 사회과), '슬기로운 생활'(수학과 자연과), '즐거운 생활'(음악, 미술, 체육)처럼 몇 개의 교과를 합치기도 하고, 공해문제를 중심으로 경제, 사회, 생물, 화학, 공업 등을 연계하는 것처럼 주제를 중심으로 교과목들을 통합하는 경우도 있다.

④ 범위(scope)의 원리: 각 교육내용의 폭과 깊이를 어느 정도에서 결정할 것인가를 신중히 검토하여야 한다. 시간과 공간 등에 제한이 있으므로 폭을 넓혀서 많은 내용을 다루면 깊이를 확보하기 어렵고, 심화하여 깊이 있게 다루면 폭이 좁아져 다양한 내용을 포함할 수 없다.

⑤ 균형성(balance)의 원리: 지, 덕, 체가 조화로운 전인을 양성하기 위해서는 교육내용이 어느 한 쪽에 치우치지 않도록 균형을 꾀해야 한다. 그러므로 한 교과 내에서 주제들 간에 균형이 유지되도록 교과내용을 조직해야 하며, 각 교과들 간에도 균형이 유지되도록 수업시수를 적절히 배당해야 한다.

4. 교육과정은 어떻게 운영되고 평가되는가?

1) 교육과정의 운영

교육내용이 선정되고 조직됨으로써 교육과정이 개발되면, 다음 단계는 그 교육과정을 학교와 교실에서 실제로 사용하고 실행하는 것이다. 이러한 과정은 주로 수업, 또는 교수-학습 활동을 통해 전개되는데, 이 과정을 교육과정의 운영이라고 한다. 교육과정 운영의 주체는 교사이므로 사실 아무리 좋은 교육과정이 개발될지라도 교육의 질은 결국 교사의 질에 크게 영향을 받는다. 훌륭한 교사는 교육과정 개발자의 의도를 정확하게 파악하고, 학습자를 위해 교육과정을 재해석하며, 자신의 교육여건을 적절히 활용하여 교과과정을 운영해야 한다.

교육과정을 운영할 때 교육과정의 개발자와 실천자가 일치할 수도 있고 다를 수도 있다. 교사가 교육과정에 대한 전문적 능력을 가지고 자발적 · 창의적으로 교육과정을 개발하여 자기의 수업에 사용할 경우 교육과정을 '실행(enactment)'한다고 한다. 교육의 지방자치제도가 발달하여 지역과 학교 중심의 교육과정을 운영하는 영국, 미국, 캐나다 등과 우리나라의 자율형 사립학교나 대안학교의 경우 교육과정을 실행하는 사례가 많다. 그리고 학교 밖에서 개발되어 주어진 교육과정을 단순히 적용하는 것을 '이행' 또는 '시행(implementation)'한다고 한다. 우리나라에서는 대부분 교육전문가들에 의해 국가 수준에서 개발된 교육과정을 학교에서 원안에 충실하게 시행하는 상황이다.

학교에서 교육과정을 운영할 때에는 다음의 원리들을 준수해야 한다.

① 합목적성의 원리: 교육과정은 학교의 교육목표를 달성하기 위한 것이므로 학교가 설정한 교육목표가 타당한지, 그리고 교육과정이 그 목표를 달성하기 위한 효과적인 수단인지 확인해야 한다.

② 합법성의 원리: 학교 교육과정의 편성과 운영은 국가가 정한 법령 및 기준의 테두리 안에서 전개되어야 한다.

③ 민주성의 원리: 교육과정의 운영은 어느 집단의 독선에 의해서가 아니라 학교교육에 관여하는 집단들의 폭넓은 참여를 보장하고, 그들의 의견을 공정하게 반영하도록 한다. 즉, 학교 교육과정의 운영에 교장과 교사, 학부모, 학생, 지역사회인사, 교육전문가 등의 참여를 유도하는 민주적 의사소통체제를 구축해야 한다.

④ 자율성의 원리: 학교와 교원이 중앙집권적 통제나 부당한 외부의 간섭에서 벗어나 독립적인 자기 결정과 실천을 할 수 있도록 자율성이 확대되어야 한다.

⑤ 전문성의 원리: 교육과정을 합리적으로 편성하고 효과적으로 운영하기 위해서는 교원의 교육과정에 대한 전문성 개발을 지원하기 위한 전담조직을 구성하고, 연수 프로그램을 개발하여 운영하는 것이 좋다.

⑥ 균형성의 원리: 학교 전체의 교육과정을 운영할 때는 전 학년과 전 교과목의 교육목표, 교육과정, 수업, 교육평가 등의 주요 요소들뿐만 아니라 특별활동을 비롯한 교과외활동까지 종합적으로 고려하여 각 요소들 간의 조화와 통일성을 높임으로써 중복이나 낭비나 결핍이 없도록 해야 한다.

⑦ 현실성의 원리: 효율적이고 효과적인 학교 교육과정의 편성과 운영을 위해서는 그 교육과정이 적용될 학생의 특성, 교사조직의 특성, 학교의 환경, 지역사회의 요구와 가용자원, 외부기관의 지원과 통제 등의 현황을 조사하여 정확히 반영하여야 한다.

2) 교육과정 평가

교육과정을 개발하고 운영한 후에 과연 교육과정이 교육목표를 달성하는 데 효과적인지, 학교 현장에서 효율적으로 운영될 수 있는지, 학생의 수준과 학교의 실정과 사회의 요구에 적합한 것인지 등을 확인함으로써 교육과정을 보완하고 개선하는 등 교육과정의 질을 관리하는 활동이 교육과정 평가이다.

오늘날 교육과정은 한 번 개발하여 수십 년을 계속 사용할 수 없게 되었다. 급속하게 변화하는 현대사회는 교육의 지속적인 변화를 요구하고 있으며, 국가 간의 치열해진 경쟁은 국가경쟁력의 제고를 위해 교육력의 강화를 요구하고 있다. 그러므로 교육과정의 지속적인 질 관리와 개선이 필요하며, 여기에 필요한 정보를 얻기 위해 계속적 순환적으로 교육과정평가가 실시된다.

교육과정 평가의 영역은 크게 4가지로 구분할 수 있다. 첫 번째 영역은 교육과정 문서이다. 즉, 문서화된 공식적 교육과정 또는 계획된 교육과정이 구성원리에 따라 잘 개발되어 있는가를 평가한다. 두 번째 영역은 교육과정의 실행 및 지원체제에 관한 것이다. 계획된 교육과정을 학교 현장에서 제대로 실행하고 있는지, 그리고 교육과정의 실행을 돕기 위한 행정적·재정적 지원체제가 충실하게 구성되고 제대로 작동하고 있는지 평가한다. 세 번째 영역은 교육과정의 성과 및 산출이다. 교육과정이 의도한 성과를 얼마나 실현하고 있는지, 의도되지 않은 산출에는 어떤 것들이 있는지 평가한다. 네 번째 영역은 메타평가로서 교육과정 개발 및 평가체제에 대한 평가이다. 즉, 교육과정을 개발하고 평가하는 기관과 방법이 합리적이고, 효율적이고, 민주적인가에 대해 평가함으로써 개발된 교육과정에 대한 공감대를 넓히고, 교육과정 평가에 대한 신뢰도를 높일 수 있다.

우리나라는 교육부에서 고시한 교육과정에 근거하여 단위학교에서 학교교육과정을 편성하고 운영함과 동시에 학교교육과정에 대한 자체평가를 의무적으로 실시하도록 규정하고 있다. 그러므로 각 학교는 학교교육과정 편성과 운영의 적합성 · 타당성 · 효과성을 자체평가하여 문제점을 추출하고, 다음 학년도의 교육과정을 편성하고 운영하는 데 그 결과를 반영하도록 명시하고 있다. 이에 따라 시 · 도 교육청 주관 하에 유치원부터 초 · 중 · 고등학교에 이르기까지 매년 교육과정 평가를 포함하여 학교평가를 자체적으로 실시하고 있다.

5. 우리나라 교육과정의 변천과 특징

우리나라의 교육과정은 누가 교육과정을 만들었는가에 따라 국가 수준 교육과정, 지역 수준 교육 과정, 학교 수준 교육과정으로 나뉜다. 국가 수준 교육과정은 교육부장관이 「교육기본법」에 의해 고시한 것으로서 '제○차 교육과정' 등으로 불리며, 학교에서 편성 · 운영해야 할 교육과정의 목표, 내용, 방법, 평가, 운영 등에 관한 기준과 기본지침을 담고 있다. 지역 수준 교육과정은 각 지역의 교육청에서 작성한 '○○시 · 도 교육과정 편성 · 운영지침'으로서 국가 수준의 교육과정에 지역의 특수성을 반영하여 만든다. 학교 수준 교육과정은 시 · 도 교육과정 편성 · 운영지침에 따라 학교별로 학부모와 학생의 특징과 요구를 고려하여 만든 것으로 '○○학교 교육과정(또는 교육계획)'이다. 이와 같이 우리나라는 국가 수준의 교육과정이 교육과정의 내용과 성격을 결정하는 중앙집권적인 교육과정개발체제를 유지하고 있다.

국가적 수준에서 정책적으로 결정되는 우리나라의 교육과정은 정권의 변동에 많은 영향을 받으면서 대략 5년에서 10년을 주기로 전면적으로 또는 부분적으로 개정되어 왔다. 교육과정의 변천과정과 주요 특징을 요약하여 제시하면 다음과 같다.

1) 유치원 교육과정

(1) 제1차 유치원 교육과정(1969~1979)

① 교육과정을 5개 생활영역으로 구성: 건강, 사회, 자연, 언어, 예능

② 운영지침: 5개 생활영역과 하루일과의 통합적 운영, 다양하고 균형 있는 활동, 가정과의 긴밀한 협력

- 교육방법: 흥미중심, 놀이중심, 개인차에 따른 교육
- 제도 : 연간교육일수 200일 이상, 하루 교육시간 3시간

(2) 제2차 유치원 교육과정(1979~1981)

① 5개 발달영역: 사회 · 정서발달, 인지발달, 언어발달, 신체발달, 건강영역

② 특징: 인지발달 강조

③ 운영지침: 유아 · 지역사회 · 학교실정에 적합한 계획과 운영, 통합적 학습, 흥미 · 놀이중심 교육, 개인차에 의한 학습, 가정과의 연계

④ 제도: 연간교육일수 200일 이상, 주당교육시간 18~20시간, 하루 교육시간 3~4시간

⑤ 유치원 교사용 지도서 개발 및 보급

(3) 제3차 유치원 교육과정(1981~1987)

① 5개 발달영역: 신체발달, 정서발달, 언어발달, 인지발달, 사회성발달

② 운영지침: 융통성 있는 교육과정 운영계획, 교육자료의 확보 · 활용, 다양한 학습활동

③ 교육방법: 발달영역의 통합적 지도, 개인차와 흥미에 따른 놀이 중심 지도, 가정과의 연계 지도

④ 교육일수 180일로 하향 조정

⑤ 『유치원 새 교육과정 개요』 발간

(4) 제4차 유치원 교육과정(1987~1992)

① 방향: 교육목표의 재구성 및 조정 - 전인교육 강조
교육내용 설정 및 구성의 융통성 확대 - 교사의 자율성 확대
교육자료의 풍부화와 다양화, 평가활동의 정상화

② 제도: 하루 교육시간 3시간(조정 가능)

(5) 제5차 유치원 교육과정(1992~1998)

① 제도: 유치원 입학 연령 3~5세로 확대, 종일반 운영

② 특징: 교육과정의 지역화, 사회적 관계와 기본 생활교육 강조, 유아의 전인적 성장

③ 5개 생활영역: 건강생활, 사회생활, 표현생활, 언어생활, 탐구생활

④ 교육방법: 교육활동의 통합적 운영, 민주적이고 활동적인 수업분위기 조성, 균형 있는 일과 활동, 실물을 통한 직접 교육, 부모와의 연계

(6) 제6차 유치원 교육과정(1998~2013)

① 교육과정 구성방침: 사회적 변화를 주도하는 기본능력 육성, 교육내용의 양과 수준의 적정화, 유아발달 특성을 고려한 교육내용과 방법의 다양화, 교육과정 편성 · 운영의 현장 자율성 확대, 교육과정 평가체제 확립, 교육의 질 관리 강화

② 교육방법: 통합적 교육활동 계획, 교육내용의 수준별 운영, 교육내용의 반복 제시, 교육활동 형태의 다양화, 놀이중심의 교육활동 및 균형 있는 교육활동 제시, 유아와 유아, 유아와 교사 및 교구와의 상호작용, 직접적이고 구체적인 교재 · 교구, 긍정적인 태도와 상호작용, 확산적 질문을 통한 창의성 촉진

③ 제도: 특수 유아의 교육

(7) 제7차 유치원 교육과정(2013~2019: 누리과정)

① 특징: 만 3~5세 보육 · 교육과정 통합, 보육 · 교육비용 부담 경감

② 교육과정 구성방침

- 만 3~5세아에 대한 연령별 유아 공통과정 도입
- 심신의 건강과 조화로운 발달을 도와 민주시민의 기초 형성
- 전인 발달: 기본생활습관, 바른 인성, 자율성, 창의성을 배양
- 사람과 자연을 존중하고, 우리 문화를 이해하는 데 중점
- 초등학교 교육과정과 0~2세 표준보육과정의 연계성을 고려

③ 5개 영역: 신체운동 · 건강, 의사소통, 사회관계, 예술경험, 자연탐구

(8) 2019 누리과정(2020~)

① 특징: 유아의 놀이권 및 행복권 강화, 유아교사 역량 강화

② 유아 중심 교육문화 조성

③ 놀이 중심

④ 유아교사의 자율성 강화

⑤ 유아교사의 기본적 능력과 전문적인 역량 강화

⑥ 유아교사의 비판적 사고와 윤리적 실천 역량 중시

⑦ 특징: 개정 누리과정 운영을 위한 핵심적 역량으로 교사들은 유아의 놀이를 읽어낼 수 있는 관찰력, 놀이를 즐길 수 있는 역량, 빠른 판단력, 적절히 발문할 수 있는 능력, 유연성, 민감성, 주도성, 창의성, 분석적 사고력 등을 강조

2) 초, 중, 고등학교 교육과정

① 교육에 대한 긴급조치기(1945~1946)

- 초등학교~중등학교 교과편제 및 시간 배당을 발표

② 교수요목기(1946~1954): 교과 분과주의

③ 제1차 교육과정기(1954~1963): 교과 중심 교육과정

④ 제2차 교육과정기(1963~1974): 경험 중심 교육과정

⑤ 제3차 교육과정기(1973~1981): 학문 중심 교육과정

⑥ 제4차 교육과정기(1981~1987): 인간 중심 교육과정

⑦ 제5차 교육과정기(1987~1992): 교육과정의 적정화, 내실화, 지역화

⑧ 제6차 교육과정기(1992~1997): 교육과정 편성 · 운영체계 개선

- 교육과정 결정의 분권화
- 교육과정 구조의 다양화
- 교육과정 내용의 적정화
- 교육과정 운영의 효율화

⑨ 제7차 교육과정기(1997~2009)

- 국민공통기본교육과정 편성
- 학생 선택 중심 교육과정 도입
- 수준별 교육과정 도입
- 재량활동 신설
- 학습량 최적화와 수준 조정
- 교육과정평가체제 확립
- 창의성, 정보능력 배양 강조

⑩ 2007 개정 교육과정(2009~2013)

- 제7차 교육과정 일부 개정 및 보완
- 학기당 이수과목 축소
- 창의적 체험활동 도입
- 수준별 수업으로 전환

⑪ 2009년 개정 교육과정(2011~2016)

- 제7차 교육과정의 체제 유지, 문제점 개선
- 학교별 교육과정 편성 · 운영의 자율권 확대
- 교과 집중이수제 도입

- 교과별 교육내용의 적정화를 통한 의미 있는 학습활동 전개
- 폭넓은 인성교육을 위한 창의적 체험활동 강화
- 교육과정 수시 개정체제 도입

⑫ 2015 개정 교육과정(2017-2020)

- 창의융합형 인재상 추구
- 안전교육 강화
- 정보화 및 제4차 산업사회 대응을 위한 소프트웨어 교육 신설
- 교과별 핵심역량 설정
- 학습량 적정화 추구
- 자유학기제 도입 및 공통 교과목 신설
- 진로적성 맞춤 교육 강화

⑬ 2022 교육과정 개정(2024~2027)

- 사회적 변화에 따른 교육적인 혁신의 필요성 대두
- 역량 중심 교육과정의 구체적인 요구
- 학생의 주체성 및 자기주도적 학습 역량 강화 요구
- 고교학점제 필요성 대두
- 디지털 기초 소양 강화
- 시·도별 지역 교육과정 자율성 확대

토론과제

1. 내가 학교에서 잠재적 교육과정을 통해 습득한 것은 무엇이 있는지 생각해 보자.
2. 바람직한 교과 외 교육과정을 제안해 보자.
3. 5가지 교육과정의 유형 중에 가장 공감이 가는 것은 무엇이며, 그 이유는 무엇인지 논의해 보자.
4. 학교에서 가르치고 배울 가치가 있는 것은 무엇인지 토론해 보자.
5. 교육과정의 개발을 국가가 담당하는 것과 교사 개인에게 맡기는 것 중 어느 것이 더 좋은지 토론해 보자.

제7장

교육평가

학습 목표

1. 교육평가의 개념에 대하여 이해한다.
2. 교육평가의 유형에 대하여 이해한다.
3. 평가의 질을 결정하는 요소에 대하여 이해한다.
4. 교육현장에서 평가의 기능에 대하여 이해한다.
5. 평가의 긍정적 및 부정적 효과에 대하여 이해한다.

교육에서의 평가를 시험과 혼동하는 경우가 많다. 이러한 현상은 어린 시절부터 평가를 받는다는 것은 시험을 치르는 것으로 인식하고, 시험성적의 높고 낮음에 따라 성취를 판단하였기에 발생하는 것이다. 결과적으로 시험성적이 높은 학생은 우수한 학생이고, 자질 역시 높은 것으로 판단하게 된 것이다.

성취는 지능이나 타고난 능력으로도 가능하지만 후천적인 노력과 잘 짜인 교육적 노력에 의해서도 가능하다. 특히, 현대에서는 지능이나 타고난 자질보다는 교육과정의 충실성과 교사-학습자 상호작용에서 교과특성을 고려한 ATTI 모형을 강조하고 있기도 하다. 이러한 과정에서 학습자의 성취의 정도와 성취를 방해하는 요소를 분석하고, 방해요인을 제거하는 수단으로서 평가가 활용되고 있다.

즉, 평가란, 달성된 성취를 확인하는 것만이 아니라, 의도한 성취를 달성하기 위한 노력으로서 학습과정에서의 방해요소를 확인하고 해결하는 모든 것을 의미한다고 할 수 있다.

이 장에서는 교육평가에 대한 정의와 평가관 그리고 평가의 유형에 대하여 알아보고자 한다.

1. 교육평가와 평가관

1) 교육평가의 정의

교육평가는 교육의 과정을 통하여 최초 설정한 교육의 목표를 얼마나 달성하였는지를 확인하는 과정이다. 그러므로 교육평가는 평가의 과정만 존재하는 것이 아니라, 교사의 교수행위와 학습자의 학습행위가 복합적으로 이루어진 다음에 진행되는 것이다. 또한 교육평가는 다음 교수-학습 과정을 위한 중요한 정보를 제공하는 행위이기도 하다.

평가는 사물 또는 그 속성에 대한 가치 판단을 의미한다. 가치 판단을 하기 위해서는 판단의 준거 또는 표준이 있어야 한다. 즉, 판단을 위한 근거가 마련되어야 한다. 그리고 평가는 판단을 위한 준거 또는 근거에 기반하여 객관적이고 절차적으로 가치를 조사하는 과정인 것이다. 따라서 교육평가란, 교육의 행위에 의하여 발생하는 모든 결과와 교육의 과정을 객관적 표준이나 준거에 근거하여 가치를 조사하고 판단하는 행위라고 할 수 있다. 교육평가는 평가의 대상에 따라 매우 복잡할 수 있다. 평가의 대상이 교육의 과정(교수-학습 과정)인지, 학업성취도인지, 교수-학습 방법인지, 학습자의 인지적인 태도인지, 정의적인 태도인지 등에 따라서 다른 방법과 절차를 따르게 되어 있다.

2) 평가관

인간의 행동이나 특성을 포함하여 여러 사회현상을 이해하고 의사결정을 위한 다양한 정보를 수집하는 것처럼, 교육에서도 다양한 정보를 수집하며 이를 '검사(test)'라는 용어로 표현하고 있다. 이러한 검사는 초기 실험 심리학, 심리 측정 이론을 통해 발전되었지만 이후 인간행동 특성을 보는 시각이나 환경을 보는 시각 등에서 대조적인 입장을 보이는 3가지 관점으로 분리되어 발전되어 오고 있다. 이 검사에 관한 관점들은 통칭하여 교육평가관이라 불린다. 이러한 3가지 관점(측정관, 평가관, 총평관)은 각 관점들이 가진 가정에 있어서 매우 대조적인 입장을 가지고 있기 때문에 이들을 이해하는 데 있어서 그러한 가정에 대한 검토가 우선되어야 할 것이다. 이러한 가정을 크게 인간행동을 보는 시각과 환경을 보는 시각으로 나누어 설명하고 있다(박도순, 1998). 이러한 가정의 차이는 각 교육평가관들의 강조점과 실제적인 자료 수집 방법 등에 차이를 가져온다.

(1) 측정관

측정관은 가장 먼저 출현한 교육평가관으로서 갈톤(Galton), 분트(Wundt), 비네(Binet) 등 초기의 실험 심리학자들이나 심리 측정 이론가들에 의해 발전되었다. 측정관은 다음 2가지 가정을 전제로 한다.

첫째, 인간의 행동 특성은 자연현상과 마찬가지로 안정성을 가진다고 가정한다. 즉, 인간의 행동 특성은 우리의 의도나 시간, 장소 등과 상관없이 고정적이고 불변적으로 존재하는 객관적 실재이며 따라서 검사의 목적은 여러 도구를 통해서 이러한 불변의 특성을 가장 원래의 값에 가깝게 측정해 내는 것이라고 본다. 이러한 '인간행동 특성의 불변성' 가정은 측정관으로 하여금 다른 교육평가관에 비해 객관성과 신뢰성을 보다 중시하게 하였다. 즉, 측정관에 있어서는 측정을 해야 할 인간행동의 특성이 객관적으로 존재하는 실재이며 불변하기 때문에 이러한 불변하는 실재를 시간과 장소에 관계없이 지속적이고 객관적으로 측정해 내는 것이 중요한 것이다. 즉, 이 관점에서는 검사의 오차를 줄이는 것이 가장 중요한 관건인 것이다. 이러한 가정은 측정관으로 하여금 표준화에 대한 강한 애착을 가지게 하였다. 이들은 객관적이고 신뢰성 있는 자료를 얻기 위해서 검사의 절차나 방법에서 표준화를 요구하게 되었으며, 이는 양적 자료에 대한 강조와 규준에 의한 결과의 해석으로 이어져 왔다. 객관적이지 않거나 신뢰성이 떨어지는 검사는 비록 그것이 아무리 교육적 목표에 부합한다고 하더라도 그들에게는 단순히 잘못 측정된 검사 결과일 뿐이다.

둘째, 측정관에서는 환경을 인간 행동이나 의도와는 별개의 불변하는 외재적 변인으로 보며 이러한 환경 변인은 인간 행동 특성의 측정을 위해 가능한 한 제거해야 할 오차 변인으로 본다. 다시 말해서 환경은 객관성과 신뢰성을 저해하는, 따라서 제거되어야 하는 존재인 것이다. 이러한 가정은 사실상 '인간 행동 특성의 불변성' 가정과 불가분의 관계를 가진다. 인간행동 특성이 불변하므로 환경은 인간행동의 특성과는 별개의 또 다른 실재이며, 인간행동의 특성을 제대로 검사하기 위해서는 환경의 영향이 가능한 한 제거되어야 하는 것이다. 따라서 측정의 역사는 사실상 이러한 환경의 영향을 극소화하기 위한 노력의 과정이라고 할 수 있다.

(2) 평가관

평가관은 척정관의 가정들을 비판하면서 타일러(R. Tyler) 등에 의해 제안되었다. 타일러는 교육적 수단에 의한 학생들의 '변화'에 관심을 가지면서 이러한 변화를 알아보기 위한 일련의 검사 절차를 '평가'라는 용어로 표현하기 시작하였다(박도순 · 홍후조, 1998). 따라서 '평가'는 인간행동 특성의 변화를 판단하는 일련의 절차를 의미한다고 할 수 있다. 이러한 평가관은 그 가정에 있어서 측정관과 강한 대조를 이루고 있다.

첫째, 평가관은 인간행동 특성의 안정성을 부정하고 인간행동 특성은 언제나 변화한다고 가정한다. 즉, 인간의 행동 특성은 내적 · 외적 요인에 따라 항상 변화한다. 평가관은 이러한 '변화'를 검사하려는 것이다. 그런데 평가관에서 인간행동 특성의 '변화'는 단순히 자연적으로 나타나는 변화가 아니라 설정된 목표에 따라 구체적인 수단을 통해서 나타나는 의도된 변화를 의미한다. 그러므로, 일반적으로 교육의 궁극적 목표가 교육적 수단을 통해 학생들에게 바람직한 변화를 일으키려는 것이라고 할 때, '평가'는 사실상 교육목표의 성과를 검사하는 일련의 노력인 것이다. 이러한 '인간행동 특성의 의도된 변화'를 '평가'하기 위해서 평가관에서는 변화의 목표를 중요시한다. 목표가 명확히 정의되어 있느냐가 의도된 변화를 평가하기 위한 전제 조건이기 때문이다. 따라서 평가관은 측정관과는 달리 신뢰도나 객관도보다는 타당도, 특히 내용타당도에 관심을 가진다. 왜냐하면 내용타당도는 검사도구가 검사하고자 의도한 목표를 얼마나 잘 대표하고 있느냐에 따라 결정되기 때문이다. 이에 따라 평가관은 객관도, 신뢰도 제고를 위해 표준화에 의한 양적 자료에만 치중하기보다는 다양한 교수목표의 달성을 위한 변화 정도를 평가하는 다양한 증거를 확보하는 것을 강조한다. 따라서 평가관에서는 양적 자료뿐 아니라 질적 자료도 중요한 정보원으로 간주된다.

둘째, 환경을 보는 시각에 있어서도 평가관은 측정관과는 강한 대조를 보인다. 평가관에 있어서는 환경은 오차의 원인이 아니라 변화를 초래하는 외적 변인으로 간주된다. 이러한 환경에 대한 시각은 평가관의 인간행동 특성에 대한 가정, 즉 변화 가능성과 밀접하게 관련된다. 즉, 변화 가능성을 전제함으로써 환경은 변화를 초래하는 하나의 중요한 요인으로 볼 수 있는 것이다. 따라서 평가관에서는 교육목표의 달성을 위해서 학생이 행동 변화뿐 아니라 이러한 변화를 가능하게 하는 외적 요인인 환경 예를 들어, 교수방법, 교육과정, 교사의 전문성 등에 대한 평가에도 관심을 가지게 된다. 이에 따라 평가관은 평가의 범위를 측정관보다 더욱 확대하고 있다. 특히, 최근 들어, 교육목표 달성을 위한 적극적인 노력으로서 인간행동 특성의 변화를 가능하게 하는 외적 변인인 환경, 즉, 교육과정, 교사, 학교, 교육 프로그램 등에 대한 평가에 대한 관심이 고조되고 있다.

(3) 총평관

총평관은 역사적으로 볼 때 가장 나중에 출현한 관점이다. '총평'이라는 용어는 '전인적 평가'라고 불리기도 하며 머레이(H. Murray)에 의하여 처음 사용되기 시작하였다. 그 후 제2차 세계대전 중 O.S.S.에서 '총평'을 사용하면서 널리 알려지게 되었다. 이러한 총평 개념은 비교적 최근 들어 그 개념이 확립되어 가고 있지만, 사실상 평가 개념 안에서 혼용되기도 하는 것에서 알 수 있듯이, 아직도 다른 교육평가관에 비해 명확한 개념의 정의가 미흡하다고 할 수 있다. 총평관은 평가관과 마찬가지로 인간행동 특성의 변화 가능성을 전제로 한다. 또한 환경을 보는 시각에서도 평가관과 동일하게 환경 변인을 통제해야 할 대상으로 보는 것과는 매우 대조적인 입장을 취하고 있다. 이러한 가정에 있어서의 유사성이 총평관과 평가관의 명확한 구별을 어렵게 하고 있지만, 총평관은 환경을 보는 시각에서 평가관과는 매우 다른 측면을 가진다. 사실 이러한 환경에 대한 시각의 차이를 이해하는 것이 총평관의 개념을 보다 명확히 하는 데 핵심이라고 할 수 있다. 앞서 언급하였듯이, 평가관은 환경을 개인의 행동 특성의 변화를 야기하는 외적 변인으로 보며, 바람직한 인간행동 특성의 변화, 즉, 교육의 목표 달성을 위해, 인간행동 특성의 변화뿐 아니라 환경 변인에 대한 평가에도 초점을 맞춘다. 즉, 평가관은 환경의 인간행동 특성에 대한 영향을 중시하면서 이러한 영향을 교육목표와 부합시키기 위해 개인에 대한 평가와 환경에 대한 평가를 동시에 중시한다. 이에 반해 총평관은 환경을 개인과 상호작용하는 주체적 존재로 보며, 개인과 환경의 역동적 관계에 의해 개인의 행동 특성이 변화한다고 본다. 따라서 개인에 대한 전인적 평가를 위해서는 이러한 역동적인 개인과 환경의 '상호작용'에 검사의 초점이 맞춰져야 한다고 본다. 예를 들어, 총평 개념을 처음 사용한 머레이(H. Murray)는 개인과 환경의 역동적인 상호작용을 분석하기 위해 개인이 가진 '욕구체계'와 환경이 개인에게 주는 영향인 '압력체계'를 설정하여 이들의 상호작용을 분석하는 것이 총평의 핵심으로 보았다. 이러한 총평관의 환경과 인간행동 특성에 대한 가정은 총평의 자료 수집 방식과 자료의 해석 방식의 특징을 결정하고 있다.

첫째, 총평관에 있어서 개인과 개인을 둘러싼 다양한 환경과의 역동적 관계를 분석하기 위해서는 개인, 환경, 그리고 그들의 상호작용에 관한 다양하고 포괄적인 자료를 수집하여야 한다. 이를 위해서 양적 방식뿐 아니라 질적 방식도 중요시된다. 특히, 역동적인 상호작용의 검사를 위해서는 자기보고법, 관찰법, 역할놀이, 자유연상법 등 투사적인 질적 방식도 중요한 자료 수집 방식으로 간주된다. 또한 이러한 다양한 자료 수집 방식을 활용함으로써 총평관에서는 수집된 자료들, 즉 증거들 사이의 합치성을 검토하는 것이 매우 중요한 절차로 여겨진다.

둘째, 개인과 환경의 상호작용에 대한 초점은 단순히 다양한 자료들을 수집, 해석하는 것보다는, 머레이(H. Murray)가 욕구체제와 압력체제를 설정하여 분석하였듯이, 개인과 환경에 대한 자료수집과 해석에 있어서 체제적인 접근을 요구한다. 다시 말해, 총평관은 수집된 다양한 증거들을 서로 독립적으로 간주하는 것이 아니라 개인, 환경이라는 주체 안에서 종합적으로 해석될 수 있도록 각각의 '체제'를 설정한다.

셋째, 이러한 체제를 통한 다양한 증거들의 종합적 활용은 총평관으로 하여금 구인타당도에 관심을 갖도록 하였다. 왜냐하면, 총평관에서의 각각의 체제와 이들의 상호작용에 대한 분석은 사실상 하나의 이론을 형성하게 되며, 따라서, 인간행동 특성과 환경, 이들의 상호작용에 대한 체제적 자료들이 형성된 구인과 이론에 얼마나 부합하느냐를 보는 것은 구인타당도와 직결되기 때문이다. 아울러, 총평관은 예언타당도도 중요시한다. 이는 개인과 환경의 상호작용을 각각의 체제가 얼마나 예언하는가도 중요한 문제로 대두될 수 있기 때문이다.

3) 학교에서 교육평가의 기능

학교교육과 관련하여 교육평가는 다음과 같은 기능적 역할을 하고 있다(박도순·홍후조, 2007 재인용).

첫째, 교육평가의 첫 번째 기능은 학습의 진단 활동이다. 교육의 출발은 학생들의 현재적 능력이나 적성, 또는 정의적 상태의 파악으로부터 비롯된다. 따라서 교육이 전개될 시점에서 현재의 개개 학습자 또는 한 학급전체가 직면하고 있는 학습 곤란점이나 상태를 정확히 진단할 필요가 있다. 교육평가에서는 수업을 설계하고 수업 전략 및 방법을 적용하기 전에 학생에 관한 여러 가지 정보를 수집하고, 그에 따른 가장 효과적인 수업 설계·전략·방법 등을 모색해야 한다. 한편, 학습 곤란점이 발견되면 그 원인이 선행학습 수준에 있는 것인지, 지능이나 적성과 같은 기본능력 부족에 있는 것인지, 또는 정서적 불안정에 있는 것인지 등을 정확히 진단하여 부족한 기초 학습 수준을 보충해야 한다. 특히, 수업 외적인 원인의 경우에는 적절한 가이던스가 뒤따라야 할 것이다. 이 진단적 기능의 목적은 앞으로의 학습을 위한 준비상태를 조장하는 데에 있다.

둘째, 교수-학습이 진행되는 과정에서 수업 및 학습의 진전 상황에 관한 정보를 수집·분석함으로써 교수-학습 활동을 개선하는 기능이 있다. 이를 위해서는 교수-학습 과정에서 학습의 진행속도를 조절한다든지, 단원 및 단계마다의 학습진전도를 확인하고 강화하며, 경우에 따라서는 교수방법을 개선하는 활동이 요구된다.

셋째, 학생의 학습결과에 대한 학업성취도를 평가하는 기능이다. 교육이 목표지향적 행위의 활동이라면 교육에 의해 목표가 어느 정도 달성되고 있는가는 학생의 성취도를 확인하는 데서 가능해진다. 목표의 성취란 교육과정에서 명시한 목표가 학생의 행동으로 실현되는 상황을 의미한다. 그러므로 개개 학생이 교육목표를 어느 정도 성취하고 있는가를 평가하는 일은 교육평가의 중요한 활동이 된다. 따라서 이러한 목적의 평가를 위해서는 학교 수준별, 학년별, 교과영역별, 단원별 교육목표가 명료화되어야 하고, 이러한 목표가 학생의 행동으로 실현되었을 때 나타나는 행위(동)의 특징을 구체화하는 일이 중요한 선행과제가 됨을 이해할 수 있을 것이다.

넷째, 교육과정, 수업자료, 수업절차 등의 교육적 효과성을 평가하는 기능이다. 즉, 교육 프로그램에 대한 평가 기능을 말한다. 교육의 결과는 결과적으로 교육 프로그램에 의한 것이다. 따라서 교육 프로그램에 대한 평가를 통해서 교육 프로그램의 질적 수준을 향상시키고, 교육성취도의 질적 향상을 도모하는 것이다.

다섯째, 교육평가는 교육의 제 문제를 이해하고 건전한 교육정책 수립에 활용하는 기능이 있다. 이러한 평가는 전국적 평가연구에서나 학력의 국제비교와 같은 연구에서 잘 시사되고 있는 바와 같이 전체 학생 또는 전체 국민이 꼭 습득하고 있어야 할 기본적 능력을 어느 정도 소유하고 있는가를 확인함으로서 교육정책의 방향을 수립하는 데 도움을 받을 수 있다(박도순 · 홍후조, 2007).

2. 교육평가의 유형

교육평가의 유형은 평가의 준거, 평가의 시점, 평가 대상, 평가문항의 특성 등에 따라 평가유형을 구분할 수 있다. 이 장에서는 교육평가의 유형을 평가의 각 특성에 따라 구분하고, 평가 유형에 따른 장단점을 살펴보고자 한다.

1) 상대기준평가와 절대기준평가

상대기준평가와 절대기준평가의 구분은 어떤 평가관에 따른 어떤 기준에 비추어 해석하는가에 따라 이루어진다.

(1) 상대기준평가

상대기준평가는 평가결과에 대한 해석의 기준을 규준집단 내의 상대적 위치에서 구하는 평가방법으로 규준지향평가(norm-referenced evaluation)라고도 한다. 상대적 위치를 결정짓는 기준은 일반적으로 어떤 집단의 측정치를 대표하는 성격을 지닌 '평균'이 된다.

따라서 상대기준평가에서는 해당 집단의 평균치를 기준으로 하여 평가 결과를 해석한다. 상대기준평가는 평가의 기준점을 집단의 평균치로 보고 있기 때문에 개인의 점수는 어디까지나 그가 속하는 집단의 평균(Mean; M)과 표준편차(Standard Deviation; SD)에 비추어 결정되고 해석된다. 또한 이 평가체제에서는 전체 점수분포가 정상분포곡선을 이룬다는 것을 전제로 하고 있으며, 개인의 상대적인 비교를 기초로 하고 있다. 따라서 상대기준평가 체제는 학생들의 상대적인 능력이나 기술을 비교해 보고 그것에 대한 어떤 결정을 내리는 학생선발이나 우열을 가려내는 평가기능이 크게 강조되는 평가체제라고 할 수 있다.

상대기준평가의 이점을 살펴보면 다음과 같다.

① 엄밀한 개인차의 변별이 가능하다.
② 경쟁을 통하여 학생들의 외적 동기유발을 꾀하는 데 유리하다.

상대기준평가의 문제점을 살펴보면 다음과 같다.

① 인간의 발전성에 대한 신념이나 교육의 힘에 대한 신념을 흐리게 할 우려가 있다.
② 참다운 학력의 평가가 불가능하다.
③ 경쟁의식의 조장을 통하여 학생들의 외적 동기만을 유발할 가능성이 크기 때문에 실제적인 동기로 작용하는 내적 동기를 유발하기 어렵다.
④ 경쟁의식의 심화는 학생들의 정신건강에도 해가 될 우려가 있다. 특히, 열등한 학생은 항상 초조해하거나 패배감에 빠지기 쉽다.
⑤ 교수-학습 개선의 기능을 약화시킬 우려가 있다. 상대기준평가는 목표달성

여부에 관심을 두기보다는 상대적인 위치나 비교에 관심을 두기 때문에 교육의 질적 개선에는 소홀할 가능성이 크다.

(2) 절대기준평가

교육에서 평가는 인간행동에 대한 어떤 결정을 내리기 위하여 유용한 정보나 자료를 체계적으로 수집 · 활용하는 절차로 요약될 수 있다. 앞서의 상대기준평가에서의 평가결과는 한 학생이 다른 학생보다 그 집단 속에서 더 우수하다 또는 열등하다는 해석에 그치기 쉽기 때문에 교수-학습 개선을 위한 유용한 정보로서 사용되기는 어렵다. 학생의 등급만을 교사가 안다는 것으로는 수업목표가 도달되었는지, 또는 교수방법이 학생들에게 효과적이었는지 등을 설명하기 어렵다. 중요한 것은 한 학생의 검사결과가 그 집단학생 중에서 하위 1/3 수준의 등급에 포함되어 있고, 그 결과로 검사에서 상대적으로 낮은 점수로 나타났다면, 교사는 학생이 왜 그렇게 낮은 성취 정도를 보이게 되는지의 이유를 찾아야 한다. 즉, 교육활동의 중요성을 질적으로 평가해야 한다는 것이다. 이러한 의미에서 교육활동에 대한 질적인 평가는 상대기준평가에서보다는 절대기준평가 체제의 접근으로 가능할 것이다.

절대기준평가는 규준집단 내에서 한 개인의 위치를 상대적으로 결정하는 것이 아니라 일정한 기준선(준거)을 정하고, 그 기준에 도달했는지의 여부를 결정하는 것으로 준거지향평가(criterion- referenced evaluation)라고 한다. 이 평가체제는 평가의 기준을 교육과정을 통해 달성시키려고 하는 각 교과별 · 학년 수준별 교육목표 내지는 변화시키고자 하는 학습목표에 둔 '목표 수준별 평가' 또는 '목표 지향적 평가'라고 할 수 있다.

따라서 절대기준평가 도구를 제작할 때에는 평가도구가 진술된 성취목표에 대응되어야 한다는 점이 특히 중요한 의미를 갖는다. 여기에서의 평가의 본질은 달성하고자 한 목표와 수행활동 간의 일치성을 따져 보는 것이다. 그렇게 되어야만 교사는 학생들의 특수한 학습곤란점을 정확하게 발견 · 교정할 수 있고 효과적인 지도를 할 수 있기 때문이다. 절대기준평가는 선수학습이 후속학습의 기초가 되는 전제를 받아들인 '체계적 평가'라고 할 수 있다.

결국, 절대기준평가란 '평가의 준거를 교육을 통해 달성하려고 하는 수업목표에 두는 것으로서 교수-학습 활동을 촉진 · 개선시키기 위해 학습장애의 진단, 학습된 행동의 정착 및 심화, 교수-학습 방법의 개선방향을 밝혀 주는 평가체제'라고 말할 수 있다.

절대기준평가의 특징 및 이점은 다음과 같다.

① 인간의 무한한 가능성과 교육의 효과에 대한 신념을 성취할 수 있다.
② 학생들의 성취 수준이 부적 편포될 것으로 기대한다. 즉, 모든 학습자를 목표 도달점으로 이끌어 가는 것이 이 평가체제의 목적이다.
③ 절대기준평가의 결과로 얻어진 점수는 그 점수 자체로서 중요한 의미를 갖는다. 즉, 현재적으로 획득한 점수가 현재의 목표달성 수준이 된다.
④ 절대기준평가에서는 타당도의 개념이 강조된다. 즉, 교육내용 및 목표에 대한 교수-학습의 결과를 중시하는 것이다.
⑤ 특정 학습목표에 대한 학습자의 도달 또는 미달 여부의 판정이 중요한 의미를 갖는다.
⑥ 학생들 사이의 경쟁심을 제거하고 협동적인 학습을 가능하게 해 준다. 이는 다른 사람보다 더 잘한다는 학습관보다는 목표 달성을 위한 효과적인 학습관으로 가능하다.
⑦ 학생들에게 보다 많은 성취감 또는 성공감을 갖게 해 준다.
⑧ 진정한 의미의 학습효과를 비교할 수 있게 해 준다.
⑨ 학습에 대한 효과적인 강화를 가능하게 해 준다. 효과적인 강화란 성취수준 만큼의 보상을 말한다.
⑩ 절대기준평가는 불필요하고 비합리적인 지적 능력의 분류를 배제해 준다.

결국 절대기준평가는 인간의 무한한 가능성과 교육효과에 대한 신념을 기초로 하고 있으며, 교육의 발전도에 대한 과정적 판단을 가능하게 해 준다. 또한 교육활동에 필요한 구체적이고 의미 있는 정보를 수집 · 활용함으로써 교육개선의 방향과 전략을 결정해 주는 데에 그 의미가 있다.

2) 진단 · 형성 · 종합평가

진단 · 형성 · 종합평가는 평가의 시점 및 목적에 따라 달리 적용된다. 평가의 시점으로 보면 수업이 시작되기 전에 실시하는 진단평가(diagnostic evaluation), 수업 진행 중 또는 소단원마다의 평가활동인 형성평가(formative evaluation), 대단원 또는 수업의 전 과정이 이루어진 후에 실시하는 총합평가(summative evaluation)로 나누어진다.

그리고 평가목적에 따라서 보면 기초학력이나 현재적 심리특성을 확인 · 파악하는 진단평가, 학습진전도 확인 및 교수-학습 활동을 점검하는 형성평가, 종합적 평가 또는 최종 성취도 수준을 판단하는 총합평가로 나눌 수 있다(허형, 1990; 황정규, 1998: 박도순 · 홍후조, 2007).

(1) 진단평가

진단평가는 수업이 시작되기 전에 새로운 학습과제에 대한 기초학력이나 심리적 특성으로써 학습흥미, 학습동기, 학습준비도 등을 진단하여 효과적인 교수-학습 전략을 모색하기 위한 평가활동이다. 이러한 진단평가의 개념에 따른 진단평가의 목적은 2가지로 구분된다. 그 하나는 수업이 시작되기 전에 실시되는 예진적 활동으로서 새로운 수업에 직접적인 영향을 미치는 심리적 특성들을 진단 · 처치하는 데 있으며, 다른 하나는 학습실패의 교육 외적인 원인을 진단 · 처치하는 것이다.

진단평가의 기능 및 활동을 2가지로 요약하여 제시하면 다음과 같다.

첫째, 학습의 예진적 활동에서는 학생들의 지능이나 적성과 같은 기본적인 학습능력, 학습동기, 학습흥미 등을 확인하고 특히, 선행학습 수준을 확인하여 그에 따른 최적의 수업전략을 모색한다. 즉, 학습의 성과를 극대화시키기 위해서는 이들 요소들에 대한 정보를 체계적으로 수집하여 가장 효과적인 수업전략 방안을 강구하는 것이다. 이들 정보 중에서 가장 중요한 것은 학생들의 학습결손의 유무에 대한 정보이다. 진단 결과 필요에 따라서 적절한 보충이 요구되며, 학습동기나 흥미를 유발할 수 있는 적절한 과제의 제시나 교수-학습매체 및 자료를 활용해야 할 것이다. 한편, 기본적인 학습능력의 결여에 있어서는 장기적인 계획에 따른 처치가 뒤따라야 할 것이다.

둘째, 학습실패의 수업 외적 원인을 진단하여 수업 외적인 학습 영향변인을 적절히 다루어 학습자의 학습활동을 돕는 것이 필요하다. 학습실패의 수업 외적인 영향변인은 신체적 · 심리적 · 환경적인 것들로 분류된다. 학습실패를 유발하는 신체적 요인으로는 건강상태의 이상, 영양 관리의 이상, 운동 · 감각기능의 장애 등을 들 수 있으며, 심리적 요인으로는 수업 관련 내용에 대한 부정적 자아개념을 가지고 있거나 그 밖에 가족 또는 동료들과의 부조화로 인한 심리적 불안정, 신경증 등이 나타날 수 있다. 그리고 환경적 요인으로는 물리적 · 경제적 빈곤으로 인한 학습환경의 결여를 들 수 있다. 이러한 학습장애 요소가 발견되면 교사는 직접적인 학습활동에 대한 처치에 앞서 개인으로 하여금 학습할 수 있는 환경적 조건을 형성하는 데 도움이 되는 상담이나 가이던스를 우선해야 할 것이다.

(2) 형성평가

형성평가는 교수-학습 활동의 진행과정에서 학생들에게 피드백(feedback)을 주고, 교수-학습 활동을 개선하기 위해 실시하는 것이다. 전통적으로 학교에서 대부분 실시하는 평가는 수업과 학습의 성과에 대한 최종적 판단을 내리는 이른바 총합평가이다. 그런데 만일 교육의 성과가 만족스럽지 못한 것으로 판명될 때, 그 부족한 부분을 바로잡기에는 시간적으로나 심리적으로 어렵게 된다. 수업이 진행되는 도중에 수시로 실시되는 형성평가는 바로 이러한 총합평가의 문제점을 보완하려는 데에서 착안된 것이다.

형성평가는 교수-학습 과정의 진전 상황에 관한 정보를 수집 · 분석하여 교수-학습활동 개선에 이바지하려는 데에 그 목적이 있다.

형성평가의 기능은 다음과 같다.

첫째, 학생들의 학습진행속도를 조절하는 기능이다. 형성평가는 학생들의 학습 진전도 상태를 분명히 밝혀 줌으로써 학습보조를 자신의 학습능력에 맞추어 나갈 수 있게 한다.

둘째, 학생이 당면하는 학습곤란이나 학습결손의 내용을 밝혀 이를 교정 또는 보충하는 기회를 제공하는 기능이다. 이를 통해 학습결손의 누적현상을 피할 수 있으며, 새로운 학습과제에 대한 기초를 확보함으로서 성공적으로 학습을 계속할 수 있게 된다.

셋째, 학생의 학습활동을 강화하는 기능이다. 현재까지의 학습 진전 및 성취 자체는 보상과 격려되어 성취만큼의 긍정적 자아개념을 형성하게 되어 학습자는 더욱 자신감과 도전감을 가질 수 있다.

넷째, 교수-학습 개선의 기능이다. 만일 어떤 특정 문항이나 질문에 대한 학생의 반응이 거의 대부분 틀렸을 경우, 이는 학생의 학습 자체에 문제가 있기보다는 오히려 잘못 이해시킨 교수방법에 그 원인이 있을 수도 있다. 이때에는 기존의 교수방법에 대한 검토가 요구되며, 필요하다면 새로운 교수방법을 적용해 보아야 할 것이다. 즉, 교수-학습 활동의 개선을 위한 교수방법의 변형이나 교수자료의 활용 등의 재처치가 있어야 한다.

(3) 총합평가

총합평가는 수업이 종결된 후 중간고사, 기말고사, 학년말고사 등을 통해서 학생들의 학업성취도를 총합적으로 평가하여 수업활동의 효과성 및 효율성에 대한 판단을 내리는 것이다.

총합평가의 주요 목적은 전체 교과목이나 혹은 그것의 중요한 부분에 대한 전체 성과가 어느 정도인지를 판단하고 그 결과에 의해 성적, 평점, 등급 등을 부여하는 것에 있다.

그리고 총합평가의 주요 특징은 첫째, 총합평가에서 평가될 교육목표는 형성평가에서의 구체적인 목표보다는 일반화 가능성(generalizability)이 있고 전이의 가능성이 있는 보다 포괄적이고 지시적인 교육목표를 대상으로 한다. 둘째, 형성평가에서의 평가문항의 목적이 성취 · 비성취에 있는 데 반하여 총합평가에서는 종합적인 성취수준을 판단하는 것이기 때문에 총합평가 문항제작에서는 난이도(item difficult)가 30~70% 정도로 약 50%의 난이도를 기준으로 하는 것이 이상적이다. 끝으로 총합평가는 학생을 판정하고 등급을 정하고 자격을 부여하고 분류하고자 하는 것이 특징이다.

이와 같은 총합평가의 목적과 특징에 따른 구체적인 기능을 열거하면 다음과 같다.

첫째, 총괄평가는 학생들의 성적, 평점, 등급 등을 부여하는 기능이다. 즉, 학생의 최종 성취 수준 및 위치를 결정하는 기능이다.

둘째, 총합평가의 결과는 학생들의 장래의 성적을 예측하는 기능이다. 현재의 성취 수준을 기초로 함으로써 다음의 학습지도에 도움을 줄 수 있다.

셋째, 총합평가는 집단성과를 비교할 수 있는 정보를 제공해 준다.

넷째, 총합평가는 학습지도의 장기적 질 관리를 하는 데 도움을 줄 수 있다.

3) 주관식 평가와 객관식 평가

주관식 평가와 객관식 평가는 평가 형태에 따른 구분이라기보다는 채점 과정에서 채점자의 주관성이 개입되는가 개입되지 않는가를 중요한 요소로 간주하게 된다. 즉, 주관식은 채점의 과정에서 채점자의 주관이 개입될 수 있으며, 객관식은 채점자의 주관이 개입되지 않는 상태, 누가 보아도 정답이 존재하는 평가를 의미한다. 일반적으로 주관식은 서술형 평가문항이 대부분이고, 객관식은 선다형 평가문항이 대부분이다. 그렇지만 서술형이라고 하여도 객관적인 답이 존재하는 경우, 주관식이라기보다는 객관식으로 분류하여야 한다.

주관식 평가와 객관식 평가는 평가문항의 형태에 따라 구분되는데, 실제적인 구분의 기준은 검사 또는 시험될 문항 및 문제를 채점하는 과정에서 채점자의 주관성을 개재하는가에 있다. 즉, 채점자의 주관성이 포함되는 평가 형태를 주관식 평가문항으로 보고, 채점이 객관적이어서 어떤 채점자가 채점을 하더라도 동일한 채점

결과를 유지할 수 있는 평가 형태를 객관식 평가문항으로 보면 된다. 이러한 기준에 따르면 객관식 평가문항이 주관식 평가문항보다 객관도가 높다고 할 수 있다.

채점의 객관성을 기준으로 하여 평가문항들을 분류해 보면, 객관식 평가문항으로는 선다형(사지 또는 오지) 문항, 진위형 문항, 배합형 문항, 단순 사실 또는 지식에 대한 단답형 문항이나 완성형 문항 등을 들 수 있으며, 주관식 평가문항으로는 논술형 문항, 개념의 설명을 요하는 서술형 또는 진술형 문항 등이 있다. 단, 단답형과 완성형의 경우에 있어서 문항의 진술에 따라 답의 형태가 주관성의 비중이 크다면 주관식 문항으로 포함시킬 수도 있다.

이러한 문항들은 평가의 목적 또는 과제의 특성에 따라서 달리 적용된다. 그러나 평가의 객관성을 높이기 위해서 반드시 객관식 문항만을 사용할 수는 없는 것이다. 다시 말해서 목적에 따라서 문항의 종류가 선택되어야 한다는 것이다. 여기에서 중요한 문제는 어떤 경우에 어떤 유형의 문항을 사용할 것이냐 하는 것이며, 비록 주관식 문항이지만 그 채점의 객관도를 어떻게 높일 것이냐에 있다.

객관식 문항은 기초적 지식이나 새로운 정보나 사실을 평가할 때, 수강생이 너무 많아 채점의 용이성과 경제성이 요구될 때 등에 사용될 수 있다. 우선, 객관식 문항의 사용에 있어서의 고려점을 나열하면 다음과 같다.

첫째, 사지 선다형보다는 오지 선다형을 사용할 것을 권장한다. 그 이유는 선다형 문항이 갖고 있는 약점인 추측의 요인을 배제하기 위해서이다. 그리고 선다형 문항의 사용에 있어서도 오답지의 진술이 전혀 다른 관점으로 진술되어 학생으로 하여금 잘못된 지식으로 습득될 가능성에 대해서도 충분히 고려해야 한다.

둘째, 진위형 문항의 사용은 가능한 배제해야 한다. 이 문항의 추측률은 50%나 되기 때문이다. 이 문항은 독해 능력이 부족한 어린 아동들에게나 적합한 문항이다.

셋째, 배합형의 문항은 양쪽의 항목수가 불일치되게 제작해야 한다. 줄을 긋는다든지 'A.항의 문제에 따른 B.항에서의 고르기'에서 만약, 양쪽 항의 수가 같으면 셋 중에 둘만 알아도 하나를 자동적으로 정답할 수 있는 경우가 생기기 때문이다. 이 역시 추측의 요인을 배제하기 위한 것이다.

넷째, 단답형 또는 완성형인 경우는 정확한 답을 채점 전에 마련해 놓아야 한다. 특히 어휘의 의미에 따라서 가능한 답의 경우의 수를 마련해 놓아야 한다.

다섯째, 선다형 · 배합형의 사용에서 새로운 정보나 사실의 습득을 목적으로 하는 것이 아닌 경우라면, 가능한 단순한 지식이나 사실을 묻는 문항은 제작하지 않는다. 비록 선다형이나 배합형이라도 문제에 대한 이해나 분석, 응용의 문제 해결을 요하는 것이 보다 수준 높은 성취도를 평가하는 것이기 때문이다.

주관식 문항의 사용은 어떤 개념에 대해 비교적 긴 설명을 요하는 경우나 학생의 다양한 기존의 지식을 활용하고 조직하는 것을 평가하는 데 사용될 수 있다. 주관식 문항의 사용에 있어서의 고려점을 제시하면 다음과 같다.

첫째, 설명이나 진술을 요하는 문항은 채점 전에 설명에 포함되어야 할 주요 개념이나 단어, 진술의 순서 등에 대한 준거를 마련해야 한다.

둘째, 논술형의 문항에 대한 채점에 있어서는 반드시 채점의 준거를 문항 제작과 동시에 마련해야 한다. 즉, 채점의 준거 마련에 어려움을 겪는다면 그 즉시 제작 문항을 수정해야 한다. 이 과정은 논술형에서 가지는 가장 큰 약점인 채점자의 주관성 때문이다. 그러므로 최대한의 객관도를 유지하기 위해서는 제시 문항의 의도와 그에 대한 답을 판단할 수 있는 채점의 준거를 일치시킬 필요가 있다. 이러한 일치성만 가질 수 있다면 고차적 능력에 대한 평가 방법으로 가장 권장할 수 있는 평가문항 유형이다. 논술형의 궁극적 목적은 학생의 분석력, 적용력, 종합력, 평가력 등의 고차적 능력을 평가하는 데 있기 때문이다. 학생 자신이 갖고 있는 기존의 지식을 바탕으로 주어진 상황을 분석할 수 있고, 응용할 수 있으며, 논리적으로 표현하면서 타당한 판단을 할 수 있다면 이것이 가장 고차적인 능력의 발휘라고 볼 수 있다. 채점의 준거로는 논술의 목적이 적합한가? 적절한 기본적인 지식들을 포함하고 있는가? 적절한 예시를 들고 있는가? 진술의 순서와 논리가 적합한가? 서론과 본론에 따른 결론의 진술이 타당한가? 등을 들 수 있다.

3. 평가도구의 질

평가는 결과를 의미적으로 해석하는 것이다. 따라서 평가의 의미적 해석이 수용되기 위해서는 평가 자체 즉, 평가 내용 및 절차가 정확해야 하고, 그 결과도 객관적으로 인식되어야 한다. 이것이 평가도구가 기본적으로 갖추어야 할 조건이다. 평가도구의 질을 판단하는 주요 요소로는 평가내용과 관련된 타당도, 평가 절차 및 과정에 관련된 신뢰도, 평가의 채점과 관련된 객관도, 그리고 실용도 등을 들 수 있다(성태제, 2002; 박도순 · 홍후조, 2007).

1) 타당도

타당도(validity)란 평가도구가 측정하고자 하는 것을 어느 정도로 측정하고 있느냐에 있다. 즉, 타당도는 '평가도구가 실제 무엇을 재고 있느냐', 또는 '재고자 하는 능력 · 성질 · 특성을 어느 정도로 재고 있느냐'의 정도를 말하는 것이다. 이와 같이 타당도는 '잴 것을 재고 있는가'의 의미로서 '무엇(what)'이라는 개념과 관계된다. 예를 들어, 사회과에 대한 평가는 측정에 약간의 오차가 다소 있더라도 '사회생활능력'을 재고 있어야지 '국어능력'을 재어서는 타당치 못하다. 사회과 고사에서 고차적인 독해력을 요하는 식의 질문 문항은 자칫 사회생활능력을 재기보다는 국어능력을 재는 오류를 범할 수도 있다.

2) 신뢰도

타당도가 '무엇'을 측정하고 있느냐에 초점을 두는 것이라면 신뢰도(reliability)는 한 평가도구가 '얼마나 정확하게', '얼마나 오차 없이', 그리고 '얼마나 일관성 있게' 측정하고 있느냐에 초점을 두는 것이다. 즉, '어떻게(how)' 측정하고 있느냐를 따지는 것이다. 만일 어떤 자(尺)가 온도의 변화에 민감해서 늘었다 줄었다 한다면 어느 때의 측정이 정확한 것인지를 말하기 어려울 것이다. 그 자(尺)의 결과를 믿기 어려운 것처럼 어떤 상황에서든 평가도구를 신뢰할 수 없다면 그 도구로 측정한 결과의 해석은 무의미하다. 한편, 인간행동의 측정은 자연과학에서의 측정보다는 엄밀할 수는 없다. 그래서 인간행동의 측정에서는 어느 정도의 오차를 인정할 수밖에 없다. 그러나 측정된 인간행동의 특성을 보다 의미 있게 해석하기 위해서는 측정의 오차를 최소화해야 할 것이다. 바로 검사나 평가도구의 신뢰도를 중요시하는 것이 이 이유 때문이다. 그러므로 가능한 도구의 신뢰도를 높일 필요가 있는 것이다.

타당도는 평가도구의 필수적인 조건이다. 앞서 지적했듯이 평가도구의 일차적인 조건은 타당도에 있다. 한편, 검사나 평가를 위한 측정에는 오차가 발생하기 마련인데 예를 들어, 검사의 상황이나 조건, 피검사자의 특성이나 건강, 문항의 진술 등에 따라 피검사자의 반응이 달라질 수도 있다. 이로 인하여 검사의 신뢰도는 낮아질 수 있다. 따라서 검사의 신뢰도가 높아야만 측정 결과를 신뢰할 수 있을 것이다.

3) 객관도

객관도(objectivity)는 채점자의 채점이 어느 정도 신뢰롭고 일관성이 있느냐로 규정할 수 있다. 인문과학에서의 측정 대상은 대부분 인간이다. 인간의 특성 자체가 모호하기 때문에 인간 특성의 측정에는 오차가 따르기 마련이다. 뿐만 아니라 측정된 인간 특성을 해석하는 사람도 역시 인간이다. 따라서 인간 특성의 해석에도 오차가 있을 수 있다는 논리가 성립된다. 앞서 타당도에 대한 설명에서도 측정의 오차를 언급하면서 그 오차를 최소화해야 할 것을 지적한 바 있다. 마찬가지로 측정된 결과의 해석 또한 최소한의 오차를 인정해야 할 것이다. 이것이 바로 검사도구의 객관도를 강조하는 것이며, 검사자 또는 채점자의 주관성을 최대한 배제해야 함을 의미하는 것이다.

한 검사나 고사에 대하여 검사자 또는 채점자 간의 점수 부여가 다르다면 누구의 점수를 인정해야 하는지를 놓고 고민할 수밖에 없을 것이다. 객관도란 측정의 결과에 대해 여러 검사자 혹은 채점자가 자신의 편견, 주관, 감정을 완전히 제거하면 거기에 남는 것은 객관성뿐이다. 이렇게 볼 때 아마도 우리는 이와 같은 편견이나 주관성을 최대한으로 배제하려고 한 검사자 또는 채점자의 점수를 받아들일 것이다.

4) 실용도

평가도구가 갖추어야 할 필수적인 조건은 타당도, 신뢰도, 객관도라 할 수 있다. 그러나 교육 및 학교에서의 평가도구는 현실적이어야 한다. 그 현실성 정도를 판단하는 것이 실용도(usability)이다. 평가도구의 제작 및 사용에 있어서의 실용도 요소는 경비, 시간, 요원, 실시의 용이성 등을 들 수 있다. 비록 타당도, 신뢰도, 객관도를 갖춘 평가도구라 할지라도 너무 많은 경비와 시간 그리고 실시 방법이나 채점 및 해석이 복잡하거나 번거로우면 현실성이 떨어져 실용도가 없는 것이다. 따라서 실제 교육의 상황이나 연구의 조건에 맞추어 적절한 실용도를 갖춘 평가도구를 제작하거나 선정해야 할 것이다.

토론과제

1. 학교에서의 평가가 나에게 미친 긍정적 또는 부정적 영향은 무엇인지 생각해 보자.
2. 평가의 유형 중에서 나의 발전에 긍정적인 영향을 줄 수 있는 것은 어떤 것인가? 그리고 그 이유는 무엇인가? 이에 대해 논의해 보자.
3. 내가 교사가 된다면 학생들을 어떠한 관점으로 볼 것인지 논의해 보자.

제8장

교육공학

학습목표

1. 교육공학의 의미에 대해서 이해한다.
2. 교육공학의 발달과정에 대하여 이해한다.
3. 교육공학의 영역에 대하여 이해한다.
4. 교육에서 공학이 필요한 이유를 이해한다.

교육에서 공학이 필요한 이유는 무엇인가? 공학이 요구하는 것은 무엇인가? 공학은 문제 해결을 위한 해결적인 접근을 의미한다. 교육의 핵심은 가르치고 배우는 것이다. 즉, 가르치는 행위와 배우는 행위로 구분된다. 효과적인 수업이 이루어지기 위해서 교사는 다양한 노력을 기울여야 한다. 그렇다면 교사가 준비하여야 하는 노력에는 무엇이 있는가? 이러한 질문에 쉽게 답할 수 있는 사람은 없을 것이다. 교사가 하여야 하는 것이 너무나 많기 때문이다. 따라서 많은 사람들 또는 교사들이 자신의 경험에 비추어 많은 답을 이야기할 수 있을 것이다. 어떤 사람은 수업 준비에 만전을 기하여야 할 것이라고 말할 것이며, 어떤 사람은 학습자에 대한 이해가 선행되어야 할 것이라고 말한 것이다. 그리고 또 어떤 사람들은 수업이해도를 높이기 위한 노력이 이루어져야 할 것이라고 말할 것이다. 분명한 것은 이 모든 것이 다 옳다는 것이다.

교육현장에서 교사에 의한 수업이 제대로 이루어지기 위해서는 수업이 '정보의 전달'에 중심을 두는 것이 아니라, 학습자의 특성에 맞게 '처방적'으로 이루어져야 한다는 것이다. 교수체제설계에서 '처방적'이라는 의미를 다시 한번 설명하겠지만, 교수-학습 과정에서 중요한 것은 있는 그대로의 정보를 교사에게서 학습자에게로 옮겨지는 것이 아니라, 그러한 정보가 어떠한 경우에 어떻게 사용되는 것인지, 그리고 그러한 정보가 학습자에게 어떠한 의미를 가지는 것인지에 대해서 학습자들에게 인식시키고, 학습자의 언어와 경험으로 재해석되어야 하는 것이다.

즉, 교수-학습의 효율성이 보장되어야 하는 것이다. 교수-학습의 효율성을 보장하기 위한 노력 중의 하나가 교육의 공학적인 접근이다. 즉, 교수-학습 과정에서 공학적인 체제를 접목시킴으로써 교수-학습의 효율성을 높이는 것이 교육공학이 다루는 학문적 영역이다. 최근 과학기술공학의 발달에 힘이어 교육학 분야에서도 다양한 공학적인 접근이 이루어지고 있다.

1. 교육공학의 정의

1) 교육공학의 출현 배경

교육현장에서 공학적인 시도 또는 교육의 과정에서 매체를 사용하여 교육내용의 전달에 활용하기 시작한 것은 일반적으로 코메니우스의 『대교수학』이라고 한다. 그렇지만 현대적인 의미의 교육공학의 시초는 1900년대 미국에서 시작된 시청각교육으로 볼 수 있다. 하나의 학문 분야로서 교육공학은 본래 '시청각 교육'의 전통에서 출발하였다. 시청각적 매체, 즉 라디오, 영화, 텔레비전 등과 같은 것을 어떠한 방식으로 교육에서 활용할 수 있으며, 그것의 효과성은 어디에서 찾을 수 있는지에 관한 연구 등이 학문 분야로서의 교육공학 성립에 출발점이 되었다.

교육공학은 1950년대에 본격적으로 태동하여, 매 10년을 주기로 적극적인 변화를 가져왔다. 즉, 60년대 말 학습환경이나 학습조건을 적합하게 조정함으로써 모든 학생이 완전학습에 이를 수 있다고 믿는 교육자들이 많아지기 시작했으며, 이 같은 생각은 곧바로 학습의 개별화 운동으로 연결되었다. 그리고 70년대 들어 수많은 개별화 방안들이 등장하게 되는 계기를 제공하게 되었다. 이후 브루너(Bruner), 글래서(Glaser), 가네(Gagné) 등의 연구를 통하여 이 분야에 인지심리학의 참여가 이루어지게 되었다. 오늘날 교수공학 분야는 인지적 정보처리과정을 보다 중요하게 생각하고 있으며, 교수-학습상황에서의 정보처리 과정의 역할과 개별 학습자의 지각 등에 대해서도 크게 관심을 가지고 있다.

이후 교육공학은 1980년대 컴퓨터 공학의 발달에 힘입어 하이퍼텍스트의 개념을 구현할 수 있도록 되었으며, 1990년대 중반에는 윈도우 시스템을 장착한 컴퓨터를 교육현장에 사용하게 됨으로써 본격적으로 멀티미디어를 활용한 교수-학습이 가능하도록 하였다. 또한 교육공학은 원격교육체제의 구축을 위하여 다양한 매체들을 활용하면서 보다 체계화되기 시작하였다. 초기의 원격교육과 최근의 원격교육은 그 체제 자체에서 확연한 차이가 있지만 원격교육을 위한 방법의 탐색에 있어서 공학적 접근이 이루어진 것은 분명하다.

그리고 교수체제 분석을 통하여 교수-학습의 효율성을 높이기 위한 다양한 노력들이 교육공학을 본격적인 궤도에 올려놓은 것으로 판단할 수 있다. 이러한 노력은 최근 인터넷을 활용한 웹기반 수업(Web-Based Instruction)의 개발과 활용에 관한 노력들이 연구의 구된 관심사가 되고 있다.

2) 교육공학과 교수공학

교육공학과 교수공학에 대한 논의는 서로 다른 영역을 의미하는 것이라기보다는 동일한 대상을 중심으로 의미상의 차이를 논의하는 것과 같다. 구체적으로 살펴보면 교육공학과 교수공학은 엄연히 서로 다른 분야이지만, 최근 용어상의 차이를 구별하지 않고 교육공학이라는 용어를 사용하고 있다. 여기에서는 박성익(2000)이 설명한 교육공학과 교수공학을 중심으로 공통점과 차이점을 살펴보고자 한다.

교육공학과 교수공학 중에서 개념적 및 교육 현장에의 적용상에 있어서 우선적으로 발전한 것은 교수공학이다. 교수공학은 1960년대에 이르러 시청각통신 교육은 교수공학 차원으로 발전하게 되었으며, 교수공학의 발전에는 스키너(Skinner)의 행동주의에 기반을 둔 교수기계(teaching machine)와 프로그램 수업(programmed instruction)과 체제 이론에 기반을 둔 교수개발의 모형이 중요한 영향을 미쳤다. 학습 현상에 대한 스키너(Skinner, 1968)의 행동주의적 관점이 교수공학의 성립에 지대한 영향을 미친 것은 교수 기계의 개발이 공학적 특성을 보여주는 데 성공하였기 때문이다.

수업의 보조물로서 매체를 파악하는 관점을 벗어나서 수업 전체 과정에 있어서 매체의 활용을 공학적 관점에서 파악하려는 접근은 체제의 관점에 기초함으로써 더욱 발전하게 되었다. 수업을 준비하고, 설계하고, 개발하는 과정을 일종의 체제로서 파악하려는 교수개발(instructional development)의 개념이 발전되었다. 교수개발은 매체의 효과적 활용에 관한 전통적 지식뿐 아니라 학습 현상 및 교수 방식에 관한 과학적 지식을 체계적으로 활용하려는 노력으로 파악되었다. 체계적 개발과정으로서 교수개발은 분석, 설계, 실행, 평가의 주요 단계로 구성된다. 매체의 활용 부분은 분석 단계의 결과를 바탕으로 설계하게 되는 전체 교수 프로그램 설계의 한 측면을 구성한다.

교수개발 과정 중 교수설계(instructional design)는 또 하나의 하위 요소를 구성함과 동시에 교수이론을 새로운 시각으로 파악하게 하였다. 전통적인 교수이론은 교육심리학이나 학습이론의 시사점을 토대로 개발되었다. 그러나 교육공학적 관점에서 교수이론은 체계적이고 처방적 교수전략의 개발이라는 시각에서 다루어진다. 여기서 교수이론은 단순히 학습이론의 함의점 차원에서 드러나는 것이 아니라 주어진 교수 조건에 따른 최적의 처방 전략을 의미한다(박성익 · 임정훈, 1993; Reigeluth, 1983).

이것은 시청각 통신에 한정된 범위에서 벗어나서 전체 교수 프로그램의 설계 과정에 관한 연구를 대상으로 연구 영역이 확대되면서 교수공학이 대두된 것이다. 이러한 추세에 맞추어서 1970년에 이르러서 기존의 시청각교육국(Division of Audio-Visual Instruction: DAVI)이 미국교육공학회(Association for Educational Communications and Technology; AECT)로 바뀌게 된다. 미국교육공학회에서는 교수공학에 관한 정의를 다음과 같이 공식적으로 제시함으로써 시청각통신 교육의 한계를 벗어나고자 하였다.

> "교수공학은 어떤 특정한 매체나 고안물 이상을 의미한다. 교수공학은 모든 요소들의 전체 합 이상이다. 교수공학은 인간 학습과 통신이론에 기반을 두고 특정한 학습목표에 따라 교수학습의 전 과정을 설계하고 실행하고 평가하는 체계적 방법이며, 더 효과적인 교수를 이끌어내기 위하여 인적 자원과 비인적 자원을 적절히 결합하여 사용하는 체계적 방법이다(Commission on Instructional Technology, 1970)."

1970년에 시도된 교수공학의 정의는 포괄적이며, 복합적인 특성을 보여주는 것으로 제안되었으나, 실제적으로 그러한 특성에 대한 상세한 설명은 하지 못하였다. 따라서 미국교육공학회는 교육공학의 의미에 대한 종합적이면서도 상세한 규정을 시도하였으며, 교육공학에 관한 하나의 공식적인 절의가 1977년에 제시되었다(AECT, 1977).

"교육공학이란 모든 인간 학습에 포함된 문제들을 분석하고, 그 해결책을 구안하여, 실행하고, 평가하며, 관리하기 위하여 사람, 절차, 아이디어, 기자재 및 조직을 포함하는 복합적이며, 통합적인 과정이다(Association for Educational Communication & Technology, 1977)."

교육공학에 대한 미국교육공학회의 정의에 따르면, 교육공학은 인간 학습에서의 문제들이 어떻게 규명되고 해결되는가에 대한 이론이며, 인간 학습에서의 문제점들을 분석하고 해결하기 위하여 복합적이고 통합된 과정을 적용하는 데 관련된 분야이다. 여기서 교육공학은 교육관리기능, 교육개발기능, 학습자원, 학습자로 구성된다. 교육공학과 교수공학에 대한 내용을 그림으로 제시하면 [그림 8-1], [그림 8-2]와 같다.

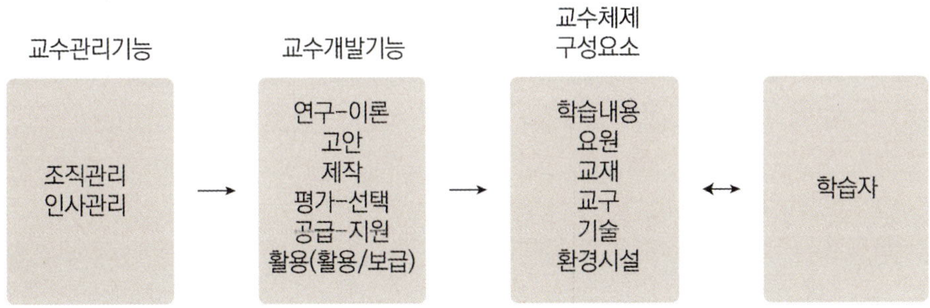

출처: 박성익(2000)

그림 8-1 교육공학의 영역

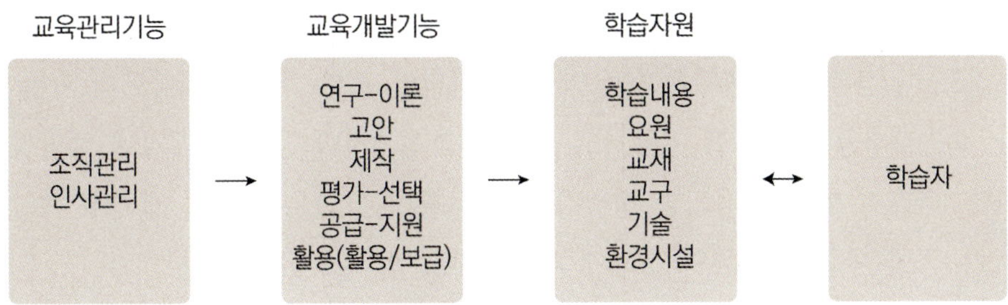

출처: 박성익(2000)

그림 8-2 교수공학의 영역

교육공학과 교수공학 모두 최종적으로 학습자를 대상으로 하지만 그 내용이나 영역에 있어서 확연히 차이가 있음을 보여주고 있다. 그렇지만, 앞에서도 언급한 바와 같이 교육공학은 역사적으로 시청각교육, 시청각통신, 그리고 교수공학이라는 세 번의 패러다임 변환 과정을 거치면서 오늘에 이르렀다. 그리고 미국교육공학회에서는 1994년에 교육공학의 새로운 정의를 재규정하였다. 이 규정에서 교육공학보다는 교수공학에 대한 정의를 내림으로써 미국 내에서는 교육공학과 교수공학이 궁극적으로 동일한 탐구대상을 지칭한다는 것을 보여주고 있다. 이 규정에 따르면 "교수공학은 학습을 위한 과정과 자원의 설계, 개발, 활용, 관리 및 평가에 관한 이론과 실제이다(Seels & Rickey, 1994)"라고 밝히고 있다.

그리고 일부에서는 교육공학은 교육에 대한 공학, 즉 교육의 전반에 대한 문제를 해결하는 방법에 대한 학문적 영역으로 다루고 있기도 하다. 이 경우 교육공학은 교수-학습, 교육과정, 상담, 교육행정, 그리고 교육평가에 이르기까지 광범위한 내용을 다루게 된다.

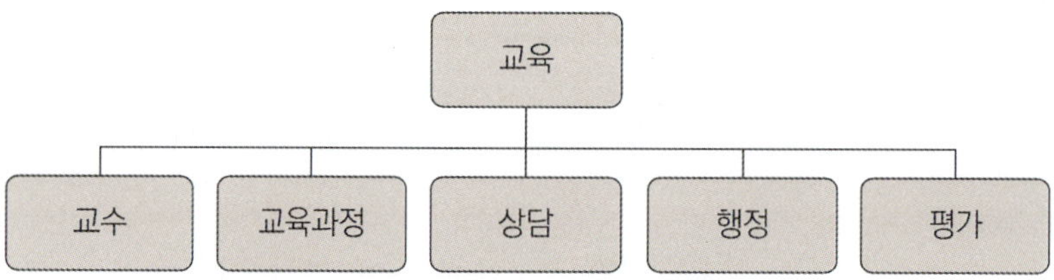

그림 8-3 교육에 대한 공학으로서 교육공학의 대상

그리고 이 경우, 교수공학은 교육의 하위 영역인 교수-학습만을 다르게 되는 것이다. 즉, 교수공학은 직접 가르치고 배우는 과정에서만의 문제 해결에 해당하는 것이다. 따라서 이러한 정의를 정리하면, 교육공학은 넓은 범위의 정의에 해당되며, 교수공학은 좁은 범위의 정의에 해당된다고 할 수 있다.

3) 교육공학의 3가지 의미

공학에 대한 정의의 변천 과정을 통해 나타난 여러 학자들의 견해를 분류하면 교육공학의 의미(권성호, 1998)를 '교육에서의 공학(technology in education)'과 '교육의 공학(technology of education)' 그리고 인간에 중심을 둔 '인간의 교육공학(technology of human)'으로 구분할 수 있다. 이에 대하여 간단하게 살펴보면 다음과 같다(조성일 외, 2002).

먼저 '교육에서의 공학'은 '산물로서의 공학(technology as products)'을 의미하며 다음과 같이 나타낼 수 있다.

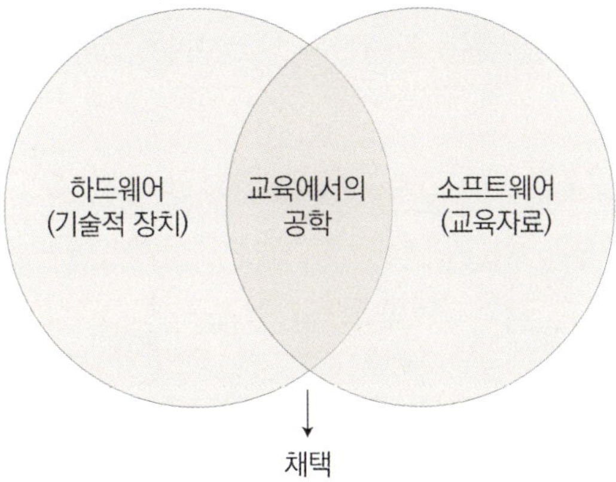

그림 8-4 **하드웨어로서의 교육공학 – 교수로서의 교육공학**

출처: 조성일 외(2002)

교육에서의 공학은 지식 및 기능을 가르치기 위한 수단으로 교육에 도입되는 모든 시청각 매체를 의미하며 각종 시청각 매체가 교육적 필요에 따라 단편적으로 채택, 활용되며 이를 시청각교육이라고 할 수 있다. 이는 '하드웨어로서의 교육공학'이며 가르치는 사람의 교육적 필요에 의해 매체를 채택, 활용하기 때문에 '교수로서의 교육공학'이라 할 수 있다. '교육에서의 공학'은 시청각 매체의 활용대상자이면서 동시에 교육의 주체인 학습자의 제반 특성, 요구, 흥미, 관심 등을 고려하지 않을 뿐만 아니라 그들이 어떻게 학습하고 있는지를 고려하지 않고 있다. 또한 시청각 매체 그 자체의 기술적 특성이 매체 선정에 가장 중요한 근거가 되기 때문에 학습자의 요구(need)나 학습내용이 중요시되지 않는다. 결론적으로 '교육에서의 교육공학'은 교육과 공학이 인간적 · 교육적 가치와는 무관하게 공학을 채택하는 입장에서 교육공학의 의미를 파악하고 져다.

그리고 교육의 공학은 '과정으로서의 공학(technology as process)'을 의미하며 이를 도식으로 제시하면 다음과 같다.

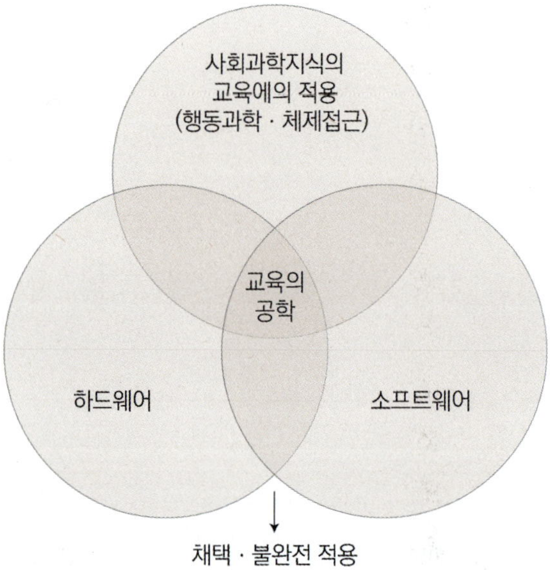

그림 8-5 하드웨어로서의 교육공학 – 교수로서의 교육공학

출처: 조성일 외(2002)

교육의 공학은 교육의 전체 과정을 체계적으로 계획, 실행, 평가하는 것을 의미하며, 각종 시청각 매체를 교육적 필요에 의해 단편적으로 활용하는 것이 아니라, 교육의 전체 과정을 하나의 체제로 보고 체제의 유기적 적합성에 근거하여 교수매체를 선정한다. 여기서는 무엇보다도 학습자의 학습효과를 극대화할 수 있는 최적의 매체를 선정하는 데 초점을 둠으로써 학습의 제반원리 및 학습자의 일반적인 특성, 요구, 관심, 흥미 등에 근거하여 매체가 선정되며 공학은 학습자를 위해 존재한다. 이것은 '소프트웨어로서의 교육공학'이 동시에 학습자의 학습과정의 필요에 의해 매체를 도입, 활용하기 때문에 '학습으로서의 교육공학'이라고 할 수 있다.

'인간의 교육공학'은 '교육에서의 공학'과 '교육의 공학'에서의 의미를 포괄하면서 새로운 이론적 배경 및 학습자 중심에 근거해서 정의되는 '대안적(alternative) 교육공학'이며 '인간적(humanistic) 교육공학'이다.

'인간의 교육공학'의 개념에는 교육의 공학에 사회과학 지식의 적용이라는 새로운 개념이 도입된다. 게라흐와 킨즈(Gerlach & Keans, 1973)는 교육공학에 대한 정의를 '교육공학은 지식의 원형(prototype) 및 교수설계/개발을 포함하여 교육자료, 장치, 체제, 방법 등을 새롭게 창출하는 데 적용하는 과정이다'라고 하였다. 이는 기존 교육공학의 방법론적 한계를 새롭게 인식하고 새로운 교육공학의 개념 정립이 필요함을 시사해 주고 있다.

새로운 의미의 인간의 교육공학이 가지는 특성은 다음과 같다(조성일 외, 2002).

첫째, 이론적 배경으로서 인지주의 심리학을 토대로 새로운 인간관을 설정하고 있다.

둘째, 행동주의에서 통계학적으로 연구하던 학습결과에서 인지·구성주의에서의 '학습과정'을 중심으로 하는 질적 연구로 바뀌고 있다.

셋째, 교수 측면의 강조점이 학습자 측면으로 전환됨으로써 인간에 대한 관점을 새롭게 보고 있다.

넷째, 교육의 전체적 효과성을 중심으로 복잡한 교육문제를 해결하기 위해 종합적 총체적인 접근방법(holistic approach)을 선택한다.

이상에서 살펴본 교육공학의 3가지 의미를 정리하면 〈표 8-1〉과 같다.

표 8-1 교육공학의 3가지 의미

구분 개념	제학자의 교육공학 개념	포함되는 영역	교육과 공학의 관계
교육에서의 공학	• 산물로서의 공학 • 자연과학적 개념 • 상대적 공학 • 하드웨어로서의 공학 • 교수로서의 공학	• 하드웨어 • 소프트웨어	• 채택 - 인간이 없는 교육
교육의 공학	• 과정으로서의 공학 • 행동과학적 개념 • 과학기술 응용 교육 공학 • 구조적 공학 • 소프트웨어로서의 공학 • 학습으로서의 공학	• 하드웨어 • 소프트웨어 • 사회과학 지식의 적용 (행동과학, 체제접근)	• 채택 • 불완전 적응 • 인간에게 도움을 주는 공학
인간의 교육공학	• 대안적 교육공학 • 인간적 교육공학	• 하드웨어 • 소프트웨어 • 사회과학 지식의 적용(인지과학, 체제접근, 구성주의)	• 채택 • 완전적응 • 인간을 이해하는 공학

2. 교육공학의 발달과정

교육공학의 발달과정을 거시적인 차원에서 접근한다면 선사시대의 벽화에서부터 시작한다고 볼 수 있다. 이것은 문자를 제외한 모든 수단으로서 의미를 전달하려는 모든 노력을 교육공학적인 결과로 판단할 수 있기 때문이다. 그렇지만 교육의 장(field)에서 학습자의 이해를 돕기 위해서 그림이나 기호 등의 보조적인 매체를 활용하기 시작한 것은 서구에서는 코메니우스의 『대교수학』에서 찾고 있지만, 우리나라에서는 이미 대교수학이 나오기 100년 전인 1549년에 『부모은중경(父母恩重經)』이 출판되었다. 그렇지만 교육현장에서 효과적인 교수-학습을 위하여 교육공학이 하나의 학문적 영역으로 탐구되기 시작한 것은 1900년대에 들어서부터이다. 1900년대를 들어서면서 교육공학의 초기 형태라고 볼 수 있는 시각교육(visual education)이 미국에서 시작되었으며, 이후 시각교육은 시청각교육으로 발전하였고, 1950년대에는 커뮤니케이션(communication) 이론을 반영한 시청각 통신으로 발전하였다. 그리고 1970년대 이후 교육공학 및 교수공학(instructional technology)으로 정립된다(박성익, 2000).

여기에서는 교육공학의 발달과정에 대해서 간략하게 살펴보도록 하겠다.

1) 초창기

초창기 교육공학의 사상적 배경은 코메니우스(Johann Amos Comenius, 1592~1670)의 경험주의에서 찾을 수 있다. 그는 『대교수학(Didactica Magna)』(1632)을 통해 처음으로 그림을 삽입한 최초의 교과서인 『세계도회(Orbis Pictures)』를 발표하여 감각론에 입각한 획기적인 교수방법을 사용함으로써 교육제도와 교육과정의 개혁을 시도하였다. 감각적 실학주의자였던 그는 '언어중심교육'과는 반대로 '감각적 직관'을 중요시하여, 학습의 단서가 되는 것은 '감각'이라고 하였다. "학습은 사물과 여러 감각을 통해 이루어지므로 능력을 향상시키기 위해서는 실물과 도해를 사용해야 한다."고 하며 사물에 대한 감각적 경험을 중시하였다. 그리고 페스탈로치(Johann Heinrich Pestalozzl, 1746~1827)도 역시 직관에 의한 교육을 중시하였다. 자연이나 사회사상에 대한 지식을 가르치는 데 문자나 문장 또는 구술보다는 실제의 현상을 관찰시키고 그것이 불가능할 때에는 표본이나 그림을 이용하여 관찰을 통해 직접적·실증적 경험을 주는 것이 중요하다는 것이다. 이러한 노력은 프뢰벨(Friedrich Fröbel, 1782~1852)과 몬테소리(Maria Montessori, 1870~1952)를 거쳐 교구를 활용하는 감각교육으로 발전되었으며, 이후 실용주의 철학자로 진보주의 교육사상을 이론적으로 정립한 듀이(John Dewey, 1856~1952)에 의하여 경험을 통한 교육으로서 경험주의 교육이 제시되었다. 경험주의 교육은 현대 교육공학의 기본 이론을 형성하는 데 많은 기여를 하였다. 이후 손다이크(E. L. Thorndike, 1887~1949)와 스키너(B. F. Skinner) 등에 의하여 행동주의 학습이론을 기반으로 하는 다양한 교육공학적 접근이 이루어졌다. 즉, 특히 손다이크는 동물학습에 관한 실험실 연구를 기초로 연합주의

(connectionism) 학습이론을 정립하였다. 그는 학습에서의 법칙을 정립하여 교수공학의 기본원리인 교수의 과학화를 꾀하고자 하였다. 교수공학의 기본원리에는 자발적 학습활동, 흥미 · 동기유발 · 준비성 · 정신적 자세, 개별화, 사회화 등이 있으며 이를 실행하기 위해서는 개별학습자의 흥미와 개별성을 고려하고 학습자의 학습활동을 바람직한 방향으로 통제하며 다양한 교수매체를 활용함으로써 학습효과를 증대시킬 수 있다고 주장하였다(조성일 외, 2002).

2) 시각교육

초기 교육공학은 시각교육을 중심으로 이루어졌다. 이 점은 교육공학의 성립을 이해하는데 매우 중요하다. 1900년대를 전후하여 미국은 다양한 형태의 공교육을 시도하면서 새로운 교육적 방법들을 모색한다. 1905년 뉴욕주는 최초로 시각수업과(visual instruction department)를 설치하여 각종 슬라이드 자료를 학교에 보급하기 시작함으로써 시각교육을 본격화하는 계기가 마련되었다(Saettler, 1990).

호반(Hoban, 1937)은 『교육과정의 시각화(Visualizing the Curriculum)』에서 시각자료의 활용을 주장하면서 학습자에게 제공되는 경험이 얼마나 구체적인지 또는 추상적인지에 따라 시각자료를 분류하였다. 호반은 효과적인 학습을 위해서 구체적인 교재로부터 시작해서 추상적인 교재를 사용하여야 하며, 추상적인 이해를 돕기 위해서는 추상성이 높은 자료와 함께 구체성이 높은 자료를 통합하여 사용해야 한다고 주장하였다. 교육과정 시각화 이론에 따른 교재의 분류에서 강조하는 것은 구체적인 경험을 통해 일반화된 지식에 도달하는 것이 중요하다는 것이다.

시각교육 시기의 특징을 요약하면 다음과 같다(조성일 외, 2002).

- 시각자료의 활용을 통한 교육의 효과성 도모
- 다양한 시각자료를 학습자의 경험에 따라 분류
- 시각교재의 구체성 확대
- 시각자료는 단지 교사의 보조물이라는 개념에 기반

3) 시청각교육

제2차 세계대전을 전후하여 시각교육은 청각자료를 통합할 수 있는 기술의 발전으로 '시청각 매체의 교육적으로 활용'이라는 전기를 맞이한다. 이러한 시청각교육(audio-visual education)의 대두는 전쟁 중에 군사교육 현장에서 활발히 활용되었던 교육용 영화필름이 시초였는데 이러한 교육용 영화필름은 기존의 무성 영화에 청각 자료를 통합한 것으로 특히 군사교육에서 효과적으로 활용되었다. 그 결과로 시청각교육은 1945년부터 10년간 시청각 자료가 학습에 어떻게 영향을 미치는지에 대한 연구와 심층적인 프로그램이 개발되었다.

시청각교육은 영화, 슬라이드, 녹음, 라디오, 텔레비전 등 다양한 시청각 매체를 이용하여 학습자의 감각기관, 특히 눈과 귀를 통해 학습내용을 효과적으로 전달하기 위한 것이다. 언어적 · 상징적 경험을 강조하는 교수방법과는 달리 시청각교육은 학습과정에서의 구체적인 경험과 비언어적인 경험의 가치를 강조하는 한편, 하나의 교수방법만이 아닌, 시청각 매체를 활용한 다양한 교수방법이 통합되어 교수-학습과정에 사용되어야 함을 강조하였다. 1947년에 DVI가 시청각교육국(Department of Audio-Visual Instruction; DAVI)으로 변경됨으로써 시청각 매체를 이용한 교육은 보다 활발하게 이루어졌다.

시청각 교육의 특징을 요약하면 다음과 같다(조성일 외, 2002).

- 시청각 자료의 활용을 통한 학습의 효율성 도모
- 학습경험에 따른 시청각 교재의 분류
- 추상적 교재와 시청각적 교재의 적절한 활용을 통한 경험의 일반화 강조
- 시청각 매체를 교수 보조물로 인식 · 교사 중심의 매체선택과 활용에 중점
- 학습경험을 추상적 · 구체성의 관계로 파악
- 교수-학습의 전 과정을 고려하지 못하고 매체의 활동에만 중점을 둠

4) 시청각 통신

시청각교육은 1950년대 초기에 들어서면서 시청각 통신으로 발전된다. 교수-학습 보조물로서 매체를 활용하려는 접근 방식에서 벗어나 통신 혹은 의사소통과정에서 매체를 효과적으로 활용하려는 접근은 기존의 이론적 틀의 한계를 극복할 수 있을 것으로 기대되었다.

통신에 관한 이론적 틀로서 매체의 활용을 보다 폭넓게 보여주는 대표적인 것으로 벌로(Berlo, 1960)의 'S-M-C-R' 모형을 들 수 있다. S-M-C-R 모형은 정보원(sourcer)으로부터 메시지가 통로(channel)를 통하여 수신자(receiver)에게로 전달되는 과정을 간결하게 보여주고 있다. 정보원과 수신자는 통신기술, 태도, 시식 수준, 사회체계, 문화양식을 가지고 있으며 이것을 바탕으로 메시지를 보내고 또 받는다.

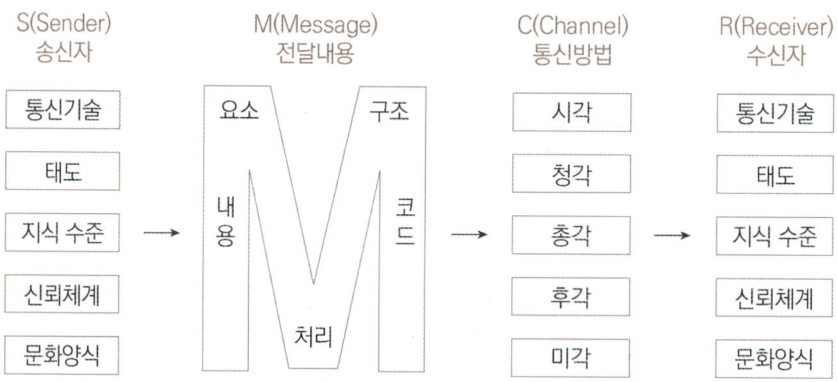

그림 8-6 벌로의 통신 모형

출처 : 박성익(2000).

이 모형은 송신자와 수신자가 가지고 있는 의미 체계에 대한 고려없이 메시지를 보내고 받게 될 때 생기는 통신상의 오류를 지적하고 있다. 다음으로 메시지는 요소, 내용, 구조, 코드, 처리를 포함하며, 전달되는 내용이 일정한 형태로 부호화되는 과정을 보여주고 있다.

또 하나의 대표적인 모형으로 쉐논(Schannon)과 슈람(Schramm)의 통신모형이다.

쉐논과 슈람의 통신모형에서 특이한 점은 경험의 장 이외에 피드백, 잡음 등을 통신상에서 중요한 요소들로 고려하였다는 것이다. 제시된 메시지를 수신자가 어떻게 받아들였는지에 관한 정보가 피드백 형태로 제시되며, 송신자는 이에 따라서 다시 메시지를 보낸다. 이 모형은 이러한 과정에서 잡음 요인으로 인하여 메시지가 정확하게 전달되지 못하는 상황이 발생할 수 있음을 보여주고 있다.

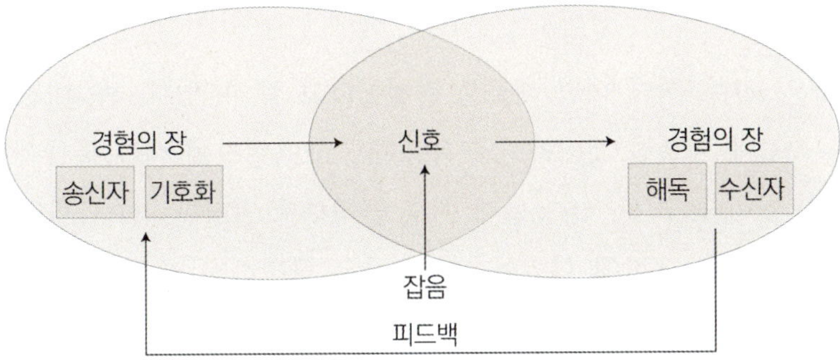

그림 8-7 쉐논과 슈람의 통신모형

출처 : 박성익(2000).

이러한 통신모형에 입각하여 교수-학습 과정, 특히 매체를 활용하는 상황을 재조명하려는 접근 방식이 시청각 통신이다. 1963년 일리(Ely)에 의하여 시청각 수업의 전통은 시청각 통신으로 재규정된다(Ely, 1963). 구체적인 경험을 제공하기 위한 시청각 매체의 강조로부터 전체적인 통신 과정을 강조하는 변화가 시도되었다. 시청각통신의 목적은 학습자로 하여금 잠재능력을 최대한 발휘할 수 있도록 통신의 모든 방법과 매체를 효과적으로 활용하도록 하는 데 있다.

5) 교수공학

1960년대에 이르러 시청각 통신은 교수공학으로 발전하게 된다. 교수공학은 매체를 수업의 보조물로서 활용하려는 관점에서 탈피하여 매체의 활용을 공학적인 접근에서 파악하고자 하였다. 따라서 수업을 준비하고, 설계하고, 개발하는 과정을 하나의 체제(system)로서 파악하려는 교수개발(instructional development)의 개념이 발전하였다. 교수개발은 매체의 효과적인 활용에 관한 전통적인 지식뿐만 아니라 학습현상 및 교수방식에 대한 과학적 지식을 체계적으로 활용하려는 노력이다. 따라서 교수공학은 교수설계에 많은 영향을 주었으며, 다양한 학습방법들이 개발·보급되었다.

6) 교육공학

교육공학은 교수공학에 대한 새로운 관점이라고 할 수 있다. 즉, 이전의 교수공학은 교수-학습에 치중한 것이라면 교육공학은 교육현장에 대한 복합적이고 종합적인 접근인 것이다. 특히, 1970년대 이후 급격하게 발달한 기술공학과 전자통신공학 그리고 컴퓨터 공학에 힘입어 교육공학은 급격하게 발전하게 되었다.

1994년 미국교육공학회의 교육공학에 대한 정의에 따르면, 교육공학은 설계, 개발, 활용, 관리, 평가의 5가지 내용을 포함하고 있다. 이러한 정의는 교육공학이 교육의 현상 전반에 대한 문제를 해결하기 위한 광범위한 노력이라는 것이다. 즉, 교육공학은 교수-학습과정에서 학습자의 학습이해도를 보장하려는 매체적 활용에서 벗어나 교육의 제반 상황과 조건을 통괄하는 활동으로 볼 수 있는 것이다.

3. 교육공학의 영역

공학은 "지식과 이론의 체계적인 적용", 또는 "과학적이고 조직화된 지식을 실제 과제에 체계적으로 적용하는 연구 분야" 또는 "기계·아이디어·여러 절차·관리들로 구성되는 복잡하게 통합된 조직"으로 규정된다. 공학의 정의를 교육학에 접목시키면 교육공학이란 "학습과정 학습자원의 설계, 개발, 활용, 관리 및 평가에 관한 이론과 실제"(AECT, 1994)로 정의될 수 있다. 따라서 이 정의에 따르면, 교육공학은 교수설계, 교수개발, 교수활용, 교수관리 그리고 교수평가의 5가지 영역으로 개념화 할 수 있다.

교육공학의 각 영역은 개념적 측면에서 구분될 뿐이지 실제적으로는 서로 상호 의존적이며 보완적인 관계를 가진다. 이론적 · 실제적 측면에서 각 영역은 다른 영역으로부터 관련된 아이디어를 활용한다.

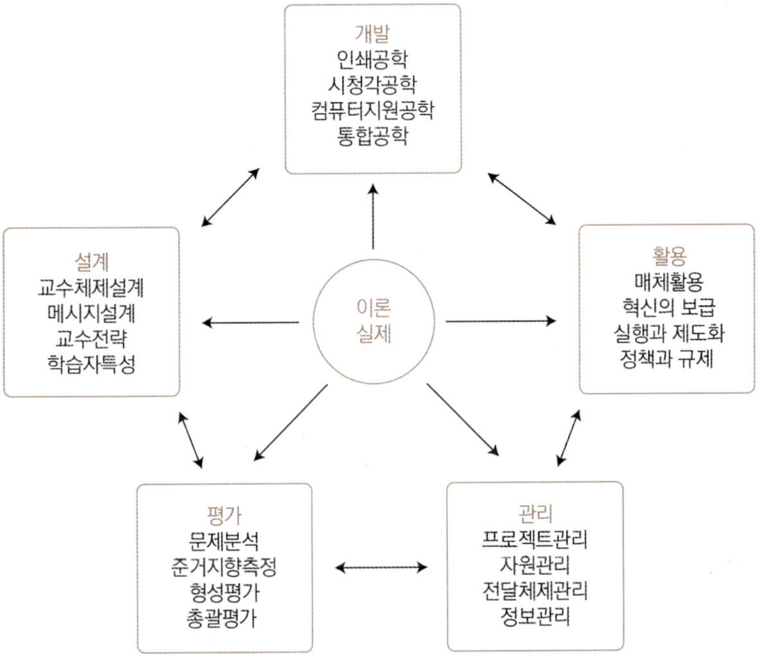

그림 8-8 교육공학의 영역 간 상호관계

교육공학의 하위 영역별 탐구대상 및 활동내용을 간략하게 살펴보면 다음과 같다.

1) 설계영역

설계영역은 교수심리학과 체제이론에 기초하고 있다. 교수심리학은 학습에 관한 심리적 이론을 '교수'라는 활동에 적용시킬 방법을 탐구하는 분야이며, 교육공학에 있어서 교수설계와 교수전략 분야는 교수심리 연구결과와 방법론을 공학적으로 재구성한 것이다. 여기에 체제이론은 다양한 교수-학습 이론이 교육문제 해결과정에 어떻게 통합적으로 활용될 것인가를 안내하는 틀을 제공해 준다.

설계영역은 교수체제 설계, 메시지 디자인, 교수전략, 학습자 특성의 하위 영역으로 구성되어 있다.

교수체제설계(Instructional Systems Design; ISD)는 교수의 분석, 설계, 개발, 실행, 평가의 단계가 포함된 조직적인 절차이다. 분석은 무엇을 배워야 하는지를 정의하는 과정이고, 설계는 어떻게 배워야 하는지를, 개발은 교수자료를 제작 또는 개발하는 과정이고, 실행은 교수상황 안에서 자료와 전략을 실제로 활용하는 것이며, 평가는 교수의 적절성을 결정하는 과정이다. 1970년대 이후 학교, 기업체, 군대 등에서 활용할 수 있는 다양한 모형이 개발되었으며, 1990년대 중반 이후에는 학습에서 행동주의 및 인지주의 심리학의 대안으로 구성주의 심리학에 기초한 교수체제설계모형들이 개발되어 현장에 적용되고 있다. 교수체제설계의 특징은 설계과정이 일반적으로 철저함과 일관성을 요구하는 선형적인 과정인 동시에 순환적인 과정이라는 것이다.

메시지 디자인(Message Design)은 교수 장면에서 어떻게 메시지를 설계하는 것이 학습의 효과를 가져올 것인지를 연구하는 분야이다. 지각, 기억 등과 같은 관련된 인간의 인지과정에 관한 연구결과를 바탕으로 문자, 기호, 그림 등을 어떠한 형태와 순서로 제시할 것인가에 관한 연구가 수행되고 있다. 시각적으로 잘 배열되고 학습자들이 보기 쉽게 배열된 메시지는 그렇지 않은 메시지에 비하여 높은 학습효과를 나타낸다. 메시지 디자인에서는 단순히 칠판에 제시되는 판서에서부터 컴퓨터 화면에 제공되는 화상과 각종 멀티미디어를 통하여 제공되는 시각적 정보를 모두 포함한다.

교수전략(Instructional Strategy)은 하나의 단위수업 안에서 사건과 활동을 선택하고, 계열화를 구체적으로 하는 것이다. 최근에는 상황학습을 위한 방법, 문제 중심 학습을 위한 방법 등 학습에 관한 구성주의적 관점에 기반한 교수-학습 환경 설계 전략 등이 많이 소개됨으로써 이 영역에 대한 활발한 연구가 진행되고 있다. 따라서 특정의 학습 이론으로부터 수업 방법에 관한 시사점을 도출하려는 단편적 차원에서 벗어나서 보다 체계적인 처방성을 포함하는 교수방법에 관한 연구 영역을 의미한다.

학습자 특성은 학습의 효과에 영향을 미치는 학습자의 경험적 배경(연령, 지능, 사회 경제적 환경, 동기 등)과 성취하기를 기대하는 학습과제와 관련된 선수학습 수준을 의미한다. 이것은 학습과제의 특성과는 관계없이 학습의 성패에 영향을 미칠 수 있다. 그래서 학습자 특성은 교수전략뿐만 아니라 학습상항이나 맥락 그리고 학습내용의 선정에 영향을 미치는 주요 요인이다. 가네(Gagné)에 의하면 학습의 내재적 조건으로 제시되는 선수학습 수준은 학습의 성공과 실패에 커다란 영향을 미치고 있으며, 학습자의 동기유형과 수준에 따라서 동기 유발을 어떻게 시킬 것인가도 매우 중요한 고려 요소이다.

2) 개발영역

개발영역은 교수를 위한 매체의 제작 및 개발에 대한 관심에서 시작되는 연구이다. 개발은 설계과정을 통해 산출된 항목들을 물리적 자료의 형태로 바꾸는 과정을 말하며, 이 영역에서는 교수에 사용되는 다양한 공학적인 요소들이 포함되어 있다. 개발은 이론과 설계에 기반하고, 형성적 평가과정을 통해 개발이 완성되며, 개발된 매체의 활용실습을 거쳐, 개발된 매체의 관리까지도 신중히 고려되어야 한다. 개발영역은 인쇄 공학, 시청각 공학, 컴퓨터 기반 공학, 통합적 공학의 하위영역으로 구성되어 있다.

인쇄 공학은 기계를 사용하거나 사진 인화 절차를 사용하여 책이나 정지화상 자료를 제작하고 전달하는 방법이다. 이는 가장 기본적이며 널리 보급된 공학적 요소로 크게 문자자료와 시각자료로 나뉜다. 이 두 가지 형태의 자료개발은 시각 지각, 읽기 및 인간의 정보처리에 관련된 이론과 학습이론에 기반하고 있으며 가장 일반적으로 활용되는 인쇄자료는 문자와 시각정보가 결합된 형태의 교재이다.

시청각 공학은 음성과 시각 메시지를 제시하기 위하여 기계와 전기를 사용하여 제작하고 전달하는 방법이다. 시청각 기자재는 영상자료를 투시하거나 소리 재생,

대형 시각자료의 전시도 가능하게 한다. 특히 과거 OHP나 텔레비전, 비디오 등의 단방향 제시 형태에서 최근에는 컴퓨터에 기반한 공학의 출현으로 좀 더 상호작용적이고, 학습자 참여적인 환경이 제공되고 있다.

컴퓨터 기반 공학은 컴퓨터를 교육매체로 활용하는 것으로서 마이크로프로세서에 기반을 둔 자원을 사용하여 자료를 제작하고 전달하는 방법이다. 일반적으로 컴퓨터 기반 공학의 적용방법은 컴퓨터 기반 학습(CBI), 컴퓨터 보조수업(CAI), 또는 컴퓨터 관리학습(CMI), 컴퓨터 기반 검사(CBT) 등이 있다. 컴퓨터 기반 공학은 행동주의뿐만 아니라 인지주의 학습원리 및 구성주의 학습원리에 기반하여 효과적인 프로그램의 개발에 노력한다. 또한 최근 교육현장에서 다양한 컴퓨터 기반 매체들을 활용하는 노력이 요구되고 있으며, 시대적인 요구에 따라 학습자들의 컴퓨터 활용 능력을 중시하고 있다. 특히, 컴퓨터 기반 공학이 교수-학습 과정에서 효과를 가지기 위해서는 학습자들의 컴퓨터 활용 능력이 요구된다.

통합적 공학은 컴퓨터 제어 하에 몇 가지 다른 유형의 매체들을 포함하여 자료를 개발하고 전달하는 방법으로서, 멀티미디어 공학을 보다 발전적으로 활용하는 방식을 지칭하는 용어이다. 통합적 공학은 컴퓨터의 제어하에 몇 가지 다른 유형의 시청각 매체를 통합하여 다양한 자료와 정보를 개발하고 전달하는 방법을 의미한다. 첨단 공학의 발전에 따라서 컴퓨터는 이제 평면적인 문자 자료의 제시로부터 각종 동영상 자료를 입체적으로 제시할 수 있다. 입체적으로 제시한다는 것의 의미는 하이퍼텍스트 원리를 구현하여 자료를 제시할 수 있다는 것을 포함한다. 하이퍼텍스트는 기존 인쇄 매체의 순차적 제시성의 한계를 극복하려는 텍스트 설계의 한 가지 방법이다. 하이퍼텍스트에서는 제시되는 정보와 정보간의 상호 연결을 즉각적으로 보여줄 수 있고, 학습자가 자신의 필요에 따라서 정보를 탐색할 수 있다. 원격에서 자료를 학습자에게 제시하면서 동시에 학습자의 반응에 따라서 새로운 환경을 제공하는 방법을 탐색하고 있다. 통합적 공학은 미래 정보화 사회의 교육환경을 주도할 중요한 지식 기반이 될 것이다. 통합적 공학이 교수-학습 현장에서 실제적인 효과를 나타내기 위해서는 일방향적 전달체제보다는 양방향 교수-학습 체제가 구축되어야 하며, 이를 뒷받침할 수 있는 첨단공학의 개발이 필수적이다.

3) 활용영역

활용의 개념은 초창기 교육현장의 실무가들에게는 단순한 매체의 사용방식에 관한 것으로 인식되어 왔으나, 현재는 지식의 보급과 활용 그리고 제도화 등 공공의 역할수행에까지 확대되었다. 활용에 대한 연구는 매체 사용을 위한 최적 환경, 학습의 경제적 요인과 학습시간에 대한 매체의 영향과 같은 문제를 다루고 있다. 즉, 교수체제 설계의 원리와 기법이 일선 학교에서 광범위하게 활용될 수 있는지에 대한 실행가능성에 관심을 가지고 있다. 활용의 성공 여부는 혁신적인 내용을 어떻게 확산 · 보급할 것인지에 달려 있다. 많은 사람에게 교수공학의 활동과 산출물은 새로운 것, 즉 혁신적인 것으로 인식되고 있다.

활용 영역은 교육공학의 제 영역 중 가장 오랜 역사를 가지고 있는 것으로 학습을 위하여 절차나 자원을 사용하는 행위에 관한 연구영역이다. 이것은 학습자와 교수자료, 체제 사이의 상호작용을 말하는 것으로 매우 중요하다. 그 이유는 '학습자의 사용'이라는 점이 교수자료의 존재 이유이기 때문이다. 활용영역은 매체 활용, 혁신의 보급, 실행과 제도화, 정책과 규제의 하위 영역으로 구성되어 있다.

매체활용은 학습을 위한 자원의 체계적 활용을 의미한다. 모종의 절차에 따라서 기대하는 학습목표를 달성하기 위하여 최적의 교수매체를 선정하여 활용하는 방법에 관한 의사결정을 포함하고 있다.

혁신의 보급은 채택을 목적으로 하여 계획적인 전략을 사용하는 의사소통의 과정이다. 보급의 궁극적 목표는 변화를 가져오는 것으로 이 과정은 지각, 관심, 시도 그리고 채택과 같은 절차를 포함한다. 그러므로 이 과정은 절차모형, 즉 Gatekeeper와 여론 선도계층과의 의사소통을 포함한 다단계의 흐름모형이다.

실행과 제도화는 교수자료나 전략을 실제 환경에서 사용하는 것을 뜻하는 수행과 한 조직 내에서 교수혁신을 지속적으로 추진하는 것을 뜻하는 제도화를 연결하는 것, 즉 새로운 교육공학을 특정의 조직 내에서 적절하게 사용하고 이런 사용을 지원하는 것을 의미한다.

정책과 규제는 교육공학의 보급과 사용에 영향을 미치는 사회의 규칙과 행위이다. 교육방송, 교육용 소프트웨어의 개발과 활용에 관련된 각종 정책과 규제에 대하여 교육공학적 기준과 표준을 제공하거나 또한 불필요한 규제에 대하여 문제점을 지적하는 활동이 포함된다.

4) 관리영역

관리는 현장 실무로부터 크게 영향을 받은 분야로서, 도서관과 매체자원의 관리, 프로젝트 관리, 시설관리 등에 대한 실제가 중요한 기반이 되었다. 관리와 관련된 대부분의 원리들은 경영학에서 비롯되었으며, 교수공학 분야에서 독자적으로 이루어진 관리이론과 연구의 구축은 거의 없다. 사실 관리 분야에 가장 중요한 영향을 끼친 것은 교수공학 이론가라기보다는 수 년간 현장에서 각종 자료와 시설, 프로젝트 등을 관리한 경험이 있는 실무자로부터 비롯되었다. 따라서 관리영역은 프로젝트 관리, 자원관리, 전달체제 관리, 정보관리의 하위 영역으로 구성되어 있다.

프로젝트 관리는 계획, 점검 그리고 교수설계와 개발 프로젝트를 조정하는 것을 포함한다. 프로젝트 관리자는 교수설계나 다른 프로젝트 기능을 기획하고, 예정표를 만들고, 조절하는 책임을 가진다. 그들은 교섭하고, 예산을 짜고 정보관리 체제를 설정하고 그 진도를 평가한다. 특히 성공적인 프로젝트의 실행을 위해서는 방해요소의 분석 및 해결을 담당해야 한다.

자원관리는 자원지원 체제와 서비스를 기획하고, 감시하고 조정하는 것을 포함한다. 자원은 요원, 예산, 재료, 시간, 시설, 교수 자원 등을 포함한다. 자원 관리에 있어서 중요한 것은 비용 효과성과 학습효과의 정당성이다.

전달체제 관리는 교수자료를 전달할 때 조직하는 방법에 대하여 계획하고, 감독하고, 조정하는 것을 말한다. 특히 이것은 원격교육 프로젝트에서 잘 나타난다. 하드웨어와 소프트웨어의 요구조건, 사용자와 관리자에게 지원할 기술, 설계자와 강사에게 제시할 지침 등의 문제를 다룬다.

정보관리는 학습자원을 공급하기 위하여 정보를 기획, 감사하고 적절히 저장하며 정보를 전달하거나 처리하는 것을 포함한다. 정보관리는 학습자가 쉽게 그리고 용이하게 정보를 사용하게 해 줄 수 있다는 점에서 매우 중요하다. 정보관리를 어떻게 하느냐에 따라서 교육과정의 교수설계 분야가 새롭게 규정될 수 있다.

5) 평가영역

평가는 교수설계의 행동주의적인 관점과 일반체제이론의 입장과 가장 관련되어 있다. 일반체제이론은 전체 설계과정을 인도하는 것으로 교수공학자들이 직면하는 대부분의 평가과제에 대한 논리를 제공해 주고 있다. 평가는 문제의 분석에서 시작되는 교수-학습의 적절성을 결정하는 과정이다. 즉, 분석과 평가는 교수설계 과정과 교수공학에 있어 중추적인 역할을 한다. 평가는 교수공학자들이 복잡한 의사결정을 내리는 데 필요한 객관적이고 타당한 수단을 제공하기 위하여, 다양한 연구도구를 사용하는 하나의 연구형태로 인식된다. 학문적 탐구형태의 하나로서 교육평가는 체계적이고 준거 지향적이며 주로 실증주의적인 지향점을 지니고 있다. 따라서 교육공학 영역에 있어서 평가영역은 교육공학적 과정 및 산물에 대하여 가치를 부여하는 활동영역이다. 평가영역은 문제분석, 준거지향 측정, 형성평가, 총괄평가의 하위 영역으로 구성되어 있다.

문제분석은 정보수집과 의사결정 전략을 사용하여 문제의 성질과 변인을 결정하는 것을 포함한다. 평가를 위한 문제분석은 요구를 확인하고, 문제가 교육적인 것으로 분류될 수 있는가를 검토하고 직면할 장애나 필요 자원 및 학습자 특성을 확인하고 목표와 우선순위를 결정하는 작업을 포함한다.

준거지향 측정(Criterion-referenced measurement)은 사전에 정해진 내용에 대한 학습자의 완성도를 정하는 기술을 포함한다. 준거지향 측정은 목표에 관련된 학습자의 지식, 태도 또는 기술의 완성도에 대한 정보를 제공해 준다. 한마디로 준거지향 측정은 준거에 비해 학습자가 얼마나 잘 했는지를 알 수 있게 한다.

형성평가는 수업의 전개 과정에서 활용하고 있는 교수자료나 프로그램의 적절성과 효과성에 관한 자료를 수집, 분석하여 수업의 진행 과정이나 수업에서 활용할 수 있는 교수자료나 프로그램을 개선하려는 것을 의미한다. 따라서 형성평가는 기술상(또는 내용상) 검토와 개인 교수, 소집단 또는 대집단 시험 적용에 의하여 자료를 수집한다. 자료 수집을 위해서는 관찰, 사후검토, 간단한 테스트를 활용한다.

총괄평가는 프로그램의 유용성의 결정을 위해 적절성에 대한 정보를 수집하고 이 정보를 사용하는 것으로, 형성평가와 마찬가지로 적절성에 관한 정보를 수집한 후 이 정보를 이용하여 향후 지속적인 활용에 관한 결정을 내리는 것을 의미한다. 간단히 말하자면, 형성평가는 프로그램이 개발되는 과정에서 실행되는 활동이며, 총괄 평가는 프로그램이 모두 완성된 후 시행되는 평가이다. 따라서 총괄평가는 보다 형식화된 자료 수집의 절차와 방법을 활용하며, 비교 집단 연구나 준실험적 연구를 사용한다.

4. 교수-학습에 대한 교육공학적 접근

역사적으로 교육공학적 접근이라 함은 매체의 효과적인 개발과 활용을 중심으로 하는 시청각 교육 혹은 시청각 통신에 있었다. 이후 '체제'의 개념을 받아들이면서 교육공학이 단순히 하드웨어의 개발과 활용이라는 측면에서 벗어나서 '학습을 위한 과정과 자원의 설계, 개발, 활용, 관리 및 평가에 관한 이론과 실제'(Seels & Richey, 1994)로 재규정되었다. 이러한 재규정 과정 속에서 교육공학은 교수-학습 방법에 대하여 기존의 전통적인 교수방법과는 몇 가지 점에서 구분되는 아이디어를 제공하게 된다. 교육공학적 교수-학습 방법은 크게 '체제적'이고 '처방적'이며, '학습자 지향적'인 특성을 나타내고 있다(박성익, 2000).

1) 체제적 특성

공학은 '실제적 문제를 해결하기 위하여 과학적 지식 또는 조직화된 지식을 체계적으로 적용하는 것'이라고 정의한다(Galbraith, 1967). 시청각 교육의 전통에서 공학의 이러한 정의를 받아들일 때 초점을 맞춘 개념은 공학에 내재되어 있는 체계 혹은 체제이다. 교육공학의 체제적 특성은 전통적인 교수방법의 접근 방식과는 다소간 상이하게 교수방법을 파악하는 '체제적 교수설계' 관점이다. 무엇보다도 체제적 교수설계 관점은 본격적으로 체제의 개념을 교수방법, 보다 구체적으로는, 교수설계 활동에 적용하였다. 교수방법에 관한 기존의 주요 관점은 다양한 교육심리학적 지식의 적용 차원이었다.

체제적 교수설계는 수업을 설계하는 과정을 일종의 체제로 파악하여, 분석, 설계, 개발, 실행, 평가의 5단계 활동을 기술하고 있다. 이 관점에 따르면 각 단계의 활동과 그에 따른 결과는 다음 단계에 투입이 되며, 매 단계의 결과는 또한 앞 단계에 피드백을 제공하기도 한다. 학습에 관한 많은 과학적 지식들을 단편적으로 적용할 때 기대하는 수업의 목적을 제대로 달성할 수는 없다. 효과적인 수업이 되기 위해서는 수업과 관련된 모든 요소들을 최적의 수준에서 고려하여야 한다.

기존의 교수 방법은 주로 방법 자체의 효과성에만 초점을 맞춘 반면에 체제적 교수설계의 관점에서 교수 방법의 개발은 결국 특정의 교수-학습 상황에서 제기되는 문제 해결 즉, 교육목적의 달성 맥락에서 파악되어야 한다는 점을 부각하였다. 여기서 교수방법은 더 이상 단편적인 방법으로만 그치지 않고 특정의 교수-학습 상황을 해결하는 과정에서 통합적으로 나타나는 요소로 파악된다.

교수-학습 방법의 체제적 특성이 드러나는 또 하나의 사례는 매체의 활용방식에 관한 것이다. 매체를 단순히 수업의 보조물로서 파악해서는 안 되며 전체 수업의 과정에서 통합적으로 활용되어야만 효과적인 결과를 얻을 수 있다는 것이다. 매체의 체제적 활용과 관련된 대표적인 모형으로는 ASSURE 모형을 들 수 있다.

2) 처방적 특성

교수-학습 방법에 대한 교육공학적 접근의 두 번째 특성은 '처방적'이라는 것이다. '처방적'이라는 것은 어떠한 문제가 발생하였을 때 이를 해결하기 위하여 가장 적절한 방법을 사용한다는 것이다. 즉, 환자가 병에 걸렸을 때 이를 치료하기 위하여 의사의 진단을 받고, 병을 치료하기 위하여 가장 효과적인 약을 처방받게 되는 것이다. 따라서 처방적이라는 것은 문제 해결을 위한 적절한 방법을 탐색하되 이에 관련된 제반 사항을 면밀히 검토하고 그에 기초하여 최선의 방법을 제시하는 것이라고 할 수 있다.

교육방법 혹은 교수방법에 관한 지식은 궁극적으로 처방적이어야 한다. 처방적 지식은 많은 기술적 지식들이 축적될 때 개발하기가 용이하지만, 그렇다고 해서 기술적 지식이 많아지면 처방적 지식이 자동적으로 개발되는 것은 아니다. 의학 분야, 공학 분야 및 최근 정보공학의 놀라운 발전은 과학적 지식의 축적에 기반을 두면서 사회적인 요구가 높아질 때 적극적으로 대응한 결과라고 볼 수 있다. 그렇다면, 교육공학의 관점에서 교육 특히, 교육방법에 관한 문제를 해결하기 위한 처방적 지식의 요구는 어떠한가? 교육에는 여타의 분야에 비하여 도덕, 가치 등의 복잡한 문제와 공적 서비스 특성 등이 있기 때문에 교육적 문제에 대하여 처방적 지식의 축적만 가지고는 해결되기 어려운 점이 있다. 그럼에도 불구하고, 최근 정보화 사회의 도래에 따라서 사회가 보다 고도화되는 과정에서 교육 부문의 질적 향상에 대한 요구는 전례 없이 고조되고 있다. 즉 보다 효과적이고 효율적이며, 매력적인 교육 혹은 수업의 실시가 요구되고 있는 것이다.

처방적 지식이 제대로 개발될 때 교육의 질적 수준은 일정한 수준 이상이 될 수 있다. 처방적 지식의 의미상 그 지식이 제대로 활용되기만 하면(즉 조건, 목적, 결과의 확인과 이에 따라서 최적의 지식을 적용하는 것), 누가 그 지식을 활용하는가에 따른 변화의 정도를 최소화할 수 있기 때문이다. 교육공학적 교수-학습 방법의 처방적 특성이 드러나는 이론으로는 가네(Gagné)의 수업의 사태, 메릴(Merrill)의 내용요소 제시이론, 라이겔루스(Reigelruth)의 학습과제유형별 교수이론, 켈러(Keller)의 동기이론 등이 있다. 이러한 처방적 이론들은 교수조건이 주어졌을 때 어떠한 교수전략을 사용할 것인가를 상세히 그리고 체계적으로 제시하여 주고 있다.

3) 학습자 지향적 특성

교육공학적 교수-학습 방법의 세 번째 특징은 '학습자 지향적'이라는 것이다. 이 특성은 앞에서 다른 체계적 특성과 처방적 특성과는 구분이 된다. 전자의 2가지 특성은 공학의 의미로부터 나올 수 있는 개념적이며, 논리적인 특징인 것에 비하여 학습자 지향적이라는 특성은 최근에 강조되고 부각되는 패러다임의 변화로부터 제기되고 있는 것이다.

학습자 지향적이라는 말은 '학습자의 학습과정을 지원하는 방식으로' 교육환경 즉 교수-학습 환경이 제공되어야 한다는 말이다. 학습자의 학습과정을 지원하기 위해서는 크게 다음과 같은 3가지 측면이 고려되어야 한다. 첫째, 학습자의 요구를 그 어느 때보다도 제대로 반영하려고 노력하여야 한다. 둘째, 학습자의 사전지식 및 경험을 고려하고, 반영하는 교수-학습 방법이 개발되어야 한다. 학습자의 요구를 반영하여 개발된 교육 프로그램들이 실패로 끝나는 경우 그 원인 중 대표적인 것으로 학습자의 사전지식 및 경험을 고려하지 않았다는 점을 들 수 있다. 셋째, 학습자의 적극적인 참여를 도모하는 교수-학습 방법이 개발되어야 한다.

토론과제

1. 내가 중고등학교 시절 선생님의 수업이 어렵게 느꼈던 이유가 무엇인지 생각해 보자.
2. 내가 선생님이라면 학생들에게 어떻게 가르칠 것인지 토론해 보자.
3. 학생들이 잘 이해하고 받아들일 수 있는 수업 방법은 존재하는 것일까?
4. 친구들과 대화에서 내가 말하면 친구들이 잘 알아듣지 못하는 이유는 무엇일까?
5. 나에게 가장 잘 맞는 공부 환경은 어떤 것일까?

제9장

생활지도와 상담

학습 목표

1. 생활지도의 개념, 목표, 원리, 영역을 이해한다.
2. 생활지도의 활동 5가지를 설명할 수 있다.
3. 상담의 개념과 목표를 이해하고 설명할 수 있다.
4. 상담의 기본 원리를 설명할 수 있다.
5. 상담이론을 이해하고 주요 개념을 설명할 수 있다.

1. 생활지도

1) 생활지도의 개념

생활지도는 'guidance'를 번역한 것으로, '안내하다', '이끌다', '지도하다', '조언하다' 등을 의미한다. 많은 사람들은 생활지도란 넓은 의미의 교육과 같은 의미를 가지며, 학교의 모든 프로그램은 생활지도의 목표를 실천하기 위해서 조직되어야 한다고 생각한다. 즉, 생활지도는 학생들의 성장과 발달을 바람직한 방향으로 성장할 수 있도록 안내하고 지도하며 이끌어주는 의미가 포함되어 있는 것이다.

존스(Jonse, 1963)는 개인의 결정능력을 점진적이고 자주적으로 발달시키도록 자극하고 촉진하여 스스로 선택할 수 있도록 조력하는 것으로서 생활지도란 현명한 선택과 적응을 위해 개인에게 주는 도움이라고 정의했고, 밀러(Miller, 1971)는 생활지도를 학교와 가정 그리고 지역사회에 가장 잘 적응하기 위해서 학생들이 자기 자신을 이해하고 자기 신뢰와 목적을 가지고 스스로 결정을 내리는 능력을 함양하도록 돕는 과정이라고 정의했으며, 쉘처와 스톤(Shertzer & Stone, 1981)은 생활지도는 각각의 개인들이 자기 자신과 자신의 주위 세계를 이해할 수 있도록 조력해 주는 과정이라는 광범위한 의미로 정의하였다. 이는 학생 개개인의 성장 및 발달을 극대화시키고 그 잠재능력을 계발하여 현재는 물론, 미래에 어떠한 문제에 직면하더라도 그것을 그들 자신의 힘으로 유효적절하게 해결할 수 있는 능력을 길러 주는 조력활동이라고 할 수 있다(김청자 외, 2013).

이경숙 · 정찬기오(2011)는 생활지도란 개개인이 자신의 지적 · 정의적 · 신체적 특성과 잠재 가능성을 이해하고 발달시켜 교육적 · 직업적 · 사회적 · 심리적 발달을 자아실현이라는 가능성의 최고 수준을 달성할 수 있도록 조력하는 활동이라고 했다.

이상에서 살펴본 바와 같이 생활지도는 개인의 발달 및 사회적응을 돕기 위한 것으로서 학교의 모든 영역과 밀접히 관련되어 있으며, 개인이 일상생활에서 해결해야 할 여러 가지 문제를 스스로의 힘으로 해결할 수 있도록 지도하기 위한 조직적인 봉사활동이다.

2) 생활지도의 목표

생활지도의 목표는 각 개인이 자기의 요구나 계획에 대해서 주위 환경을 이해하도록 조력활동을 하는 것이다. 잠재 가능성을 실현할 수 있도록 문제수행을 위한 조력과 이해를 제공한다(권형자, 2007). 즉, 각 개인이 자기의 문제를 자기 스스로 해결할 수 있는 능력과 새로운 사태의 적응 능력을 길러 주는 데 있다.

에릭슨(Erikson)과 햅(Happ)은 생활지도의 목표를 다음과 같이 규정한다.

첫째, 각 개인으로 하여금 자기의 지적 · 사회적 · 도덕적 · 경제적 관계를 이해하도록 돕는다.

둘째, 학생들로 하여금 교육과 직업과의 관계를 이해하도록 도우며, 학교의 기회를 가장 잘 활용하도록 돕는다.

셋째, 학생들로 하여금 직업계와 직업적 관계를 얻도록 돕는다.

넷째, 학생들로 하여금 생활에 있어서 바람직한 성격과 성공과의 관계를 인식하도록 돕는다.

다섯째, 학생들로 하여금 성공적인 직업과 교육적 적응에 비추어서 자기의 잠재 가능성을 고려하도록 돕는다.

여섯째, 학생들로 하여금 교과목과 과외활동의 선택을 통하여 최대한의 행복감을 발견하도록 돕는다.

이외에도 많은 학자들이 생활지도의 목표에 대한 견해를 밝혔는데 이를 정리해 보면 다음과 같다(신재흡, 2016).

첫째, 전인으로서 인간발달 형성이다. 학교 교육이 지식 전달만이 아닌 정서적 · 사회적 · 신체적 발달이 균형 있게 발달할 수 있도록 돕는다.

둘째, 민주시민 육성이다. 사회일원으로서 건강한 성격과 원만한 대인관계를 통해 개인이 지닌 자질과 역량을 발휘하여 그 사회에 기여할 수 있도록 돕는다.

셋째, 자기이해 및 잠재능력의 발견이다. 학생들이 자신의 성격과 타고난 소질, 적성이나 흥미 등을 정확히 파악할 수 있도록 도와서 자신을 바르게 이해하도록 한다.

넷째, 자율적이고 현명한 선택과 적응이다. 타인에 의해 강요된 적응이 아니라 자율적으로 현명하게 선택을 하여 사회에 보다 만족스럽게 적응해 갈 수 있도록 돕는다.

다섯째, 문제 해결 능력의 신장이다. 발달단계에 따라 개인에게 당면한 문제를 다른 사람에게 의존하지 않고 혼자의 힘으로 자율적으로 처리하고 적응할 수 있도록 해결의 능력을 키워 주는데 있다.

3) 생활지도의 원리

생활지도의 원리는 각 개인에 따른 복합성 때문에 간단히 정의 내리기는 어렵지만, 생활지도를 하기 위해서는 아래와 같은 기본 원리를 포함하고 있다.

첫째, 생활지도는 부적응 학생만 대상이 아닌 전체 학생이 대상이다.

둘째, 생활지도는 모든 학생 개인의 가치와 자율성에 초점을 둔다.

셋째, 생활지도는 처벌과 교정보다는 문제 예방하는 과정이다.

넷째, 생활지도의 활동 다섯 단계 중 중심은 상담이다.

다섯째, 생활지도의 중요한 목표는 학생 개인의 긍정적인 발달이다.

여섯째, 생활지도는 우연이 아닌 교사의 의도적이고 계획적인 활동이다.

4) 생활지도의 영역

앞서 언급했듯이, 전인으로서의 인간발달 형성이 생활지도의 목표 중 하나이다. 이를 위해서는 학생의 인지적 · 정의적 영역과 더불어 건전한 신체 발달 역시 중요한 영역이다. 이를 구체적으로 살펴보면 다음과 같다.

(1) 학업(교육) 지도

학업 지도는 학생들의 학교생활에서 가장 중심적인 영역으로 학생들의 학습을 돕는 과정이다. 학습에 필요한 교과목 선택, 올바르면서 효과적인 학습방법, 학업적 부진의 문제, 상급학교 진학에 대한 문제, 과외활동 등이 포함된다.

(2) 진로 지도

진로 지도는 학생들이 자신의 진로에 대한 의식을 고취하고 자신의 적성에 맞는 진로의 결정과 그 목표 달성에 필요한 활동들을 실행할 수 있도록 돕는 영역이다. 진로 지도는 상급 학년 · 학교에 대한 정보를 제공하는 진학지도와 올바른 직업관을 갖도록 지도하고 직업 선택을 위한 도움을 주는 직업지도를 포함한다.

(3) 인성(성격) 지도

개인의 정서적 · 심리적으로 바람직한 인성을 함양하도록 도움을 주는 영역이다. 이를 통해 학생 개개인이 자기의 인격을 올바르게 인식하고 원만한 인격을 형성하도록 조언하여 개인이 전인적 인간으로 발달할 수 있도록 지도해 나가는 과정이다.

(4) 사회성 지도

사회성은 한 개인이 사회에 적응하는 소질이나 능력으로 가정환경이나 유치원 · 학교 등에서 만나는 또래 집단과 교사들이 사회성 발달에 많은 영향을 미칠 것이다. 사회성 지도는 집단생활을 위한 원만한 인간관계를 유지하기 위한 다양한 활동 영역이다. 따라서, 사회성 지도는 반사회적인 행동을 예방하고 건전한 사회적 행동을 발달 촉진하기 위한 과정이다.

(5) 여가 지도

취미활동이나 과외활동과 같이 개인이 활용할 수 있는 시간을 자기계발을 위해 생산적으로 보낼 수 있도록 돕는 영역이다. 여가 시간을 잘 활용함으로써 개인의 인간성을 높이고, 교양을 풍부하게 할 뿐만 아니라 신체적으로나 정신적으로 새로운 활력은 얻도록 지도해야 한다.

(6) 건강 지도

학생들의 운동 부족 등으로 발생하는 신체적 결함뿐만 아니라, 정신적 건강을 포함하여 학생들이 신체적으로 건전하게 발달할 수 있도록 지도하는 영역이다. 여기에는 흡연, 음주, 약물 중독 등에 대한 지도도 포함된다.

(7) 기타 문제지도

학생들이 가족 구성원으로 원만한 가정생활을 잘할 수 있도록 지도하는 가정 생활지도나 경제적 문제, 개인의 종교 활동이나 학교에서의 동아리 활동 등에 대한 포괄적인 지도가 포함된다.

5) 생활지도 활동

생활지도 활동은 크게 학생조사 활동, 정보제공 활동, 상담 활동, 정치 활동, 추후지도 활동으로 구분한다.

(1) 학생조사 활동

학생조사 활동은 학생이해 활동이라고도 하는데, 학생에 대한 자료를 수집하는 활동을 말한다. 상담에 필요한 기초자료를 수집하는 단계이기 때문에, 학생을 올바르게 이해하는 과정은 매우 중요하다.

학생을 이해하기 위해서는 현재의 환경에 대한 적응 상태도 중요하겠지만, 학생의 가정환경, 인성, 능력, 성격, 관심도, 장래희망, 건강, 교우관계 등이 포함되어야 한다. 수집된 자료는 객관적인 신뢰도가 높아야 하며, 이를 수집 · 분석하는 방법으로는 관찰법, 질문지법, 면접법, 검사법, 사례연구법 등이 있다.

(2) 정보제공 활동

정보제공 활동은 학생조사 활동에서 수집 · 분석한 자료들을 바탕으로 학생들이 직면한 환경에 올바르게 적응하고 자기 문제해결 능력을 기르고, 성장할 수 있도록 개인이 필요한 정보를 수집 · 제공하는 활동을 의미한다. 장래 희망에 따른 준비 사항 및 계획 등을 제공하는 것도 포함된다.

학생들에게 필요한 정보는 크게 교육정보, 직업정보, 개인·사회정보 세 영역으로 구분할 수 있으며, 이를 제공하기 위해 정확한 정보의 수집이 매우 중요하다.

(3) 상담 활동

상담 혹은 카운슬링(counseling) 활동은 생활지도 활동 다섯 단계 중 가장 충추적인 역할을 하고, 학생들은 상담을 통해 직면한 문제 해결과 의사결정 및 적응에 도움을 받게 된다. 즉, 상담은 모든 학생들의 건전한 성장과 발달을 도와주기 위한 활동이다.

특히, 부적응이 학생을 대상으로 그가 당면하고 있는 문제를 바르게 이해하고 스스로 해결할 수 있도록 조력(助力)하는 활동으로 문제를 지닌 내담자와 전문적 교육을 받은 상담자의 일대일 관계인 대화를 통해서 문제를 해결하는 계획적이고 전문적인 봉사활동이다.

(4) 정치(定置) 활동

정치(定置)란 말 그대로, 학생의 위치를 찾는 것 혹은 찾아주는 것을 의미한다. 따라서, 정치 활동은 상담 활동을 통해서 얻어진 결과에 의해서 보다 나은 적응과 성장 또는 문제 해결을 위하여 다음 단계에서 무엇을 어떻게 해야 될 것인가를 선택하고 결정하도록 도우며, 또 그 결정에 따라 적응하도록 도와주는 활동을 말한다(김충기, 1996).

따라서, 학생 자신이 건전하고 보다 잘 적응된 생활을 영위하도록 하기 위해서는 학생으로 하여금 일정한 계획을 세우고 그의 능력에 맞게 다음 단계에서 취해야 할 행동과 위치와 자리를 성공적으로 정하도록 도와주어야 한다

(5) 추후지도 활동

추후지도 활동은 생활지도에 의해 도움을 받은 학생 즉, 정치활동을 통해 각자의 위치를 찾은 학생들이 얼마나 잘 적응하고 있는지를 살펴 계속적인 도움을 주

고 이를 통해 이전에 실시한 생활지도 활동의 문제점을 발견하고 개선하기 위한 활동을 의미한다.

추후지도 활동은 재학생뿐만 아니라 졸업생도 대상으로 하고 있으며, 모든 지도는 일회적인 것이 아니라 그 학생이 얼마나 계속적이고 자기 성장을 위해 발전을 해 나가고 있는가를 알아보고 보살펴 주는 것은 생활지도의 마지막 완성을 위해 꼭 필요한 것이다.

2. 상담

1) 상담의 개념

상담은 라틴어의 'counsulere'에서 유래한 것으로, '고려한다', '반성한다', '숙고한다', '조언을 청한다' 등의 뜻이다. 지시적 상담을 주장한 윌리엄슨(Williamson, 1950)은 '상담이란 훈련과 기술, 신용으로서 상담자와 내담자의 적응 문제를 해결하는 면대면의 관계'라고 했으며, 비지시적 상담을 주장한 로저스(Rogers, 1961)는 '상담이란 치료자와의 안전한 관계에서 자아의 구조가 이완되어 과거에는 부정했던 경험을 자각해서 새로운 자아로 통합하는 과정'이라고 정의했고, 쉘처와 스톤(Shertzer & Stone, 1981)은 '상담은 자기와 환경에 대한 의미 있는 이해를 촉진시키고, 장래 행동의 목표나 가치관을 확립해서 명료화하도록 하는 상호작용의 과정'이라 했다.

이장호(1986)는 상담이란 '도움을 필요로 하는 사람이 전문적 훈련을 받은 사람과의 대면 관계에서 생활과제의 해결과 사고 · 행동 및 감정 측면의 인간적 성장을 위하여 노력하는 학습 과정'이라 했으며, 천성문 등(2021)은 상담이란 '전문적 훈련을 받은 상담자와 심리적 어려움으로 타고난 잠재력을 마음껏 발휘하지 못하는 내담자와의 상호작용을 통하여 내담자의 문제를 해결할 뿐만 아니라, 내담자가 행복한 삶을 살아가도록 돕는 과정'이라고 정의하면서 상담자의 전문성과 내담자의 잠재된 힘의 중요성을 강조했다. 여러 학자들이 제시한 상담의 정의를 볼 때, 다음과 같이 몇 가지 특징을 알 수 있다(김계현 외, 2012).

첫째, 상담이 성립되려면 도움을 필요로 하는 내담자와 도움을 주는 상담자가 있어야 한다.

둘째, 상담은 전문적으로 교육받고 훈련받은 상담자에 의해서 제공되는 전문적 활동이다.

셋째, 상담은 상담자와 내담자의 관계에 기초를 둔 과정이다.

넷째, 상담은 의사결정과 문제해결에 관여한다.

다섯째, 상담은 내담자로 하여금 새로운 행동을 학습하거나 새로운 태도를 형성하도록 하는 것이다.

여섯째, 상담은 내담자의 성장과 발전을 안내하고 조력(助力)한다.

또한, 패터슨(Patterson, 1974)은 상담이 어떤 것인가를 규명하기 위해서는 상담이란 무엇이 아닌가를 먼저 규명하는 것이 도움이 될 것이라고 하였다. 그 내용을 살펴보면 다음과 같다.

첫째, 상담의 과정에서 정보를 제공하기는 하나 정보의 제공 자체가 상담은 아니다.

둘째, 상담에서 충고 · 제안 · 권장 등이 이루어질 수는 있으나 충고 · 제안 · 권장이 곧 상담은 아니다.

셋째, 상담이 아무리 세련되고 고통이 없으며 간접적인 방법에 의해 이루어지는 것이라고 하더라도 설득 · 유도 · 권고에 의해서 태도 · 신념 · 행동을 변화시키는 것은 아니다.

넷째, 상담은 체벌이나 강요가 없다고 하더라도 결코 훈육이 아니며 협박이나 경고 또는 위협 등에 의해서 행동을 변화시키는 것이 아니다.

다섯째, 상담은 어떠한 일이나 활동을 개인에게 선택하고 할당하는 것이 아니다.

여섯째, 상담은 면담이 중요한 부분을 차지하나 직접적인 대화나 면담을 곧 상담이라고 할 수는 없다.

다양한 내용을 종합해 보면, '상담이란 전문적인 지식과 임상 경험이 풍부한 상담자가 문제를 내포하고 내담자가 문제해결을 위한 올바른 의사결정을 통해 개인의 잠재 능력을 계발할 수 있도록 조력(助力)하는 활동'으로 정의할 수 있다.

2) 상담의 목표

상담의 궁극적인 목표는 인간으로 하여금 자신의 잠재력을 최대한으로 발휘하도록 돕고, 일상 생활에서 보다 건강하고 행복한 삶을 누릴 수 있도록 도와주는 것이다. 하지만, 상담의 구체적인 목표는 그 이론적 배경이나 내담자의 발달 상황 및 문제에 따라 달라질 수 있다. 한편 상담의 적극적 목표는 다음과 같다(이혜성 외, 1996; George & Cristiani, 1995).

첫째, 상담은 개인의 행동 변화가 촉진되도록 돕는다.

둘째, 상담은 개인의 생활에 적응하는 데 필요한 기술을 습득하고 증진하도록 돕는다.

셋째, 상담은 개인이 자신의 문제를 해결하는 데 필요한 의사결정을 현명하게 내릴 수 있도록 돕는다.

넷째, 상담은 각 개인으로 하여금 사회생활에 유용한 인간관계를 보다 바람직하게 개선 및 변화시키도록 돕는다.

다섯째, 상담은 개인이 타고난 잠재 능력을 충분히 인식하고 계발하여 최대한의 자아실현을 이루도록 적극 지도한다.

여섯째, 상담은 각 개인들이 자신의 진솔한 특성과 모습을 인식하여 자아정체감을 확립하도록 돕는다.

일곱째, 상담은 개인들의 자신에 대하여 긍정적인 태도와 신념을 갖추도록 지도한다.

여덟째, 상담은 개인이 건전한 가치관을 형성하도록 돕는다.

3) 상담의 기본 원리

아무리 전문적인 지식과 풍부한 임상경험을 가진 상담가라 할지라도, 상담을 전개할 때에는 상담의 기본 원리를 지켜야 한다. 일반적으로 지켜야 할 상담의 기본 원리로 김흥규(2003)가 인용한 Biestek 이론을 정리해 보면 다음과 같다.

(1) 개별화(Individualization)의 원리

인간의 개인차가 있으므로 상담자는 내담자의 특징을 이해하고, 보다 나은 적응을 할 수 있도록 개인의 적절한 원리나 방법을 활용해야 하는 것을 말한다. 이를 위해서는 다음의 6가지 전제가 지켜져야 한다.

- 상담자는 편견이나 선입관에서 탈피하여야 한다.
- 인간 행동의 유형과 원리에 대해 전문적으로 이해하려고 해야 한다.
- 내담자의 말을 경청하고 세밀하게 관찰하여야 한다.
- 내담자와 페이스에 맞추어 진행할 수 있어야 한다.
- 인간의 감정 변화에 민감하게 대처하여야 한다.
- 내담자와 견해차가 있을 때 앞을 내다보는 적절한 선택을 하여야 한다.

(2) 의도적 감정표현(purposeful expression of feelings)의 원리

내담자가 자신의 감정, 특히 부정적인 감정을 자유롭게 표현하려는 자신의 욕구에 대한 인식을 의미하는 것으로 상담자는 내담자의 감정표현에 허용적이어야 하며, 이들의 감정표현을 경청해야 한다. 내담자는 자신의 감정을 솔직하게 표현할 수 있어야 하며 상담자는 이를 모두 수용해야 하며 다음의 원칙을 지켜야 한다.

- 긴장으로부터 내담자를 완화시켜 준다.
- 내담자가 자신의 문제를 이해하게 한다.
- 허용적인 태도를 조성하기 위해 내담자의 감정표현을 경청해야 한다.
- 내담자의 감정표현을 적극적으로 자극하고 격려해야 한다.

- 비현실적인 보장이나 너무 빠른 초기의 해석을 삼가야 한다.

(3) 통제된 정서 관여(controlled emotional involvement)의 원리

상담자는 내담자의 감정 변화에 대한 민감성과 그 감정의 변화가 의미하는 것에 대한 이해 그리고 내담자의 감정에 대한 의도적이고 적절한 반응이 필요하다.

(4) 수용(acceptance)의 원리

내담자의 장·단점, 바람직한 성격과 그렇지 못한 성격, 긍정적, 부정적 감정 등 내담자의 태도나 행동 등을 있는 그대로 이해하고 그의 존엄성과 인격의 가치에 대한 관념을 그대로 유치해 나가는 행동을 의미하는 것으로 이는 수용의 대상이 선한 것이 아니라 진정한 것을 의미한다.

(5) 비심판적 태도(non-judgemental attitude)의 원리

내담자의 잘못이나 문제에 대해 판단하는 말이나 행동을 삼가야 한다는 것이다. 내담자를 정확하게 평가할 필요는 있지만 이는 내담자를 이해하기 위한 것이지 비판하기 위한 것이 아니라는 것을 상기해야 하고 다음의 원칙을 지켜야 한다.

- 상담자가 선입견을 지니고 있으면 안 된다.
- 상담자는 내담자와 보조를 맞추어 상담을 진행해야 한다.
- 상담자는 내담자를 어떤 유형으로 분류하려는 자세를 취하면 안 된다.
- 상담자는 내담자가 자신에 대해서 부정적 감정을 표현할 수 있다는 것을 상담자는 알고 있어야 한다.

(6) 자기결정(self determination)의 원리

상담은 내담자가 스스로 자기기 나아갈 방향을 결정하고 선택할 수 있다는 것을 의미하는데 일반적으로 다음의 원칙을 준수하도록 한다.

- 상담자는 내담자가 자기 수용을 할 수 있도록 도와주어야 한다.

- 상담자는 내담자의 잠재 능력을 발견하고 활용하여 인격적 성장을 도와주어야 한다.
- 상담자는 내담자가 자기결정을 할 수 있도록 상담자는 분위기를 조성해 주어야 한다.
- 상담자는 내담자가 자신의 문제를 해결할 수 있도록 보조하는 역할을 해야 한다.
- 상담자는 내담자를 설득하는 것이 아니라 자발적으로 참여하도록 의사결정을 도와주어야 한다.

(7) 비밀보장(confidentiality)의 원리

상담 과정에서 비밀이 보장된다는 것은 상담자와 내담자 간의 인간관계의 성립만이 아니라 상담자가 반드시 지켜야 할 윤리라고 할 수 있다.

4) 상담자의 태도

(1) 윤리적 행동

상담자의 기본 태도는 윤리적 행동이다. 그 이유는 사람을 돕는 것과 관계가 있으며 때로는 고도의 신뢰적인 성질의 정보를 줌으로써 상담자는 자기의 일에 대해서 전문적인 태도를 보여야 하며, 모든 면에서 윤리적이어야 한다. 비빌보장이 여기에 해당된다.

(2) 융통성

상담 관계의 예측 불가능성 때문에 상담자는 너무 엄격해서는 안 된다. 상담자는 내담자의 태도와 상담자에 대한 내담자의 기대를 바꾸는 데 민첩해야 한다.

(3) 지적 우수성

상담자는 인간 행동의 지식, 지각적 마음, 논리적인 태도에 있어서 우월성을 지니고 있어야 한다.

(4) 수락성

내담자는 상담자에게 조력을 필요로 해서 찾아오기 때문에 충고, 설득, 지시를 통한 상담은 효과가 적다고 본다. 상담자는 내담자의 희망, 걱정, 회의, 불안 등을 지도한다.

(5) 이해성

상담자와 내담자 간의 의사소통은 언어적인 것도 있지만 비언어적일 수도 있다. 이해가 빠른 상담자는 내담자가 고개를 끄덕이며 몸짓으로 나타내는 말을 통합할 수 있을 것이다.

(6) 공감적 이해

내담자의 주관적 감정 세계를 경험하되 자신의 사사로운 의견이나 감정을 덧붙이지 않고 내담자의 감정에 동참하되 거기에 함몰되지 않는 것을 의미한다. 더해서 내담자가 개인의 경험에 대한 접촉과 이해를 넓혀감으로써 진정한 자기를 있는 그대로 발견할 수 있도록 성장 지향적인 방향성을 유지해야 한다. 이러한 경험을 통해서 내담자는 자유로운 자기 탐색과 이해, 자기 수용과 성장의 길로 나갈 수 있다(김청자 외, 2013).

5) 상담이론의 유형

(1) 지시적 상담

윌리엄슨(Williamson)이 주장한 지시적 상담은 문제를 갖고 있는 내담자는 자기 자신에 대해서 왜곡된 견해를 가지고 있기 때문에 내담자를 좀 더 객관적인 입장에서 볼 수 있는 전문가인 상담자가 올바른 결정을 내리도록 충고와 제안을 해야 한다고 생각하는 입장이다. 즉, 내담자의 모든 문제에 대해서 지시적인 요소로서 문제해결을 도와 주는 상담 방법으로 상담자는 풍부한 경험, 충분한 훈련, 그리고 정확한 정보를 알려줌으로써 내담자가 스스로 문제를 해결할 수 있도록 암시와 충고를 주는 방법이다.

윌리엄슨은 상담의 진행 과정이 분석-종합-진단-예진-상담-사후지도 6단계로 진행되며, 진단이 이루어짐으로 해서 예진을 할 수 있게 되고 그렇게 함으로써 문제해결을 위한 현명한 결정을 내릴 수 있다고 하여 6단계 중 진단과 상담을 중요한 단계로 보았다.

지시적 상담의 이론적 전제는 다음과 같다.

- 상담자는 탁월한 훈련과 경험과 정보를 가지고 있으므로 문제가 어떻게 해결되어야 하겠느냐를 암시하고 충고함에 유능하다.
- 개인의 부석응이 그의 지적 능력을 완전히 제거하는 것은 아니기 때문에 상담은 주로 지적 과정이다.
- 상담이 필요하여 찾아오는 학생들은 그의 편견이나 정보의 부족 등에서 오는 제약 때문에 자기의 문제를 독립적으로 해결하기 어렵다.
- 상담의 목표는 주로 문제 해결의 장면을 통해서 달성된다는 것 등이다.

또한, 윌리엄슨은 상담의 기술로 다음의 5가지를 제시하고 있다.

- 내담자를 환경에 타협시키는 것이다,
- 심한 갈등 시 환경을 바꾸는 것이다.
- 적절한 환경을 선택하도록 하는 것이다.
- 필요한 기술을 학습시키는 것이다.
- 자기 능력에 맞는 목표를 세워 만족감과 성취감을 갖도록 한다.

(2) 비지시적 상담

로저스(Rogers)가 주장한 비지시적 상담은 내담자가 중심적 역할을 하고 상담자는 허용적인 분위기를 조성하여 내담자로 하여금 사고를 자유롭게 하고 문제를 사실대로 진술함으로써 자기 스스로 문제를 해결할 수 있도록 도와주는 방법이다. 따라서, 내담자 중심 상담이라고도 하는데, 내담자의 인간으로서의 가치, 존엄성에 대한 믿음, 즉 모든 인간은 스스로 성장할 수 있는 잠재적인 능력을 갖추고 있다는 철학을 증명하는 활동이라고도 말한다.

스나이더(Snyder)가 제시한 비지시적인 상담 방법의 기본적 가설은 다음과 같다.

- 개인이 자신 속에 성장하는 힘을 가지고 있기 때문에 자기 문제가 제거되면 자기 환경에 적응할 수 있다.
- 비지시적 상담은 적응의 지적인 면보다는 정서적인 면을 대단히 강조한다.
- 비지시적 상담은 재인의 과거보다는 현재의 장면을 더욱 중요시한다.
- 비지시적 상담에서는 상담, 면접 그 자체가 성장의 경험을 뜻하는 것이다.

또한, 비지시적 상담은 상담자가 내담자와 상담을 진행할 때 진실해야 하고, 공감적 이해를 가져야 하며, 내담자에게 무조건적인 긍정적 존중의 태도를 보여야 한다고 했으며, 각 개인은 자신의 유기체 내에 성장하는 힘 또는 자기실현의 경향을 가지고 있다고 했다. 인간은 성장력, 적응에 대한 충동을 가지고 있는데, 이러한 성장력 충동이 상담의 유일한 동기가 된다고 믿고 있다.

(3) 정신분석학적 상담

정신분석 상담은 프로이트(Freud)에 의해 창시된 상담이론으로 내담자로 하여금 무의식에 억압된 동기를 의식하게 하고 그것을 다시 통찰하여 의식화함으로써 부적응 행동이나 강박적 행동에서 벗어나게 하는 이론으로 심리학, 교육학, 상담학 그리고 문화예술 분야까지 영향을 미친 중요한 이론 가운데 하나이다. 보편적으로 내담자가 억압된 동기로부터 벗어나도록 하는 방법으로 자유연상법, 꿈의 해석과 분석, 전이 등을 제안함으로써 의식적 자아를 강화할 수 있도록 하는 이론이다.

1900년 초·중반의 시대사조는 다윈(Darwin)의 생물학적 진화론과 물리학자인 헬름홈츠(Helmholz)의 에너지 보존법칙이었다. 프로이트(Freud)는 빈 대학 의학부에 입학하여 브뤼케(Ernst Brucke) 교수의 생리학 강의를 들었는데, 이때 브뤼케 교수는 헬름홈츠의 에너지 보존법칙을 유기체에 적용시키고 있었다. 프로이트는 생물학과 신경학 그리고 에너지 보존법칙에 대한 관심을 통하여 자신의 정신세계인 정신분석학을 완성했다.

정신분석의 목표는 내담자의 자아를 강화시켜 줌으로써 자기이해와 자기지배를 용이하게 하는 것이다. 프로이트의 정신분석에 의하면 삶의 일반적인 불행을 제거해 줄 수는 없지만 내담자로 하여금 최선의 자기가 되거나 또는 가장 바람직한 조건에 임한 자기가 될 수 있도록 도와준다고 주장한다.

정신분석적 접근에는 프로이트의 이론을 중심으로 하는 전통파, 아들러(Adler)와 융(Jung) 등과 같은 변형된 학파, 그리고 사회적 요인을 중시하는 호나이(Horney)와 설리번(Sullivan)과 같은 신 프로이트학파 등의 여러 가지 학파의 이론들이 포함되어 있다. 이 상담에서는 무의식적 동기에 의해서 유발되고 지속되는 인간의 정서적 곤란과 부적응 행동을 수정하기 위해서, 무의식적 동기를 확인하여 이를 이해하고 또한 그러한 동기를 현실적으로 다루도록 여러 가지 정신분석의 기술을 활용한다.

이러한 프로이트 사상의 변천은 세 단계로 구분된다. 제1단계는 히스테리 연구를 시작하여 자유연상법을 확립하고 『꿈의 분석』을 저술한 1900년까지의 시기이다. 이 시기에 그는 임상경험으로부터 많은 지식을 얻었으며, 또 자기분석을 통해 오이디푸스 콤플렉스의 존재를 깨닫고 성욕이론을 전개시키는 기초를 마련하였다. 그리고 자신의 꿈의 의미를 탐색하면서 성격발달의 역동성에 대한 통찰을 갖게 되었다.

제2단계는 그 이후 『정신분석입문』이 발표된 1917년까지의 시기이다. 1909년에는 홀(Hall, 1844~1924)의 초청으로 미국에 가서 정신분석학을 강의하였다. 이를 계기로 정신분석학이 미국에서 관심을 모으기 시작하였다. 그러나 이론이 체계화되어 감에 따라 성을 취급하는 것에 대한 의견대립이 표출되어, 아들러(Adler, 1870~1937)나 융(Jung, 1875~1961)이 이 시기에 프로이트와 결별하게 된다.

1917년 이후의 제3단계는 그때까지 애매하게 되어 있던 부분인, 자아의 기능에 관한 것 등이 명확하게 된 시기이다. 이 시기에 프로이트의 활동은 사변적이 되고 이론은 정밀화되어 본능론이나 정신구조론이 완성되었다.

(4) 행동주의 상담

행동주의 상담의 역사적 시작은 20세기에 와서 파블로프(Pavlov)와 왓슨(Watson)의 업적에 힘입어 새로운 습관의 형성과 학습된 행동의 소거에 관한 많은 연구에서 시작된다고 할 수 있다. 왓슨과 레이너(Watson & Rayner, 1920)가 11개월 된 앨버트에게 정서반응을 조건형성 시킨 실험은 매우 널리 알려진 실험이다. 이들은 앨버트가 흰 토끼에게 접근할 때마다 망치로 쇠막대기를 강하게 두드리는 쇠를 짝지워 제시함으로써 토끼에 대한 공포를 조건형성 시켰다. 이렇게 해서 공포가 일반화된다는 사실을 알았다. 이 실험은 공포라는 정서를 조건형성 시킨 것인데 정서도 학습된다는 사실을 지적하는 중요한 실험으로 인정되고 있다(Schultz, 1987).

만약 공포와 같은 부정적 정서가 학습과정을 통해 습득된다면, 학습된 부정적 정서도 학습 원리를 통하여 제거시킬 수 있어야 된다. 그래서 존스(Jones, 1924)는 피터라는 3세 소년의 학습된 공포반응을 제거시키려고 시도했다. 존스는 피터가 배고프게 한 다음 그를 높은 의자에 앉게 하고 음식물과 부정적 정서를 야기하는 공포의 대상을 짝지어 점진적으로 접근시키는 절차를 사용하였다. 이 경우에 공포를 유발하는 자극과 배고픔의 상대적 강도는 공포유발자극과 아동 간의 거리로 측정하였다. 약 2개월 후에 피터의 공포행동은 완전히 제거되었는데, 피터는 공포유발자극이 식탁 가까이 있을 때에도 음식물을 먹을 수 있었을 뿐만 아니라 심지어는 공포유발 자극을 손으로 만질 수 있게 되었다. 이러한 존스의 연구는 학습과정을 통해 습득된 공포반응은 학습 원리에 의해 치료할 수 있다는 중요한 실험이지만 공포반응이 제거되는 학습 기제를 밝히지는 못했다(이형득, 1993).

1930년대와 1940년대 동안의 이론구축 단계에서 거스리(Guthrie), 톨먼(Tolman) 및 헐(Hull)과 같은 심리학자들은 학습에 관한 포괄적 이론들을 시도하였다(홍대식, 1998).

행동치료의 초석이 된 중요한 저서는 스키너(Skinner, 1953)의 『과학과 인간행동』과 볼프(Wolpe, 1958)의 『상호제지에 의한 심리치료』이다. 스키너는 대부분의 인간행동이 조작적 조건형성의 원리로 설명할 수 있다는 근거를 제공하였고, 볼프는 파블로프와 헐의 학습원리에 의해 신경증을 개념화하고 체계적 둔감법이나 주장

훈련과 같은 행동적 기법의 바탕을 제공하였다.

1950년대에는 볼프는 물론이고 영국의 아이센크(Eysenck), 미국의 울만(Ullmann), 크라스너(Krasner) 등이 정신분석이론에 정면으로 도전하면서 행동요법은 광범위하게 연구되고 보급되었으며, 1960년대에 와서 아이센크에 의해 행동요법 최초의 전문지인 'Behavior Research and Therapy'가 발간되었다. 1970년대 와서는 마호니(Mahoney, 1974)의 인지행동수정, 반두라(Bandura, 1977)의 사회학습이론, 마이헨바움(Meichenbaum, 1977) 등의 이론이 성장하면서 행동요법이론은 광범위하게 보급되었다. 이후 행동요법에 관한 많은 저서와 잡지들이 출간되면서 행동요법은 독자적인 위치를 굳히게 되었다.

행동주의자는 인간의 행동이 자연현상과 마찬가지로 일정한 법칙성을 지니고 있다고 가정한다. 인간의 행동은 여러 가지 변인들에 의해 결정되므로, 이 변인들과 행동을 지배하는 법칙을 밝혀 낼 수 있다면 인간의 행동도 예언하고 수정할 수 있다는 것이다(이장호, 1995). 즉 환경적 통제의 영향을 받는 중립 수동적인 인간으로 본다.

(5) 인간 중심 상담이론

인간 중심 상담이론은 로저스에 의해 정립된 이론으로 인간에 대한 기계론적 입장을 지니고 있는 행동주의에 대한 대안으로 많은 시사점을 던지고 있다. 이 상담이론은 인간에 대한 긍정적인 휴머니즘 입장을 지니고 있어 모든 내담자가 자기 자신의 중요한 일들을 스스로 결정하고 해결할 수 있는 주관적인 능력을 지니고 있음을 강조한다. 상담자는 내담자들이 긴장이나 정서적 불안을 발산하고 자기 자신의 문제에 대한 해결 능력을 되찾아 인간적인 성숙을 기할 수 있도록 돕고, 적극적으로 성장할 수 있는 충분히 기능하는 인간이 되도록 허용적인 분위기를 만드는 데 주력한다(이현림 외, 1995). 때문에 인간 중심 상담은 이론적으로 사람들이 서로를 이해하고 이해받기 원하고, 어느 정도 기꺼이 자기를 드러내는 경우와, 자기 자신의 성장을 증진시키고자 원하는 내담자에게 적용될 수 있다. 이 접근에서 활용하는 솔직성, 공감적 이해 및 긍정적 존중은 그것이 어떤 상황에서 제시되더라도 상담자와 내담자의 건강한 관계를 증진시키고 고양시킨다.

로저스가 인간 중심 상담에서 바라보는 인간의 본성을 살펴보면, 사람은 원래 선하고, 긍정적이며 건설적이고, 현실적이면서 신뢰할 만한 존재라는 것이다.

인간 중심 상담에서 바라보는 인간관을 이해하기 위하여, 다른 학문적 견지에서 본 인간관을 살펴보고, 인간 중심 상담의 핵심적인 개념이자 유기체적 존재로서 인간만이 소유하고 있는 자아실현 경향성을 이영만 외(1996)의 이론을 중심으로 알아보도록 하자.

프로이트는 인간의 본성에 대하여 아주 비판적이었으며, 인간의 미래에 관해서도 회의적이었다. 만족을 추구하는 무의식적인 성적 충동과 공격적 충동을 가진 인간은 사회가 이들의 충동적 에너지를 금지시키거나 다른 방향으로 전환시킬 경우에만 생존할 수 있다고 보았다.

스키너는 인간의 본성에 관해서는 별로 가정을 하지 않았지만 인간은 인간 종족의 일반적인 특징과 개인적 특징의 근거가 되는 유전적인 구조를 가지고 태어난다고 보았다. 그러나 스키너는 이러한 선천적인 성향의 특징들을 자세히 설명하기보다는 오히려 환경에 관심을 두고 감정이나 사고와 같은 내적 행동을 포함한 인간의 모든 행동에 대한 환경 변인의 영향을 강조하였다.

그러나 두 이론에 반하여 로저스는 인간은 나면서부터 성장 지향적이고, 진보하려고 하며, 조건이 잘 갖추어져 있을 경우에는 자아실현을 향해 나아갈 것이라고 보았다. 그는 인간에 대하여 낙관적인 입장을 가지고 있으며, 인간으로서의 속성을 자유롭게 발달시켜 가기 때문에 결국 긍정적이고 유익한 행동을 수행하게 된다고 보았다.

요약하면 프로이트는 "긴장 감소 지향의 인간"을, 스키너는 "환경의 통제를 받는 인간"을, 로저스는 "성장 지향의 인간"을 제시하였다.

그러나 인간은 선천적으로 선하다는 생각을 가진 로저스도 인간이 때때로 비정한 살인의 감정, 이상한 충동과 반사회적 행동을 나타낸다는 사실을 인정한다. 그러한 것들은 인간 본성으로부터 우러나오는 것이 아니고, 그 개인의 유기체적 경험들(organismic experiences)과 자아(self) 간의 부조화에 의한 것으로 보고 있다(이형득 외, 1997 재인용).

(6) 인지주의 상담

인지주의 상담은 행동주의가 지니고 있는 극단적 환경론 및 인간의 자아에 대한 개념적 무시의 약점에 인본주의 심리학이 추구하는 인간적 가치 그리고 인지주의가 지니고 있는 인간의 사고과정 연구의 필요성 등이 조화롭게 대두될 필요가 있어 나타나게 된 상담이론이다.

심리학 연구를 정리해보면 인간행동의 결정인자는 의식(consciousness)이라 하던 때도 있었고, 요구(needs) 및 충동(drives)과 같은 동기 유발적 힘(motivational forces)이라고 하던 때도 있었으며 내적 결정인자라고 하는 요인에 의하여 행동이라고 하는 결과가 나온다는 입장도 있었다. 적개심에 의하여 화내는 행동이 나올 수도 있겠으나 화내는 행동에 의하여 적개심이 나올 수도 있다. 마찬가지로 성취동기는 성취행위에 의해서, 의존심은 의존적 행동에 의해서, 호기심은 탐구적 행동에 의해서 일어날 수도 있는 것이다.

똑같은 행동이라 할지라도 시간, 장소, 사람에 따라서 그 효과는 다르다. 거리를 건너가는 행동은 붉은 신호등이 켜졌을 때와 푸른 신호등이 켜졌을 때 다른 효과를 가져 온다. 술을 마시되 밤에 술집에서 마시느냐, 낮에 공원에서 마시느냐, 비키니 차림을 하되 와이키키 해변에서이냐, 서울의 거리에서이냐 등등은 같은 행위이지만 결과적 효과는 다르다. 바꾸어 말하면, 어떤 행동이 바람직하고 바람직하지 않은지는 사회적 상황에 의하여 결정되는 것이다. 즉, 개인의 행동이 어떤 방향으로 수행될 것인가를 지도하고 안내하는 역할을 하는 것이 바로 사회적 조건인 것이다. 따라서 사람들은 항상 자기의 어떤 행동이 보상받을 것이며, 어떤 행동이 처벌될 것인가 하는 사회적 조건에 주의를 둔다. 이 말 속에는 자신의 행동을 규제할 수 있는 전망적 능력을 개인이 가지고 있다는 의미가 들어 있다.

토론과제

1. 교사가 유아나 아동상담 시 고려해야 할 것은 무엇인지 생각해 보자.
2. 현장에서 지시적 상담과 비지시적 상담 중 어떠한 상담 방법을 택할 것인지 논의해 보자.
3. 현장에서 행동주의 상담이론과 인본주의 상담이론이 어떻게 활용될 수 있을지 논의해 보자.
4. 현장에서 정신분석학적 상담이론과 인지행동적 상담이론은 어떻게 활용될 수 있을지 논의해 보자.

제10장

교육행정

학습 목표

1. 교육행정의 개념과 성격을 이해한다.
2. 교육 관련 법의 성격과 구조를 이해한다.
3. 우리나라의 교육행정 조직은 어떻게 구성되어 있는지를 이해한다.
4. 교육행정은 어떤 일들을 수행하고 있는지를 이해하고 평가한다.
5. 교사의 입장에서 학급 경영은 어떻게 이루어지는지를 이해하고 실천할 수 있다.

1. 교육행정이란 무엇인가?

'교육'이라고 하면, 흔히 '수업'이라고 부르는 교수-학습의 과정을 떠올리게 된다. 그러나 효과적으로 교육목표를 달성하기 위해서는 교수-학습의 과정만 필요한 것이 아니라 교수-학습 활동을 가능하게 하고 이를 지원하기 위한 많은 활동들을 필요로 한다. 예를 들면, 수업이 효과적으로 이루어질 수 있는 공간, 기자재의 확보와 관리, 훌륭한 교사를 임용하여 교육활동에 전념할 수 있도록 지원하고 관리하는 일, 교육목표를 달성할 수 있도록 교육과정을 계획하고 운영하는 일들이 필요하다. 이렇게 효율적인 교수-학습 활동을 가능하도록 지원하는 많은 활동을 교육행정이라고 한다.

1) 교육행정의 개념

교육행정은 효율적으로 교육목표를 달성할 수 있도록 교수-학습을 지원한다는 점에서 동일한 작용을 하고 있으나, 그 수행형태에서 나타나는 특징을 기반으로 공권설, 기능설, 경영설로 구분하여 볼 수 있다(정태범・배종근, 1986: 13-14).

첫째, 공권설의 입장에서는 교육행정은 교육정책을 실현하는 수단으로서 법규에 따라 교육업무를 지도・감독하는 것이라고 본다. 이러한 입장에서는 교육행정을 국가통치권의 작용으로 공권적 해석 또는 법규적 해석의 적용이라고 본다. 교육행정을 공권적 작용이라고 보는 법규 해석적 접근에서는 교육행정은 법률이 규정해 놓은 바에 따라 교육의 이념구현을 목표로 교육과정을 마련하고 교육조건을 정비하여 교육활동을 지도, 감독하는 것으로 본다. 즉 이 입장에서는 교육행정을 '교육에 관한 행정'으로 이해하는 것이다. 그러나 교육행정의 공권적 작용은 행정을 강조하기 때문에 교육운영을 중앙집권적이며 관료적인 방식으로 통제하여 교육활동의 자율성과 독창성을 위축시킬 수 있다는 약점이 있다.

둘째, 기능설의 입장에서는 교육행정은 학교의 교육활동이 가능하도록 도와주고 봉사하는 활동이다. 이 입장에서는 교육행정은 교육목표 달성에 필요한 교육조건을 확보하고 정비하는 데 초점을 두는 조건정비적 접근을 강조한다. 조건정비적 교육행정에서는 행정행위는 교육활동을 위한 목적이나 주체가 아닌 수단으로 작용하게 되고, 행정은 교육활동을 위한 봉사활동으로 작용해야 한다고 본다. 즉 이 입장에서는 교육행정을 '교육을 위한 행정'으로 이해하는 것이다. 한편 이 개념에서는 교육행정을 교수-학습 활동을 도와주는 것에 치중하여 행정의 목표관리 활동을 소홀히 할 가능성이 있다는 약점이 있다.

셋째, 경영설의 입장에서는 교육행정은 교육목표를 달성하기 위해 필요한 교육조건을 갖추어 교육활동의 전 과정을 합리적으로 경영관리하는 활동으로 파악한다. 이 입장은 경영학의 체제분석이론을 교육행정에 도입하여, 교육목표를 달성하기 위한 하나의 조직체를 운영하는 데 있어서 그 체제를 투입, 과정, 산출로 보고 그 변인을 중심으로 행정의 지원, 관리활동이 이루어지는 것으로 교육행정을 이해한다. 이 입장은 투입, 과정, 산출을 유기적인 관계로 이해하기 때문에 교육행정의 전 과정이 고정된 것이 아니라 투입이 되는 학생의 특성과 달성해야 할 교육목표에 따라 조정될 수 있다고 있다고 보며, 학교교육체제 내에서 민주적 지도성과 교사들의 협동적인 집단과정이 교육목표 달성에 대단히 중요한 역할을 한다고 본다.

이상에서 살펴본 바와 같이 교육행정은 공권설의 입장에서는 행정의 권력적 작용에 의하여 교육에 대한 지휘 · 감독을 활동을 강조하는 한편 기능설의 입장에서는 필요한 교육조건을 정비 · 확보하는 봉사활동에 강조를 두고 있으며, 경영설의 입장에서는 교육목표 달성을 위한 교육체제 전반의 경영관리활동에 초점을 두고 있어서 각각의 입장에 따라 강조하는 활동양상이 다르게 나타난다. 따라서 어느 관점에서 교육행정을 보느냐에 따라 교육행정에 대한 정의가 달라지겠지만, 포괄적으로 본다면 교육행정은 법적 기반 위에서 교육목표를 효율적으로 달성하기 위해 필요한 "인적 · 물적 조건들을 확보하고 계발 · 정비하는 일, 교육활동이 이루어지고 있는 교육조직을 보다 효율적으로 관리 · 운영하는 일, 그리고 교육이 보다 잘 되도록 기획하고 선도하는 일을 포함하는 일련의 수단적 봉사활동"(조동섭, 2000: 143)이라고 할 수 있다.

2) 교육행정의 기능과 성격

(1) 교육행정의 기능

교육행정이 어떤 기능을 하고 있는가는 교육행정이 달성하고자 하는 과업과 관련이 있다. 교육행정의 기능을 교육행정이 다루어야 할 업무과정이라는 면에서 다음과 같이 5가지로 정리할 수 있다(박도순 외, 1998).

① 교육정책 실현기능

교육정책 실현기능은 교육행정에 대한 공권설(법규해석적 접근)에서 강조되고 있는 바와 같이 「헌법」, 「교육법」, 「사립학교법」, 「교육공무원법」 등에 나타나 있는 교육정책 및 기본방침에 따라 교육전반을 운영하는 기능을 말한다.

② 교육과정 편성기능

교육과정 편성기능이란 교육목표를 달성하기 위한 교육내용을 선정하고 조직하여, 교수-학습 과정이 가능하도록 교육내용을 제공하는 기능을 말한다. 교육과정의 구성에는 학습자의 발달, 학교의 특수성, 지역사회의 여건 등이 고려되어야 하며, 교사의 선문적 능력과 사율성이 보장되도록 고려되어야 한다.

③ 교육조건 정비기능

교육조건 정비기능이란 교육과정에서 제시하는 교육활동이 가능하도록 필요한 인적・물적 조건을 확보하고, 제공하며, 계속 유지하는 것을 말한다.

④ 교육활동 추진기능

교육활동 추진기능이란 교육목표를 달성하기 위해 전개하는 교수-학습 활동이 원활하게 이루어지도록 하는 일련의 활동들을 의미한다. 학교의 교육활동이 교육과정 계획대로 운영되고 있는지, 학교의 수업이 정상적으로 이루어지고 있는지, 수업에서 각종 교육 자료는 충분히 활용되고 있는지, 학생들의 자율학습 태도는 어떠한지 등을 살펴봄으로써 교육활동이 원활하게 추진되도록 하는 활동을 포함한다.

⑤ 교육성과 확인기능

교육성과 확인기능은 교육평가를 통해 교육목표가 얼마나 달성되었는지를 확인하는 기능을 의미한다. 교육성과의 확인을 통해서 교육목표의 달성 수준, 교육내용 조직 정도, 교육 조건 정비 정도, 교수-학습 활동 수준 등에서 나타나는 문제를 확인하고 개선점을 확인하는 활동을 하게 된다.

(2) 교육행정의 성격

교육행정의 기능을 어느 관점에서 보느냐에 따라 교육행정의 성격도 달라질 수 있지만, 우리나라 교육행정이 지향하고 있는 몇 가지 성격(신재순, 1995: 19–21)에 대해 살펴보고자 한다.

① 공공적 성격

교육은 어느 특정 개인의 이익을 위한 사업이 아니라 모든 국민과 관계되는 공익사업이기 때문에 국가가 교육에 대해 깊이 관여하고 있다. 국민의 교육받을 권리와 그 권리를 보장하기 위해서 교육제도를 비롯한 제 교육조건의 마련을 법률로 정하고 있는 것은 교육행정의 공공성을 단적으로 보여 주는 것이다. 교육의 공익성을 준수하기 위해 국가와 지방 자치단체는 교육기관을 직접 경영하고 지원한다. 이러한 공익성은 사립학교에도 마찬가지로 적용된다. 근본적으로 교육이 공공성을 전제하고 있기 때문에 교육의 주체가 사인이든 국가이든 관계없이 교육행정은 공공적 성격을 지니고 있다.

② 조장적 성격

교육행정이 권력 작용의 일면을 지니고 있지만, 교육행정의 본질은 교육활동에 대한 통제나 규제보다는 오히려 교육활동을 적극 지원하는 조장적 성격을 갖고 있다. 교육행정은 교육을 위하여 제반 조건을 확립하고 봉사하는 활동이라고 보는 견해에서 조장적 성격이 두드러지게 된다.

③ 수단적 성격

교육행정은 그 자체가 목적이 아니라 교육목표를 달성하기 위한 수단이다. 즉 교육행정은 행정을 위한 행정이 아니라 교육을 위한 행정으로, 교육이 보다 효과적이고 능률적으로 이루어지도록 도와주는 수단으로 다양한 기술이 요구되고 있다.

④ 전문적 성격

교육행정 업무의 복잡성과 특수성으로 인해 교육행정은 전문성을 요구한다. 즉 교육행정직에 종사하는 사람은 장기간의 교육과 경험을 바탕으로 하는 전문적 자질을 갖추어야 한다.

3) 교육행정의 원리

교육행정의 이상과 방향 그리고 지침이 되는 교육행정의 원리에 대해서 살펴보고자 한다. 교육행정의 원리에 대해서는 학자들마다 다소의 차이가 있다. 백현기는 모트(Mort)와 로스(Ross)가 그들의 저서 『학교행정의 원리(Principles of School Administration)』에서 16개 교육행정원리를 제시한 것을 기초로 교육행정의 원리를 법규상의 원리와 교육실천상의 원리로 구분하였다. 교육법규상의 기본원리로는 기회균등의 원리, 민주주의의 원리, 지방분권주의의 원리, 자주성의 원리를 들고 있으며, 교육실천상의 원리로는 타당성의 원리, 능률성의 원리, 적응성의 원리, 안정성의 원리를 각각 제시하였다(백현기, 1958: 50-52). 한편 김종철은 법제 면에서 본 교육행정의 원리로 법치행정의 원리, 기회균등의 원리, 적도집권의 원리, 자주성 존중의 원리를 제시하였으며, 운영 면에서 타당성의 원리, 민주성의 원리, 능률성의 원리, 적응성의 원리, 안정성의 원리, 균형성의 원리 등 6개 원리를 제시하였다(김종철, 1965: 46-48).

그러나 교육행정의 원리를 법제상 원리와 운영상의 원리로 이원화하기보다는 행정운영에 있어서는 통합적으로 작용한다는 점에서 다음 7가지의 원리(조동섭, 2000: 146-150)를 통합적으로 교육행정의 원리로 제시하고자 한다.

(1) 민주성의 원리

이는 교육활동의 계획과 그 집행에 있어 교육행정이 국민의 의견을 반영하고 국민을 위한 것이 되어야 한다는 것을 의미한다. 구체적으로 행정활동에의 시민참여, 행정의 공개성과 공익성 실현, 행정과정의 민주화, 공평한 대우 등을 포함하는 넓은 의미의 민주적인 교육행정을 말하는 것이다. 즉 교육정책이나 계획 수립과정에서 민의를 공정하게 반영하고, 그 집행을 공개적이고 민주적인 방식으로 실시하는 것이다.

(2) 기회균등의 원리

우리나라 「헌법」에 "모든 국민은 능력에 따라 균등하게 교육받을 권리를 가진다"(제 31조 1항)고 명시된 바와 같이 국민들의 교육받을 기회를 균등하게 제공하는 것을 의미한다. 그런데 교육기회의 균등은 2가지 측면이 포함되어 있다. 하나는 모든 국민이 차별 없이 교육의 기회를 배분받아야 한다는 점이고, 다른 하나는 능력이 있는 자에게 그 능력을 발휘할 수 있는 기회가 제공되어야 한다는 점이다. 즉 교육기회의 법적 평등뿐 아니라 경제적으로 어려운 학생들이 실질적으로 교육을 받을 수 있도록 장학금 제도 및 사회보장 제도의 강화로 교육기회를 실질적으로 보장하는 것으로 이해할 수 있다.

(3) 합법성의 원리

이 원리는 모든 교육행정 활동이 합법적으로 제정된 법령, 규칙, 조례 등에 어긋나지 않는 법률 적합성을 지녀야 함을 의미한다. 따라서 교육행정은 「헌법」을 비롯하여 「교육기본법」, 「초 · 중등교육법」, 「고등교육법」 등 여러 법률과 그것을 기초로 하는 각종 명령, 자치법규 등에 의해 이루어지므로 교육행정가들은 교육법규를 잘 이해하여 올바른 교육행정이 이루어지도록 해야 한다.

(4) 효율성의 원리

효율성은 효과성(effectiveness)과 능률성(efficiency)을 동시에 포함하는 개념이다. 효과성이란 달성하고자 하는 목표를 어느 정도 효과적으로 성취하는가를 말하고, 능률성은 최소한의 비용으로 최대의 성과를 거두는 것을 말한다. 즉 효율성의 원리는 가장 능률적인 방법으로 최대의 성과를 달성하는 것을 의미한다. 교육행정은 교육조직이 달성하고자 하는 목표를 가장 능률적인 방법으로 최대한 달성하도록 노력해야 한다.

(5) 자율성의 원리

이 원리는 교육기관의 독자성을 존중하기 위해 일정한 범위 내에서 그 기관이 스스로 규칙을 제정하고 그 규칙에 따라 독자적으로 업무를 집행해 나가는 것을 의미한다. 흔히 교육자주성의 원리라고도 하며, 지방교육자치의 원리라고도 한다.

(6) 전문성의 원리

이는 자율성의 원리의 구체적 내용을 이루는 원리라고 할 수 있다. 교육이 정치나 당파로부터 독립성과 자율성을 갖기 위해서는 교육전문가들에 의한 통제가 정착되어야 한다. 전문성이란 업무의 특수성을 바탕으로 한 고도의 지적·기술적 수월성을 의미한다. 따라서 교육행정은 교육을 위한 행정이므로 교육의 본질과 특수성을 잘 이해하고, 교육행정에 관한 고도의 지식과 기술을 습득한, 훈련받은 전문가가 담당해야 한다.

(7) 안정성의 원리

이 원리는 국민적 합의과정을 거처 수립되고 시행되는 교육정책이나 프로그램은 장기적인 관점에서 일관성과 지속성을 유지함으로써 안정성을 확보해야 한다는 것이다. 교육은 개인에게 있어 생애를 통해 이루어내는 형성적 활동이며, 국가적 차원에서도 그 효과가 오랜 시간이 흐른 뒤에야 나타나는 장기적인 사업이다. 따라서 교육행정은 사람들이 장기적인 안목에서 자신의 교육과 인생에 대한 전략을 체계적으로 설계할 수 있도록 지표를 제시하고, 장기적인 계획을 통해 일관되게 추진하는 것이 필요하다.

2. 교육법

오늘날 교육은 많은 부분이 학교라는 제도에 의해 실행되고 있다. 또한 교육을 지원하기 위한 교육행정조직들에 의해 교육의 살림살이가 이루어지고 있다. 그런데 이러한 제도와 기관의 행정 활동은 교육적인 차원에서만 의사결정이 이루어지는 것이 아니라 법 안에서 법을 준수하면서 행위가 이루어지고 있다. 본 절에서는 교육에 관련된 법의 성격과 구조를 이해하고자 한다.

1) 교육법의 개념

법은 사회질서를 유지하기 위한 하나의 강제적 규범이며, 이것을 위반하는 행위에 대해서는 일종의 제재가 주어진다. 교육법은 교육에 관한 법규범 또는 교육행정에 관한 법규를 통칭한 개념이다. 넓은 의미에서 교육 관련 법령을 의미하는데, 「헌법」에 보장된 교육에 관한 기본원리를 구체화한 교육관련 법령, 교육을 받을 권리를 구현하기 위한 교육당사자들의 권리와 의무에 관한 법령, 그리고 교육제도 및 운영에 관한 교육관련 법령으로 구성된다. 이와 관련된 여러 법령들 중에서 특히 학교교육에 초점을 둔 「교육기본법」, 「초·중등교육법」, 「고등교육법」을 '교육 3법'으로 분류한다(김달호, 2011).

교육법은 교육이 추구하는 교육목표와 교육과정 등에 관한 기준을 설정하며, 교육이 추구하는 측면을 지원하기 위한 교육재정, 시설설비, 교직원의 근무조건, 학교제도 등에 관한 사항을 규제의 대상으로 하고 있다. 이러한 측면에서 교육법은 교육에 관계되는 여러 가지 기본적인 법률뿐만 아니라 교육에 관한, 교육을 위한 모든 교육활동에 관한 법을 말한다(허재욱, 2003).

2) 교육법의 성격

교육법은 교육에 관한 법규범으로서, 「헌법」 제31조 제6항에 규정된 바와 같이 학교교육과 평생교육을 포함한 교육제도와 그 운영, 교육재정 및 교원의 지위에 관한 기본적인 사항을 규정한 교육에 관한 종합적인 법적 성격을 가지고 있으며 다른 법과 달리 조장적 성격, 특별법이면서 일반법적 성격, 특수법적 성격, 윤리적 성격을 갖는다(이병환 · 장기풍 · 김규태, 2013).

(1) 조장적 성격

교육법은 교육의 자주성과 전문성을 보장하기 위하여 교육활동을 규제하기보다는 교육을 지원하고 조장하며 성격을 갖는다. 즉 교육에 관해 지휘 · 복종의 관계보다는 오히려 지도 · 조언 · 육성 · 이해를 주로 하는 조장법의 성격을 갖는다.

(2) 특별법이면서 일반법적인 성격

교육법은 교육에 관한 한 다른 법률에 대하여 특별법인 동시에 일반법의 성격을 갖는다. 즉 교육법은 교육에 관한 한 다른 모든 일반법에 대하여 특별법의 지위를 가지며, 다른 일반법이 교육법에 저촉될 경우에는 교육법이 우선한다. 반면에 교육법은 다른 교육관계 법률(광의의 교육법)에 대하여는 일반법의 성격을 갖는다.

(3) 특수법적 성격

교육법은 공법과 사법의 구별이 명확하지 않은 특수법의 성격을 갖는다. 교육권은 공권력 개념으로만 해석하기에는 논리정립이 어렵게 되었다. 특히 국민교육의 사회보장적 경향과 교육의 개방 및 평생교육 등의 등장은 '교육법의 특수적인 성격'을 더욱 뚜렷하게 하여 주고 있다.

(4) 윤리적 성격

교육법은 특히 윤리적인 면이 강조되는 법령이다. 교육법에서 공 · 사립의 교육기관을 불문하고 국가와 민족에 대한 의무와 책임이 다른 법률에 비하여 현저하게 강조되고 있음은 이 윤리적인 성격 때문이다.

3) 교육법의 구조

교육법의 구조로서 「헌법」, 「교육기본법」, 「초·중등교육법」, 「초·중등교육법 시행령」, 「고등교육법」, 「교원지위향상을 위한 특별법」, 「교원지위향상을 위한 교섭·협의에 관한 규정」, 「교원의 노동조합 설립 및 운영 등에 관한 법률」, 「국가공무원 복무규정」, 「교육공무원법」, 「지방교육자치에 관한 법률」등의 법이 있다. 여기에서는 몇 가지 주요 법에 대해 간단히 살펴보고자 한다.

(1) 헌법상의 교육규정

「헌법」상의 교육규정에 관한 주요 내용을 정리하면 다음과 같다.

① 교육을 받을 권리

"모든 국민은 능력에 따라 균등하게 교육을 받을 권리를 가진다"(제31조 제1항)라고 규정하고 있다.

② 의무교육의 무상과 보호자의 의무

"모든 국민은 그가 보호하는 자녀에게 초등교육과 법률이 정하는 교육을 받게 할 의무를 진다"(31조 제2항), "의무교육은 무상으로 한다"(31조 제3항)라고 규정하고 있다.

③ 교육의 자주성 · 전문성 · 정치적 중립성과 대학의 자율성

"교육의 자주성·전문성·정치적 중립성과 대학의 자율성은 법률이 정하는 바에 의하여 보장된다"(31조 제4항)라고 규정하고 있다.

④ 평생교육의 진흥

"국가는 평생교육을 진흥하여야 한다"(31조 제5항)라고 규정하고 있다.

⑤ 교육제도의 법률주의

"학교교육 및 평생교육을 포함한 교육제도와 그 운영, 교육재정 및 교원의 지위

에 관한 기본적인 사항은 법률로 정한다"(31조 제6항)라고 규정하고 있다.

(2) 교육기본법

「교육기본법」의 주요 내용은 다음과 같다.

① 학습권

"모든 국민은 평생에 걸쳐 학습하고, 능력과 적성에 따라 교육받을 권리를 가진다"(제3조 제2항)고 규정하고 있다.

② 교육의 기회균등

"모든 국민은 성별, 종교, 신념, 인종, 사회적 신분, 경제적 지위 또는 신체적 조건을 이유로 교육에서 차별을 받지 아니한다"(제4조 제1항) 그리고 "지역간의 교육적 불균형을 해소하기 위하여 국가와 지방자치단체는 필요한 조치를 취해야 한다"(제4조 제3항)고 규정하고 있다.

③ 교육의 자주성

「교육기본법」 제5조의 내용들은 교육이 외부의 영향을 받지 않고 독립적이며 공정하게 이루어져야 함을 명시하고 있으며 그 주요 내용은 1항 '교육의 자주성', 2항 '학문의 자유', 3항 '교원의 자주성'으로 구성된다.

④ 교육의 중립성

"교육은 정치적, 파당적, 종교적 또는 개인적 이익으로부터 중립적이어야 하며, 교육의 본래 목적을 충실히 이행해야 한다"(제6조 제1항)라고 규정하며, 교육이 공정하고 중립적으로 이루어져야 함을 강조하고 있다. 이는 국가와 지방자치 단체가 설립한 학교는 특정한 종교를 위한 종교교육을 하여서는 아니 된다.

⑤ 의무교육

의무교육은 초등학교 6년과 중학교 3년의 기간으로 하며, 의무교육은 무상으로 한다는 내용을 「교육기본법」 제8조에서 규정하고 있다.

(3) 유아교육법

「유아교육법」은 총 5장 34조로 구성되어 있다. 제1장 총칙은 목적, 정의, 책임, 유아교육·보육위원회, 유아교육위원회, 유아교육진흥원 등으로 구성되어 있다. 제2장은 유치원의 설립, 유치원의 병설, 유치원 규칙, 입학 연령, 학년도, 교육과정, 유치원 생활기록, 특수학교, 외국인 유치원, 건강검진 및 급식, 지도·감독, 평가 등으로 구성되어 있다. 제3장은 교직원과 관련된 장으로 교직원의 구분, 교직원의 임무, 교직원의 자격, 강사 등으로 구성되어 있다. 제4장은 비용과 관련되어 있으며, 제5장은 보칙 및 벌칙에 관한 규정으로 구성되어 있다.

(4) 초·중등 교육법

「초·중등 교육법」은 총 5장 68조로 구성되어 있다. 제1장은 총칙으로 목적, 학교의 종류, 국·공·사립학교의 구분, 학교의 설립, 학교의 병설, 지도·감독, 장학지도, 학교규칙, 평가, 수업료, 학교시설 이용 등으로 구성되었다. 제2장은 의무교육, 취학의무, 취학의무의 면제, 고용자의 의무, 친권자 등에 대한 보조 등으로 구성되었다. 제3장은 학생과 교직원에 관한 내용으로 학생자치활동, 학생의 징계, 재심청구, 시·도학생징계조정위원회의 설치, 학생의 인권보장 등과 교직원의 구분, 전문상담교사의 배치, 교직원의 임무, 교원의 자격, 산학겸임교사 등으로 구성되어 있다. 제4장은 학교에 관한 내용으로 통칙, 학교운영위원회, 초등학교, 중학교, 고등학교 등과 관련된 조항들로 교육과정, 수업, 학교생활기록, 학년제, 조기진급 및 조기졸업, 학습부진아등에 대한 교육, 교과용도서의 사용, 초·중·고등학교의 통합운영, 정보시스템에 의한 업무처리 등에 대한 지도·감독 등으로 구성되어 있다. 그 외 학교운영위원회와 학교유형 등에 관한 내용으로 구성되어 있다. 제5장은 보칙 및 벌칙에 관한 내용으로 구성되어 있다.

(5) 고등교육법

「고등교육법」은 총 4장 64조로 구성되어 있다. 제1장은 총칙으로 목적, 학교의 종류, 국립 · 공립 · 사립학교의 구분, 학교의 설립, 지도 · 감독, 학교규칙, 교육재정, 실험실습비 지급, 학교 간 상호 협조의 지원, 학교협의체, 등록금 및 등록금 심의위원회, 평가 등의 내용으로 구성되었다. 제2장은 학생과 교직에 관련된 내용이며, 제3장은 학교에 관한 내용을 규정하고 있다. 제4장은 보칙 및 벌칙에 관한 내용으로 구성되었다.

(6) 교원지위향상을 위한 특별법

「교원지위향상을 위한 특별법」의 내용은 다음과 같다.

① 교원에 대한 예우

국가, 지방자치단체, 그 밖의 공공단체는 교원이 사회적으로 존경받고 높은 긍지와 사명감을 가지고 교육활동을 할 수 있는 여건을 조성하도록 노력하여야 한다.

② 교원보수의 우대

국가와 지방자치단체는 교원의 보수를 특별히 우대하여야 한다. 그리고 「사립학교법」에 따른 학교법인과 사립학교 경영자는 그가 설치 · 경영하는 학교 교원의 보수를 국공립학교 교원의 보수 수준으로 유지하여야 한다.

③ 교원의 불체포특권

교원은 현행범인 경우 외에는 소속 학교의 장의 동의 없이 학원 안에서 체포되지 아니한다.

④ 학교 안전사고로부터의 보호

각급 학교 교육시설의 설치 · 관리 및 교육활동 중에 발생하는 사고로부터 교원과 학생을 보호함으로써 교원이 그 직무를 안정되게 수행할 수 있도록 하기 위하여 학교안전공제회를 설립 · 운영한다.

⑤ 교원의 신분보장

교원은 형의 선고, 징계처분 또는 법률로 정하는 사유에 의하지 아니하고는 그 의사에 반하여 휴직 · 강임 또는 면직을 당하지 아니한다.

⑥ 교원소청심사원원회의 설치 및 소청심사의 청구

각급 학교 교원의 징계처분과 그 밖의 그 의사에 반하는 불리한 처분에 대한 소청심사를 하기 위하여 교육과학기술부에 교원소청심사위원회를 둔다.

교원이 징계처분과 그 밖에 그 의사에 반하는 불리한 처분에 대하여 불복할 때에는 그 처분이 있었던 것을 안 날부터 30일 이내에 교원소청심사회원회에 소청심사를 할 수 있다.

3. 교육행정 조직

과거 사회에서 교육활동이 단순하게 이루어질 때는 교육을 운영하고 관리하기 위한 조직의 필요성이 그리 크지 않았다. 그러나 오늘날처럼 교육의 사회적 기능과 중요성이 증대되고 교육의 수요가 증가하면서 교육에 대한 계획, 운영, 관리를 담당할 교육행정 조직들이 생겨나게 되었다. 모든 행정활동은 조직을 통하여 이루어지고 있으며, 교육행정도 조직을 통하여 구성원의 노력을 통합하고 이를 통해 주어진 목적을 달성하고자 노력하고 있다. 현재 우리나라의 교육행정 조직은 중앙교육행정 조직, 지방교육행정 조직, 그리고 학교 조직으로 구분할 수 있다.

1) 중앙교육행정 조직

중앙교육행정 조직은 국가의 교육행정을 수행하는 조직과 구조를 말한다. 여기에는 교육부의 조직뿐 아니라 대통령과 국무회의까지 포함시킬 수 있다. 즉 중앙교육행정 조직은 대통령, 국무총리, 교육부 장관으로 이어지는 계선조직을 이루고 있으며, 우리나라의 교육에 관한 기획과 정책 결정, 주요 정책의 집행 기능을 담당한다. 우리나라에 있어서 행정권은 대통령을 수반으로 하는 정부에 부여되어 있고, 교육행정에 관한 행정권 역시 대통령을 정점으로 하여 국무회의를 거쳐 교육부에 이르는 행정체계를 통해 행사되고 있다.

교육행정에 관한 대통령의 기능은 교육에 관한 대통령령의 공포, 주요 교육공무원의 임면, 국무회의 의장으로서 교육정책의 수립과 실천에의 영향력 행사 등을 들 수 있다(이형행, 2001: 373). 국무총리는 대통령의 궐위 시 대통령의 역할을 수행하며, 국무회의 부의장으로서 교육에 관한 기본계획과 주요 정책의 수립, 법령개정과 예산 심의 등에 참여함으로써 중앙교육행정의 주요 책임을 담당한다(조동섭, 2000: 151).

그러나 중앙교육행정조직의 핵심부처는 교육부이다. 교육부 장관은 정부조직법에 따라 학교교육과 평생교육 및 학술에 관한 사무를 장려하는 최고 행정부서로 규정된 교육부의 장으로서 소관 사무에 관하여 지방행정의 장을 지휘, 감독하여 우리나라 교육을 이끌어 가는 책임을 지고 있다.

중앙교육행정 조직은 그 기능상 수반관리(최고관리층), 중급관리(중앙관리층), 하급관리(사무관리층)의 세 계층으로 구분할 수 있다(이형행, 2001: 373-374).

최고관리층은 대통령, 국무회의, 교육부장차관 및 기획조정실장까지를 포함하며, 중요정책을 결정하며, 기획 · 조직 · 인사 · 조정 · 통제에 있어서 최고의 권한과 책임을 가지게 된다. 즉 교육행정에 관한 기본방침과 정책을 결정하는 최고 관리층의 업무를 담당한다. 중앙관리층은 국장 · 과장 등을 포함하는 부분으로 최고 관리층이 수립해 놓은 기본방침이나 기획에 따라서 실무면에서의 시책이나 방침을 세우고, 전문적 지식과 기능을 바탕으로 고위층의 정책을 구현하고 업무의 통제와 하부조직에 대한 지도 · 감독을 담당한다. 사무관리층은 사무를 직접 담당하는 직원들로 구성되며, 상부의 지시와 소정의 규정에 따라 행정업무를 수행해 나가는 실무를 담당한다.

그림 10-1 우리나라 교육부 조직도 2024

2) 지방교육행정 조직

지방교육행정 조직이란 지방의 교육행정을 위한 전반적인 조직과 구조를 의미한다. 우리나라 지방교육행정 조직은 교육자치를 기본으로 삼고 있다. 교육자치제는 교육행정의 지방분권을 통하여 주민의 참여의식을 높이고, 각 지방의 실정에 적합한 교육정책을 개발하고 실시토록 함으로써 교육의 자주성, 전문성, 정치적 중립성을 확보할 수 있도록 하는 교육제도이다.

우리나라 교육자치제가 지향하고 있는 기본원리로는 지방분권의 원리, 주민통제의 원리, 자주성존중의 원리, 및 전문적 관리의 원리를 들 수 있다(배종근 · 정태범 1986: 222−224).

지방분권의 원리는 지방교육행정에 대한 중앙정부의 획일적 통제와 지배를 지양하고 각 지역의 특수성을 살려 각 지방의 실정에 적합한 교육정책의 수립과 교육활동의 실천을 추구하려는 데 그 근본 의도가 있다. 주민통제의 원리의 근본정신은 주민자치에 있으며, 주민이 그 대표를 파견하여 교육정책 수립에 참여하는 것으로서 광범하고도 공정한 민의의 반영하고자 하는 의도이다. 자주성 존중의 원리는 교육 본래의 목적을 온전히 실현하기 위하여 교육행정은 일반행정으로부터의 분리 · 독립되어 운영되는 것을 말한다. 이는 교육의 자주성과 특수성을 살리기 위해 정치적 · 종교적 중립성을 보장하고자 교육체제의 조직과 운영, 특히 인사와 재정을 일반행정으로부터 분리 · 독립시켜 교육자치단체 혹은 교육행정기관이 독자적으로 운영케 하는 것을 말한다. 전문직 관리의 원리는 교육활동의 전문적 속성과 특수성에 입각하여 교육은 이 분야의 전문적 소양과 기술을 가지고 있는 교육행정 전문가에 의하여 관리 운영되어야 한다는 것을 뜻한다.

우리나라에서는 교육자치의 원리를 실현하기 위해 시 · 도에 의결기구인 교육위원회와 집행기구인 교육감을 두어 광역단위의 교육행정의 자치를 추구하고 있다.

3) 학교제도

학교교육제도(school system 또는 school ladder system)는 교육제도의 핵심을 이루는 것으로서 한 나라의 전체적인 학교체계를 의미한다. 학교제도는 구조 면에서 계통성과 단계성을 기초로 이루어지는데, 계통성(school stream)이란 어떠한 교육을 목표로 하고 있느냐를 나타내는 학교의 종적·수직적인 결합관계를 나타낸다. 단계성(school level)은 어떤 연령층을 대상으로 하는가를 나타내는 수평적 관계를 나타낸다.

우리나라의 학교제도는 초등학교 6년, 중학교 3년, 고등학교 3년, 대학교 4년의 단계가 하나의 계통을 이루고 있으며, 흔히 6-3-3-4제라고 한다.

학제의 유형은 학교교육제도의 기간이 되는 학교계통이 어떻게 이루어져 있느냐에 따라 단선형 학제와 복선형 학제로 구분된다. 우리나라와 같이 국민의 성별, 종교, 사회경제적 지위 등에 의한 차별이 없이 하나의 학교계통으로 이루어진 학교제도를 '단선형 학제'라고 하며, 사회계급 등에 의해 2개 이상의 학교계통이 병렬적으로 존재하여 그 계통 간의 이동이 불가능한 체제를 '복선형 학제'라고 한다.

학교제도는 기본학제와 특별학제로 구분하기도 한다. 기본학제는 학교제도의 기본을 이루는 학교교육의 형태로, 현행 6-3-3-4제를 기간으로 하는 정규 학교제도를 말하며, 여기에 유치원과 대학원이 포함되기도 한다. 특별학제는 기본학제의 보완적 기능을 수행하거나 사회교육의 성격을 가지고 기본학제의 교육과정에 준하는 교육을 실시하기 위한 학교제도를 뜻한다. 초등교육기관으로 공민학교, 중등교육기관으로 산업체 부설 특별학급과 기술학교를 포함하는 각종학교, 방송통신고등학교 등이 여기에 해당되며, 고등교육기관으로는 방송통신대학, 산업대학 등이 포함된다.

4. 교육행정 조직의 과업

교육행정은 교육활동을 잘 하기 위해 제반 조건들을 정비 · 조성하고 관련 교육 조직들을 관리 · 운영하며, 여러 가지 활동들을 계획하고 지도 · 조언하는 활동이다. 이러한 활동들을 핵심적인 과업들로 분류(조동섭, 2000: 155)해 보면, 교육정책과 그 실현 계획을 수립하는 '교육정책 및 기획', 우수한 인적자원을 확보하여 자질과 능력을 계발하고 활용하는 '교육인사행정', 교수–학습 활동의 개선을 위해 전문적이고 기술적 봉사활동을 수행하는 '장학행정' 교육행정을 확보하고 이를 적절히 운용 · 관리하는 '교육재정', 그리고 교육시설이나 설비, 물품이나 문서 등을 관리하는 일로 구분할 수 있다.

1) 교육정책 및 기획

교육의 규모가 거대해지고 교육활동 내용이 복잡해짐에 따라 교육활동을 계획적으로 운영하기 위한 국가의 교육정책에 대한 관심이 커지고 있다.

(1) 교육정책의 개념과 성격

교육정책은 국가의 교육에 관한 정책을 의미한다. 일반적으로 교육정책은 사회적 · 공공적 · 조직적 교육활동에 관하여 국민의 동의를 바탕으로 하고 국가의 공권력을 배경으로 하여 강제성을 가지고 추진되는 국가의 기본방침 내지 지침이라고 정의하고 있다. 따라서 교육정책은 한 국가의 교육이념을 구현하는 수단으로서, 교육제도와 그 운영의 요강에 관한 기본 방침이 되고, 교육행정에 대한 기본 지침이 되는 정부의 행정작용이라고 할 수 있다(조동섭, 155). 그런데 교육정책의 개념을 교육행정의 개념과 관련시켜 보자면, 넓은 의미의 교육행정에는 교육정책이 포함되지만, 좁은 의미의 '행정'으로 보자면 행정은 결정된 교육정책을 집행하는 것으로 정의된다.

교육정책은 현재의 교육문제를 해결하고, 미래의 교육을 보다 합리적으로 개선하고자 하는 선택적 행위라는 점에서, 규범 지향성, 미래 지향성, 관련성, 정치성, 합리성, 가변성 등의 성격을 포함하고 있다. 교육정책이 갖는 성격에 대해 간략히 살펴보면 다음과 같다. 첫째, 규범 지향성으로 정책은 가치지향적인 당위성을 내포하고 있으며, 바람직한 것을 구현하고자 한다. 둘째, 미래 지향성으로 정책은 바람직한 미래를 실현하는 것을 목적으로 하는 것이기 때문에 가치와 행동을 미래와 연관시키고, 인간의 미래를 변화시키고자 한다. 셋째, 관련성으로 정책은 전체 사회의 관련성 안에서 형성되고 집행되기 때문에 전체 사회의 영향을 받으며, 또한 전체 사회에 영향을 미치기도 한다. 넷째, 정치성으로 정책은 정치체계와 밀접한 관계를 가지고 있으며 정치에 대단히 민감하다. 다섯째, 합리성으로 정책대안의 선택은 가장 합리적인 것을 선택하는 것을 말하는데, 여기서의 합리성의 비용-효과의 합리성뿐만 아니라 가치와 정서 등을 포함하는 넓은 의미의 합리성을 말한다. 여섯째, 가변성으로 정책은 상황에 따라 변화한다.

(2) 교육정책의 형성과정

교육정책은 교육문제를 해결하고 미래의 교육을 합리적으로 방향으로 이끌어가려는 데 주된 목표를 두고 있다. 따라서 교육정책은 교육문제 해결을 위한 대안의 탐색과 선택의 결과라고 할 수 있다. 그런데 교육정책이 수립되어 정책 대안으로 결정되기 까지는 그 사회의 다양한 세력과 가치 등이 영향을 미치며 여러 과정을 거치게 된다. 교육정책이 형성되는 과정에 대해 캠벨 등(Campbell, 1971: 308−315)은 기본적인 힘의 작용(전국적인, 세계적인 규모의 정치적 사회적 영향력), 선행운동(정책에 영향을 미치는 세력의 활동), 정치적 활동(공공의제에 대한 논쟁, 토의), 공식적 입법(행정부, 입법부에 의한 정책형성) 등의 과정을 거친다고 보고 있다. 한편 조동섭(2000: 157−158)은 정책 의제화(문제의 제기), 정책대안 탐색 및 선택, 합법화 과정을 통해 교육정책이 형성된다고 보고 있다. 이를 구체적으로 살펴보면 다음과 같다.

첫째, 문제의 제기로 여러 가지 교육문제 가운데 그 중요성이나 심각성에서 있어서 중요한 사회문제로 인식되는 문제가 교육정책의 형성과 직결되며, 이를 '정책 의제화'된다고 표현한다.

둘째, 정책대안의 탐색 및 선택 과정. 교육문제가 일단 정책의제로 되면 구체적인 교육정책의 수립과정을 밟게 되고, 목표달성을 위한 대안들을 탐색하고 가장 바람직하고 합리적인 것을 선택하게 된다.

셋째, 합법화 과정으로, 선택된 정책대안을 심의하고 평가하여 정부의 정책으로 결정하여 합법화하는 과정을 거치게 된다. 합법화 과정은 행정부 또는 입법부의 심의나 의결을 거쳐 정부의 이름으로 공포됨으로써 그 정당성을 인정받게 된다.

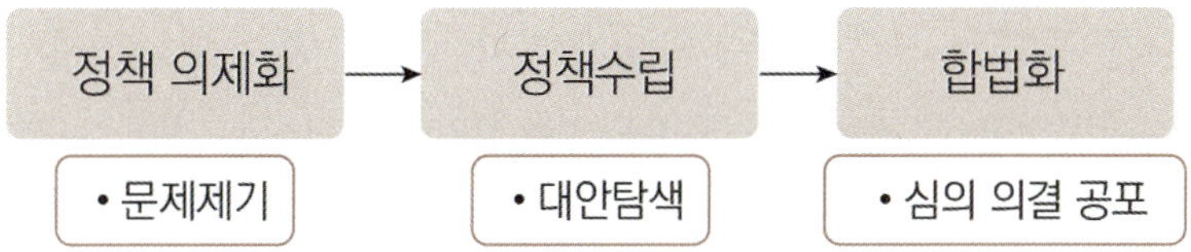

그림 10-2 교육정책 형성과정

(3) 교육정책의 평가

교육의 공공성 대한 인식이 높아지고, 교육발전에 대한 정부의 역할과 기능이 강화되고 교육정책의 중요성이 강조되고 있으며, 그에 따라 교육문제 해결을 위한 대안의 탐색과 선택의 결과로서의 교육정책은 얼마나 합리적으로 이루어졌으며, 효과가 있었는지를 검토하는 교육정책의 평가에 대한 중요성이 높아지고 있다. 일반적으로 교육정책의 평가는 합리적인 준거를 바탕으로 교육정책의 전 과정을 점검하는 일련의 과정이라고 할 수 있다. 따라서 교육정책에 대한 평가는 평가의 준거가 되는 기준을 어떻게 정하느냐에 따라 달라질 수 있다. 여기서는 비교적 종합적인 평가기준을 제시하고 있는 던(Dunn, 1981: 342-343)의 정책평가기준을 간단히 살펴보고자 한다.

첫째, 효과성은 정책목표의 달성 여부를 검토하는 것으로 교육목표의 성취 여부를 따지는 것이다.

둘째, 능률성은 사람, 돈, 시간 등의 자원을 얼마나 절약했느냐의 경제적 효율성의 의미가 있다.

셋째, 충족성은 교육정책의 목표와 성과의 달성이 문제의 해결을 충족했느냐의 여부와 목표달성 과정에 동원된 정책수단이 목표를 성취하는 데 충족했느냐와 관련된다.

넷째, 형평성은 교육운영에 있어서 기회의 균등원리가 보장되었으며, 남녀간, 지역 간, 계층 간 등의 균형이 이루어졌는지와 관련된다.

다섯째, 대응성은 특정 집단과 전체 주민의 필요와 욕구, 선호와 가치 등에 어느 정도 대응하느냐를 뜻하는 것으로 주민의 만족도나 수혜자의 호응 정도를 말한다.

마지막으로 적절성은 정책목표와 목표달성을 위해 동원되는 정책수단, 방법이 적절하느냐, 사회적으로 타당하고 적합한 것이냐 하는 것을 의미한다.

효과성	• 정책목표의 달성 여부
능률성	• 경제적 효율성
충족성	• 문제해결 충족 여부
형평성	• 기회균등의 원리보장
대응성	• 수혜집단과 전체 주민의 필요 충족
적절성	• 정책수장 및 방법의 적절성

그림 10-3 던의 정책평가 기준

(4) 교육기획의 개념과 성격

교육정책이 형성되면, 이를 구체적으로 실현하기 위한 교육계획을 수립하게 되는 데, 이러한 계획들을 수립하는 과정을 교육기획이라 한다. 교육기획이란 미래의 교육활동을 준비하는 과정이라고 정의할 수 있다. 즉 교육기획은 현상에 대한 분석과 미래에 대한 예측을 기초로 하여 타당한 목표를 설정하고 그 목표를 달성할 수 있는 전략과 함께 활동계획을 수립하는 의식적인 과정이다(신철순, 1955: 69). 기획이라는 용어는 흔히 정책과 혼용해서 사용되는 경우가 많은데, 정책은 기획에 선행되는 것으로 기획을 위한 기본적인 틀이 된다. 또한 엄밀한 의미에서는 기획은 계획과는 구분된다. 기획은 계속적인 과정을 의미하며, 계획은 기획을 통해 이루어진 결과를 의미한다. 그러나 일반적으로 기획과 계획을 같은 의미로 사용하기도 한다.

기획은 미래의 교육활동에 대한 합리적인 준비를 하는 과정이기 때문에 미래지향적이며, 미래의 교육성과를 예측하는 지적인 활동이며, 목표를 효과적으로 달성하고자 하는 합리적인 활동이라고 할 수 있다.

(5) 교육기획의 운영 · 원리 · 접근방법

교육기획은 기간에 따라 장기, 중기, 단기 기획으로 구분할 수 있다. 일반적으로 6년 이상의 기획을 장기기획이라 하며, 국가의 기본정책 등이 여기에 해당한다고 볼 수 있다. 중기계획은 3~5년 정도의 기획을 발하며 단기계획은 대체로 1년 이내의 계획들이 여기에 포함된다.

교육기획의 원리란 교육기획 시 사용될 수 있는 지침을 의미하며, 경제성, 민주성, 신축성, 안정성, 전문성, 계속성, 과학성의 원리 등이 중요한 고려의 대상이 된다(신철순, 1955: 72).

첫째, 경제성의 원리는 이용 가능한 모든 인적 · 물적 자원을 최대한 활용하여 교육기획의 효과를 극대화하려는 것을 의미한다.

둘째, 민주성의 원리는 국민이나 이해집단의 참여를 통해 민주적으로 교육기획이 이루어져야 함을 의미한다.

셋째, 신축성의 원리는 정치, 경제, 사회, 문화 등의 변화에 신축적으로 대응할 수 있도록 교육기획이 탄력적으로 수립되어야 함을 말한다.

넷째, 안정성의 원리는 교육기획은 정책의 안정성을 유지할 수 있도록 수립되어야 하며 지나치게 잦은 수정은 피해야 함을 의미한다.

다섯째, 전문성의 원리는 전문가의 참여를 통하여 전문적인 교육기획이 이루어져야 함을 말한다.

여섯째, 계속성의 원리는 교육기획은 계속적인 평가와 연구를 통하여 교육발전에 이바지해야 함을 의미한다.

일곱째, 과학성의 원리란 개인적인 주관이나 선입관을 배제하고 과학적인 방법에 의하여 자료의 수집과 분석 및 평가가 이루어져야 함을 의미한다.

한편 국가 수준에서 교육기획 및 계획을 수립하기 위한 접근방법으로는 사회수요 접근방법(social demand approach), 인력수요 접근방법(manpower requirement approach), 수익률 접근방법(rate of return approach), 교육기획모형(educational planning model)에 의한 접근방법 및 국제비교 접근방법 등을 들 수 있다. 여기서는 사회수요 접근방법, 인력수요 접근방법, 그리고 수익률 접근방법에 대해 간략히 살펴보겠다.

사회수요 접근방법은 교육받기를 원하는 모든 사람들에게 교육기회가 균등하게 제공되어야 한다는 가정아래 미래의 교육수요를 수용할 수 있는 교육여건에 관한 세부 계획을 수립하는 접근방법이다. 그러나 이 방법은 교육을 위한 비용의 측면과 산업체의 인력수요의 측면을 고려하지 않기 때문에 실업 및 경제적 낭비를 초래할 위험성도 있다.

인력수요 접근방법은 일정한 경제성장 목표를 달성하기 위해 필요한 산업체의 인적자원을 예측하고, 이를 양성하기 위해 교육인구를 결정하는 방법이다. 이 방법은 인력수요와 인력공급을 연결시켜 국가·사회에서 요구하는 인적자원을 양성하는 데는 효율적이나, 개인들의 요구를 충족시키지 못할 수 있다는 약점이 있다.

수익률 접근방법은 특정 단계 혹은 특정 분야의 교육에 대한 경제적 수익률을 측정하여 비교수익률이 높은 부문이나 방법에 투자를 접근시키는 방법이다. 이 방법은 경제적 효율성과 교육투자의 합리성을 증진시킬 수 있다는 장점이 있으나, 교육의 효과를 경제적으로 환원시켜 측정하는 것에 대한 기술적 어려움이 있다는 한계를 가지고 있다.

2) 교육인사행정

교육인사행정은 교육목적을 효과적으로 달성하는 데 필요한 인적자원을 확보하고 그들의 능력계발과 사기를 높이는 일에 주된 목적을 두고 있다. 즉 '어떻게 하면 우수한 인재를 확보하여 그들의 능력을 계발시키고 좋은 근무조건을 마련하여 사기를 높일 것이냐'(조동섭, 2000: 161) 하는 것이 인사행정의 기본 과제가 되는 것이다.

(1) 교원의 양성과 임용

학교나 교육행정기관에서 교육 혹은 교육행정을 담당하는 사람들을 교육직원이라 하는데, 국·공립 계통의 기관에 소속된 경우는 대부분 공무원이며, 사립계통의 기관에 소속된 경우는 공무원에 준하는 신분상의 대우를 받는다. 교육직원들 가운데 각급학교에서 학생들을 직접지도하고 교육하는 자를 교원이라 하며, 교육행정기관이나 교육연구기관에서 교육목표를 달성하기위해 지원하는 직무를 수행하는 자를 각각 교육행정가, 교육전문직 요원이라고 한다.

교원인사행정은 교원을 양성하는 과정부터 시작된다. 즉 교원양성기관에서 교원을 양성하고, 교원자격증을 취득하게 하고, 그들을 선발·임용하는 방식으로 이루어진다.

그런데 교원의 양성방식은 학교급별에 따라 조금씩 차이가 있다. 유치원 교사의 경우는 대학교(4년제)와 전문대학(2·3년제)에 설치된 유치원교사양성과정(유아교육과)을 이수하고, 무시험검정으로 유치원 2급 정교사 자격증을 취득하게 된다. 초등학교 교원의 경우는 교육대학교를 중심으로 목적형 양성체제를 채택하고 있으며, 중등학교 교원의 경우는 사범대학을 중심으로 하는 목적형 체제와 교직과정을 중심으로 하는 개방형 체제를 동시에 채택하여 양성하고 있다. 교원자격증은 취득은 대부분 무시험 검정에 의해 이루어지고 있다.

한편, 교원의 선발과 임용은 국·공립 학교와 사립학교 간에 차이가 있다. 국·공립 학교(유치원 포함)의 경우는 시·도 교육청에서 실시하는 '교원임용후보자 공개전형'(임용시험)을 통해 선발하게 되며, 사립학교 교원은 사학의 자율성을 보장한다는 측면에서 학교장의 재량에 따라 자율적으로 선발하게 된다.

(2) 교원의 능력계발

현대사회는 변화의 속도가 빠르고 새로운 지식과 기술이 폭발적으로 증가하고 있다. 이러한 상황 속에서 교사는 스스로 변화에 적응하도록 끊임없이 자기계발을 하여, 학생들을 지도하여야 한다. 현재 교육현장에서 적용되고 있는 능력계발 방법으로는 교육 및 연수, 근무성적 평정, 승진, 전직 및 전보 등의 방법이 있다.

교원의 연수는 그 목적에 따라 일반연수, 자격연수, 직무연수, 특별연수 및 자율연수 등이 있다.

근무성적평정은 교원의 직무수행능력, 근무실적, 가치관, 근무태도 등을 평, 기록하는 것으로서 공정한 인사행정을 위한 기초를 제공하는 것으로 교직원의 근무능률의 유지, 촉진하는 수단으로서 실적주의, 실력본위의 과학적 인사관리에 필수불가결한 조건이다. 우리나라에서는 교사의 경우 교육자로서의 품성, 사명의식, 학습지도능력, 생활지도 능력, 그리고 학급경영·교육연구 및 담당 업무 실적 등을 매년 정기적으로 평정하여 인사에 반영함으로써 스스로의 자기 능력계발을 유도하고 있다(박성희 외, 2000: 165).

승진은 동일 직렬 내에서의 수직적인 상향이동을 말한다. 예컨대, 교사가 교감으로, 교감이 교장으로 임용되는 것이 이에 해당한다. 승진은 승급과는 구별되는데, 승급은 일정한 기간만 지나면 직책의 변동 없이 동일 직급에서 호봉이 올라가는 것을 말한다. 승진기준은 보통 근무성적과 근무기간에 의해 결정되는데, 경력, 근무성적, 연수성적 등을 평정하여 승진후보자 명부를 작성하고 이를 토대로 승진임용을 시행하고 있다. 승진이 되면 권한과 책임이 증대되고 위신과 보수가 상승하기 때문에 능력계발의 주요 동기를 이루게 된다.

전직 및 전보제도 역시 능력계발의 수단이 된다. 전직이란 직종을 달리하는 직급의 직위로 횡적 이동을 하는 경우로서, 교원이 교육전문직으로 이용되거나 교육전문직이 교원으로 임용되는 것을 말한다. 전보는 동일직위나 동일자격 내에서 근무기관이나 부서를 바꾸어 임용하는 것을 말한다. 전직과 전보는 조직에서 직위를 바꾸는 인사이동을 통해 장기근무로 인한 침체를 방지하고 조직원의 능력계발을 유도하기 위한 수단으로 이용된다.

3) 장학행정

장학은 궁극적으로 교육목표를 달성하기 위한 교수-학습과정의 질을 높이기 위한 활동으로 이해된다. 즉 장학을 통해 교육과정의 질을 높이고, 교사의 교수기술과 전문적 능력을 높여 학생의 학습능력을 높이려는 활동이다. 이 글에서는 장학의 개념이 어떻게 변하여 왔는지 그리고 장학의 유형은 어떤 것이 있는지에 대해 간략히 살펴보고자 한다.

(1) 장학의 개념

장학이란 말은 영어로 “supervision”인데 “superior”와 “vision”의 합성어로서 “위에서 내려다본다”는 의미가 있다. 어원에서 의미하듯이 초창기 장학행정은 학교와 교원들이 주어진 직무를 제대로 수행하고 있는지를 확인하는 감독의 형태를 띠고 있었으며, 권위주의적 통제방식이 주된 형태를 이루고 있었다.

그러나 오늘날 장학의 기본 성격이 권위주의적 형태에서 민주주의적인 형태로 전환되었으며, 교육과정과 수업의 개선을 근본 목적으로 하고 있다. 장학활동은 교사들에게 전문적인 조언을 제공하고, 집단적 · 협동적 방식에 의해 장학활동을 확산시키는 지도성 활동의 형태로 변화되었다. 또한 장학 담당자도 초기에는 비전문가들이 담당하던 것이, 장학업무를 담당하는 특별한 전문가들에 의해 이루어지고 있으며, 최근에는 전문적인 장학 담당자 외에도 교장, 교감, 동료교사 그리고 본인 스스로도 장학 담당자가 될 수 있다는 관점으로 변화되었다.

장학의 개념에 대해서는 많은 학자들이 서로 다른 관점에서 정의를 내리기는 하지만, 궁극적으로는 “학생의 학습성과를 촉진시키고 학교조직의 목적을 효과적으로 달성하기 위해 직접적으로 교사의 행위에 영향을 주는 체계적인 행위”(주삼환 외, 2003: 309)라고 할 수 있다. 따라서 장학의 구체적인 과업은 교육과정의 질적 관리, 교수효과성, 교원의 발전, 학교개선, 학습환경 개선 및 학생성취도 평가 등으로 이루어진다.

(2) 장학의 유형

장학의 개념에 대해서 많은 논의가 있는 것처럼 장학의 유형도 매우 다양하다. 그러나 여기서는 장학활동의 주체가 누구인지에 따라서 중앙장학(교육부), 지방장학(시 · 도 및 지역 교육청), 교내 장학(학교), 자기 장학으로 구분하고 그 내용을 간략히 살펴보고자 한다.

먼저 중앙장학은 중앙교육행정기관인 교육인적자원부에서 이루어지는 모든 장학활동을 말한다. 교육정책의 수립하고 그것이 잘 실현되도록 교육지침을 개발하고 보급하는 일과 평가하는 일이 중요한 활동이 된다.

지방장학은 지방행정기관인 시 · 도 교육청과 그 하급 교육행정기관인 시 · 군 · 구 교육청에서 이루어지는 장학행정을 말한다. 지방장학의 주요 내용은 장학협의, 교원의 인사관리, 학생 생활지도, 학교경영 활동의 감독 및 평가 등이 중심이 된다.

교내 장학은 학교에서 교육활동이 성공적으로 이루어질 수 있도록 교사를 지도하고 교사에게 조언하는 장학활동을 말한다. 교내 장학은 학교별로 자율적으로 시행하는 것을 원칙으로 하며, 학교에 따라서는 교과별 · 학년별 협의회를 통한 연구수업 형태로 이루어지고, 교장 · 교감의 수업관찰과 그에 따른 지도와 조언을 제공하는 형태로 이루어지기도 한다. 또한 초임교사들을 위해 선배교사들이 조언해 주는 멘토-멘티 유형의 장학이 이루어지기도 한다.

자기장학은 외부의 강요나 지도에 의해서가 아니라 교사 스스로 자신의 전문성 신장을 위해 스스로 계획을 세워 실천해 나가는 것을 말한다. 자기 장학의 방법으로는 교육청에 준비되어 있는 프로그램이나 외부의 자원들을 활용하여 자기장학 프로그램을 실천해 나가는 방법이 있다.

4) 교육재정

효율적인 교육활동을 수행하기 위해서는 그에 필요한 경비를 확보하고, 이를 효과적으로 관리 · 배분 · 활용하는 활동이 필요하다. 이를 교육재정(educational finance)이라고 한다. 교육재정에서의 중심적인 문제는 교육을 운영하는 데 필요한 재정을 어떻게 충당하는가와 충당한 재원을 어떻게 효율적으로 지출해야 하는가의 문제로 구분될 수 있다. 여기서는 교육재정의 개념, 교육재정의 구조, 교육재정의 운용에 관해 간략하게 살펴보고자 한다.

(1) 교육재정의 개념

일반적으로 교육재정이란 국가 또는 지방 공공단체가 공교육 운영상 필요한 경비를 조달하고, 그것을 관리 · 지출하는 작용을 말한다. 교육재정의 개념적 특성을 살펴보면 첫째 그 성격상 공경제 활동이라는 점, 둘째, 교육활동의 지원을 위한 수단이라는 점, 셋째, 그 내용상 교육경비의 조달과 운영으로 되어 있다(김종철, 1982: 367-371). 이를 조금 더 자세히 살펴보면 다음과 같다.

첫째, 교육재정은 국가나 지방 공공단체가 주체로서 행하는 공경제 활동이라는 점이다. 공경제 활동으로서의 재정은 이윤 추구의 영리활동을 하는 개인이나 사기업체의 경제활동과는 달리 국민 전체의 공동복지 향상에 주안점을 두는 일반이익을 추구함을 목적으로 한다. 또한 민간경제가 자유의사에 따른 교환관계인 데 비하여 재정은 국민과 기업의 소득의 일부를 조세에 의하여 국가 또는 지방자치단체의 수입으로 이전시키는 강제적 성격을 띠고 있다. 또한 공경제 활동으로서의 재정은 국가의 활동 종류와 범위를 결정하고 그에 소요되는 경비를 산출하여 수입을 확보하는 양출제입(量出制入)의 특성을 갖는다는 점에서 수입에 따라 지출을 결정하는 양입제출(量入制出) 특성을 갖는 사경제와는 다르다.

둘째, 교육재정은 교육활동의 지원을 목적으로 하는 수단이다. 따라서 교육재정의 규모를 비롯한 제반 계획은 교육활동의 목표와 계획에 따르게 되는 것을 원칙으로 하지만, 현실적으로 재정규모에 따라 교육활동의 범위를 결정하기도 한다.

셋째, 교육재정은 교육경비의 조달과 운용을 내용으로 하는 활동이다. 교육비의 수입과 지출에 관한 예산편성, 예산의 집행과 회계, 결산과 감사 등의 여러 영역이 재정활동에 포함된다. 또한 교육재정은 일반재정에서 분리 · 독립시키는 원칙을 적용하고 있는데 이러한 이유는 교육의 자주성과 정치적 중립성을 보장하고, 의무교육제도 확립에 따른 막대한 교육비의 안정적 확보를 위해서이다.

(2) 교육재정의 구조

교육목표를 효과적으로 달성하기 위해서는 그에 적합한 교육활동이 요구된다. 그런데 효과적인 교육활동을 위해서는 그에 필요한 재정을 확보하는 것이 필수적이다. 우리나라의 교육재정의 주요 재원확보는 국가와 지방자치단체에서 지출하는 교육관련 예산, 학교법인이 부담하는 교육경비, 그리고 학부모가 부담하는 교육비 등으로 구분할 수 있다. 이를 보다 구체적으로 살펴보면 다음과 같다.

먼저, 정부재원은 중앙정부 재원과 지방정부의 재원으로 구분할 수 있다. 중앙정부재원은 지방교육재정교부금과 지방교육양여금 제도를 통해 확보되며, 지방정부재원은 일부 시 · 도에서의 중등교원봉급 전입금 제도와 시도세 전입금, 담배소비세 전입금 제도 등을 통해 확보된다.

사립학교 법인 전입금은 사립학교 운영자금으로 지출되는 학교법인으로부터의 전입금이다. 그러나 대부분의 경우, 사립학교 법인 전입금만으로는 학교운영이 어렵기 때문에 학생들의 납입금과 국고 및 지방자치단체의 보조금 등으로 충당하고 있다.

학부모 재원은 수업료와 기성회비 혹은 학교운영지원비 등으로 구성된다. 수업료는 학교가 교육서비스를 제공하고 그 수익자로부터 받을 수 있는 수익자 부담금이다. 그러므로 의무교육 단계에서는 수업료를 받을 수 없다. 기성회비는 학교의 교육활동을 지원하기 위한 육성회 회원(학부모)의 회비로 학교의 기본교비예산과는 별개로 운영되는 육성회비 예산의 재원이다. 1996년부터 대학을 제외한 학교에서는 육성회가 학교운영위원회로 바뀌면서 학교운영지원비로 바뀌었다.

(3) 교육재원의 배분

교육재원의 배분의 기본적인 목적은 확보된 재원을 통해 교육목표를 어떻게 효율적으로 달성할 수 있는가에 있다. 교육재원의 배분의 중요성은 다음 세 가지 관점에서 생각해 볼 수 있다(곽영우, 1986: 370). 첫째, 교육에 투입되는 재원은 무한하지 않고 항상 부족하다는 점, 둘째, 교육에 투입되는 재원의 외현적 또는 잠재적 효율은 배분양식에 따라 동일하지 않다는 점, 셋째, 교육자원의 배분양식은 무수하며 그 효율도 각각 다르다는 점이다. 따라서 한정된 재원으로 효율적으로 교육목표를 달성하기 위해서는 어떠한 배분방식을 활용해야 하는가가 재원배분의 핵심적인 문제라고 하겠다.

그런데 교육재원의 배분은 국민총생산지출, 정부 예산 내에서 교육예산의 효율 등을 고려해 보는 거시적 측면의 배분과 교육예산이 어디에 어떻게 배분되며, 지방교육비 특별회계예산이나 학교예산의 지출구조 등이 어떠한지를 고려해 보는 미시적 측면의 분배구조를 살펴볼 수 있다.

우리나라에서는 교육재정의 배분은 교육계획을 기초로 수입과 지출에 대한 완전한 추정을 기초로 한 교육예산을 통해 이루어진다. 이 예산안은 회계연도마다 정부에 의해 편성되고 국회의 심의와 의결을 거쳐 확정된 후 각 부서에서 집행하는 절차를 거치게 된다.

교육예산을 집행한 후에는 각 부서는 교육부에, 교육부는 예산 당국에 세입과 세출에 대한 결산보고서를 제출하고 예산 당국은 이를 확인한 후 종합하여 감사원에 송부하여 회계감사를 받은 후 국회에 제출하여 종합심사와 본회의의 의결을 받아 예산의 결산을 완료하게 된다.

5. 학급경영

1) 학급경영의 개념 및 영역

학급은 효과적인 교수와 학습을 위해 인위적이고 의도적으로 만든 학습집단이며 생활집단이다. 학급경영이란 이러한 학급을 관리 · 운영하는 것을 말한다. 즉 학급경영이란 교육목표를 달성하기 위한 학교교육활동의 기본단위로서의 학급을 대상으로 교육목표 달성을 위한 계획 · 조직 · 실행 · 지도 · 평가 등을 시행하는 교육활동이면서 동시에 교수-학습 활동과 생활지도가 효율적으로 이루어질 수 있도록 도와주는 교육지원활동이라고 할 수 있다.

학급경영의 영역에 대한 입장은 교실 내의 수업을 학급경영의 영역으로 포함할 것인지의 여부에 따라 2가지로 구분하여 볼 수 있다(주삼환 외, 2003: 386-387).

먼저 수업과 경영을 분리하여 학급경영을 파악하려는 입장은 학급 내에서 생활지도와 같은 질서를 유지하는 활동과 학급 내 교수-학습 활동을 지원하는 조건을 정비하는 활동을 별개의 차원으로 분류하는 입장이다. 이 입장에서는 학급을 협동적인 사회체제로 발전시키기 위한 조장활동과 학급구성원 간의 갈등해소를 포함한 인간관계에서 발생하는 문제들을 조정하는 과정으로서 역동성 있고 안정감 있는 학급분위기를 유지하는 유지활동을 학급경영의 주요 영역으로 파악하고 있다.

반면 학급활동 전체를 학급경영으로 보는 관점은 학급에서 이루어지는 교수-학습 활동을 학급경영 영역에 포함시킨다. 담임교사의 역할 중에서 수업을 가장 중요한 역할로 보고 학급경영은 교육과정을 계획하고 학급의 절차와 자원을 조직하고 효율성을 극대화하기 위한 환경을 정비하는 데 주안점을 둔다.

우리나라 상황에서 볼 때, 담임교사가 거의 모든 과목을 담당하고 초등학교 현실로 보아 학급활동 전체를 학급경영으로 보는 관점이 우세하며, 교과별 분담이 되어 있는 중등학교에서는 수업과 경영이 분리된 입장이 우세한 것으로 보인다.

입장에 따라 강조점은 다르지만 대체로 학급경영의 주요 영역은 다음과 같이 정리할 수 있다.

첫째, 교수-학습 영역: 교과지도, 특수아지도, 가정학습지도

둘째, 특별활동 영역: 학급활동, 동아리활동, 단체활동, 학교행사

셋째, 생활지도 영역: 인성지도, 교육관계지도, 진로상담지도, 출결석지도

넷째, 교실환경 영역: 교실환경 게시, 학급시설 및 비품 유지관리, 청소지도

다섯째, 학급사무 영역: 학생부 기록, 각종서류관리, 성적관리

여섯째, 학부모 면담, 가정방문, 지역사회협조유도, 봉사활동

2) 학급경영의 원리

학급경영원리에 대해서는 윤정일 등(2008: 434-435)은 추상적인 원리를 지양하고 교사가 취해야 할 자세를 중심으로 그 원리를 다음과 같이 구체적으로 소개하고 있다.

① 학년도 개시 후 며칠 내에 사용하기 편리하고 가장 효과적으로 학생들을 통제할 수 있는 방안을 마련하고, 필요한 행동규칙을 설정한다. 학급규칙을 설정할 때 학생들을 참여시켜야 한다.

② 학생들의 이름을 신속하게 외우고 자주 불러주도록 한다. 학생들을 꾸짖을 때는 먼저 이해시켜야 하고, 비행에 대해서는 인간적인 감정을 유지하면서 우호적으로 그러나 엄정하게 처리해야 한다.

③ 교장 및 교감, 동료 교사들로부터 학급경영 실무와 의사소통 방식 등을 배워서 활용하는 것이 좋다.

④ 다른 교사의 학급경영 방식을 배우되, 단순히 모방하기보다는 자신만의 학급경영 방식을 찾도록 노력하는 것이 중요하다.

⑤ 학급활동은 다양하고 변화 있게 계획하며, 활동의 속도에 변화와 리듬을 주는 것이 필요하다.

⑥ 소수의 학생들이 잘못한 것을 가지고 학급 전체를 벌주는 것은 피하고, 고함을 치거나 비하·무시하는 행위를 삼가는 것이 좋다.

⑦ 학생들이 했으면 하는 행위를 교사 스스로 먼저 하여 모범이 되도록 한다. 학

생들은 교사의 거울임을 명심해야 한다.

⑧ 학생들의 문제를 진단하고 해결책을 찾는 일에 보다 많은 시간을 보내고 학생 이해를 통해 스트레스를 스스로 관리해야 한다.

토론과제

1. 학교의 핵심 과업은 교육에 있다. 그럼에도 불구하고 학교에서 행정이 필요한 이유는 무엇일까?
2. 행정의 관점에 따라 교육행정이 해야 하는 일이 다르게 파악된다. 행정을 보는 관점은 어떤 것이 있으며, 이에 따라 교육행정이 해야 하는 일에 대해 토론해 보자.
3. 우리나라의 교육행정 조직으로 중앙교육행정조직과 지방교육행정조직은 어떻게 구성되어 있으며, 어떤 일들을 하는지 조사해 보자.
4. 우리나라의 교육자치제도는 어떻게 실현되고 있으며, 어떠한 문제가 있는지 평가해 보자.
5. 교육행정이 하는 중요한 일들을 열거하고, 각각의 의의와 문제점을 평가해 보자.
6. 교사의 입장에서 학급경영의 주요 영역과 원리에 대해 토론해 보자.

제11장

교사론

학습목표

1. 교사의 중요성에 대해 이해한다.
2. 교직을 보는 다양한 관점을 이해하고 어떤 관점을 추구할지를 평가한다.
3. 교사는 어떤 자질을 갖추어야 하며, 어떤 역할을 수행하고 있는가를 이해하고 실천할 수 있다.
4. 교사의 주요 권리와 의무에는 어떤 것이 있는지 살펴보고, 그 근거에 대해 토론해 보자.

1. 교사의 중요성

"교육의 질은 교사의 질을 능가하지 못한다(As is the teacher so is the school)"는 말은 교사의 중요성을 웅변으로 대변하고 있다. 교육환경을 비롯한 많은 여건이 아무리 좋다고 해도 교육의 질은 교육을 실천하는 교사에 의해서 결정되기 때문에 교사의 중요성은 아무리 강조해도 지나치지 않을 것이다.

그러나 다시 생각해 보면 '교육의 질이 높다'는 것은 무엇을 의미하는 것일까? 다른 말로 표현하면 교사가 가르치는 일에서 성공했다는 것은 무엇을 의미하는 것일까? 때때로 우리는 주어진 수업시간에서 효율적인 지식의 전달이나 기술의 전수 등으로 '교육의 질'과 '수업의 성공'을 평가한다. 그렇다면 교사의 중요성은 근원은 지식과 기술의 전수에 기인한다는 것인데, 지식과 기술의 근원이 다원적인 오늘날의 사회에서도 교사는 여전히 중요한 위치를 차지하고 있는가? 과거에는 지식과 정보의 수준이 단순하고, 그것이 지식인 집단에 한정되어 생산되거나 재생산될 때에는 지식의 생산과 전달자로서의 교사의 역할이 매우 중요하였다. 그러나 오늘날과 같은 지식정보 사회에서는 인터넷과 인공지능(AI)이 발달하여 지식과 정보의 출처가 다양해지고 있으며, 지식과 정보의 진리성과 생명력은 매우 짧다는 특징을 지니고 있다. 이러한 특징으로 인해 교사보다도 다른 매체를 통해 더 많은 지식과 정보를 전달받을 수 있으며, 교사가 전달해 준 지식이 항구적 진리임을 보장받지 못하는 상황이 도래하였다. 그럼에도 불구하고 여전히 교사가 중요한 이유는 어디에 있는 것일까?

교사는 학생들에게 지식과 기술을 전수해 준다. 그러나 그보다 중요한 사실은 지식과 기술을 전달하는 과정에서 교사는 학생들과 상호작용하고 있으며, 그 상호작용의 과정을 통해서 사람을 만들어 나가고 있다는 점이다. 달리 말하면 교사는 지식과 기술을 매개로 인간을 다루며, 궁극적으로는 인성을 형성해 나가고 있다는 점에서 그 역할이 매우 중요한 것이다. 즉 교사의 중요성은 지식의 전달에 있는 것이 아니라 인간의 형성에 있다고 보아야 하는 것이다.

2. 교직을 보는 관점

교사도 하나의 직업이다. 그러나 교직의 본질을 어떻게 이해하는가에 따라 교직에 대한 지각, 가치, 태도, 역할, 기대 등이 달라진다. 대체로 교직을 보는 관점은 성직관, 전문직관, 노동직관 등의 3가지 관점으로 구분된다. 그 외에 대인서비스업(Halmos), 준전문직(Etzioni), 관료직(Legatt) 등으로 보는 관점(Robinsin, 1992: 167－171)도 존재한다.

1) 성직관

교직을 성직으로 보는 관점은 위의 세 관점 가운데 가장 오랜 전통을 갖고 있다. 서양의 역사에서 보면 학교교육제도는 가톨릭 교회에서 사제를 양성하기 위해 시작되었으며, 성직자들이 교사의 역할을 담당했었다는 사실에서 교직을 성직과 동일시하는 관점이 생겨나기 시작하였다.

교직을 성직으로 보는 관점에서는 교사는 개인과 사회가 요구하는 현실적인 목적을 달성하기 위하여 지식과 기술을 가르치는 것에 본질적인 의미를 두기보다는 교육애와 교육적 사랑을 가지고 참다운 인간교육을 하겠다는 커다란 목표를 향하여 교육적 정열을 몸소 실천하는 것을 강조한다. 또한 교사는 성직자와 같이 특별한 소명을 받아 교사가 되며, 다른 세속적인 직업과는 달리 한없는 사랑과 봉사로 인간의 인격형성을 돕는 고도의 정신적 활동으로 본다. 오천석 선생은 그의 책 『스승』에서 다음과 같이 말하고 있다.

> 나는 이 고역을 결코 금전적 보수를 위한 노동으로 생각지 않았다. 이를 나는 나의 사명으로 믿고 일할 수 있었다. 왜냐하면, 거기에는 비전이 있었기 때문이다. 이 고역을 통하여 비록 미미하지마는 우리 교육과 커서는 우리나라에 이바지하려는 비전이 있었기 때문이었다. 분명히 이 일은 노동이 아니라, 소명에 응하는 거룩한 역사(役事)라는 신념이 있었기 때문이다(오천석, 2004: 31-33).

그의 표현에 따르면, 교사는 '어린 생명의 성장을 도움으로써 그의 잠재적 가능성을 개발하여 풍요한 생활을 영위케 하고, 이를 통하여 나라와 겨레와 인류의 발전을 돕도록 하는 신념'을 가져야 한다. 그때만이 교사에게 교직은 '노동을 뛰어넘는 희열의 원천이며 성직'이 될 것이다. 교직이 단순한 직업을 뛰어넘는 소명이 되려면 종사하고 있는 일에 대해 헌신성(commitment)이 있어야 한다. 헌신은 기계적이며, 형식적인 것이 아니라 정열과 충성을 의미하는 것이다.

이러한 입장에서는 교사들이 전문적인 지식과 기능을 갖고 그 전문성에 합당한 처우를 요구하는 것이나, 교사가 단체를 결성하여 정치에 참여하는 등과 같은 세속적 입장과는 거리를 두고 있다. 교사는 오직 사랑과 헌신, 희생과 봉사로 학생을 대하며, 보다 높은 도덕적 · 윤리적 행동 수준으로 학생들에게 모범을 보일 것을 강조한다. 그러나 성직관이 보는 교직은 오늘날 직업이 갖는 성격 즉 노동의 대가로서의 보수와 전문적 직업기술의 강조 등을 소홀히 한다는 약점을 갖고 있다.

2) 전문직관

교직을 전문직으로 자리매김하려는 움직임은 20세기 중엽부터 시작되었다. 이 관점은 교직이 의사, 변호사 등과 마찬가지로 고도의 전문성이 요구된다는 점을 강조한다. 일반적으로 전문직은 '특수한 지적 연구와 훈련에 기초한 직업으로서, 그 목적은 일정한 보수나 봉급을 받고 타인에게 숙련된 서비스나 조언을 제고하는 것'(Robinson, 1992: 168)으로 정의된다. 또한 전문직 종사자는 봉사정신을 지녀야하는데, '개인적인 또는 상업적인 이윤과 고객의 이익이 갈등을 일으킬 때 고객의 이익에 더 헌신하는 것이 전문직을 결정하는 지표'가 된다.

전문직관의 입장에서 보는 교직은 지적 · 정신적 활동을 위주로 하는 직업으로 그 활동은 이기적 활동이 아니라 학생들에 대한 이타적 활동으로 고도의 자율성과 윤리성을 강조한다는 점에서 성직관과 가깝다. 특히 교직은 교사가 교육과정과 교수-학습의 과정에서 행사할 수 있는 자율성과 통제력, 아동과 학부모에게 대한 합법화된 권위, 그리고 직무에 합당한 보수체계 등을 들어 전문직임을 강조한다. 즉 교사가 자신이 맡은 수업에 대하여 전문적이고 자율적으로 운영할 수 있는 권위를 위임받아서 학생들을 지도하고 있다는 점에서 전문직의 특성을 갖는다고 주장한다.

그러나 이러한 주장에 대해 일부의 학자들은 '교직이 전문직이라는 것은 교사들 스스로 요구하는 지위'라고 비판하며, 다음과 같은 점을 들어 교직의 전문성을 인정하지 않는다(박성희, 2000: 403).

첫째, 가르치는 일의 전문성을 인정하지 않는다.

둘째, 실제 교사들이 하는 일에 전문성이 결여되어 있다고 판단한다.

셋째, 교직에 종사하는 교사들 스스로 전문성의 내용을 잘 설명하지 못한다.

이러한 비판을 겸허하게 수용해 볼 때, 교직을 전문직으로 자리매김하기 위해서는 교사들 스스로 교육과 지역사회에 대한 봉사에서 보다 더 자신의 전문적 능력을 활용할 수 있어야 할 것이다. 한편 교사들은 교원의 자질향상, 교권의 확립, 사회·경제적 지위향상을 위해서 교원단체를 구성하여 적극적으로 노력하여 왔다. 교사들이 교원단체를 조직하여 자신의 지위 향상을 위해 적극적 노력했다는 점에서는 교직은 노동직의 성격을 갖는다.

3) 노동직관

노동직관은 교사의 교육적 활동을 '노동'이라 보며, 교사도 '노동자'로 보는 입장이다. 이 관점을 제대로 이해하기 위해서는 이들이 보는 노동의 개념을 파악하는 것이 중요하다. 이들은 '노동을 일정한 보수를 받고 타인을 위하여 노동력을 제공하는 행위'로 이해한다. 이때 노동은 일반적으로 자기 결정에 의한 노동이 아니라 타인의 결정에 의한 노동을 의미한다. 노동자는 생산수단을 소유하지 않고 자신의 노동력으로 생계를 유지하기 때문에 노동력이 유일한 생계수단이고 실제적으로 사용자에게 예속되어 있는 존재이다(고형일, 1990: 150-154; 김기태·조평호, 2004: 54). 노동직관은 교사가 생산수단을 소유하지 않은 존재이며, 교육의 실천 행위가 교사의 자율성보다는 국가를 비롯한 사용자에 의해서 통제되고 있다는 점에서 노동자와 동일하다고 파악한다. 즉 이들은 교사도 다른 직업과 마찬가지로 임금 노동자의 특성을 그대로 갖고 있다고 보는 것이다. 따라서 교사들도 다른 노동자들과 마찬가지로 단결권, 단체교섭권, 단체 행동권 등의 노동삼권을 가져야 한다고 주장한다.

노동직관은 교육과 교사의 사회·정치적 성격을 사회구조적 차원에서 이해함으로써, 교육문제의 사회적 모순을 드러내고 교사들의 지위향상, 권익보장, 부당한 침해를 차단하려는 노력을 하는 데 초점을 맞추고 있다. 그러나 한편으로는 교사는 노동자와는 달리 자신의 이익을 추구하는 것이 본질적인 목적이 아니라 학생들의 이익을 최우선으로 하며 학생을 교육해야 한다는 점에서 비판의 대상이 되기도 한다. 그래서 우리나라에서는 교사들의 노동조합은 인정하고 있지만 노동삼권 중 단체행동권은 인정하지 않고 있다.

3. 교사의 자질과 역할

좋은 교육이 이루어지기 위해서는 좋은 교사가 필요하다. 좋은 교사란 좋은 자질과 교직 수행에 요구되는 역할을 훌륭하게 수행할 수 있는 교사를 의미한다. 그럼 먼저 좋은 교사에게 요구되는 자질은 어떤 것이 있을까? 이에 대해 많은 논의가 있지만 이형행(2011)은 다음과 같은 6가지를 제시하고 있다.

첫째, 교사는 교직으로부터 부름을 받았다는 소명의식(召命意識)이 필요하다. 앞의 성직관에서 살펴본 바와 같이 오천석 선생은 교사의 임무는 단순한 직업이나 노동이 아니라 그에게 소명감을 주는 비전과 헌신에 의해서 인식되어야 한다고 주장하고 있다. 특히 소명감이란 내일의 생명을 키운다는 비전, 정열, 충성을 다하는 헌신에 의해서 가능하다고 보았다.

둘째, 교사는 깊은 이해심과 사랑과 봉사의 정신을 가져야 한다. 교사는 학생들을 사랑과 이해와 친절과 따뜻함으로 대해야 하며, 받는 사랑이 아니라 주는 사랑을 한없이 베풀어야 한다.

셋째, 교사는 인간을 존중하는 태도를 지녀야 한다. 교육은 인간을 존중하고 그 존엄성을 믿는 것으로부터 시작되어야 한다. 학생이 아직 어리고 작다고 하여 경솔한 판단과 결정을 해서는 안 된다. 인간은 인간이기 때문에 존중해야 하고 사랑해야 한다.

넷째, 교사는 넓고 신성한 교육관을 가져야 한다. 직업을 생계수단으로 생각하는 사람도 있고, 자신의 직업을 즐기며 인생을 보내는 사람도 있다. 그러나 교육을 인간의 바른 성장 및 존엄성 실현을 위한 것으로 보고 교직을 이를 위한 최고의 수단으로 생각할 때, 바른 교육관이 확립된다.

다섯째, 교사는 행동으로 옮기는 사람이 되어야 한다. 학행일치(學行一致)란 말이 있듯이 소양과 인간애를 갖추었으면 그것을 실제로 실천해야 한다.

여섯째, 교사는 학생들에게 희망을 주는 사람이 되어야 한다. 교사의 얼굴에는 어두운 그림자나 실망이 없고 언제나 미래를 내다보는 희망이 깃들어야 한다. 어린이가 잘못을 저질렀을 때 비관하는 얼굴이 아니라 바른 길을 가도록 격려하는 얼굴이어야 한다.

좋은 교사는 어떤 역할을 해야 하는가? 역할이란 어떤 사회적 지위에 있는 사람에게 사회구성원들이 공통적으로 기대하는 행동유형을 말한다. 이런 의미에서 본다면 교사의 역할은 교사에게 기대되는 행동유형을 의미한다. 그러나 특정 지위의 역할은 고정된 것이 아니라 시대와 사회에 따라 변하여 왔다.

교사의 역할이 무엇인가라는 질문은 '교사는 어떤 일을 해야 하는가'라는 질문으로 바꿔 표현할 수 있는데, 이 질문은 '교육의 가장 핵심적인 활동을 무엇으로 파악하고 있느냐'에 따라서 또는 '교육 상황에 참여하는 행위자들이 교사에게 기대하는 것이 무엇인가'에 따라 각각 달라질 수 있다. 실제로 교사의 역할에 대한 많은 연구들은 교사의 역할을 매우 광범위하게 정의하고 있다.

허 형(2002)은 전문교사의 조건으로 ① 가르치는 방법에 관한 지식과 기술, ② 교과목에 관한 전문지식, ③ 인간행동발달과 학습에 관한 지식을 갖추어야 한다고 보았다.

정태범(2002)은 교사의 역할을 ① 기본적 역할, ② 학교에서 직업인의 역할, ③ 학교에서의 비형식적 역할, ④ 교사의 부수적인 역할, ⑤ 학급에서의 교사의 역할로 구분하여 고찰하고 있다.

헥과 윌리엄스(Heck & Williams, 2002)는 생태학적 관점에서 교사의 역할을 ① 보호하는 역할, ② 지원하는 역할, ③ 보완적인 역할, ④ 양육하는 역할, ⑤ 상호작용의 역할, ⑥ 실험하는 역할, ⑦ 창조하는 역할, ⑧ 계획하는 역할, ⑨ 열망하는 역할, ⑩ 문제해결의 역할, ⑪ 도전하는 역할 등으로 구분하고 있다.

리들과 와텐버그(Reedle & Wathenberg, 1951: 236-238)는 교사의 심리적 역할에 대해 다음과 같이 설명하고 있다.

① 사회의 대표자: 사회의 가치, 규범, 생활양식 등의 도덕적 교훈 전달

② 판정자: 교과 성적이나 행동발달 상황을 평가

③ 지식자원: 지식을 전수

④ 조력자: 학습과정의 제 활동에 도움 제공

⑤ 심판: 학생들 사이의 갈등과 분란 조정

⑥ 탐정: 규칙위반자 탐색

⑦ 동일시의 대상: 아동이 모방할 만한 모범적 행동과 태도

⑧ 불안의 제거자: 생활에서 발생하는 불안의 해소에 도움

⑨ 자아의 옹호자: 학생의 자신감 형성

⑩ 집단의 지도자: 집단의 사기 진작 및 응집력 향상

⑪ 부모의 대리인: 부모처럼 보살펴 주기

⑫ 적대감의 표적: 성인들에 대한 적대감의 해소

⑬ 친구: 심리적 친밀감 형성

⑭ 애정의 대상: 학생의 심리적 욕구 충족

풀리아스(Pullias, 1973: 122)는 "교사의 다면성"이라는 책에서 교원의 역할을 ① 안내자 ② 가르치는 자 ③ 혁신자 ④ 표본 ⑤ 탐색자 ⑥ 창조자 ⑦ 권위자 ⑧ 비전 제시자 ⑨ 과업을 되풀이 해주는 자 ⑩ 설명자 ⑪ 평가자 ⑫ 깨우쳐 주는 자 ⑬ 현실을

직면하게 해주는 자로 제시하고 있다.

박성희(2000: 416)는 교사의 역할을 ① 학급에서의 역할 ② 학교에서의 역할 ③ 지역사회에서의 역할 ④ 정보사회에서의 역할 등으로 구분하여 고찰하고 있다.

위에서 살펴본 바와 같이 교사의 역할은 매우 다양하고 광범위하다. 이 글에서는 교사의 역할을 학급에서의 역할, 학교의 조직 구성원으로서의 역할 그리고 사회적 측면에서의 역할로 구분한 입장(김기태 · 조평호, 2004)을 기본으로 하여 보다 자세히 살펴보고자 한다.

1) 학급에서의 역할

(1) 교육목표의 설정 및 진술자로서의 역할

교사의 역할 중 가장 핵심적인 것은 '가르치는 것'이다. 특히 학급에서 교사가 학생을 지도하기 위해서 수행해야 첫 번째 역할은 교육목표를 설정하여 명확하게 진술하는 것이다. 어떤 교육활동도 그 활동이 추구해야 할 목표가 없다면 교육이라고 할 수 없으며, 이후의 활동의 방향성을 제시해 주기 때문이다.

(2) 교육내용의 선정 및 조직자로서의 역할

교육목적과 교육목표가 설정되면 그것을 달성하도록 학생들이 경험할 내용들이 필요하다. 그러므로 교사는 다양한 문화유산과 지식체계와 삶의 경험들 가운데 교육목표와 일관성이 있는 내용, 전이가치가 크거나 활용범위가 넓은 내용, 학생들의 능력, 흥미, 필요에 맞는 내용들을 선정하여 조직하여야 한다.

(3) 수업운영자로서의 역할

교육목표의 설정, 교육내용의 선정 및 조직이라는 준비단계가 이루어지면, 다음은 실제로 수업활동이 이루어지는 단계이다. 수업활동 단계에서는 단위 수업시간에서 달성해야 할 수업목표, 수업내용, 수업방법, 교육매체 및 학습집단 조직 등을 고려해야 한다. 또한 수업을 진행하면서 학생들의 학습동기를 유발하고, 학습자들

각각이 학습활동에 참여할 수 있도록 다양한 기회를 주면서 수업을 진행하여야 한다. 또한 수업이 진행되는 과정에서도 수업이 계획대로 이루어지고 있는가를 확인하면서 상황의 변화에 따라 계획을 융통성 있게 수정 · 보완함으로써 학습효과를 극대화시키도록 노력해야 한다.

(4) 생활지도자로서의 역할

교사의 학생지도 영역은 크게 교과 학습지도와 생활지도로 구분할 수 있다. 생활지도란 학생들이 자신의 인격, 능력, 적성, 흥미 등의 인성적 특성과 잠재력을 발견하고 이해하도록 함으로써 최대한의 개성신장과 자아발전을 가능하게 하고, 일상생활에서 부딪치는 여러 가지 문제들을 해결함으로써 보다 잘 적응할 수 있도록 돕는 활동이다. 생활지도는 개인적 혹은 집단적으로 검사, 지도 조언 및 상담을 통해 이루어진다. 따라서 교사에게는 상담자로서의 역할과 임무가 있다.

(5) 교육평가자로서의 역할

교사는 학습지도나 생활지도를 비롯한 모든 교육활동에 있어서 설정된 목표가 얼마나 달성되었는지를 확인하는 평가를 해야 한다. 교육평가는 학생들이 교육목표에 얼마나 도달하였는가를 확인하는 성취도 평가뿐 아니라 교육의 전 과정에 대한 타당성과 효율성을 확인하는 작업이기도 하다. 이러한 과정을 거쳐 보다 합리적인 개선책을 강구하게 된다.

2) 학교에서의 역할

(1) 학교경영 참여자로서의 역할

학교도 하나의 조직이다. 조직은 조직의 목표를 갖고 이를 효율적으로 달성하기 위한 경영활동을 하게 되는데, 이러한 경영활동 과정에서 조직 구성원은 조직의 발전과 목표달성을 위한 경영조직에 참여하게 된다.

(2) 행사교육자로서의 역할

학교에서는 학생들에 대한 수업지도 외에 교육의 목적을 달성하기 위한 다양한 행사들이 존재한다. 따라서 교사들은 수학여행, 어린이날 행사, 각종 체육대회, 예술제, 탐구대회, 경시대회 등의 다양한 행사에 대해 지도, 참가, 인솔 등의 책임을 맡게 된다.

(3) 직장인으로서의 역할

교직도 하나의 직업이고, 학교는 교사에게 중요한 직장이다. 어떠한 직장도 규칙과 규율이 있다. 조직은 조직의 목표를 달성하기 위해 성취 지향, 업적주의, 경쟁 등을 강조하는 문화와 풍토를 추구하지만 한편으로는 구성원들 간의 원만한 인간관계를 중요시한다. 따라서 교사는 상사에게는 협력 및 보필자의 역할, 동료 간의 협력자 역할, 후배에게는 선도자의 역할을 할 수 있어야 한다.

3) 사회에서의 역할

(1) 교사에 대한 사회의 인식

교사의 사회적 역할은 시대와 사회에 따라 변하기는 하지만, 특히 윤리 · 도덕적인 면에서 모범적인 위치에 있을 것을 요구하고 있으며, 정직, 청렴, 책임, 희생, 봉사 등을 기대하고 있다.

(2) 변화촉진자로서의 교사

전통적 학교는 과거 문화의 유산을 전달하고 유지하는 것을 주된 기능으로 하였다. 그러나 오늘날 학교는 사회의 변화를 촉진하는 일에도 관심을 가져야 한다. 따라서 교사들 역시 과거의 문화유산의 전수하는 것뿐만 아니라 지역사회의 문화를 개혁하고 발전시키는 변화촉진자로서의 역할을 요구받고 있다.

(3) 교권신장의 주체로서의 교사

교권이란 일반적으로 교사의 권리와 권위를 포함하는 개념으로 사용된다. 교권을 신장시키기 위해서는 권리의 신장과 함께 존경과 신뢰를 받을 수 있도록 전문성 신장을 통해 권위를 인정받을 수 있도록 노력해야 한다.

(4) 연수 및 연구자로서의 역할

위에서 언급한 여러 가지 역할들을 원활하게 수행하기 위해서는 교사의 끊임없는 연구와 자기계발이 요구된다. 더욱이 교사는 불확실한 미래를 전망하면서 폭발적으로 팽창하는 지식을 내용으로 다양한 특성을 가지고 있는 학생들을 이해시키고 변화시켜야 한다. 이러한 일은 획일적이거나 고정된 지식, 기술, 방법으로는 해결할 수 없다. 따라서 새로운 시대의 도전과 교육적 책무를 성공적으로 수행하기 위해서는 부단한 연수와 연구가 필수적이라고 하겠다.

4. 교원의 권리와 의무

교원에게는 어떠한 권리와 의무가 있을까? 교원에게는 교육활동의 자율성, 생활보장, 근무조건개선, 복지 · 후생제도의 확충 등과 같이 전문적 교육활동에 전념할 수 있도록 여건을 조성하도록 하는 것과 관련된 적극적 권리와 신분보장, 쟁송 제기권, 불체포 특권, 교직단체 활동권 등과 같이 교권을 침해를 방지하도록 하는 것과 관련된 소극적 권리가 있다. 또한 교원의 의무 역시, 교육 및 연구 활동의 의무, 선서 · 성실 · 복종의 의무, 교원으로서의 품위 유지의 의무, 비밀엄수의 의무 등과 같이 교원으로서의 직무를 충실하게 수행하기 위해 필요한 적극적 의무와 정치활동금지, 집단행위의 제한, 영리 업무 및 겸직 금지 등의 소극적 의무가 있다.

본 절에서는 한국 교원단체연합회 편(2006)의 '교원의 권리와 의무'를 중심으로 주요 논점을 살펴보고자 한다.

1) 적극적 권리

(1) 교육활동의 자율성

대체로 전문직은 그 직무를 수행함에 있어서 그들의 전문적 능력을 자율적으로 발휘하도록 제반 여건을 조성해 주고, 그에 따르는 책임을 질 수 있도록 하며, 그 나름의 권위를 인정하고 있다. 교육전문가 역시 그 직무를 수행하는 데 따른 권위와 자율성을 보장 받아야 한다. 특히 교직의 전문성에 비추어 보아 교원의 권위와 자율성의 가장 큰 부분은 '교수 및 학문연구의 자유'로서 이는 침해될 수 없는 교사의 고유 권한이라고 하겠다. 현행 「헌법」 제31조 제4항에는 교육의 자주성과 정치적 중립성 보장의 원칙과 함께 교육의 전문성 보장에 대해 언급하고 있는데 이는 교육활동의 자율성을 뒷받침하기 위한 것이다. 교육자가 그들의 역할을 수행하는데 자율성이 보장되지 않으면 창의성은 물론이고 전문직으로서의 역할 수행을 기대하기 어렵다.

(2) 생활보장

교원이 교육과 연구에 전념하도록 안정된 생활기반을 제공하는 일은 매우 중요하다. 교사가 교직수행을 하는데 그 경제적 대우가 미약하여 생활을 위해 별도의 일을 가져야 한다면 교육에 전념하기도 어려울 뿐 아니라 교육력 역시 약화될 것이기 때문이다.

「교육기본법」 제14조 제1항의 "교원의 경제적 · 사회적 지위는 우대되고 그 신분은 보장되어야 한다"는 규정과 「교육공무원법」 제34조의 "교육공무원의 보수는 우대되어야 한다"는 규정은 교원들이 교육에 전념할 수 있도록 경제적 안정성을 보장하도록 한 조항이다.

교원의 경제적 처우에서 가장 큰 비중을 차지하고 있는 것은 보수이다. 교육공무원의 보수는 국가 및 지방자치단체로부터 받게 되는 금전적 보상을 말하며, 사립학교에 근무하는 교원 역시 국 · 공립학교에 근무하는 교사에 준하는 처우를 받을 수 있다. 현재 우리나라 유치원 및 초 · 중등학교 교원의 보수체계는 동일한 학력과 경력이면 같은 호봉의 보수를 지급받는 단일호봉체계로 운영되고 있다.

(3) 근무조건 개선

교원의 근무조건을 개선하는 일은 교육의 효과와 능률을 향상시키고 교원의 직무 만족도를 높이는 것과 직결되어 있다. 최근 교원의 근무여건은 점진적으로 개선되고 있지만, 특히 1960년대 이후 급격한 산업화를 거치면서 교육인구의 양적 팽창은 교원의 근무여건은 다른 전문직이나 선진국의 교육여건에 비해 상대적으로 열악하였던 것도 사실이다. 예컨대 과밀학급과 대규모학교, 과다한 수업부담 및 잡무 등은 교사가 효율적인 교육활동을 진행하는 데 제약조건이 되어 왔다.

따라서 교원의 근무조건을 개선하기 위해서는 적정 수준의 학급규모 유지, 수업부담의 절감, 수업 및 교과연구 시간의 증대, 각종 잡무의 근절 및 행정절차의 합리화와 간편화 등이 요구된다. 특히 교원의 근무에 투입되는 시간과 노력은 교육의 질을 높이기 위한 것이어야 하며, 교육과 관련이 없는 영역에 대해 투입되는 시간과 노력은 과감하게 절감되어야 한다.

(4) 복지 · 후생제도의 확충

교원의 복지 · 후생제도는 교원들의 생활은 안정시키고 가족부양에 대한 책임을 덜어 줌으로써 교원들이 교육활동에 대해 전념할 수 있도록 하는 데 그 의의가 있다. 또한 유능한 인재들이 교직을 선택할 수 있도록 하는 유인구조이기도 하다. 특히 교원들이 확대되길 기대하고 있는 중요한 복지 · 후생 제도로는 '교원자녀의 학비 면제 및 장학금 지급의 확대', '무주택 교원을 위한 주택자금의 제공', '연금제도의 확충' 등을 들 수 있다.

2) 소극적 권리

(1) 신분보장

교원은 교직의 전문성과 특수성에 비추어, 「국가공무원법」 및 「교육공무원법」

에 의하여 강력한 신분보장의 권리를 보장받고 있다. 예컨대, 「교육기본법」 제14조에서는 "교원의 경제적 사회적 지위는 우대되고, 그 신분은 보장한다"고 밝히고 있다. 「교육공무원법」 제7장에서는 '교육공무원은 형의 선고, 징계처분 또는 「교육공무원법」에서 정하는 사유에 의하지 않고는 의사에 반하여 휴직, 강임, 면직 등을 당하지 아니한다. 또한 권고에 의하여 사직 당하지 아니한다' 등의 신분조장에 관한 조항이 들어있다. 이러한 신분보장과 불체포 특권 등의 조항은 교원이 일반 공무원보다 더 강력한 신분보장의 권리를 부여받고 있음을 보여준다. 그러나 이러한 신분보장의 권리에 관한 조항에도 불구하고 교권이 더 강화되고 있다고 보기는 어려워서 이에 대한 대책이 시급한 형편이다.

사립학교 교원의 경우 교원의 복무에 관해서는 국·공립학교의 교원에 관한 규정을 준용하게 되어 있고, 신분보장에 있어서도 교육공무원을 준용하고 있으며, 교원의 불체포 특권도 교육공무원과 마찬가지로 그 신분을 보장받고 있다. 다만 사립학교 교원의 경우 그 정년에 관한 규정은 학교법인의 독자적인 규정에 위임되고 있다.

(2) 쟁송제기권

교원은 법에 어긋나는 부당한 처분을 받아 불이익을 당한 경우 소청이나 기타 행정상 쟁송제기권을 가질 수 있다. 교원은 법령위반, 직무태만, 위신손상 등의 사유로 파면, 해임, 정직, 감봉, 견책 등의 징계를 받을 수 있다. 이러한 징계처분에 대해 재심을 청구할 수 있다.

(3) 불체포특권

교원의 불체포 특권은 교사의 신분과 그 직무수행을 보장하고 학원의 자율성과 불가침성을 강조하기 위해 부여된 권리이다. 「교육공무원법」 제48조와 「사립학교법」 제60조에는 "교원은 현행범인 경우를 제외하고는 소속 학교장의 동의 없이 학원 안에서 체포되지 아니한다"고 표현함으로써 교원의 불체포 특권을 명시하고 있다.

(4) 교직단체 활동권

교원은 교원의 권리를 확보하고 직무를 효과적으로 수행하기 위하여 단체활동을 할 수 있다. 교원들이 단체를 조직하여 회원들의 상호유대 강화, 회원들의 복지 향상, 회원들의 자질 향상 등의 목표를 추구하는 활동을 할 수 있다. 현재 우리나라에는 '한국교원단체 총연합회', '전국교원노동조합' 등의 교원단체가 존재한다.

3) 적극적 의무

(1) 교육 및 연구 활동의 의무

교원의 직무 중 가장 중심된 것이 학생들에 대한 교육과 연구 활동이라고 할 수 있다. 「교육법」 및 「교육공무원법」에서도 교원의 의무에 대해 항상 사표(師表)가 될 수 있는 품성과 지질의 향상에 힘쓰고 학문의 연찬(研鑽)과 교육의 원리와 방법을 탐구 연마할 것을 강조하고 있다. 즉 교육은 교육전문가로서 교육의 원리와 방법에 대해 꾸준히 연구 개발하여 시대에 뒤지지 않도록 노력해야 한다.

1966년 10월 5일 유네스코 회의에서 채택된 '교원의 지위에 관한 권고'에서도 교원의 의무에 대해 다음과 같이 표현하고 있다.

> "교원들은 그들의 지위가 상당히 그들 자신에게 달려 있다는 점을 인식하고 그들의 모든 전문적인 직무수행에 있어서 가능한 최고 수준에 이르도록 노력해야 한다."

(2) 선서 · 성실 · 복종의 의무

「교육공무원법」은 교원의 복무에 관한 사항을 동법에서 모두 규정하지 않고 「국가공무원법」을 준용하도록 하고 있다. 따라서 교육공무원은 「국가공무원법」에 규정된 공무원의 의무를 이행하여야 한다. 그러한 의무로는 선서의 의무, 성실의 의무, 복종의 의무 등이다.

선서의 의무란 공무원이 「국가공무원법」에 따라 취임 전에 "국민 전체에 대한 봉사자로서의 책임과 조국의 번영을 이룩하는 영광스러운 길잡이임을 자각하고 명령 및 직무상의 명령을 준수, 복종하며 창의와 성의로써 맡은 바 책무를 다할 것"을 다짐하는 것을 말한다.

성실의 의무란 모든 공무원이 법령을 준수하여 성실히 직무를 수행하여야 하는 것을 말한다. 특히 교육공무원의 성실의 의무는 윤리성을 본질로 하기 때문에, 경제성에 의해서 지배되는 단순한 고용관계에서의 성실의 의무와는 구별된다. 교원은 그의 전 인격과 양심을 받쳐서 공공 이익을 도모하는데 충실하여야 한다.

복종의 의무는 교원이 직무를 수행함에 있어서 소속 상관의 직무상 명령에 복종하여야 함을 말한다. 교원에게 있어서 소속 상관이란 교원의 직무를 통속하고 감독하는 권한을 가진 기관의 직에 있는 자인 교장, 교육장, 교육감, 교육부 장관 등을 말한다.

(3) 교원으로서의 품위 유지의 의무

「국가공무원법」 제63조는 공무원은 "국민 전체에 대한 봉사자로서 공무를 성실하게 집행하는 위치에 있으므로 직무의 내·외를 불문하고 그 품위를 손상하는 행위를 하여서는 안 된다"고 규정하고 있다. 여기서 품위손상의 형태는 방탕, 주벽, 축첩, 낭비, 과도한 부채 등으로서 공적 임무뿐 아니라 사생활의 부분까지 포함하고 있다.

특히 전문직으로서 교직에 종사하는 교육공무원은 항상 사표가 될 품성의 향상에 힘써야 하는데, 이것은 교원은 언제나 교육자다운 인격과 품위를 지녀야 함을 고차원적인 차원에서 규정하고 있다(교육법 제 74조). 또한 공무원은 국민 전체의 봉사자로서 친절 공정히 집무하여야 할 의무가 있다(국가공무원법 제59조). 특히 교원은 학부모와 학생에 대한 친절한 태도와 학생에 대하여 공정하게 대하여야 한다.

품위유지, 친절뿐 아니라 공무원은 증여, 향응, 사례 등을 받아서는 안 된다고 규정하고 있다(국가공무원법 제 61조). 이는 청렴한 공직자로서 공정한 직무를 보장하고 정실을 배제하고자 하는 데 그 의의가 있다.

(4) 비밀엄수의 의무

공무원은 재직 중은 물론 퇴직 후에도 직무상 알게 된 비밀은 엄수해야 함을 의미한다. 직무상 비밀은 자신이 처리하는 직무에 관한 비밀뿐 아니라 직무수행 중 알게 된 비밀도 포함된다. 교원이 직무를 수행함에 있어서 비밀을 유지해야 할 사항으로는 학습지도에서 시험문제, 학력검사 및 각종 표준화 검사 등과 학생 생활지도에서 학생 개인과의 면담 내용, 과거의 기록, 학생 개인의 가정 배경 등 비밀을 유지할 교육적 가치가 있다고 판단되는 사항 등을 포함한다.

4) 소극적 의무

(1) 정치활동의 금지

공무원의 신분과 정치적 중립성은 헌법에 보장되고 있고(헌법 제7조), 이와 관련 공무원의 정치활동 금지 및 정치적 행위의 범위를 규정하고 있다. 정치활동 금지 규정의 구체적인 내용은 ① 공무원은 정당, 기타 정치단체의 결성에 관여하거나 이에 가입할 수 없고 ② 선거에 있어서 특정 정당 또는 특정인에 대한 지지나 반대를 하기 위한 행위를 해서는 안 된다. 또한 공무원은 다른 공무원에게 특정 정당의 지지 또는 반대를 요구하거나, 선거에 있어서 특정인이나 특정 정당을 지지 또는 반대하도록 요구하거나 정치적 행위의 보상 또는 보복으로서 이익 또는 불이익을 약속하여서도 안 된다(국가공무원법 제65조).

교육공무원도 일반직 공무원과 마찬가지로 정치활동에 관하여 중립을 지킬 것을 규정하고 있다. "교육은 교육본래의 목적에 따라 그 기능을 다하도록 운영되어야 하며, 어떠한 정치적·파당적 또는 개인적 편견의 전파를 위한 방편으로 이용되어서는 아니된다"(교육기본법 제6조). 더 나아가 이와 같이 교육공무원의 정치활동 금지와 교육의 중립성을 지키기 위하여 "교원은 특정 정당 또는 정파를 지지하거나 배척하기 위하여 학생을 지도 혹은 선동할 수 없다"(교육기본법 제14조)고 명시하고 있다.

(2) 집단행위의 제한

「헌법」 제33조는 공무원인 근로자에게 법률이 정하는 자에 한하여 단결권, 단체

교섭권, 단체행동권 등 노동권을 가진다고 규정하고 있다. 그러나 공무원은 노동운동, 기타 공무 이외의 일을 위한 집단 행위를 해서는 안 된다고 규정(국가공무원법 제66조)함으로써 집단 행위를 부분적으로 제한하고 있다. 공무원의 노동운동을 제한하는 이유는 다음과 같다.

① 공무원은 주권을 가진 국민의 수임자이고 국민 전체에 대한 봉사자이며 국민에 대한 책임을 진다는 헌법 정신(헌법 제7조)에 입각하여 보다 엄격한 정치적 중립성이 요구된다는 점

② 공무원이 행한 행위의 효과는 국가에 대하여 발생하고 그 효과가 국가에 귀속되므로 공무원의 집단행위는 국가기관 구성원으로서의 임무에 저촉된다는 점

③ 공무원은 공무상의 특별권력 관계를 형성하고 있는 자이므로 공법상의 명령에 복종할 의무가 있고, 따라서 공법상의 명령의 위반에 항거하는 행위는 할 수 없다는 점이다.

교육공무원의 경우 부분적으로 노동운동을 인정받고 있다. 교원들에게는 단체행동권을 제외한 단결권과 단체교섭권이 보장되어 있다.

(3) 영리업무 및 겸직금지

공무원은 공무 이외의 영리를 목적으로 하는 사업에 종사하지 못하며 소속 기관의 장의 허가 없이 다른 직무를 겸할 수 없다고 규정하고 있다(국가공무원법 제64조). 그러나 영리를 목적으로 하지 않는 비영리 업무에 대해서는 소속 기관장의 허가를 받도록 하고 있다. 공무원의 영리업무를 금지하고 있는 것은 영리업무에 종사하게 됨으로써 집무상의 능률 저해 또는 공무에 대한 부당한 영향을 야기시킬 우려가 있으므로 공직의 순결과 존엄을 보호하는 데 그 목적이 있다. 교육공무원의 경우도 마찬가지이다. 그러나 교육공무원의 영리업무는 어느 한계를 두고 허용되어야 할 경우도 많다. 그것은 교원이 영리 업무에 종사함으로써 사회적 국가적 이익을 초래할 경우도 있으며, 때에 따라서는 교육에 필요한 재정을 확충하는 데 기여할 수도 있기 때문이다.

5. 교직윤리

교직을 전문직으로 자리매김하는 데 있어서 가장 중요한 전제조건은 전문성과 윤리성이다. 교사들이 직무를 수행함에 있어서 타인의 지휘감독을 받기보다는 자신의 양심과 전문성에 기초해서 자율적으로 실천할 수 있는 권한을 갖기 때문이다. 그러나 자율적 직무수행은 직업적 윤리의 기초 위에서만 가능하다. 특히 성인인 교사가 아직 어린 학생들과 영유아들에게 미칠 수 있는 영향을 생각해 본다면, 교사의 윤리는 결코 가볍게 생각할 문제가 아니다.

여기에서는 사도헌장과 사도강령을 살펴보면서 교사의 윤리에 대해 생각해 보고자 한다.

1) 사도헌장

오늘의 교육은 개인의 성장과 사회의 발전과 내일의 국운(國運)을 좌우한다. 우리는 국민교육의 수임자(受任者)로서 존경받는 스승이요, 신뢰받는 선도자임을 자각한다. 이에 긍지와 사명을 새로이 명심하고 스승의 길을 밝힌다.

Ⅰ. 우리는 제자를 사랑하고 개성을 존중하며, 한마음 한뜻으로 명랑한 학풍을 조성한다.

Ⅰ. 우리는 폭넓은 교양과 부단한 연찬(硏鑽)으로 교직의 전문성을 높여 국민의 사표(師表)가 된다.

Ⅰ. 우리는 원대하고 치밀한 교육계획의 수립과 성실한 실천으로 맡은 바 책임을 완수한다.

Ⅰ. 우리는 서로 협동하여 교육의 자주혁신과 교육자의 지위향상에 적극 노력한다.

Ⅰ. 우리는 가정교육 · 사회교육과의 유대를 강화하여 복지국가 건설에 공헌한다.

2) 사도강령

민주국가의 주인은 국민이므로 나라의 주인을 주인답게 길러내는 교육이 가장 중대한 국가적 과업이다. 우리는 겨레가 오랜 역사와 찬란한 문화를 계승 · 발전시키며 선진 제국과 어깨를 나란히 하여 인류복지 증진에 주도적으로 기여하려면, 무엇보다도 문화국민으로서의 의식개혁과 미래 사회에 대비한 창의적이고 자주적인 인간육성에 힘을 기울여야 한다. 그러기 위하여 우리 교육자는 국가발전과 민족중흥의 선도자로서의 사명(使命)과 긍지(矜持)를 지니고, 교육을 통하여 국민 각자의 능력을 최대한으로 계발하여, 개인의 자아실현과 국력의 신장, 그리고 민족의 번영에 열과 성을 다하여야 한다.

또한 교육자의 품성과 언행이 학생의 성장 · 발달을 좌우할 뿐만 아니라 국민윤리 재건이 된다는 사실을 명심하고, 사랑과 봉사, 정직과 성실, 청렴과 품위, 준법과 질서에 바탕을 둔 사도확립에 우리 스스로 헌신하여야 한다.

이러한 우리의 뜻은 교직에 종사하는 모든 교육자가 공동체 의식을 가지고 노력하여야만 이루어질 수 있다는 것을 인식하고, 사도헌장 제정에 때맞추어서 우리의 행동지표인 현행 교원윤리강령을 사도강령으로 개정하고 이를 실천함으로써 국민의 사표가 될 것을 다짐한다.

제1장 스승과 제자

스승의 주된 임무는 제자로 하여금 고매(高邁)한 인격과 자주정신을 가지고 국가 사회에 봉사할 수 있는 유능한 국민을 육성하는 데 있다. 그러므로

1. 우리는 제자를 사랑하고 그 인격을 존중한다.
2. 우리는 제자의 심신발달이나 가정의 환경에 따라 차별을 두지 아니하고 공정하게 지도한다.
3. 우리는 제자의 개성을 존중하며, 그들의 개인차와 욕구에 맞도록 지도한다.
4. 우리는 제자에게 직업의 존귀함을 깨닫게 하고, 그들의 능력에 알맞은 직업을 선택하도록 지도한다.
5. 우리는 제자 스스로가 이상을 세우고, 그 실현을 위하여 정진하도록 사제동행(師弟同行)한다.

제2장 스승의 자질

스승은 스승다워야 하며, 제자의 거울이 되고 국민의 사표(師表)가 되어야 한다. 그러므로,

1. 우리는 확고한 교직관과 긍지를 가지고 교직에 종사한다.
2. 우리는 언행이 건전하고 생활이 청렴하여 제자와 사회의 존경을 받도록 한다.
3. 우리는 단란한 가정을 이룩하고, 국법을 준수하여 사회의 모범이 된다.
4. 우리는 학부모의 경제적 · 사회적 지위를 이용하지 아니하며, 또 이에 좌우되지 아니한다.
5. 우리는 자기 향상을 위하여 전문적인 지식과 전문화된 기술을 계속 연마하는 데 주력한다.

제3장 스승의 책임

스승은 제자 교육에 열과 성을 다하여 맡은 바 책임을 다하여야 한다. 그러므로,

1. 우리는 사회의 일원(一員)으로서 모든 책임과 의무를 다한다.
2. 우리는 교재연구와 교육자료 개발에 만전을 기하여 수업에 최선을 다한다.
3. 우리는 생활지도의 중요성을 인식하여 제자들이 올바른 사람이 될 수 있도록 지도에 철저를 기한다.
4. 우리는 교육의 성과를 공정하게 평가하고, 이를 교육에 충분히 활요한다.
5. 우리는 제자와 성인들을 위한 정규교과(正規教科) 외 활동에 적극 참여한다.

제4장 교육자와 단체

교육자는 그 지위의 향상과 복지의 증진을 위하여 교직단체를 조직하고 적극 참여함으로써 단결된 힘을 발휘할 수 있다. 그러므로,

1. 우리는 교직단체 활동을 통하여 교육자의 처우와 근무조건의 개선을 꾸준히 추진한다.
2. 우리는 교직단체의 활동을 통하여 교육자의 자질향상과 교권의 확립에 박차를 가한다.
3. 우리는 편당적(偏黨的) · 편파적(偏頗的) 활동에 참가하지 아니하고, 교육을 그 방편으로 삼지 아니한다.
4. 교직단체는 국가의 교육정책 결정에 참여하여 교육자의 여망과 주장을 충분히 반영시킨다.
5. 교직단체는 교육의 혁신과 국가의 발전을 위하여 다른 직능단체나 사회단체와 연대 협동한다.

제5장 스승과 사회

스승은 제자의 성장 · 발달을 돕기 위하여 학부모와 협력하며, 학교와 사회와의 상호작용의 원동력이 되고, 국가 발전의 선도자가 된다. 그러므로,

1. 우리는 학교의 방침과 제자의 발달상황을 가정에 알리고, 학부모의 정당한 의견을 학교교육에 반영시킨다.
2. 우리는 사회의 실정을 정확하게 파악하고, 지역사회의 생활과 문화향상을 위하여 봉사한다.
3. 우리는 사회의 요구를 교육계획에 반영하여 학교의 교육활동을 사회에 널리 알린다.
4. 우리는 국민의 평생교육(平生敎育)을 위하여 광범위하게 협조하고 그 핵심이 된다.
5. 우리는 확고한 국가관과 건전한 가치관을 가지고 국민의식 개혁에 솔선수범하며, 국가 발전의 선도자가 된다.

토론과제

1. 교육의 본질은 무엇이며, 교사의 중요성의 근거는 무엇인지 생각해 보자.
2. 교직을 보는 관점은 성직관, 전문직관, 노동직관 그 외 다양한 관점이 있다. 오늘날 교직은 어떠한 관점에서 자리매김되어야 하는지 토의해 보자.
3. 교사는 매우 다양한 역할을 수행하고 있다. 그 중 가장 중요한 역할은 무엇이라고 생각하는지 논의해 보자.
4. 교사의 윤리가 갖는 중요성과 교육현장에서 소홀하게 넘어가는 윤리가 있다면 그것이 무엇이며 왜 그런지에 대해 토론해 보자.
5. 때때로 교사의 의무는 시민권을 침해하기도 한다. 시민으로서의 권리와 교사로서의 의무가 서로 상충할 때, 무엇이 우선되어야 할지 예를 들어 토론해 보자.

제12장

한국 교육문제에 대한 탐색

학습 목표

1. 현재 우리가 해결해야 할 중요한 교육문제는 무엇인지 탐색한다.
2. 교육문제들을 해결하기 위한 새로운 대안들은 어떤 것들이 있는지 탐색한다.

본 장에서는 우리 교육이 직면하고 있는 교육문제들을 살펴보고 대안을 모색하고자 한다.

우리는 이 책의 첫 장에서부터 살펴본 바와 같이 교육목표, 교육내용, 교육방법, 교육평가 등의 문제뿐 아니라 학교에서 발생하는 문제들, 교육정책과 행정 그리고 교육을 둘러싼 더 큰 사회에서 나타나는 여러 가지 문제들을 직면하고 있다. 이러한 다양한 문제들 중 우리의 교육이 시급하게 해결하여야 할 과제들을 중심으로 이 문제들을 살펴보고자 한다.

1. 교육이념과 교육목표의 문제

먼저 우리 교육이 추구하는 교육의 이념과 목표의 문제부터 살펴보고자 한다. 우리나라 교육이념은 '홍익인간의 이념 아래 모든 국민으로 하여금 인격을 도야하고 자주적 생활능력과 민주시민으로서 필요한 자질을 갖추게 함으로써 인간다운 삶을 영위하게 하고 민주국가의 발전과 인류공영의 이상을 실현하는 데 이바지하게 함을 목적으로 한다'(교육기본법 제1장 제2조). 초중등학교 교육과정 총론에서 나타난 각급학교의 교육목표를 살펴보면 초등학교 교육은 '학생들의 기초적인 학습능력과 태도 형성에 중점을 두며, 이를 통해 미래에 더 나은 학습과 사회적 적응을 위한 기초를 다진다. 학생들은 자신의 소중함을 알고 건강한 생활습관을 기르며, 풍부한 학습경험을 통해 자신의 꿈을 키운다' 고 규정하고 있다. 한편 중등교육의 목표는 '첫째, 자신의 소중함을 알고 건강한 생활 습관을 기르며, 풍부한 학습경험을 통해 자신의 꿈을 키운다. 둘째, 학습과 생활에서 문제를 발견하고 해결하는 기초능력을 기르고, 이를 새롭게 경험할 수 있는 상상력을 키운다. 셋째, 규칙과 질서를 지키고 협동정신을 바탕으로 서로 돕고 배려하는 태도를 기른다'로 규정하고 있다.

위에서 살펴본 바와 같이 우리나라 교육의 중요한 이념은 홍익인간의 이념을 바탕으로 자주적 생활능력, 민주시민을 양성하는 것이다. 초·중등학교의 교육과정에 나타난 목표에서는 자신을 이해하고 자신의 꿈 키우기, 문제 해결 능력 키우기, 협동정신을 바탕으로 서로 돕고 배려하는 태도 키우기 등을 목표로 하고 있다. 이를 보다 간략하게 요약하자면 '자신의 꿈을 찾아 실현하고 타인을 배려하고 협력할 수 있는 태도를 양성하는 것'이라고 할 수 있다.

그러나 우리나라 학생들의 현실은 어떠한가? 학생들은 초·중등학교 과정에서 충분히 자신의 꿈과 진로를 찾아보았는가? 현실은 대학에 입학한 학생들이 자신이 선택한 학과가 적성에 맞지 않아 학교를 그만두거나 과를 바꾸겠다고 하는 사례가 적지 않게 나타나고 있다. 이러한 현상은 학생들이 자신의 적성과 진로를 탐색한 결과에 기초해서 대학과 학과를 선택했다기보다는 성적에 맞추어 대학과 학과를 선택한 경향이 높기 때문에 나타난 결과이다. 물론 우리나라의 교육체제는 학교에서의 진로교육의 확대와 학생 자신에 대한 이해와 탐색 기회가 많아지고 있어서 과거에 비해 매우 개성 있고 다양한 진로를 선택하는 경향이 나타나고 있는 것도 사실이다. 그러나 한편에서는 학생들의 자아와 진로 탐색보다는 의대 등을 비롯한 특정 학과 입학을 목표로 학생들을 경쟁적으로 줄 세우기하는 경향이 높다. 그래서 이들 학생들에게는 교육의 목표가 자아와 적성을 탐색하고 자신에게 적합한 진로가 무엇인지를 알아보려는 시도보다는 성적과 등수를 높이는 것이 최우선적 목표가 되는 경향이 있다. 특히 이 과정에서 교육선발을 둘러싼 우리나라의 평가체제는 결과 중심의 상대평가가 주를 이루고 있다. 그러다 보니 성적을 둘러싼 경쟁은 필연적으로 개인주의를 부추기고, 과정보다는 결과에만 집중하게 하는 경향을 조장하고 있다. 이러한 개인주의 경향은 타인을 배려하고 협력하는 태도를 저해하고, 결과 중심적 관점은 문제 해결 과정에 대한 관심을 약화시키는 경향이 있다. 그래서 자칫하면 공부는 잘하지만 자신만을 아는 이기적인 인간을 만들어 낼 위험성도 높다. 한마디로 말하면 교육의 결과로 나타나는 성적과 등수에 대한 관심이 오히려 교육의 목표로 전도되어 버리는 사태가 나타나는 것이다. 그래서 우리가 추구하는 교육목표와 이상은 상실되고 점수와 등수가 목표로 대두되는 안타까운 현실이 나타나는 것이다.

2. 교육평가의 문제

교육평가의 중요한 목적은 교육의 목표가 학교교육을 통해 얼마나 달성되었는가를 확인하고 학생의 성장과 발전을 돕기 위한 목적으로 향후의 교수-학습 과정의 계획을 수립하기 위한 것이다. 초·중등 교육과정 총론에서는 '평가는 학생의 교육목표 도달도를 확인하고 교수·배움의 질을 개선하는 데 주안점을 둔다', '학교와 교사는 성취기준에 근거하여 학교에서 중요하게 지도한 내용과 기능을 평가하며 교수·배움과 평가활동이 일관성 있게 이루어지도록 한다', '학교는 교과의 성격과 특성에 적합한 평가방법을 활용한다'고 규정하고 있다.

이러한 규정은 교육평가가 교육목표를 얼마나 달성하였는가를 확인하고 이에 근거하여 학생들의 교수-학습을 개선하는 기초로 활용되어야 함을 강조하고 있다. 그리고 교육목표와 내용에 따라 적합하고 다양한 평가방법을 사용해야 함을 강조하는 것이다.

그러나 우리나라에서 학생들에게 적용되는 교육평가는 어떤 것들이 있는가? 교육평가의 종류는 평가시점에 따라 진단평가, 형성평가, 총괄평가로 구분해 볼 수 있다. 그리고 평가기준에 따라서는 준거참조평가(절대평가)와 규준참조평가(상대평가)로 구분할 수 있으며, 평가시기에 따라서는 정기평가와 수시평가로 구분할 수 있다. 한편 평가방법에 따라서는 지필평가, 수행평가로 구분해 볼 수 있다. 이러한 평가의 종류들 가운데 우리나라 학생들에게 가장 많이 적용되는 것은 평가시점으로는 총괄평가이며, 평가기준으로는 규준참조평가(상대평가), 평가시기로는 정기평가, 평가방법으로는 지필평가를 들 수 있다. 그런데 총괄평가의 기능은 진단평가나 형성평가와는 달리 정해진 시기의 교육이 모두 이루어진 다음 학생의 성취 수준을 최종적으로 확인하는 기능을 갖는다. 즉 교육의 결과에 대한 관심을 갖는 것이다. 또한 평가기준에서 보면 규준참조평가(상대평가)는 준거참조평가와는 달리 학생들의 성취가 어떤 정해진 기준에 도달했는가가 중요한 것이 아니라 다른 학생들과 비교하여 이들의 상대적으로 어느 정도 수준에 위치해 있는가가 중요한 기준이 되는 것이다. 또한 지필평가는 수행평가와는 달리 학생들의 정의적·신체적 측면보다는 인지적 측면에 초점을 맞추게 된다. 특히 우리나라 대학 입학을 위한 수학능력시험이 주로 선다형으로 이루어지기 때문에 지식의 암기에 초점을 맞추게 되는 경향이 있다. 그리고 학생들의 평가는 수시로 이루어지기 보다는 중간고사, 기말고사 등과 같이 정기적으로 이루어진다. 이를 종합해 보면 우리나라의 학생들은 중간고사와 기말고사처럼 정기적으로 이루어지는 결과 중심의 총괄평가로 이루어지며 지식 중심의 교육내용을 다른 학생들과 비교하여 얼마나 높은 점수를 획득하였는가에 초점을 맞추게 된다. 그러다보니 원래 교육이 추구하고자 한 목표를 얼마나 달성하였는가를 확인하는 것보다는 다른 학생들보다 얼마나 많은 지식을 갖게 되었는가를 경쟁하는 데 초점을 맞추게 되는 결과를 만들어 낸다. 그래서 극단적으로 보면 우리나라 교육현실에서는 어느 학생의 도덕 점수가 100점이라고 해서 그 학생의 도덕성이 100점이라고 단언할 수 없는 현상이 만들어진다. 왜냐하면 도덕시험이 객관성을 유지하기 위해 도덕성을 측정하기보다는 도덕에 대한 지식을 측정하기 때문이다.

교육은 교육목표에 따라 학생들이 얼마나 변화 발전하고 있는지를 확인하고, 그 목표를 달성하도록 도와주는 활동이다. 이 관점에서 볼 때 우리의 교육평가 체제는 교육활동을 개선하고 도움을 주는 정보보다는 지식을 중심으로 얼마나 달성했는지를 확인하는 기능에 무게가 실려 있다. 이는 평가의 주된 기능이 학생들의 학습을 개선하기 위한 것이 아니라 학생들의 성취 수준을 평가하여 선발에 용이하게 줄 세우기 하는 기능에 초점이 맞추어져 있기 때문이다. 따라서 우리 교육이 보다 교육적이기 위해서는 학생들을 줄 세우기 하는 평가에서 학생들이 얼마나 변화하고 발전하는지를 확인하고 이것에 도움을 줄 수 있는 기능이 보다 강조될 필요가 있으며 이를 위해 평가가 보다 다원화될 필요가 있다.

3. 교육 및 학습방법의 문제

우리가 흔히 수업이라고 부르는 교수-학습의 과정은 교육목표를 달성하기 위해 학생들에게 필요한 지식, 기술, 경험 등을 매개로 상호작용하는 일련의 과정이라고 할 수 있다. 교수-학습의 과정에서 가장 중요하게 인식해야 할 것은 이 과정이 교육목표를 달성하기 위한 하나의 수단적인 방법이라는 사실이다. 따라서 정의적 측면, 신체운동적 측면, 인지적 측면의 수업목표에 따라 수업방법은 달라져야 한다. 또한 인지적 측면이라고 하더라도 단순한 지식을 습득하는 목표와 문제를 이해하고 비판할 수 있도록 하는 목표와는 접근방법이 달라져야 한다.

과거 우리 교육은 학생들에게 '지식의 전달'이 실제적으로 중요한 목표가 되었기 때문에 수업방식은 많은 지식을 학생들에게 쉽게 전달할 수 있는 강의식 수업이 중심을 이루고 있었다. 그러나 강의식 수업은 교수-학습 과정에서 교사 중심으로 수업이 이루어지면서 학생들이 수업에서 소외되거나, 교육내용을 무비판적으로 흡수하고 암기하는 문제점들이 단점으로 제기되어왔다.

특히 과거의 우리 사회가 국가발전을 위한 전략으로 선진국들의 기술을 모방하던 개발도상국일 때는 새로운 지식을 받아들이고 이해하고 적용하는 수준의 능력이 필요했다. 그러나 선진국이 되어서 발전을 위해서 더 이상 더 이상 모방할 국가나 과학 수준이 존재하지 않게 된 상황에서는 우리가 스스로 새로운 것을 창조해내고, 우리가 직면한 문제들을 스스로 해결할 수 있는 능력이 필요하게 되었다. 그래서 우리의 수업에서도 새로운 능력을 개발할 수 있는 대안적 수업방법이 개발되고 있다. 강의식 수업의 단점을 극복하고 학생들이 수업에서 중심적 활동을 할 수 있도록 하는 토의법, 문제 해결법, 구안법, 협동학습, 발견학습, 문제 중심 학습 등의 다양한 수업방법이 대안으로 제시되고 있다. 그러나 아직도 실험실습 등의 수업은 부족한 것이 현실이다. 더구나 학생들의 학년이 높아지고 대학입시가 가까워질수록 교사나 학생 모두 더 많은 지식을 더 빨리 소화할 수 있는 강의식 수업을 선호하는 경향이 높다. 그래서 교육현장에서는 아직도 강의식 수업이 지배적인 수업방법의 위치를 차지하고 있다.

또한 우리의 교육현실은 계층이나 지역에 따라서 교육기회가 상이하게 제공되고 있다. 교육에서 소외된 계층에게 보다 질 높은 교육을 무상으로 제공할 수 있는 방법도 필요하다. 이러한 방법들이 교육의 자유와 기회의 평등을 보장할 수 있기 때문이다. 우리 사회는 코로나19를 경험하며 줌(zoom)이나 LMS(Learning Management System) 등의 온라인 수업이 보편화된 경험을 축적하여 왔다. 이러한 정보과학기술을 적용한 수업방법을 활용하여 수업의 효율화를 제고하는 한편, 상대적으로 소외된 계층의 학생들에게 그들에게 적합한 교육을 제공할 수 있는 방법들이 모색될 필요가 있다.

4. 교육경쟁과 사교육의 문제

오늘날 우리 사회에서 교육에 대한 관심은 뜨겁고 교육경쟁은 매우 치열하다. 이렇게 교육에 대한 높은 관심, 치열한 경쟁적 참여 양상, 상위 학력에 대한 높은 욕구와 열망을 '교육열'이라고 부르고 있다. 이렇게 높은 교육열과 치열한 교육경쟁의 원인은 어디에서 찾을 수 있을까? 많은 사람들은 '학력주의'와 '학벌주의'를 그 원인으로 생각하고 있다. 학력주의는 학교를 다닌 경력이 즉 어떤 수준까지 학교를 다녔는지를 나타내는 징표로서의 학력이 도구적 가치, 질서적 가치, 선발적 가치의 사회적 가치를 갖는 것을 의미한다. 학벌주의는 초등, 중등 그리고 고등교육을 받은 기간(years of schooling)을 의미하는 수직적 차원의 '학력주의(學歷主義)'와 구별된다. 즉 동일선상의 학력이더라도 학교의 종류, 학교 이름, 학과 등의 사회적 위신에 따라 다른 가치가 부여되는 이른바 '수평적 학력주의'를 학벌주의라고 설명할 수 있다. 한 사회에서 능력, 학력, 학벌의 삼자관계가 동등하게 다루어질 경우 그 사회는 자격 혹은 능력 중심의 사회로 이동하는 반면에, 능력보다 학력과 학벌을 중시할 경우에는 모두가 높은 학력을 추구하는 고학력 인플레이션이 발생하게 된다. 특히 같은 학력 중에서도 특정의 학교 출신자가 실제적인 능력과 사회에 기여한 것에 비해 보다 많은 대우와 혜택을 보거나 심지어 권력을 독점하게 될 경우, 학벌주의는 사회적 차별과 불평등을 구조화시킬 수 있다. 학벌은 분명 계급은 아니지만 일종의 신분제처럼 작동하는 '학벌의식'은 현대판 한국식 신분제도로 고착화되고 있다(한국민족문화대백과사전). 간단하게 요약하자면 학력의 사회적 가치가 높아지면서 학력주의 사회가 되고, 학연과 같이 학교를 나온 사람들끼리의 파벌, 그리고 대학서열화와 같이 대학과 졸업자를 사회 전반에 걸쳐 차등대우하는 풍조의 학벌주의가 높은 학구열과 교육경쟁의 원인이 되고 있다는 것이다.

그런데 우리나라에서는 교육열과 교육경쟁이 학교에서 일어나는 것이 아니라 학교 밖의 사교육을 중심으로 이루어지고 있다는 것이 문제이다. 대학 입시를 정점으로 하는 교육경쟁은 사교육의 확대와 사교육에 대한 의존도를 심화시키며, 정상적인 학교교육을 피폐화시키고 있다. 2019년 TV에서 방영된 〈스카이 캐슬〉이란 드라마의 높은 시청률은 교육경쟁과 사교육에 대한 세간의 관심이 얼마나 뜨거운가를 보여준 대표적인 사례이다.

한 보도에 따르면, 국가교육발전 연구센터로 지정된 한국교육개발원(KEDI)이 2024년 2월 12~26일 성인 5천 명을 대상으로 실시한 설문조사에서 응답자들은 한국교육이 직면한 한계점 2개를 묻는 문항에서 '과도한 학벌주의'(1순위 응답 기준 23.0%)와 '대입경쟁 과열로 인한 사교육시장 확대 및 과도한 사교육비 지출'(22.8%)을 꼽았다. 1·2순위 답변을 합한 비율을 기준으로 보면 사교육비를 지적한 이들이 41.3%, 학벌주의를 지적한 이들이 41.2%였다. 특히 사교육비 문제는 40~60대, 학벌주의는 20대 응답자들이 많이 꼽은 것으로 나타났다.

사교육은 학원, 학습지, 학습 컨설팅, 입시전문기관 등의 이익을 추구하는 다양한 사업으로 확대되는 양상을 보이고 있다. 사교육의 확대는 교육경쟁 참여 시기를 조기화시켜서 더 어린 연령부터 대학입시를 준비하도록 만들고, 이를 위해 더 어린 나이부터 학원에 다니도록 만들고 있는 실정이다. 우리나라 사교육의 특징을 살펴보면 다음과 같다.

첫째, 우리나라 유아 사교육의 연령이 갈수록 어려지고 있다. 6~7세를 대상으로 한 영어유치원이나 학습지, 각종 학원이 일반화되어 있는데 최근에는 3-4세까지 파고들고 있으며, 한 영어음악학원에서는 생후 5개월부터 모집대상으로 하고 있다고 한다. 최근 문제가 되고 있는 초등의대 준비반 역시 의대 진학을 목표로 하는 초등학생을 대상으로 고교과목을 선행해서 가르치는 실정이다.

둘째, 유아 사교육의 프로그램이 다양해지고 있다. 만 1~3세 영유아를 대상으로 한 조기교육으로 한글교육이 붐을 이루고 있었으나 이에 더해 유아체육교육, 독서교실, 한자 그룹과외, 피아노, 미술, 태권도, 수영, 스케이트, 컴퓨터, 영어, 영재교육, 웅변 등 헤아릴 수 없이 많은 프로그램을 만들어 내고 있다.

셋째, 입시교육을 대비한 유아 사교육의 선행학습이 이루어지고 있다. 이러한 사교육 현상은 입시를 정점으로 한 선행학습이 갈수록 조기화되는 연쇄작용의 결과라고 할 수 있다. 유아 사교육에서 나아가 더 높은 단계의 사교육을 살펴보면 외고, 과학고 등 특수목적고를 가려면 중학교 1학년부터 사설학원의 '특목고반'에 들어가 준비해야 하고, 이를 위해 초등학교 고학년부터는 교내 '경시대회'나 과외과목을 조직해야 하기 때문에 '대학 진학은 초등학교 4학년 때 결정된다'는 말이 불문율처럼 돌고 있다고 한다. 이처럼 연쇄적인 선행학습과 학부모의 조급증이 결과적으로 만 1~3세 유아 사교육까지 낳고 있는 실정이다.

5. 교육성취 수준의 불평등

교육경쟁이 학교가 아니라 사교육을 중심으로 심화되면서 사교육을 받을 수 있는 계층과 그렇지 못한 계층과의 학업성취에서 차이가 분명하게 나타나기 시작하면서 학교교육이 사회를 평등화하는 장치라는 믿음이 오히려 불평등을 재생산하는 장치라는 생각이 지배하게 되었다.

다음 표와 그림은 2024년에 발표한 교육통계에서 〈가구 소득 수준별 전체 학생 1인당 월평균 사교육비 및 참여율〉을 나타낸 것이다.

표 12-1 가구 소득수준별 전체학생 1인당 월평균 사교육비 및 참여율 (단위: 만원, %, %p)

구분	사교육비			참여율		
	2022년	2023년	증감률	2022년	2023년	증감률
전체	41.0	43.4	5.8	78.3	78.5	0.2
300만원 미만	27.2	18.3	3.0	57.2	57.2	-0.1
300~400만원	35.1	27.9	2.4	70.4	70.3	-0.2
400~500만원	39.9	35.3	0.7	78.7	76.8	-1.9
500~600만원	46.9	41.2	3.0	81.2	80.6	-0.6
600~700만원	51.8	48.4	3.4	84.8	85.1	0.3
700~800만원	64.8	52.7	1.8	86.6	85.8	-0.8
800만원 이상		67.1	3.5	88.1	87.9	-0.3

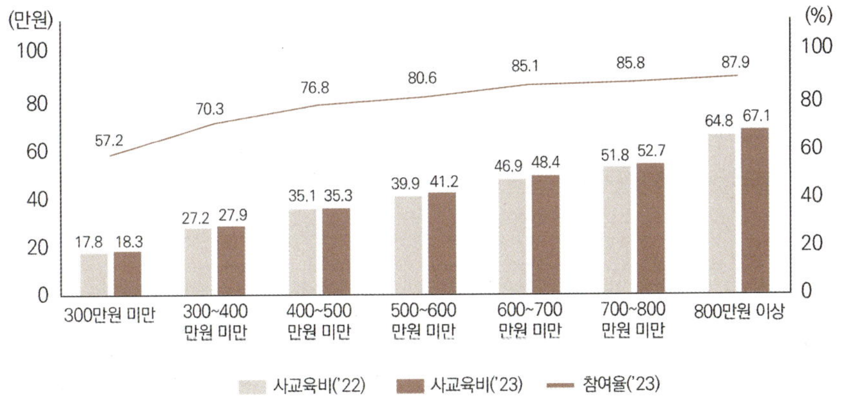

그림 12-1 가구 소득수준별 전체학생 1인당 월평균 사교육비 및 참여율

가구당 소득 수준이 300만 원 미만인 경우와 800만 원 이상인 경우를 대비해 보면 2023년 현재 사교육 참여율은 57.2%와 87.9%로 약 30% 포인트 차이가 나는 것을 알 수 있다. 사교육비 지출은 18.3만 원과 67.1만 원으로 3.6배 이상 차이가 나는 것을 알 수 있다.

이렇게 가정배경에 따라 교육에 대한 투입비용이 다르게 나타나며, 이것은 학업 성취 수준에도 격차를 만들어 내고 있다. 수준에 따라 많은 격차를 보이면서 교육이 계층이동의 사다리 역할을 하기보다는 계층에 의해 결정된다는 '수저 논쟁'을 뒷받침하고 있는 양상이다.

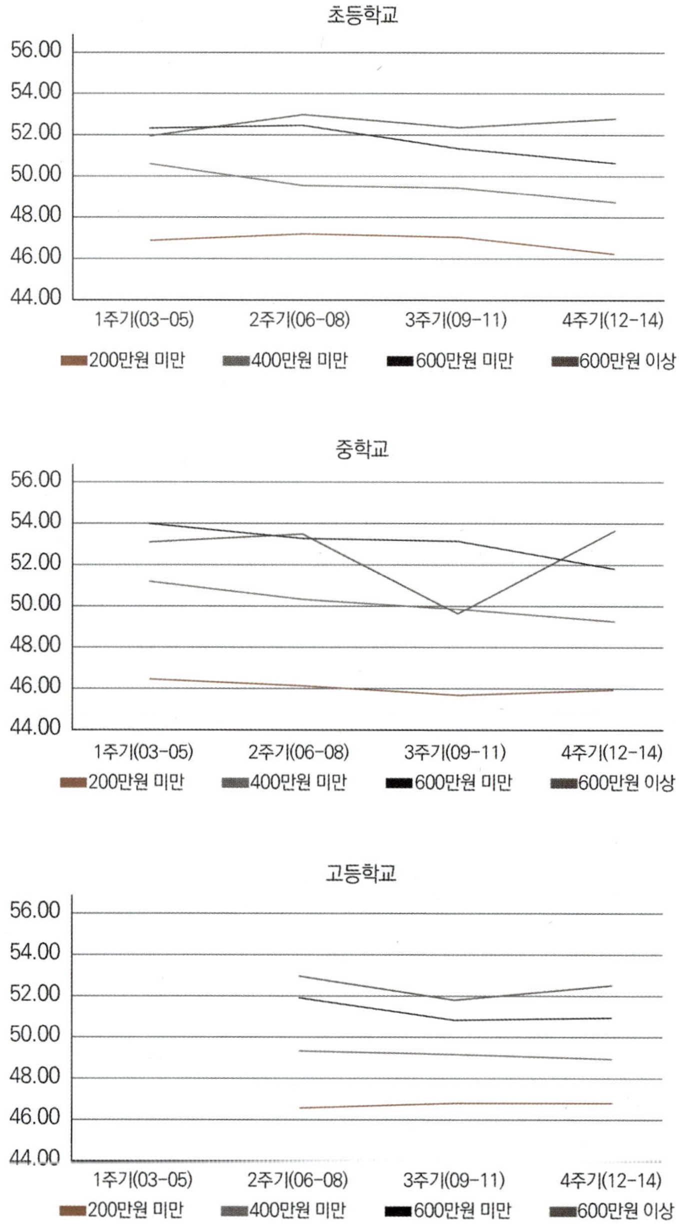

그림 12-2 학교급별 소득수준에 따른 수학 학업성취도의 차이

출처: 교육통계서비스 공식 블로그

우리나라의 학업성취의 격차는 가정의 소득 수준에 의해서만 영향을 받는 것은 아니다. 도시와 농촌과 같은 지역에 따라서도 많은 차이를 보이고 있다. 한국교육과정평가원이 발표한 "2022년 국가 수준 학업성취도 평가결과"를 보면 대체로 대도시의 학업성취도가 읍면지역에 비해 높게 나타나고 있음을 확인할 수 있다.

표 12-2 2022 국가수준 학업성취도 평가결과

학년 \ 구분	3수준 이상(보통, 우수) 비율					
	국어		수학		영어	
	대도시	읍면	대도시	읍면	대도시	읍면
중3	65.9	56.2	55.0	41.6	60.2	47.6
	(1.74)	(3.04)	(1.56)	(2.30)	(1.70)	(2.75)
고2	58.4	51.2	59.6	54.6	69.0	63.2
	(1.81)	(4.38)	(2.07)	(5.05)	(2.01)	(4.47)

학년 \ 구분	1수준(기초미달) 비율					
	국어		수학		영어	
	대도시	읍면	대도시	읍면	대도시	읍면
중3	11.5	15.8	11.4	17.3	9.2	10.1
	(1.70)	(2.81)	(0.80)	(1.62)	(0.91)	(1.52)
고2	8.4	7.7	13.1	16.4	9.2	8.5
	(0.88)	(1.75)	(1.08)	(2.93)	(0.89)	(1.86)

출처: 한국교육과정평가원(2023).

이 표에서 보면 국어, 수학, 영어과목에서 3수준 이상(보통, 우수) 학생의 비율이 대도시에서 읍면 지역보다 높게 나타나는 반면, 1수준(기초미달) 학생의 비율은 대도시가 읍면 지역보다 적게 나타나고 있음을 확인할 수 있다.

이상에서 살펴 본 바와 같이 우리나라 학생들의 학업성취 수준은 학생들의 사회적 배경에 따라 차이가 나타나고 있다. 이 같은 현실은 우리 사회의 교육이 학생들의 능력에 따라 높은 사회적 지위로 상승이동 할 수 있는 기회의 사다리 역할을 하고 있지 못한다는 우려를 하게 만든다. 우리 사회가 보다 공평하고 정의로운 사회가 되기 위해서는 학생들의 배경에 따른 학업성취 불평등 문제가 해결되어야 한다.

6. 교권의 붕괴

최근 빈번한 교권침해 사례로 인해 정상적인 학교교육이 도전받고 있다. 가장 대표적인 사례는 2023년 서울의 한 초등학교에서 교사가 스스로 목숨을 끊은 사건이 발생하였는데 학부모로부터의 악성민원이 그 원인으로 제기되기도 하였다. 또한 2021년에는 의정부의 한 초등학교에서 학부모의 무차별적인 민원 등의 이유로 두 명의 교사가 사망한 사건이 발생하기도 하였다. 이러한 사건들은 교사들이 일상 속에서 악성민원, 욕설과 폭언, 학부모의 갑질 등을 감당해 왔다는 것을 드러내어 학교현장에서 벌어지고 있는 교권침해를 심각한 사회문제로 제기하게 되었다. 특히 20대 새내기 교사들이 숨진 원인에 대해 개인의 심리적 문제 또는 교사의 아동학대에 의한 부담감 탓으로 보았던 것들에 대해 명백한 원인 규명을 요구하면서 교권침해를 그 원인으로 보고 교사들의 교권보호의 목소리가 높아지게 되었다.

최근 언론에 나타난 교권침해 사례는 매우 다양하다. 수업 중 학부모가 교실에 침입하여 자신의 딸이 휴대폰을 수거당한 것에 항의하며 교사에게 거친 욕설과 함께 난동을 부린 사례 등이 그 대표적인 경우이다. 이러한 교권침해 사례를 유형별로 살펴보면 학부모에 의한 악성 민원사례, 업무방해 사례, 폭언·욕설 폭행사례, 성폭력·성희롱·성추행 사례, 수업방해 사례 등으로 나눠 볼 수 있다. 문제는 이러한 교권침해 사례가 학부모들에게서만 이루어지는 것이 아니라 학생들에 의해서도 이루어지고 있으며, 때로는 학교 당국에 의해서도 이루어지고 있다는 사실이다. 2021년 한국교총 조사에 따르면 교권침해에 관련된 상담처리 건수가 437건으로 전년 대비 9% 증가했으며, 학부모로부터 침해를 받은 경우가 33.9%, 학생들에게 받은 건수가 13%에 이르고 있다고 한다. 특히 학생들에 의한 교권침해 사례는 전년 대비 두 배로 증가하였다고 보고하고 있어서 문제의 심각성을 잘 보여주고 있다.

교권침해 사건의 원인과 처리절차 과정에서 나타난 문제들과 관련하여 몇 가지 생각해 볼 점이 있다.

첫째, 교사의 직무 수행 중 벌어진 사고를 수습하는 절차와 책임을 교사 개인에게 전가시키고 있다는 점이다. 교사의 직무는 학교에서 공적인 업무를 수행하는 것이다. 이 과정에서 예기치 못한 사고가 발생한다면 그것은 교사뿐 아니라 학교가 공동으로 대처해야 한다는 점이다. 그래야만 교사가 안심하고 오직 학생들을 위해서 교육행위를 실천할 수 있기 때문이다. 만일 교사의 교육실천 행위가 전적으로 교사의 개인의 책임이라면 교사는 이러한 책임을 피하기 위해 어떠한 용기있는 실천도 하지 못할 가능성이 높아지기 때문이다.

둘째, 교사의 합리적인 교육행위는 학생과 학부모들에게 받아들여질 수 있도록 권위가 주어져야 한다. 교사의 합법적이고 이성적인 교육행위에 대해 학생들이 이유 없이 거부한다면 교육은 이루어질 수 없기 때문이다. 특히 이러한 교사의 권위는 법으로 보장되어야 한다.

셋째, 교사에게 학생들의 교과 및 생활지도에 대한 권한과 한계가 명백하게 규정되고 이것이 보장되어야 한다. 그래서 교사의 교육행위가 방해되지 않고, 정당한 사유 없이 방해되었을 때 제재의 방법도 명시되어야 한다.

우리 교육의 역사를 돌이켜보면 과거 권위주의 시대에는 학생들의 인권이 무시되고 교사들의 학생에 대한 폭력이 교육이라는 이름으로 정당화되기도 하였다. 그러나 학생들의 인권을 보장하기 위해서 필연적으로 교권을 무시해야 하는 것이 아니다. 오히려 바람직한 교육이 이루어지기 위해서는 교사의 합리적인 권위가 받아들여져야만 교육이 바로 설 수 있다.

토론과제

1. 자신이 보는 우리나라의 교육문제는 무엇인지 생각해 보자.
2. 우리나라의 교육문제를 해결하기 위해서 가장 우선적으로 개선되어야 할 것은 무엇인지 논의해 보자.

참고문헌

강상조 외 6인(1979). **학교교육체제**. 서울: 한국교육개발원.

강유정 외(2019). **교육심리학**. 서울: 동문사.

고미숙(2006). **교육철학**. 서울: 문음사.

고형일 외(1990). **한국교육의 현단계**. 서울: 교육과학사.

곽영우(1986). '교육재정의 배분', 배종근 외 편, **교육행정 · 교육경영**. 서울: 정민사.

교원단체총연합회(2006). **교사론**. 서울: 교육과학사.

구광현 · 가영희 · 이규영(2013). **교육심리학**. 서울: 동문사.

권형자(2006). **교육심리학**. 서울: 태영출판사.

______(2007). **생활지도 및 상담**. 서울: 태영출판사.

김경자 · 김아영 · 조석희(1997). 창의적 문제해결 능력 신장을 위한 교육과정 개발의 기초: 창의적 해결의 개념모형 탐색. **교육과정 연구**, 15(2), 129-153.

김계현 · 김동일 · 김봉환 · 김창대 · 김혜숙(2012). **학교상담과 생활지도**. 서울: 학지사.

김기석(1987). **교육사회학탐구**. 서울: 교육과학사.

김기태 · 조평호(2004). **미래지향적 교사론**. 서울: 교육과학사.

김남성(1975). 학습이론을 신경증 치료에 적용한 실험연구. **교육학연구**, 13(3), 한국교육학회, pp.152-160.

______(1976). 자기통제에 의한 학습행동수정. 교육학연구, 14(3), 한국교육학회, pp.61-70.

______(1977). 자기통제: 행동주의의 새로운 접근과 행동수정에의 적용. **교육학연구**, 15(1), 한국교육학회, pp.5-16.

______(1983). **인지적 행동수정**. 서울: 교육과학사.

______(1995). 창의성 개발을 위한 교육프로그램. **인문과학**, 25, 143-161.

김달효(2011). **교육행정 및 교육경영**. 서울: 학지사.

김대현 · 김석우(1999). **교육과정 및 교육평가**. 서울: 학지사.

김동위(2004). **교육사회학 신강**. 서울: 교육과학사.

김병성(1984). 학습부진아의 교육가능성. **교육개발**, 6(3), pp.17-22.

김신일(2011). **교육사회학**. 서울: 교육과학사.

김아영 외 5인 공역(1997). **교육심리학**. 서울: 학문사.

김양현(1987). 자기통제법과 외적 통제법이 학업성취 향상과 긍정적 자아개념의 형성에 미치는 효과. 성균관대학교 대학원 박사학위논문.

김영진(1990). 학습부진아 학습행동 수정을 위한 동료교사의 학습지도 효과 분석. **교육개발**, 12(5), 한국교육개발원.

______(1990). 학습부진아의 학습력 향상을 위한 인지적 행동수정과 행동요법의 효과비교. **학생지도연구**, 16, 서울교육대학 학생생활 연구소.
______(1991). 학교내의 청소년 비행 유발 변인 탐색. 서울 학술연구 장학재단 연구보고서.
______(1992). 학습부진아의 학업성취 향상을 위한 교사와 동료학생지도자의 상담효과. 성균관대학교 대학원 박사학위논문.
______(2004). **아동 청소년 지도자를 위한 학습상담연구**. 서울: 양서원.
김영진 · 노진호 · 백승학(2015). **교육학개론**. 경기: 양서원.
김인자(1974). 학업불만족에 미치는 영향. **교육학 연구**, 12(3), 한국교육학회, pp.76-84.
김재은(1971). **교육 · 심리 · 사회 연구방법**. 서울: 익문사.
김재은 · 장명숙 역(1987). **공부 못하는 애들**. 서울: 창지사.
김제한(1999). **교육심리학**. 경기: 양서원
김종문 외(1998). **구성주의 교육학**. 서울: 교육과학사.
김종서 · 이영덕 · 정원식(1993). **최신교육학개론**. 서울: 교육과학사.
김종철(1982). **교육행정의 이론과 실제**. 서울: 교학사.
김준권 외(2014). **새로운 교육심리학**. 서울: 태영출판사.
김진규(2007). **교육과정과 교육평가**. 서울: 동문사.
김청자 · 정진선(2013). **생활지도와 상담**. 서울: 태영출판사.
김충기(1996). **생활지도와 상담**. 서울: 교육과학사.
김판수 외(2000). **구성주의와 교과교육**. 서울: 학지사.
김현택 외(1996). **인간의 이해 심리학**. 서울: 학지사.
김흥규(2003). **상담심리학**. 서울: 형설출판사.
김희수 · 조영미(2017). **이해하기 쉽게 쓴 교육심리학**. 서울: 동문사.
넬러(1964), 정건영 역(1995). **교육의 철학적 기초**. 서울: 교육출판사.
노진호 · 이주한 · 장찬익(2002). **교육의 역사와 철학의 이해**. 서울: 백산출판사.
매트 리들리, 김한영 역(2004). **본성과 양육**. 경기: 김영사.
목영해(1994). **후현대주의 교육학**. 서울: 교육과학사.
박도순(1998). **교육과정과 교육평가**. 서울: 문음사.
박도순 · 손인수 · 송병순 · 연문희(1998). **신교육학개론**. 서울: 문음사.
박도순 · 홍후조(2007). **교육과정과 교육평가**. 서울: 문음사.
박성익(2000). **교수 · 학습방법의 이론과 실제**. 서울: 교육과학사.
박성익 · 임정훈(1993). 교육설계의 이론과 모형: 최근의 연구동향에 따른. *Instructional-Design theories and models: An Overview of their current status*. C.M. Reigeluth(eds).
박성익 편저(1986). **학습부진아 교육**. 서울: 한국교육개발원.

______(1985). 협동학습 전략과 경쟁학습 전략의 효과비교. **교육학연구**, 23(2),. 한국교육학회, pp.53-64.

박성희 역(1995). **사람의 행동을 변화시키는 특이한 방법들**. 서울: 양서원.

______ 외(2000). **교육학에의 초대**. 서울: 원미사.

박아청(2003). **나, 인간 그리고 교육**. 서울: 교육과학사.

박재문(2001). **한국교육사**. 서울: 학지사.

박준희 · 김재은 외(1973). **중학교 학습지진학생 지도를 위한 실험적 연구**. 서울: 이화여자대학교 인간발달 연구소.

배종근 · 정태범(1986). **교육행정 · 교육경영**. 서울: 정민사.

백승학(2000). **질서와 변동-에밀 뒤르케임의 교육사회학 연구**. 서울: 원미사.

백현기(1958). **교육행정학**. 서울: 을유문화사.

서병완(1983). 학습부진아의 유형분석과 상담모형 개발. 한양대학교 대학원 박사학위논문.

서울대학교 교육연구소(1997). **한국교육사**. 서울: 교육과학사.

서울특별시교육연구원(1993). **사고력 교육의 이론과 실제**. 서울: 농원문화인쇄주.

성기산 편저(1999). **교육철학의 이해**. 서울: 문음사.

성태제(2002). **타당도와 신뢰도**. 서울: 학지사.

손인수(1995). **한국교육사 Ⅰ · Ⅱ**. 서울: 문음사.

송인섭(2006). **현장적용을 위한 자기주도학습**. 서울: 학지사.

______(2007). 자기주도 학습방법. 2007 한국행동요법학회. 기조강의.

스티븐 핑거(2002). 김한영 역(2004). **빈 서판: 인간은 본성을 타고나는가**. 서울: 사이언스 북스.

신득렬(2000). **교육사상사**. 서울: 학지사.

______(2003). **현대교육철학**. 서울: 학지사.

신세호 · 이병호(1979). **학습부진학생의 이론적 고찰**. 서울: 한국교육개발원.

신재원(2024). 골프선수의 스포츠윤리 의식에 관한 연구. 중앙대학교 대학원 석사학위논문.

신재흡(2016). **학생지도와 상담을 위한 생활지도의 이해**. 서울: 동문사.

신중식(1992). **학교조직 발전론**. 서울: 국민대학교출판부.

신철순(1995). **교육행정 및 경영**. 서울: 교육과학사.

신현석 · 안선희(2013). **학습사회의 교육행정 및 교육경영**. 서울: 학지사.

안영진(1997). **아동심리학의 발달과 이해**. 서울: 정일출판사.

엄태동(2006). **교육의 본질과 교육학**. 서울: 학지사.

여광응 외(1997). **교육심리학**. 서울: 양서원.

연세대학교 교육철학연구회 편(1996). **위대한 교육사상가들 Ⅰ · Ⅱ**. 서울: 교육과학사.

오만록(2017). **교육심리탐구**. 서울: 동문사.

오욱환(1993). **학교교육과 불평등**. 서울: 교육과학사.

오천석(2004). **스승**. 서울: 교육과학사.

우종하(1988). 인지적 행동수정 훈련이 아동의 충동성 및 학업성적에 미치는 효과. 성균관대학교 대학원 박사학위논문.

윤옥기(1980). 학습지진학생의 기억에 관한 연구. 이화여자대학교 대학원 석사학위논문.

윤정일 외(2008). **교육행정학원론**. 서울: 학지사.

이경숙 · 정찬기오(2011). **생활지도와 상담**. 서울: 동문사.

이경준(1983). 학습부진아의 인지특성 분석과 효율적인 교수전략 탐색연구. 중앙대학교 대학원 박사학위논문.

이미나(1981). 학교성취의 사회문화적 요인에 관한 연구(교육의 기회 균등에 관한 재고). **교육학 연구**, 19(2), 한국교육학회, pp.68-81.

이민규(1996). **생각을 바꾸면 세상이 달라진다**. 서울: 양서원.

이병화 · 장기풍 · 김규태(2013). **교육행정 및 교육경영**. 서울: 태영출판사.

이상로(1971). 학습부진아 지도를 위한 시책과 방향. **교육과학**, 52, pp.14-18.

이연섭(1989). 학급의 사회적 측면. **한국 교육심리 연구**, 3(2), 교육심리연구회, pp.67-78.

이인순(1987). 창의성의 구성요인과 훈련효과. 성균관대학교 대학원 박사학위논문.

이인효 외(1991). **교육과 사회**. 서울: 교육과학사.

이장호(1986). **상담면접의 기초**. 서울: 중앙적성연구소.

이종승(1981). 학업성취에 관련된 변인의 한 인과분석. **교육학 연구**, 19(3), pp.109-120.

이칭찬(2005). **신교사론**. 서울: 태영출판사.

이칭찬 · 황선경(2003). **교육과정과 교육평가**. 서울: 동문사.

이형행(2001). **교육학개론**. 서울: 양서원.

이혜성 · 이재창 · 금명자 · 박경애(1996). **청소년 개인상담**. 서울: 청소년대와의 광장.

이홍우(1985). **교육의 목적과 난점**. 서울: 교육과학사.

______(1991). **교육의 개념**. 서울: 문음사.

이홍우 · 유한구 · 장성모(2003). **교육과정이론**. 서울: 교육과학사.

임규혁(1975). 학습정상아와 학습부진아의 정의적 행동특성비교. **교육학 연구**, 13(1), 한국교육학회, pp.30-50.

______(2011). **교육심리학**. 서울: 학지사.

임태평(2008). **루소와 칸트 교육에 대하여**. 경기: 교육과학사.

장석민(1974). 학업성취와 자아개념간의 관계연구. **교육학 연구**, 12(3), 교육심리연구회, pp.63-75.

장언효(1989). 학교학습에서 지적 교육의 문제점. **한국교육심리 연구**, 3(2), 교육심리연구회, pp.17-30.
장찬익 · 노진호 · 이주한(2002). **교육의 역사와 철학의 이해**. 서울: 백산출판사.
전경원 · 박정옥 역(1994). **창의적인 문제해결력**. 서울: 서원.
전영길 · 이영만 역(1995). **수평적 사고와 창의성**. 서울: 서원.
정범모(1976). **교육과 교육학**. 서울: 배영사.
정우현(1993). **현대교사론**. 서울: 교육과학사.
정원식 외 5인(1979). **학습부진아 원인 규명을 위한 사례연구**. 서울: 한국교육개발원.
정은해(2000). **교육사 연구방법론**. 서울: 원미사.
정종식(1988). 학습우수아와 학습부진아의 정의적 행동특성 비교연구. 원광대학교 대학원 박사학위논문.
정태범(2002). **교원교육의 방향과 과제**. 서울: 양서원.
정혜정(2005). **한국교육사상**. 서울: 문음사.
조무남(2004). **교육학론: 교육현상 밑에 무엇이 존재하는가**. 서울: 학지사.
조성일 · 양종국 · 최혜영(2002). **실기교육방법론**. 서울: 재동문화사.
조용환 · 황순희 역(1985). **교육사회학-해석적 접근-**. 서울: 형설출판사.
존 듀이(1916), 이홍우 역(1987). **민주주의와 교육**. 서울: 교육과학사.
주삼환 외(2003). **교육행정 및 교육경영**. 서울: 학지사.
진영은(2003). **교육과정: 이론과 실제**. 서울: 학지사.
차경수 외(2010). **교육사회학의 이해**. 서울: 양서원.
천성문 · 이영순 · 박명숙 · 이동훈 · 함경애(2021). **상담심리학의 이론과 실제**. 서울: 학지사.
최한수(2003). **유아교육행정**. 서울: 문음사.
콜링우드(1946). 이상현 역(1979). **역사학의 이상**. 서울: 백록출판사.
프란츠 부케티츠(1999). **사회생물학 논쟁**. 서울: 사이언스 북스.
피터스(1970), 이홍우 역(1980). **윤리학과 교육**. 서울: 교육과학사.
한국교육개발원(1984). **학습부진 학생을 위한 프로그램 개발 연구**. 서울: 민족문화연구소.
한국교육과정평가원(2023). 2022 국가수준 학업성취도 평가결과.
한국교육과정학회 편(2002). **교육과정: 이론과 실제**. 서울: 교육과학사
한국아동문제연구소(1994). **소아 정신 건강(합본)**. 서울: 태환문화사.
한국행동과학연구소(1972). **학습기능 육성연구**. 서울: 행동과학연구소.
한국형사정책연구원(1989). 청소년 비행의 원인에 관한 연구. **청소년 범죄연구**, 89(3).
한동일 · 이학철 · 정건영(1998). 교육의 역사 · 철학 이해. 서울: 성균관대학교 출판부.
한정선 · 안드레아스 호이어(1991). **현대와 후기현대의 철학적 논쟁**. 서울: 서광사.

허 형(1990). **교육평가**. 서울: 배영사.
_____(2002). **신교육의 이해**. 서울: 학지사.
헤르바르트(1806). 이근엽 역(1988). **일반교육학**. 서울: 연세대학교 출판부.
황정규(1979). **학습부진아에 대한 이론적 고찰**. 서울: 한국교육개발원.
_____(1998). **학교학습과 교육평가**. 서울: 교육과학사.
황정규 · 이동희 · 김신일(2003). **교육학개론**. 서울: 교육과학사.

Anderson, J. R.(1993). Problem solving and learning. *American Psychologist, 48,* 35-4.
Apple, W. A., 박부권 · 이혜영 역(1985). **교육과 이데올로기**. 서울: 한길사.
Ausubel, D. P.(1969). *Educational psychology:* A cognitive view. N.Y. : Holt, Rinehart & Winston.
Barron, F.(1998). Putting creativity to work. In R. J. Sternberg, (ED), *The Nature of Creativity: contemporary psychological perspectives* (pp.76 98), New York: Cambridge University press.
Blau, P. M and Otis, D. D.(1967). *The American Occupational structure.* John Weily.
Bowles, S. and Gintis, H., 이규환 역(1976). **자본주의와 학교교육**. 서울: 한울.
Cambell, R. F., et al.(1971). *Introduction to Educational Administration,* 4th ed., Boston: Allyn and Bacon.
Crain, W. C., 서봉연 역(1983). **발달의 이론**. 서울: 중앙적성출판부.
Dunn, William N.(1981). *Public Policy Analysis: An Introduction.* Engliwood Cliffs, N.Y.: Prentice-Hall.
Durkheim, E.(1963). *L'éducation morale.* Paris: PUF.
Durkheim, E., 이종각 역(1978). **교육과 사회학**. 서울: 배영사.
Fagerlind, I. and Saha, L. J., 윤정일 · 강무섭(1990). **교육과 사회발전**. 서울: 대영문화사.
Feldhusen, J. F. & Treffinger, D. J.(1985). *Creative Thinking and problem solving in gifted education.* Dubuque, LA: Kendall/Hunt.
Gardner, H.(1993). *Creating Mind.* New York: Basic Books.
Gaston Mialaret 편저, 신태지 · 고요한 공역(2004). **교육과학입문**. 서울: 학지사.
George, R. H., & Cristiani, T. S.(1995). *Counseling Theoryband Pratice*(4th ed.). Boston: Allyn and Bacon.
Gowan, J. C.(1972) *The development of the creative individual.* San Diego, CA: Knapp.
Guilford, J. P.(1977). *Way beyond the IQ.* Buffalo. NY: Creative Education Foundation.
Heck & Williams, 황기우 역(2002). **21세기 교사의 역할**. 서울: 원미사.

Isaksen, S. G.(1987). Introduction: An orientation to the frontiers of creativity research, In S.G. Isaksen (Ed). *Frontiers of creativity research,* 1-26, New York: Bearly.

J. J. Rousseau(1762). *Emile.*

J. S. Brubacher(1947). 이원호 역 (1999). **교육문제사**. 서울: 문음사.

J. S. Bruner(1960). 이홍우 역(2005). **교육의 과정**. 서울: 배영사.

Jonse, A. J.(1963). *principles of counseling.* New York : McGraw-Hill.

Karabel, J. and Halsey, A. H., 강순원 역(1983). **교육과 사회구조**. 서울: 한길사.

Kneller. G. F.(1964). *Introduction to the Philosophy of Education.* New York: John Wiley &Sons, Inc.

Lubart, T. I. & Sternberg, R. J.(1995). An investment approach to creativity: theory and data. In S. M. Smith, T. B. Ward & R. A. Finke (Eds). *Creative Cognition Approach.* Cambridge, MA: Mit Press.

Lubart, T. I.(1994). Creativity. In R. J. Sternberg (Ed). *Thinking and Problem Solving,* 289-332, New York: Academic Press.

Miller, C. H.(1971). *Foundations of Guidance*(2nd ed.), New York : Harper and Rew.

Pullias, E. V., & Young, J. D.(1973). *A Teacher is Many Things.* Seoul: Pan Korea Books.

Reedle & Wathenberg(1951). *Mental Hygiene in Teaching.* New York: Harcourt, Brace & Co.

Robinson, P., 손직수 역(1992). **교육사회학의 전망**. 서울: 양서원.

Rogers, C. R.(1961). *Onbecoming a person. Bostons.* MA: Houghton Mifflin.

Shertzer, B., & Stone, S. C.(1981). *Fundamentals of Guidance*(4th ed.), Boston: Honghton Mifflin.

Simonton, D. K.(1988). Creativity, Leadership and Chance. In R. J. Sternberg (Ed). *The Nature of creativity: Contemporary Psychological Perspectives,* 386-426. NY: Cambridge University Press.

Skinner, B. F.(1958). Teaching machines. *Science, 128,* 969-977.

Snowman, J., & Biehler, R.(2003). *Psychology applied to teaching*(10th ed.). Boston: Houghton Mifflin.

Sternberg, R. J. & Lubart, T. I.(1991). An investment theory of creativity and its development. *Haman development,* 34, 1-31.

Sternberg, R. J.(1985). Implicit theories of intelligence, creativity and wisdom. *Journal of Personality and Social Psychology,* 49, 607-629.

Torrance, E. P.(1962). *Guiding creative talent.* Englewood Cliffs, NY: Prentice Hall.

Torrance, E. P.(1974). *The Torrance tests of creative thinking: technical-norms manual.* Bensenville, IL: Scholastic Testing Services.

Urban, K. K.(1995). Creativity-A componential approach. Post conference China meeting of the 11th world conference on gifted and talented children. Beijing, China, August. 5-8.

VanGundy, A. B.(1984). *Managing group creativity: A modular Approach to problem solving.* NY: American Management Association.

Waller, W.(1932). *The Sociology of Teaching.* UMF.

Williamson, E. G.(1950). *How to counseling Adolescents.* New York: McGraw-Hill.

Wittrock, M. C.(1992). An empowering conception of educational psychology. *Educational Psychologist, 27,* 129-142.

Woodman, R. W. & Scheonfeldt, L. F. (1990). An interactionist model of creative behavior. *Journal of Creative Behavior, 24,* 279-290.

Woods, P., 손직수 역(1998). **학교사회학-상호작용론적 견해-**. 서울: 원미사.

네이버 블로그, 칸트의 교육철학. https://blog.naver.com/pwe21

네이버 지식백과, 교육의 어원 (교육관련 국제기구 지식정보원, 2011. 6. 17., 한국학술정보(주)).

https://ko.wikipedia.org/wiki/아말라와 카말라

https://ko.wikipedia.org/wiki/헬렌_켈러

https://louismocha-1.tistory.com/30

https://m.blog.naver.com/kedi_cesi/222198368189

https://namu.wiki/w/지니

https://www.youtube.com/watch?v=MNABwMmNt6A&app=desktop

https://www.youtube.com/watch?v=p4oyyXd4L7g&app=desktop

찾아보기

인명

ㄱ

ㄴ

ㄷ

ㄹ

ㅁ

ㅇ

ㅈ

저자소개

강병재

중앙대학교 대학원 교육학과 교육학박사(교육심리, 교육방법 및 공학 전공)
현, 경동대학교 교수

〈연구〉

유아교사의 디지털 리터러시와 유아의 사회적 능력 간의 관계에서 유아교사의 디지털 놀이 실행지원 역량의 매개 효과(2024) 아동교육 33권 4호 단독 100%

Dirichlet problem involving variables on the right side of a rectangle(2023) 3인 공동

〈저서〉

교수학습 및 교육공학(2023) 3인 공저

백승학

성균관대학교 대학원 교육학과 교육학박사(교육사회 행정전공)
성균관대학교 아동교육연구단 Post-doc.
현, 경동대학교 교수

〈연구〉

국가수준의 종단적 교육조사 설계(공동연구, 2001)

아동기의 양육경험이 부모만족도에 미치는 영향(2014)

보육교사의 직업지위에 대한 인식이 직업만족에 미치는 영향(2016)

예비유아교사의 자기주도학습 능력, 협력적 자기효능감, 문제해결능력, 수업역량의 구조적 관계분석 (공동연구, 2024) 외

〈저서〉

질서와 변동(2001)

예비교사를 위한 교육사회(2020)

이영훈

가톨릭관동대학교 대학원 교육학과 교육학박사(교육심리 전공)
현, 경동대학교 교수

〈연구〉

수영지도자의 코칭리더십이 여가만족, 자기효능감, 행복감 및 참여지속의도에 미치는 영향(2020)

〈저서〉

(나만 모르는) 통계학 with Excel(2024)

예비교사를 위한

교육학개론

1판 1쇄 인쇄 2024년 12월 15일
1판 1쇄 발행 2024년 12월 20일

저　　자 | 강병재 · 백승학 · 이영훈
발 행 인 | 박철용
발 행 처 | 양서원
주　　소 | 경기도 파주시 직지길 522 파주출판도시
전　　화 | 031-955-8000(代)
팩　　스 | 031-955-8005
홈페이지 | www.yswpub.co.kr
이 메 일 | yswgroup@naver.com
출판등록 | 1987년 11월 24일 제 406-2003-037 호

ISBN 978-89-994-1526-5

정가 22,000원